Das

Güterrecht der Ehegatten

nach

Römischem Recht.

Eine civilistische Abhandlung

von

Dr. Johann Christian Hasse,

Professor in Bonn.

Erster Band.

Aelteres Ehe- und Scheidungsrecht. Charakter der Dos, Bestellung der Dos.

Berlin,

bei G. Reimer.

1824.

Die Alten hielten sich für Original genug, wenn sie einen originellen Gedanken aufzufassen, und ihn auf ihre Weise wieder darzustellen Fähigkeit und Fertigkeit empfanden.

Göthe.

Vorrede.

Da von diesem Werk nur der erste Band noch erscheint, bin ich dem Publikum vorläufig Rechenschaft von dem Plane des Ganzen schuldig. Diese kann aber nicht füglich gegeben werden, ohne die allgemeineren Ansichten, unter welchen mir unsre Wissenschaft erscheint, wenigstens zu berühren. Daß ich mich hierzu nicht ohne inneres Widerstreben verstehe; wird man mir wohl zugleich glauben und verzeihen, da ich bisher schüchtern stillschwieg, während nicht wenig Andre über den Charakter der Rechtswissenschaft und ihre Behandlung im Allgemeinen, berufen oder unberufen, bald mit Würde und wahrhaft belehrend, wenn auch in verschiedenem Sinne, bald recht unwürdig und ungeschickt ihre Meinung äußerten und laut werden ließen.

Meines Erachtens nun ist auch die Rechtswissenschaft keinesweges daran gebunden, sich einen praktischen Zweck immer vor Augen zu halten, sey es auch nur als letztes Ziel, und es ist nicht bloß zu dulden, sondern zu befördern, daß sie sich in einer freieren Thätigkeit gefalle. Ihr Stoff ist nur dadurch begrenzt, daß sie sich an wahre Rechtsverhältnisse, wie sie unter Menschen möglich sind, halte, diese im Großen und Kleinen durchdringe, und im Begrif zu einem Ganzen verbinde. Ob dieser Stoff in der Vorzeit nur vorhanden war, ob er es noch gegenwärtig ist, wo er es ist, das ist an sich gleichgültig, ja sogar ein ersonnener Rechtsstoff kann den Zwecken der Wissenschaft dienen, sobald sich nur zeigen läßt, daß dieser sich aus gegebenen bedeutsamen Verhältnissen natürlich herausbilden kann, sey es auch etwa erst in der Zukunft. In diesem Sinne darf man wohl von einer reinen oder freien Rechtswissenschaft sprechen, die ihr eigner Zweck ist.

Auf der andern Seite kommt es aber auch sehr darauf an, in welche Hände, ob in starke oder aber in schwache und unsichere, grade diese Bearbeitung des Rechtsstoffes fällt. Je weiter man hier nämlich die Blicke wirft, auf je reinerer Höhe man zu stehen glaubt, desto dringender ist das Erforderniß eines großen gediegenen Talents und eines vollkommen gereiften Verstandes, um nur zu verhüten, daß die belobte Freiheit sich nicht in Unsinn und Aberwitz verkehre, und man in dem an sich löblichen Bestreben sehr enfernte oder rein menschliche Verhältnisse in ihrem Wesen zu erkennen, nicht aus voreiligem Irrthum eine Wolke statt der Göttin umarme. Und so wenig denn auch jene edleren Bemühungen an irgend ein positives Recht, mag es noch jetzt im Leben anwendbar seyn oder nicht, gefesselt seyn mögen, so ist es doch ebenfalls unleugbar, daß die dem Auge näher liegenden, eine reichere Ausbeute für die Erkenntniß darbietenden, von ausgezeichneten Männern mehrerer Jahrhunderte erforschten Volksrechte oft den besten Prüfstein für jene mehr den Wolken zugewandten Bestrebungen darleihen, und daß wo die Kenner und Meister hier in den Anwendungen hoch gehaltener Gedanken und Begriffe große und gründliche Fehlgriffe gewahr werden, einiges Mißtrauen gegen die Wahrheit und Zuverlässigkeit solcher Gedanken überhaupt und im Ganzen zu entschuldigen, ja, zu rechtfertigen seyn möchte.

Indem dieß mein juristisches Glaubensbekenntniß zugleich eine bescheidene Warnung enthält, bitte ich nur dieß nicht auf bestimmte Thatsachen in meinem Namen zu beziehen; eine allgemeine Wahrheit bedarf keiner Anwendung, wenn sie auch in der Anwendung nicht weniger wahr bleibt. Ich füge hinzu, daß die gegenwärtige Abhandlung, wie schon die Ueberschrift zeigt, sich in einem engeren Kreise, als der ist, welchen man der Rechtswissenschaft im Allgemeinen vorzeichnen kann, halten wird, und daß es dabei wirklich auch auf etwas Praktisches, wie wir es nennen, abgesehen ist. Hierüber muß ich mich aber etwas näher erklären.

Da ich nicht über die Ehe ganz im Allgemeinen, sondern nur über das Güterrecht, wie es von der Ehe abhängt, schreiben wollte, so durfte ich nur sehr kurz das Wesen derselben, wie es nach meiner Vorstellung aus der menschlichen Natur, und dem natürlichen Verhältniß der Geschlechter, immerdar hervorgeht und hervorgehen muß, bezeichnen, dieß konnte ich aber auch leicht unternehmen, da ich darin schon scharfsinnige Vorgänger gehabt hatte, die scharfsinnigsten unter den Römischen Juristen selbst. Wir brauchten freilich nicht erst von ihnen zu lernen, was die Ehe sey, und was sie mit sich führe, da es in unsern heiligen Büchern und in unsern einheimischen Rechtsurkunden deutlich enthalten ist, aber es ist doch des Bemerkens werth, daß sie es für die Zwecke ihres Rechts schon rein erkannten. Zwar hat man, nicht erst gestern, behauptet, daß was sie über die Natur der Ehe im Allgemeinen sagen, nur auf ihre strenge Ehe mit Conventio in manum passe, und dagegen der Charakter der freien, grade der den größern Zeitraum hindurch in ihrem Volke herrschenden Ehe damit unvereinbar sey. Allein ich habe mich bemüht zu zeigen, daß diese Meinung verschwinden müsse, wenn man nur das natürliche Recht der Ehe, was ich das Faktische der Ehe genannt habe, von dem, was im strengeren

Sinne Recht der Ehe, nämlich Zwangsrecht ist, und was ich das Juristische bei der Ehe genannt habe, erst rein absondert, und dann gewahr wird, wie diese Dinge zwar in Wechselwirkung mit einander stehen, aber doch keinesweges nothwendig mit einander in Eins zusammenfließen. Dann würde sich nämlich, insbesondere was das Vermögen betrifft, ergeben, daß das Princip der Gütertrennung, was der freien römischen Ehe eigen ist, sich nur in Beziehung auf Zwangsrecht, nicht in Beziehung auf die natürlichen Anforderungen der Ehe und ihres innern Gesetzes, als verneinend verhalte, zugleich aber daß durch die Gewehr der Dos und auch dadurch, daß den Ehegatten alle Geschäfte, wie sie unter Fremden möglich sind, mit Ausnahme der Schenkungen, gegenseitig frei gelassen worden, eine Brücke gebaut sey, auf der sie leicht zu dem, was die Natur von ihnen verlangt, aus freier Bewegung gelangen können. Da hat man nun aber wohl grade die eben erwähnte Ausnahme, das Verbot der Schenkungen, als eine fast freche Nichtachtung des Gesetzes der Natur und ein thätiges Entgegenwirken, ansehen, und die beiläufigen Aeußerungen der römischen Juristen darüber für wenig achten wollen; ich glaube aber bewiesen zü haben, daß dieses sich grade umgekehrt verhält, und es hat mir Freude gemacht, an einem berühmten Schriftsteller des Alterthums, wie ich dort schon angeführt habe, einen Gewährsmann und Vorgänger in dieser Vorstellung der Sache aufgefunden zu haben; die kurzen Andeutungen, die sich darüber bei Plutarch finden, würde ich freilich wohl eben so wenig wie Andre verstanden haben, wenn ich diesen Gedanken nicht schon vorher gefaßt hätte; wirklich ist er auch in Keinem sichrer begründet, als in der ganzen zarten und klugen Art, wie Römische Rechtsgelehrte und Gesetzgeber jenes Verbot und seine Grenzen im Einzelnen beleuchtet und näher bestimmt haben.

Aehnliche Mißverständnisse machten es besonders nothwendig, über die Schließung und Trennung der römischen Ehe ausführlicher zu seyn, als es sonst der Aufgabe gemäß gewesen wäre: es ließ sich kein sichrer Schritt thun, ohne hierüber für die Zeit, da es möglich ist, ganz im Klaren zu seyn.

Voran aber muste das Verhältniß des Gesetzes zur Ehe ohne Vorurtheil festgestellt werden, was denn auch, der Anschaulichkeit wegen, ein kurzes Capitel über die nach römischem Recht verbotenen Ehen mit hineingebracht hat. Eine geschichtliche Behandlung war hier in alle Wege nothwendig.

So enthält der erste Abschnitt großentheils Vorbereitungen auf das eigentliche Thema, die aber grade doch alle mögliche Sorgfalt verlangten. Nur das Vermögensrecht der strengen Ehe gehört gradezu dahin, allein eben dieses konnte kürzer seyn, schon seiner einfachen Folgerechtigkeit wegen. Ueber die strenge Ehe überhaupt ist noch immer ein vortreffliches Werk: *Grupen* de uxore Romana. Hanov. 1727. Der Verfasser verdient um so mehr unsre größeste Achtung, da er durchdringenden Verstand genug aufbieten konnte, um sich nicht, wie viele seiner Vorgänger, von einer Masse gelehrten Stoffs bemeistern zu lassen; er ist vielmehr ihrer dießmal Herr geworden: weniger kann man dieß rühmen von der später (1748) erschienenen Schrift «über die Teutsche Frau». Nur Einiges konnten wir aus den neu aufgefundenen Institutionen des Gajus hinzufügen oder berichtigen, eine ziemlich unverdienstliche Arbeit, da das mehrste klar am Tage lag.

Ueber die Ehescheidungen bei den Römern war bekanntlich erst vor Kurzem eine sehr schätzbare Schrift vom Herrn Ober-Justiz-Assessor **Karl Wächter** herausgekommen. Ich habe mehrmals, in den Noten und im Anhange, den in diesem Buch enthaltenen Behauptungen widersprechen müssen, erkenne jedoch mit Vergnügen an, daß dem Buche auf keine Weise sein Werth geraubt werden könnte, wenn ich auch gegen dasselbe in Allem Recht behalten sollte. Meine Stimmung dagegen ist auf keine Weise feindlich, vielmehr wünsche ich ihm viele Leser, und keiner wird das Buch ohne Hochschätzung und Wohlwollen gegen den Herrn Verfasser, schon allein seiner richtigen Ansicht von der Ehe, und seiner Wärme für die innere Heiligkeit derselben wegen, aus der Hand legen. Uebrigens bedarf diese von der Juristenfacultät in Tübingen gekrönte Preisschrift meiner Empfehlung nicht. Zu dieser ganzen Sache verhalten sich überhaupt meine Meinungen, so weit sie das älteste Recht betreffen, mehr zweifelnd als bejahend, und es scheint mir bei der großen Ungewißheit dieser Dinge bedenklich und unzweckmäßig, hier für die einzelne Materie so viele Perioden zu bilden, wie etwa eine umfassende Rechtsgeschichte zuläßt: mich dünkt die Unsicherheit kommt dadurch erst recht, und mehr als nöthig ist, zum Vorschein, und der Skeptizismus wird dadurch nur desto stärker aufgeregt. Wo der Boden schwankt, da mag ich nicht fest auftreten, wo er selbst fest ist, da mag ich mich auch seiner erfreuen, und eine erheuchelte Zweifelhaftigkeit würde mir da unmännlich dünken.

Weil hier doch einmal von Festigkeit die Rede war, so mögen hier noch einige gutgemeinte Worte über die Consequenz stehen, ohne welche doch keine Sicherheit und Zuverlässigkeit im Recht, und vor allen Dingen keine juristische Kunst seyn kann. Es ist wohl einigermaaßen an der Zeit, dagegen zu warnen, daß man nicht ein fleißiges Zusammentragen rechtsgeschichtlichen Stoffes oder ein sporadisches Verarbeiten einzelner Stücke in irgend einer beliebigen Beziehung, ohne fest auf das Ganze gerichteten Blick, schon für ein wissenschaftliches Werk halte. Unsre großen Meister lassen freilich diese Furcht nicht aufkommen, aber es fehlt schon nicht an Kleingeistern, die allenfalls einige Besorgniß rechtfertigen, indem sie sich gerne groß damit machen möchten, daß sie das System verachten, und somit alle wahre juristische Kunst verschmähen. Leichter ist ein solches lockres Treiben allerdings, das wird jeder zugestehen, der jemals an sich selbst erfahren hat, wie viel Mühe, Zeit, Gefügigkeit des Geistes es erfordert, den innern Zusammenhang eines ältern oder neuern bestimmt begrenzten Rechtsstoffs rein zu erkennen und darzustellen. Hat man doch schon in neuerer Zeit in Beziehung auf Bearbeitung alter Rechte von einem »Gift der Consequenz« gesprochen. Solche etwas sonderbaren und hyperbolischen Ausdrücke könnte man sich noch wohl gefallen lassen, wenn nicht durch die meistens zum Grunde liegende falsche und wenigstens übertriebene Vorstellung manchmal selbst löbliche Talente, bei redlichem Willen, irre geführt würden. Es ist nicht unmöglich, daß es Volksrechte gibt oder gegeben hat, in denen kein innerer Zusammenhang sichtbar ist, die also ihrer Natur nach der Consequenz widerstehen; aber solche Rechte möchte ich wenigstens nicht studiren. Es ist auch sehr glaublich, daß ein Volk, so lange es auf einer untern Bildungsstufe steht, ein innerlich noch nicht recht durchgearbeitetes Recht hat, aber dieser Mangel an Folgerechtigkeit wird, wenn es ein gesundes, edles, tüchtiges Volk ist, — es gibt bekanntlich auch verbildete Völker, die daher auch ein verkünsteltes fratzenhaftes Recht haben mögen, und so gibt es unedle Volksstämme, die auch unedler Rechte sich erfreuen — sich schon in der Zeit gewiß nur im Einzelnen, nicht im Ganzen kund geben, und bei fortschreitender Bildung wird es auch darüber hinweg kommen; denn es ist ja nicht bloß die Leichtigkeit des Zusammenfassens und Behaltens — eine jedoch, zumal im cultivirten Zustande und bei verwickelten Verhältnissen in Menge gewiß nicht unbedeutende Rücksicht — welche die Folgerechtigkeit empfiehlt, sondern vor Allem das viel höher liegende Bedürfniß der menschlichen Vernunft selbst. Wer dieß verachten kann, mit dem ist freilich nicht zu rechten.

Dann ist aber auch ganz richtig, daß einem Recht keine Consequenz angedichtet werden darf, die nicht darin ist. Wenden wir dieß gleich auf ein bestimmtes Recht, das römische an, so wird, wo das geschehen ist, der Fehler doch meistens nicht an der Consequenz, sondern an den unwahren Prämissen liegen, und diese soll man tadeln, nicht die richtigen Schlüsse aus denselben. Es kann freilich aber auch seyn, daß im römischen Recht Inconsequenzen sind, die man nur übersah; diese können grade etwas Gutes seyn, weil sie, wie nicht wenig Iura singularia, die doch immer einer Ratio iuris widerstreiten, von einer höheren nur über das Rechtsgebiet hinausliegenden Consequenz herstammen; sie können aber allerdings auch wahre Fehler seyn, und diese soll ein redlicher Interpret allerdings nicht verdecken, aber daß Römer sie begingen, kann sie nicht besser machen; am allerwenigsten aber könnte es etwas entscheiden, wenn heutige Schriftsteller, indem sie den innern Zusammenhang einer Materie absichtlich oder unabsichtlich, gänzlich verkennten, sich zu ihrer Beglaubigung auf die Weise der römischen Juristen im allgemeinen, berufen wollten. Ihnen könnte es geringe Entschuldigung gewähren, daß die Römer auf die Zusammenstellung des innerlich verbundenen, was man äußeres System nennen kann, weniger Werth legen, als wir es aus neuerem Bedürfniß zu thun gewohnt sind. Die Kenner unsrer Wissenschaft werden wohl der alten Ueberzeugung treu bleiben, daß man bei jenen Alten ungeachtet ihres lebendigen Eindringens in die Natur des Einzelnen, oder vielmehr eben deswegen, auf eine strenge Folgerechtigkeit, und auf inneres System wo es irgend thunlich ist, rechnen kann, und daß daher von vorne herein die Untersuchung mit hiernach geleitet werden muß. Wer das anders macht, der mag vielleicht sich selbst und einigen gutmüthigen Freunden genügen, aber die Wahrheit wird er nicht aufdecken. Was im neuen Gajus über den Widerstreit der verschiedenen Juristen-Schulen vorkommt hat dieß nicht widerlegt. Wenn man nur etwas genauer zusieht, so wird man in den mehrsten Fällen gewahr, daß die Schulen selbst nach Consequenz und Zusammenhang im Großen hinstrebten, und diejenige gewöhnlich die Oberhand behielt, welche dieß mit dem meisten Glück gethan hatte. Es ist hier nicht der Raum, dieß zu zeigen, aber es wäre zu wünschen, daß dieser Sache eine eigne Abhandlung von einer kunstfertigen Hand gewidmet würde, ich habe in meinem Buche selbst gelegentlich darauf aufmerksam gemacht, wie es den Römischen Juristen im Ganzen durch ihr Recht selbst erleichtert wurde, folgerecht zu seyn, an welchem Vorzug aber freilich die unermüdete Thätigkeit, und der immer zeitgemäße Einfluß dieses Juristen selbst großen Antheil hatte. Damit sollte aber nicht geleugnet werden, daß die lebendige ächte Consequenz, die man auch füglich Aequitas nennen kann, ihnen zuweilen im Einzelnen durch eigenthümliche Umstände erschwert wurde, wohin ich nicht sowohl die früh schon aufgehobenen Legis Actiones, als die schon freieren aber zuweilen doch zwängenden Formeln des Prätor's selbst zählen möchte. Wer hievon ein interessantes Beispiel, und zugleich ein Muster von sinnreicher Benutzung des ächten

Gajus zur Aufklärung dunkler Strecken im Römischen Recht kennen lernen will, den bitte ich eine kleine Göttinger Inaugural-Dissertation, mit dem Titel: Commentatio ad L. si ex duobus 32. pr. §. 1. ff. de peculio. Scripsit — F. L. Keller, zu lesen. Da man es weder dem anspruchlosen Titel, noch der eben so anspruchlosen Einleitung ansehen sollte, was dahinter verborgen liegt, so glaube ich eine Pflicht zu erfüllen, wenn ich bei dieser Gelegenheit darauf aufmerksam mache. Die Schrift ist mit ächtem Talent und überraschender Combinations-Gabe, und doch fast ohne Bewußtseyn dieser Vorzüge geschrieben, und man kann sich daran von mancher widerwärtigen Erfahrung des Gegentheils in beider Hinsicht erholen und erfrischen.

Doch es ist Zeit, daß ich zur Entwicklung meines Planes zurückkehre. Was vom zweiten Abschnitt des ersten Theils in diesem Bande vorkommt, gehört unmittelbar zur Sache: Charakter der Dos und ihrer Bestellung musten ganz genau und sehr ausführlich entwickelt werden, da ich hierin die eigentliche Grundlage des Ganzen sehe, fehlt hier ein

Stein oder ist nicht sicher gelegt, so steht das Ganze nicht fest. Die darauf verwandte Mühe wird es mir möglich machen, die noch übrigen Kapitel des klassischen Rechts, deren etwa sieben oder acht seyn werden, mehr zusammen zu drängen, und nur die erheblicheren Punkte, die nach meiner Ansicht bisher verkannt worden, ausführlicher zu erörtern. In diesem Betracht kann das, was dieser Band darüber enthält, gleichsam für den allgemeinen Theil des Dotalrechts gelten, von dem das weitere Detail sich nicht schwer ableiten läßt, und so kann derselbe füglich als in sich geschlossen angesehen werden. Doch ist die Fortsetzung schon in Arbeit, und an diese wird sich eine Darstellung der Veränderungen unter den Kaisern und dessen was Justinian am Ende noch hinzugefügt und abgeschlossen hat, anschließen. Vollständigkeit beabsichtige ich allerdings dabei, aber es ist nicht zu übersehen, daß Vollständigkeit hier schon ein relativer Begrif ist, und daß Erschöpfung im Einzelnen überall unmöglich ist. Den Beschluß soll aber ein Usus modernus im zeitgemäßen Sinne machen. Ob dies nur noch einen gleich starken Band ausmachen wird, oder ob es in zwei kleinere Bände wird zerlegt werden müssen, läßt sich noch nicht vorherwissen. Die Materialien sind aber längstens dazu hingelegt, und jede von Berufsgeschäften mir übrig gelassene Muße werde ich anwenden, um diesen Vorgänger nicht lange auf seinen Nachfolger warten zu lassen.

Ueber das, was ich nach hergebrachter Weise Usus modernus genannt habe, und was mein Werk dem unmittelbaren Gebrauch näher bringen soll, kann ich mich nur andeutend erklären. In so weit ich dieses mehr im Großen nehme, denke ich dabei vorzüglich an gewisse teutsche Institute des ehelichen Güterrechts, welche auf der Oberfläche betrachtet große Aehnlichkeit mit dem Ius Dotium der Römer haben, und welche in einem großen Theile von Teutschland, vornämlich in den Distrikten, wo der Sachsen-Spiegel wie ein Provincial-Recht, neben vielen oder wenigen landesherrlichen Verordnungen, welche in das Privatrecht eingewirkt haben, geltend ist, sich verbreitet und festgesetzt haben. Man hätte nach meiner Ueberzeugung wohl besser gethan, wenn man, statt auf diese Aehnlichkeit zu viel zu bauen, dagegen die wesentlichen Unterschiede mehr herausgehoben hätte. Die sächsischen Praktiker, — wenn ich mich dieses Namens für einen Begrif bedienen darf, der eben so viel Theorie und Gelehrsamkeit als praktische Geschicklichkeit in sich schließt — die sächsischen Praktiker, unter denen sich auch gegenwärtig so gefeierte Namen finden, haben es bis auf die neueste Zeit nicht an strengem System in ihren Arbeiten fehlen lassen, und in der That würde ohne dieses auch unsre neuere Theorie und Praxis ganz auseinander fallen, da weder der feste Buchstabe eines großen Gesetzes, wie die Zwölf Tafeln, noch ein Prätorisches Edikt mit seinen Formeln unser Recht zusammenhält, sondern wir uns im Gegentheil, wenn wir nur wollen, einer recht luftigen Freiheit und Willkür bemächtigen können. Durch das von jenen Männern nach und nach aufserbaute System ihres praktischen Rechts, so achtbar es im Ganzen ist, und so sehr es sich in Teutschland im übrigen auszeichnet, geht aber doch nach meinem Dafürhalten ein Fehler wie ein rother Faden hindurch, der aber mehr ein Fehler der vergangenen Zeit (von den neuesten Arbeiten, die schon ganz anderer Art sind, rede ich gar nicht), als der Individuen ist; es ist dieser: die innere Natur des einheimischen Gesetzes drängte zum Rechten, man wollte aber doch wo möglich von allem eine Stütze im Corpus iuris romani finden, welches sich denn auch zu diesem Zwecke eben nicht spröde finden ließ. So ereignete es sich denn zuweilen, daß man ächt teutsche Institute mit ächt römischen, nachdem letztere freilich durch Justinianische und andere Constitutionen schon artig abgeschliffen und befeilt worden waren, ungeachtet ihrer noch immer vorhandenen Grundverschiedenheiten, durch die äußere Aehnlichkeit getäuscht, wie identisch ansah, und zwar unter diesen Umständen mit mehr Nachtheil für die reine Erkenntniß des römischen Rechts, als für die Rechtsübung selbst. Jedoch konnte einige Verwirrung auch in der Praxis schon nicht ausbleiben. Dieß gilt nun, wie ich glaube, besonders auch von der Materie, welche den eigentlichen Gegenstand meines Buchs ausmacht. Und wie es nun in unsrer bewegten Zeit, wo die Ansichten auch über Recht, Rechtswissenschaft und Rechtsübung heftig gegen einander schlagen, und fürwahr die erstarrteste Praxis sich aller Einwirkung dieses Strudels nicht ganz zu erwehren vermögte, überhaupt Bedürfniß ist, und dringenderes Bedürfniß wie je, es allenthalben möglichst genau nachzuweisen, wo sich fremdes und einheimisches Recht noch jetzt abstoßen, und wo und wie sie sich schon organisch verbunden haben; so findet insbesondere dasselbe Bedürfniß in einem vorzüglichen Grade auch in Beziehung auf den gegenwärtigen Rechtsstoff statt. Befriedigung eines solchen Bedürfnisses ist aber im Ganzen und im Einzelnen nur möglich durch vorhergegangenes höchst genaues Erforschen des Fremden sowohl als des ursprünglich Einheimischen, denn nur unter dieser Voraussetzung läßt sich auch die Verkettung beider im praktischen Gebrauch wahrhaft erkennen. Ich mögte nun allerdings gerne hierzu einen Beitrag liefern, und auch mit darum habe ich den Anfang so gemacht, daß ich ohne Wort und Gedanke zu sparen, den Charakter der römischen Dos, wie er sich vorzüglich auch in der Art und Form ihrer Bestellung kund gibt, in seine eigensten Sonderbarkeiten zu verfolgen, und ihn dergestalt geschichtlich und systematisch darzustellen versucht habe. Da ich überall nicht gesonnen seyn kann, meine Wissenschaft, wenn sie auch wiederum ihr ganz freies Gebiet hat, von dem teutschen Vaterlande und dem besondern Staat, worin ich lebe, loszutrennen, so ist mir auch der Wunsch natürlich, nach Kräften auf das Rechtsleben, wie es dermalen bei uns ist, einzuwirken; aber dieses Bestreben ist doch zugleich weit entfernt von jeder ängstlichen Sorge, ob sich auch die Praxis hier und da oder allenthalben gleich bequemen mögte, sich meiner freundlich dargebotenen Hülfe zu bedienen. Wer von solcher Selbstsucht sich nicht frei weiß, wer nur auf schnellen augenblicklichen Erfolg voreilig hinstrebt, der wird sicherlich unreife Früchte brechen, und seiner innern Gesinnung wie seiner äußern That selbst schaden. Nur der unreifste Kopf könnte daraus, daß ein Buch sich während einer Reihe weniger Jahre keinen Eingang in die Gerichtshöfe eröffnet hätte, den Schluß machen, daß es praktisch nicht brauchbar sey; gegen ein solches mißgeschaffenes

Urtheil wird immer jedes gute Buch durch die Sache selbst und durch die Erfahrung aller wahren Gelehrten hinreichend gewaffnet seyn, denn wem von diesen sollte es unbekannt seyn, daß manche vortreffliche Theorie Jahrhunderte lang von der Praxis unbenutzt blieb, während diese sich mit fröhlich aufgenommenen, aber erbärmlichen Theorien für ihre an sich löblichen Zwecke lange und gerne behalf? Dieß soll aber keinesweges eine Beschwerde von meiner Seite über Ungerechtigkeit der Praxis seyn; meinen frühern Schriften ist überhaupt eine so freundliche Aufnahme im Ein- und Auslande zu Theil geworden, daß ich für die gegenwärtige nicht mehr wünschen oder hoffen kann. Meine Absicht war nur anzugeben, wie ich mir das Verhältniß eines wissenschaftlichen Werks zur praktischen Brauchbarkeit im Allgemeinen denke.

Zu einem zeitgemäßen Usus modernus gehört aber auch einige Rücksicht auf die neuern umfassendern Gesetzgebungen. In dem Allg. Preußischen Landrecht findet sich grade ein solches teutsches dem römischen Dotalrecht ähnliches Institut, wie wir oben bezeichnet haben, ausgeführt, und da ich während meines Aufenthalts in Berlin die Gunst genossen habe, die sogenannten Materialien zum Allg. Landrecht d. h. die im Manuscript vorhandenen Vorarbeiten dazu, mit Muße durchsehen zu dürfen, so werde ich über manchen interessanteren Punkt des darin aufgestellten ehel. Güterrechts nähere Auskunft geben können, als ohne dieß möglich wäre. Was dazu dienen kann, ist früher von mir für einen andern Zweck völlig ausgearbeitet worden, und darf nur für den gegenwärtigen Bedarf extrahirt werden. Ein ähnliches gilt auch von dem Code Napoleon, dessen Detail hier natürlich nicht hineingehören wird, der aber in unsrer Materie durch Nebeneinanderstellung mehrerer unterschiedlichen Institute: Gütergemeinschaft — Dotalrecht — Nießbrauchsrecht (ususfructus maritalis) — und durch richtige Zeichnung derselben sich besonders hervorthut. Was ich hierüber in praktischer Beziehung gedacht habe, ist nicht neu mehr, sondern schon oft von mir vorgetragen und besprochen worden, aber ich habe noch keinen Buchstaben darüber drucken lassen. Am Schlusse dieses Werks möchte es seinen rechten Platz finden.

Die in Italien neu aufgefundenen und in Berlin abgedruckten Fragmente aus Schriften römischer Rechtsgelehrten u. s. w., welche mir durch die Güte meines Lehrers und Freundes von Savigny, während dieß Buch gedruckt wurde, zugekommen sind, und worunter ein eigner Titel de dotibus et de re uxoria sich findet, habe ich nirgends noch angeführt, da ich bis jetzt nichts darin bemerkt habe, was über die bisher abgehandelten Sachen besondre Aufklärung gewähren könnte. Jedoch bekenne ich gern, daß ich, durch überhäufte Berufsgeschäfte verhindert, in dieser neuen Quelle noch nicht alles Wort für Wort erwogen habe, welches doch geschehen muß, wenn man sich nicht übereilen will. Stellen, welche meine Behauptungen widerlegen könnten, habe ich am wenigsten bemerkt; was zur Bestätigung dienen könnte, läßt sich leicht nachtragen. Auffallend ist zwar, daß S. 35 (§. 115) bei der Mutter von einem dotem dicere die Rede ist, allein dieser Dictio wird auch am Ende für den vorgetragenen

Fall die Wirkung abgesprochen. So viel sieht man wohl, daß den Klassikern der Ausdruck rei uxoriae actio gewöhnlicher war, als der in den Pandekten so oft vorkommende de dote oder pro dote actio. In dem folgenden Bande soll, so weit es nöthig ist, auch auf diese Fragmente die sorgfältigste Rücksicht genommen werden, aber ich werde die Belehrung dankbar anerkennen, wenn man mir darin öffentlich oder durch private Mittheilung zuvorkommen sollte.

Endlich bitte ich es zu entschuldigen, daß dieß Werk eine doppelte Eintheilung erhält, eine äußere in Bände, und eine innere damit nicht zusammenfallende in Theile, von denen der erste Theil das Recht vor und zu der Zeit der Klassiker, der zweite die Abänderungen des Constitutionenrechts und den Usus modernus enthalten wird. Die Natur des Stoffes hat dieß von selbst herbeigeführt.

Bonn im December 1823.

Erster Theil.

Güterrecht der Ehegatten

vor und zu der

Zeit der klassischen Rechtsgelehrten

der

Römer.

Reine mittlere Wirkung zur Vollendung des Guten und Rechten ist sehr selten; gewöhnlich sehen wir Pedanterie, die zu retardiren, Frechheit, die zu übereilen strebt.

Göthe.

Einleitung.

Allgemeine Begriffe von der Ehe und ihrer Einwirkung auf das Vermögen.

§. 1.

Die Ehe an und für sich ist gar kein Recht und kein Rechtsverhältniß, sondern ein bloßes Faktum, ein Naturverhältniß: Vereinigung der verschiedenen Geschlechter. Es ist Naturtrieb, was die Geschlechter nöthigt sich zu verbinden. Ist hier ein Recht, so ist es das Naturgesetz. Ungefähr in diesem Sinne rechnet Ulpian in L. 1. §. 5. D. de iustitia et iure die Ehe zum »Ius naturale,« zu dem »Ius quod natura omnia animalia docuit.« Es ist dies immer eine noch sehr uneigentliche Bedeutung von Ius, da dieses eine Norm für freie Handlungen der Menschen unter sich erfordert; aber Jus einmal im weitesten Sinne für das Gesetzmäßige genommen, das Gehörige, so begreift sich dies. «Hinc,« sagt Ulpian, «descendit maris atque foeminae coniunctio, quod nos matrimonium appellamus.» Das Gesetz, was hier walte, sey dem Menschen mit den Thieren gemein: «videmus etenim caetera quoque animalia, feras etiam, huius iuris peritia censeri.» Diese Aeußerung kann allerdings keinen reinen Begrif von Ehe gewähren, nur in so fern ist sie wahr, als bei der Ehe eine Vereinigung der beiden Geschlechter, des männlichen und weiblichen vorkommt, und dies sich auch bei Thieren, so wie es bei diesen möglich ist, findet. Sodann liegt auch eine Aehnlichkeit darin, daß dies bei Menschen wie bei Thieren etwas blos Faktisches, von der Natur Gegebenes ist, was durch kein Recht geändert, sondern nur davon vorausgesetzt werden kann. Denn daß unter Menschen diese Geschlechtsvereinigung einen menschlichen Charakter trägt, ändert darin nichts, immer ist es mit der menschlichen Natur selbst gegeben, es liegt auch hier in dem Verhältniß der Geschlechter, welches bei dem Menschen nur nicht allein auf Thierisches, sondern auf Geistiges und Thierisches zusammen, auf Ewiges und Irdisches zugleich berechnet ist. Es versteht sich nun aber, daß wenn wir von Ehe reden, wir diese Verbindung der Geschlechter meinen, welche dem Menschen keinesweges mit den Thieren gemein ist. Jedennoch beruht sie auf Naturnothwendigkeit. Der Trieb, wodurch sich das Naturgesetz hier äußert, ist der Trieb der Liebe. Dieser im rechten Sinne, wie er sich bei einiger Vollständigkeit der Entwickelung in einem unverdorbenen Zustande immer zeigt, geht keinesweges auf bloße Befriedigung sinnlicher Begierde, auf Erzeugung von Kindern allein, auf gegenseitigen Beistand im Erwerb u. w. d. m., er geht überhaupt auf nichts Einzelnes für sich; sondern auf Vereinigung des Lebens überhaupt, daher kann alles das Genannte dabei vorkommen, ohne daß irgend etwas davon das Wesen oder auch nur die Hauptsache ausmacht. Eben diese Vereinigung des Lebens überhaupt, oder des ganzen vollen Lebens [1]), welche die Natur geboten hat, ist die Ehe, und nichts Anderes. Ihr Begrif

1) Unter den nicht juristischen Schriftstellern des Alterthums hat Plutarch an mehreren Stellen diese Idee lebhaft dargestellt, ich führe nur gleich folgende (coniugal. praec. Plutarchi opera ed. Reiskii T. VI. p. 539) nach der bei Reiske befindlichen lateinischen Uebersetzung an: Corporum philosophi alia aiunt ex partibus deiunctis constare, ut classem, exercitum, alia ex

ist also zunächst kein juristischer, sondern ein über alles positive Zwangsrecht, was wir im strengen Sinn Recht nennen, hinausliegender Begrif. Diese Vorstellung von der Sache kann auch so wenig als die Sache selbst durch das positive Recht geändert werden, und an und für sich ist es gleichgültig, ob die, welche ein positives Recht schufen, sich dies so vorstellten oder nicht. Nur wegen der davon abgeleiteten Vorstellungen ist es wichtig, wegen der juristischen Folgen, die man damit verknüpfte, und so kann es allerdings für Theorie sowohl als Praxis eine Bedeutung haben, ob man sich dies richtig und vollständig gedacht hat.

§. 2.

Bedürfte es für diese allerdings ideale Ansicht eines Beweises, so würde er damit gegeben seyn, daß,

compactis, ut domum, ut navim, alia ex unitis et in unam naturam concretis, ut animalium. id si huc accomodare libeat, *coniugium quoque mutuo amantium ex unitis constat;* dotis, liberorumve gratia cohaerens, ex compactis; concubitu solo iunctorum, ex deiunctis, quales contubernio uti, quam vitae communitate censeas. Sicut autem humores physici dicunt totos totis permisceri, ita oportet matrimonium contrahentium corpora, opes, amicos, familiaresque invicem confundi. S. auch Quaest. rom. init.

das mit der größten Kunst ausgebildete römische Recht [2]) und das teutsche Recht aus einer Zeit, wo es diesem an aller Technik fehlte [3]), dieselbe gleich deutlich ausgesprochen haben.

Modestinus in L. 1. D. de ritu nupt. sagt: «nuptiae sunt coniunctio maris et foeminae» — noch der allgemeine Charakter der Geschlechtsvereinigung, welcher Menschen und Thieren gemein ist —, dann fährt er aber fort: «et *consortium omnis vitae*« — grade der Charakter der menschlichen Geschlechtsvereinigung. Mit andern Worten wird dasselbe gesagt in §. 1. J. de patr. potest., wo dies gewiß ein Excerpt aus irgend einer [4]) klassischen Schrift ist: «nuptiae,« heißt es, «sive matrimonium est viri et mulieris coniunctio, *individuam* vitae consuetudinem continens.« In diesem letzten Ausdruck liegt ebenfalls recht unser Begrif, die ganze ungetheilte Existenz soll beiden gemeinsam seyn, nicht also etwas Getheiltes, Vereinzeltes ist Zweck der Ehe.

2) Burchardi Grundzüge des Rechtssystems der Römer S. 104 ꝛc. Walter Lehrbuch des Kirchenrechts S. 458 ꝛc. Glück P. E. S. 118 ꝛc. und die dort angef. Autoren.

3) Zeitschr. für gesch. Rechtswissenschaft. Berlin. B. 4. H. 1. S. 64 ꝛc.

4) In des Gajus Institutionen stand es nicht.

Der Schwabenspiegel 5) sagt nicht weniger ausdrucksvoll, nur naiver: «Mann und Weib, die recht und redlich zur Eh gekommen sind, da ist nicht Zweiung

5) In Senkenbergs Corp. iur. germ. Cap 256 und hinten Cap. 6. — Walter a. a. O. fügt noch hinzu Decret. Gratiani C. 27. qu. 2. (vergl. *Duarenus* in Tit. de nupt. II. pr. Fin.) Hieraus geht hervor, daß ursprünglich die christliche Kirche die Vorstellung der Römer rein aufnahm, weshalb niemand diesen Text des Canon. Rechts ungelesen lassen sollte. Er lautet so: Can. 1. Matrimonium quidem non facit coitus sed voluntas. — — — Can. 2. Sufficiat *secundum Leges* solus eorum consensus, de quorum coniunctionibus agitur. Qui consensus si in nuptiis solus forte defuerit, caetera omnia etiam cum ipso coitu celebrata frustrantur. Can. 3. §. 1. *Consensus ergo cohabitandi et individuam vitae consuetudinem retinendi* interveniens eos coniuges facit (es ist da von der Jungfrau Maria und Joseph die Rede, welche sich nicht berührt hätten, und doch Ehegatten gewesen wären). Individua vero vitae consuetudo est, *talem se in omnibus exhibere viro, qualis ipsa sibi est, et e converso.* Quia ergo iste consensus fuit inter eos, patet eos coniuges fuisse. Bei dieser Ansicht ist aber bekanntlich das Canon. Recht nicht stehen geblieben, indem es theils bloße Sponsalien, dem Concubitus besondre Wirkungen beilegend, als gegenwärtige Ehe behandelt, theils die Vorstellung eines Sacraments bei der Ehe geltend gemacht hat, wozu die altgermanische Vorstellung, welche Tacitus d. mor. Germ. c. 19. (S. unt. §. 4 in der Note) wohl etwas zu allgemein ausspricht, unstreitig keine Veranlassung gegeben hat. Ob diese Neuerungen in der Bibel gegründet sind, oder worin sonst, hat die Theologie allein zu entscheiden; daß die ursprüngliche Vorstellung mit der Bibel übereinstimmt, ist bekannt. Die Sache natürlich betrachtet, scheint es daß man sich von der ursprünglichen Vorstellung, welche alles

an, es nicht ist denn ein Leib « das heißt nach dem damaligen Redebrauch, **ein Leben**, was wir in jetziger Sprache etwa so ausdrücken würden: sie sind ein Leib und Leben.

§. 3.

Zu dieser Einheit gehört nun auch, daß **alle Schicksale gemeinsam sind**: was den Einen trifft, soll auch den Andern treffen. Darin ist denn wieder eingeschlossen Gemeinschaft des Vermögens, da von diesem die irdischen Schicksale abhängen, der eine Ehegatte darf nicht in effectu reich und der andre in effectu arm seyn, wenn consortium omnis vitae seyn soll, sondern der Reiche muß seinen Reich-

auf Consensus reducirte, nicht ganz losmachen konnte, ohne sie jedoch ganz zu verstehen, dabei aber doch der kirchlichen Sanction eine größere Auctorität beilegen, und den Concubitus unter Brautleuten, gegen die Natur der Dinge, lieber regelmäßig als eine faktische Erklärung der gegenwärtigen Heirath, denn als eine sinnliche Uebereilung u. dergl. ansehen wollte. Davon mußte Verwirrung im Recht nothwendig die Folge seyn. Die Protestanten haben die Sache allerdings durch die Trauung wieder mehr vereinfacht. Indeß haben sie noch lange an den Sponsalia de praesenti zu tragen gehabt. Vergl. J. H. Boehmer ius eccl. prot T. III. Lib. 4. tit. 1. §. 12 ꝛc. mit §. 30 ꝛc. unt. S. auch Glück Pandekt. Comment. XXIII. 1. §. 1198 S. 62 ꝛc.

thum dem Armen mittheilen, sie sollen mit einander haben, was sie haben. Ebenwohl gehört zur Gemeinschaft des ungetheilten Lebens Theilnahme der Frau an Stand und Würde des Mannes, denn das Schicksal bestimmt sich nicht bloß durch das Leben im Innern des Hauses, sondern auch durch die äußern Verhältnisse des Mannes, wie er geehrt und geachtet ist [6]). Selbst der Glaube, von dem unsre Hoffnungen eines zukünftigen Lebens abhängen, muß im Wesentlichen gemeinsam seyn [7]). Eines dieser Dinge von der Gemeinschaft rein ausgeschlossen, und es ist keine Ehe im vollesten Sinne des Worts vorhanden.

§. 4.

Mit allem dem stimmen die Römer vollkommen überein. Sie sagen, die societas vitae, welche in der Ehe enthalten sey, bringe es mit sich, daß

6) Sehr treffend wird dies einmal in Beziehung auf die Gesinnung des Mannes genannt: honore pleno mulierem diligere L. 16. §. 1. D. de his quae ut indign., im Gegensatz des Concubinats, wo eben die Dignitas nicht mitgetheilt wird. L. 49. §. 4. d. legat. III. L. 8. C. d. bonis. libert. L. 13. C. de postlimin. reversis.

7) Wie über die Gemeinschaft des religiosen Cultus unter Eheleuten die Alten dachten, sieht man aus *Plut.* Coniugal. praecept. (ed. Reiske Vol. VI pag. 530. 531.)

die Frau Herrin («quadammodo domina») aller Güter des Mannes sey, Mitherrin soll sie seyn [8]) Dann wird sie »socia rei humanae atque divinae« des Mannes genannt [9]) und der Ehe eine «Communicatio divini et humani iuris» zugeschrieben [10]) als Zusatz zu der obigen Definition des Modestinus. Mit dem einen Theil dieser Phrase: «rei divinae,» »divini iuris« wird Gemeinschaft der Sacra privata, des religiosen Cultus, wie er der einzelnen Person anhängt, bezeichnet [11]). Das Uebrige geht auch namentlich auf Gemeinschaft des Vermögens. Man ist längstens geneigt gewesen, dies nur auf eine Art der römischen Ehe zu beziehen, nämlich auf diejenige, welche schon zu Tacitus Zeit selten war, die Ehe mit Conventio in manum; die freie Ehe habe das nicht enthalten, und habe nur ad exemplum der strengen Ehe dies Prädikat so mit erhalten.

Allein eine solche Annahme ist ganz willkürlich [12])

8) L. 1. D. de actione rer. amot. Die nähere Erklärung dieser Stelle unten.

9) L 4. C. de crim. expil. hered. (Gord.).

10) L. 1. D. d. R. N. Nuptiae sunt coniunctio maris et foeminae et consortium omnis vitae: divini et humani iuris communicatio.

11) Duarenus ad Tit. solut. matr. pag, 244. fere init.

12) Man darf hier gar keinen Anstoß daran nehmen, daß bei

denn die Römer sprechen gradezu und allgemein von der Ehe, und auch hier schon liegt bis auf einen ge-

freier Ehe die Frau in der Gewalt des Vaters blieb und die väterliche Gewalt durch in sacris esse und umgekehrt durch e sacris patris exire bezeichnet wurde, wie noch wieder Glück P. C. XXIII. 2. S. 133. rc. zu thun scheint, indem er mit Noodt (Probabil. II. 9. vergl. die von ihm selbst angeführte Abhandlung von v. Savigny über die sacra privata der Römer in der Zeitschrift f. gesch. R. W. B. II, S. 383), von sacra familiaria spricht. Savigny hat nämlich gezeigt, 1. daß in der eben angeführten Redensart des Wort sacra auf sacra gentilitia gehe und auf sacra privata gar nicht gehen könne (S. 409); dagegen nimmt derselbe (S. 403) an, daß bei der communicatio sacrorum unter Eheleuten grade die sacra privata zu verstehen sind. Könnten wir nun auch nicht annehmen, daß die Ehefrau auch nur auf die Zeit der Ehe eine juristische (nach ius pontificium) Verpflichtung gehabt habe, die sacra ihres Mannes zu besorgen, so wäre doch nichts unnatürlicher, als vorauszusetzen, daß die römische Frau nicht der That nach die Penaten des Hauses, worin sie mit Mann und Kindern ein gemeinsames Schicksal trug, sollte verehrt und dagegen nur den domesticis sacris ihres Vaters ihre Aufmerksamkeit gewidmet haben. Dies ließe sich höchstens nur denken in der Zeit, wo Usus und Trinoctium noch vollaus galten, nämlich wenn man das eine Jahr als ein Probejahr, nicht etwa blos in Beziehung auf pecuniäre Verhältnisse, sondern auf das eheliche Verhältniß selbst ansehen wollte; allein dieses Probejahr würde den Nachrichten über Seltenheit der Scheidungen oder gänzlichen Mangel derselben, mehrere Jahrhunderte durch durchaus widersprechen, und sich überhaupt nicht mit den Vorstellungen der Römer von der Würde der Ehe vertragen.

wissen Punkt eine Verwechslung des Faktischen, mit dem Juristischen der Ehe zum Grunde [13]).

Eben so unsre Rechtsbücher. Im Sachsenspiegel I. 51. heißt es: Mann und Weib haben nicht gezweiet Gut bei ihrem Leben, im Schwabenspiegel Cap. 277 (33): «Mann und Weib mögen nicht haben kein Gut gezweiet« [14]).

§. 5.

Dies ist also aller Ehe gemein, und von dieser Idee muß jedes positive Recht ausgehen, welches in Beziehung auf Ehe Bestimmungen machen will, d. h. das Wesen der Ehe darf es nicht anrühren, seine Vorschriften müssen vielmehr dahin gehen, dieses Wesen zu erhalten und zu beleben. Eines ist hier vor allen Dingen nothwendig: Freiheit der Wahl, dies

13) Diese Verwechslung, welche in dieser Materie die gemeinsame Wurzel mehrerer Irrthümer gewesen ist, haben sich römische Juristen, so viel ich bemerken können, nur einmal bei einem Nebenpunkt, nämlich bei der Frage, ob ein Ehegatte den andern bestehlen könne (L. 1. D. rer. amotar. vgl. mit L. 15. §. 1. L. 29 eod.), zu Schulden kommen lassen, wovon in der Folge näher die Rede seyn wird.

14) Dort bezieht sich dies freilich schon auf Juristisches unmittelbar, aber das Ideale liegt doch zum Grunde. — Die Capitel-Angabe bezieht sich auf die beiden Schwabenspiegel in Senkenb. Corp. ius germ. T. II.

nicht blos gedacht in Beziehung auf den Anfang, sondern auch auf die Dauer der Ehe. Aeußerer Zwang würde unvernünftig seyn, da das Wesen der Ehe etwas Innerliches ist, man würde so mit Gewalt ein Verhältniß hervorbringen oder erhalten wollen, was nie da war oder schon aufgehört hat zu existiren, da es auf Gesinnung beruht, die nicht vorhanden ist. Innerlicher Zwang im Gewissen kann hier allerdings Statt finden, und muß Statt finden bei jedem sittlichen Menschen, diesen gegen sich selbst gekehrt gedacht, da das ganze Verhältniß nur einen Sinn hat, indem es mit der Idee eingegangen wird, es solle nicht blos alles Leben vereinigt seyn, sondern dieses auch auf die ganze Dauer des Lebens. Daher hier auch kirchlicher Zwang denkbar ist, dem sich der Gläubige freiwillig hingiebt. Bürgerlicher Zwang dagegen kann nur unvernünftig seyn, wenn er direkt wirken soll, nur indirekt kann dies zulässig seyn, in so weit dadurch der wirklich vorhandene Zwang im Gewissen unterstützt, und der Sittlichkeit und Frömmigkeit der Sieg über Sinnlichkeit und Leidenschaft erleichtert wird.

§. 6.

Außer diesem möglichen indirekten Zwange kann nun aber auch das positive Recht noch sonst auf mancherlei Weise seinen Einfluß auf eheliche Verhältnisse äußern. Immer setzt es dann die Ehe als schon vorhandenes Faktum voraus, es kann damit rechtliche Wirkungen verknüpfen, die es jeder andern, nur ähnlichen Verbindung der Geschlechter, wie z. B. dem römischen Concubinat, unsrer Ehe zur linken Hand, versagt; es kann die Ehe zwischen gewissen Personen aus religiosen oder politischen, oder rein sittlichen Gründen untersagen, z. B. wegen Religionsverschiedenheit, wegen Standesungleichheit, wegen zu naher Verwandschaft, es kann dies Verbot darin bestehen, daß es solche Ehen juristisch ignorirt, die rechtlichen Wirkungen nicht eintreten läßt, oder auch darin, daß es das Unternehmen einer solchen Ehe mit einer Strafe belegt. Dahin gehört auch, daß der Staat, nur Monogamie zuläßt, was allgemein der Natur der Ehe gemäß ist: wo Polygamie erlaubt ist, da giebt es, so weit dies ausgeübt wird, gar keine wahre Ehe.

§. 7.

Die Rechtswirkungen, die der Ehe beigelegt werden, können insbesondre auch das Vermögen betreffen, und da könnte man nun denken, es folge von selbst, da die Ehe ihrem Wesen nach Gemeinsamkeit des Vermögens erfordere, so müsse das positive Recht diese auch als rechtlich nothwendig anerkennen [15]). Das würde nun aber durchaus ein Fehlschluß seyn, so Viele ihn auch schon gemacht haben. Der Irrthum beruht auf einer Verwechslung des Faktischen der Ehe mit dem Juristischen.

Man darf nur bedenken daß hier von Zwangrecht die Rede ist. Daß Eheleute sich alles mittheilen, was sie haben, ist dem Sinne der Ehe gemäß, aber eben

15) Schon bei Plutarch, (Coniugal. praecept. Plutarchi opera edit. Reisk. T. VII. p. 531. 532.) finden wir die Meinung, daß gänzliche Gütergemeinschaft der Ehe gemäß sey; allein er spricht von der faktischen Gemeinschaft, und leitet dies aus dem sittlichen Grunde ab, weil alles den Eheleuten gemein seyn müsse, was in und an ihnen ist; und da ist es denn sehr wahr, was er mit Beziehung auf Plato vorträgt: in demjenigen Gemeinwesen ist das Glück zu Hause, wo die Worte: mein und dein selten gehört werden — noch viel mehr müssen sie aus der Ehe verbannt seyn — alles muß die Frau mit dem Manne theilen, was ihn trifft — die körperliche Vereinigung wirkt die Natur — in gleicher Weise geziemt ihnen Gemeinschaft ihrer Güter, alles soll in einziges Vermögen vereinigt seyn u. s. w.

weil es im Sinne derselben liegt, kann man sagen, wird es sich durch freien Willen von selbst einfinden, und findet es sich nicht ein, so soll das Gesetz dies nicht erzwingen wollen, da dies frei seyn muß, wie die Ehe überhaupt. Das Wünschenswürdige ist nicht immer durch Gewalt einzuführen, man würde da oft das Gegentheil am Ende erreichen. Es ist durchaus nichts Widersinniges, daß ein Recht in dieser Hinsicht die Ehegatten ganz sich selbst überläßt, und die Gemeinschaft hinsichtlich des Vermögens in keiner Beziehung irdischen Vorschriften unterwirft. Freilich kann dies nur vernünftig seyn, wo die Scheidung frei ist, und wo also Widerspänstigkeit des einen Ehegatten gegen das, was die Ehe erfordert, den andern befugt, die Ehe für aufgehoben zu erklären. Nichts ist sonst natürlicher, als daß sich eine gemeinsame Kasse bilden muß, aus welcher die Kosten des Zusammenlebens gemeinsam bestritten werden. Dies kann aber als etwas lediglich Faktisches behandelt werden: in rechtlicher Hinsicht verhalten sich dann die Ehegatten vollkommen wie Extranei zu einander. Macht man es aber zum Gegenstande des Gesetzes, so lassen sich hier zwei Extreme denken:

1) die beiden Vermögen der Ehegatten bleiben auch

während der Ehe gänzlich getrennt, der Mann bestreitet die Kosten der Ehe zunächst aus seinem Vermögen, die Frau gibt aber aus freier Vereinbarung einen Beitrag dazu in die Hand des Mannes, der ihr vom Gesetz garantirt wird.

2) die beiden Vermögen der Ehegatten werden ipso iure vermischt, indem auch das ganze Vermögen der Frau in die Hand des Mannes kommt, schon durch das Gesetz in diese gegeben ist, da er das Haupt der Familie ist. So ruht die Last der Ehe ipso iure auf dem Vermögen Beider.

Es lassen sich aber auch noch eine Menge Mittelzustände und Mittelrechte denken. Was aber das Vernünftigste sey, das läßt sich durchaus nicht allgemein bestimmen. Es kommt dabei Vieles, wenn nicht Alles, auf die dermalige Sitte und Meinung des Volks an: ist es in dieser herrschende Vorstellung, es sey schon rechtlich nothwendig, daß das Gut den Ehegatten gemein werde, so mag das schon als gesetzliche Regel eintreten, vielleicht absolut, vielleicht indem man es anders Denkenden überläßt, durch Vertrag das Recht anders zu bestimmen. Ist dagegen die Gesinnung des Volks eine andere, so darf das Gesetz das nicht vorschreiben. Gibt es darüber in demselben Volke nicht durchweg eine und dieselbe Gesinnung, sondern ist die Sitte und Denkart verschieden nach Verschiedenheit der Gegend oder der Stände, so muß es auch verschiedenes Recht darüber in demselben Volke geben.

§. 8.

Wo nun aber Gemeinschaft der Güter rechtens ist, da läßt sich dies hauptsächlich noch auf zweierlei Weise denken:

1) äußere Gemeinschaft. Die in den beiden Vermögen enthaltenen Rechte bleiben einem Jeden für sich, die Frau behält ihr Eigenthum, ihre sonstigen dinglichen Rechte, ihre Forderungen; so auch der Mann die seinigen. Allein durch die Ausübung wird die Vermischung bewirkt, diese wird dem Manne übertragen; in diesem Sinne wird das Vermögen in seine Hand gegeben, Verwaltung, Nießbrauch im vollsten Sinn hängen von ihm ab. So wie die Ehe beendigt ist, fällt das so vereinte Gut wieder auseinander, und jedem das Seinige von

selbst auch der Ausübung nach wieder allein zu, da es dem Recht nach nie aufgehört hatte, das Seinige zu seyn.

2) innere Gemeinschaft, wo auch die Rechte, welche die beiden ursprünglich gesonderten Vermögen ausmachen, vermischt und zu einer Gütermasse werden. Dies läßt sich nun wieder hauptsächlich auf zweierlei Weise denken:

a) so daß der Mann nunmehr Eigenthümer des Ganzen wird, und

b) so daß die beiden Ehegatten zusammen als juristische Person Eigenthümer des Ganzen werden: Gütergemeinschaft im strengen Sinne.

§. 9.

Ehe wir nun nachsehen, wie dieses bei den Römern gehalten wurde, müssen wir noch am Schlusse der Einleitung bei einem Punkte besonders verweilen. Der gewöhnliche Fall ist — wie dies die Natur mit sich bringt — daß Kinder aus einer Ehe geboren werden. Im rechten, der menschlichen Natur gemäßen Zustande wirkt dies auf die Ehe zurück, so daß das, was die Ehe seyn soll, vollkommener dadurch erreicht wird, das Band, welches die Ehegatten verknüpft, schlingt sich fester um sie zusammen, indem es die gemeinsamen Kinder mit umschlingt. Mann, Frau und Kinder sind nun wie Eine Person [16]). Nach aller Erfahrung wird die Gatten-Liebe durch die Liebe zu den gemeinsamen Kindern, wenn nicht erhöht, doch belebt und erhalten, insbesondere die geistige Einigung erhält durch gemeinschaftliche Thätigkeit für die Erziehung der Kinder eine rechte Dauer und Festigkeit.

Dieses nun aber, und daß dem Staat, wie man meint, kinderreiche Ehen willkommen sind, hat zu dem Irrthum verleitet, als bestehe der Hauptzweck der Ehe in dem Erzeugen und Erziehen der Kinder. Soll hier mit dem Wort Hauptzweck etwas Wesentliches bezeichnet werden, etwas was der Ehe erst den menschlichen sittlichen Charakter gebe, so

16) Im Indischen Gesetzbuch (Menu IX. 45) heißt es: „der Mann und seine Frau sind. Eine Person, der vollkommene Mann besteht aus sich selbst, seinem Weibe, und seinem Sohne.“ (Heeren Zusätze zu der 3ten Ausgabe üb. die Politik ꝛc. der vornehmsten Völker ꝛc. Vergl. Menu V. 148, wonach die Abhängigkeit der Weiber nie aufhören kann, der Mann erscheint gesetzlich als der Herr und Gebieter. Heeren a. a. O. S. 328.)

würden die Ehen, welche kinderlos bleiben, so wie sich das entscheidet, keine wahren Ehen und daher zu trennen seyn. Vollends müßte es sündlich und unerlaubt seyn, eine Ehe in einem so hohen Alter, oder sonst unter Umständen einzugehen, wo keine Kinder erzeugt werden können. Nicht ohne Inconsequenz könnte man, hiervon ausgegangen, ein solches Verhältniß als Ehe ansehen; auf der einen Seite es so betrachten; als könne es dabei blos auf leibliche Unterstützung und Pflege abgesehen seyn, und doch damit alle rechtlichen Wirkungen einer wahren Ehe, so weit sie sich ohne Kinder denken lassen, verbinden. Der Staat, meinte man auch wohl, habe bei der Ehe auf die Bevölkerung zu sehen, das sey der äußere Zweck der ihn allein angehe. Dadurch wird etwas an sich Heiliges wahrhaft profan gemacht. Ob es immer so sehr das wahre Interesse des Staats sey, daß er durch kinderreiche Ehen eine große Bevölkerung erhalte, können wir dahin gestellt seyn lassen — es möchte das so ziemlich von Umständen abhängen —; gewiß ist aber, daß alle ächt menschliche und sittliche Familien-Verbindungen im Interesse des Staats sind, und unter seinem Schutze stehen müssen. Eben so ist es gewiß, daß für Ehen es im allgemeinen wünschenswerth ist, daß Kinder daraus geboren werden, aber das was zum Zweck einer Sache wünschenswerth ist, macht nicht diese Sache selbst aus, und die Erfahrung lehrt, daß eine durchaus treffliche Ehe ohne Kinder bestehen kann, mögen nun Kinder noch möglich seyn oder nicht, und daß eine kinderreiche Ehe dagegen oft ihren Zweck gänzlich verfehlt, und innerlich gar keine Ehe mehr ist, wenn sie auch äußerlich fortdauert. Daher muß es immer zu schiefen Folgerungen führen, die auch praktisch nicht unschädlich seyn können, wenn die Gesetzgebung von solchen falschen Prämissen ausgeht. Dieser Irrthum ist aber freilich sehr alt, und man möchte beinahe denken, daß sogar einige Römer der alten Zeit ihn schon gehabt haben. Wenn Gellius, Dionys und Valerius Maximus von der ersten Ehescheidung in Rom erzählen, sie sey wegen Kinderlosigkeit erfolgt, und dies auf einen Eid zurückführen, den die Censoren dem Manne aufgelegt hatten, »uxorem se liberorum querendorum causa habiturum,« so muß der Schein entstehen, als habe man dies zum Wesen der Ehe für nöthig erachtet, als sey wenigstens im Sinne des Staats eine gänzlich kinderlose Ehe als gar keine geachtet worden. Ferner wenn wir aus sichern Zeugnissen auch sonst noch wissen, daß jenes bei den Römern eine Heirathsformel gewesen, und daß es als solche auch in den Tabulae nuptiales vorgekommen, man verbinde sich liberorum querendorum (s. procreandorum s. suscipiendorum) causa; so kann allerdings die Vermuthung entstehen, die Römer hätten dies von jeher als das Wesen der Ehe angesehen, und das würde sich denn mit der Definition, welche unsre Klassiker, nach dem Obigen, von der Ehe geben, nicht vertragen. Die Juristen der neueren Zeit sind ohne Zweifel auch dadurch, daß sie dies gewahr geworden, verleitet worden, sich die Sache so zu denken. Hätten die Römer sich nun die Sache wirklich auch so gedacht, so könnte das die Natur nicht ändern, und der Wahrheit keinen Abbruch thun; wir müßten dann bekennen, daß sie zwischen Richtigem und Unrichtigem, zwischen Wahrem und Falschem geschwankt hätten. Allein dem ist nicht so, wenigstens war dies keine Vorstellung der Juristen. Wie es denn aber damit zusammenhängt, das können wir erst in Folge begreiflich machen.

§. 10.

Hier wollen wir nur dieses noch vorausschicken. Das Verhältniß zwischen Eltern und Kindern ist wiederum ein Naturverhältniß, an sich ein bloßes Faktum, was einen physischen und sittlichen Grund hat. Das positive Recht kann aber dieses Faktum allerdings in den Kreis gesetzlicher Bestimmungen hineinziehen. So wenig aber als die Ehe in ihrer Totalität vom Gesetz bestimmt werden kann, so wenig kann das Verhältniß zwischen Eltern und Kindern durch gesetzliche Vorschriften erschöpfend bestimmt werden, so daß hier alles, was recht und gut ist, gerichtlich müßte erzwungen werden können. Das ist durchaus nicht thunlich, und das Gesetz muß hier vielmehr so schonend als möglich verfahren, und in Familienverhältnisse so wenig als möglich eingreifen, vieles der Freiheit überlassen, und vor allen Dingen nicht die Sitte, wie sie einmal ist, überwältigen wollen. Es kann aber allerdings seyn, daß durch das Gesetz manches in diesem Verhältniß, auch was die blos persönlichen Beziehungen angeht, geregelt worden ist. Es kann dann namentlich vorgeschrieben seyn, daß dies lediglich rechtens seyn solle, wo eine wahre und nicht verbotene Ehe Statt fand, und aus dieser die Kinder erzeugt wurden. Damit kann das Gesetz die Vermögensverhältnisse in Verbindung setzen, 1) so daß die Kinder ein Anrecht auf das Vermögen der Eltern erhalten, und 2) so daß durch das Daseyn der Kinder die Vermögensverhältnisse der Ehegatten unter sich verändert werden, wie z. B. nach manchem teutschen Statut dadurch Gütergemeinschaft unter den Ehegatten entsteht, die bisher mit getrennten Gütern gelebt hatten, oder eigentlich die bisherige äußere Gütergemeinschaft in eine innere verwandelt, oder eine von diesen weiter als bisher ausgedehnt wird. Man ging von dem Erfahrungssatz aus, daß die Ehe nun erst rechte Dauer und Sicherheit gewöhnlich erhalte, oder es ward dieses auch mit dem ersten Punkt, dem Anrecht der Kinder an dem Vermögen der Eltern in Verbindung gedacht: so wie Eltern und Kinder nun als eine vollkommene Hausverbindung eins sind, so soll nun auch unter ihnen in keinerlei Art gezweietes Gut seyn.

Das alles ist möglich, wie nun aber die Römer dieses gestalteten, davon soll die folgende Erörterung Rechenschaft geben.

Erster Abschnitt.

Von der rechtlich gültigen Ehe und ihren Arten bei den Römern.

Erstes Capitel.

Rechtlich gültige Ehe überhaupt.

§. 11.

Das positive Recht nimmt das Faktum, welches Ehe ist, auf, und verbindet damit rechtliche Wirkungen. Aber es kann seyn, daß es eine Ehe nur dann anerkennt, d. h. rechtliche Wirkungen damit verknüpft, wenn sie in einer gewissen Form eingegangen worden. So ist es in unserm Recht, im klassisch-römischen Recht war das nicht, das Justinianische Recht war nur in einer Annäherung dazu begriffen, wie sich inskünftige zeigen wird.

Ferner kann es seyn, daß wegen gewisser in concreto eintreffender Gründe die Ehe nichtig, also mit keinen rechtlichen Wirkungen verbunden, also vom Staat nicht anerkannt ist, wenn auch das Faktum Statt findet. Davon giebt es im römischen Recht mehrere Beispiele, die wir hier, obgleich dies nicht schlechthin zu unsrer Aufgabe gehört, des Zusammenhangs wegen kurz durchgehen wollen.

Es gehört dahin:

1) wenn auch nur einer der Ehegatten impubes ist. Man nahm juristisch an, das Faktum der Ehe sey hier gar nicht vorhanden, da keine ernsthafte, weder physische noch psychische Vereinigung vor der Pubertät regelmäßig möglich ist. Die wenigen Fälle, wo dies etwa anders seyn konnte, wegen früherer Reife, wurden nicht beachtet. Daher denn hier auch gar kein Verbot war [17]), und die Ehe von dem Augenblick an als gültig angenommen wurde, da die Puber-

17) In L. 10 D. de condit. et demonstr. wird diese nur nicht gehörige Coniunctio, »si nondum nubilis aetatis in domum mariti deducta sit« entgegengesetzt den Fällen, da sie »ei coniuncta sit, cuius nuptiis ec interdictum est.«

tät beider eintrat, wenn nur sonst die faktischen Kennzeichen einer Ehe vorhanden waren [18]. Ja es konnte sogar die während der Impubertät gebene Dos nicht ohne Repudium (ausdrückliche Aufhebung) zurückgefordert werden, eben wie bei Sponsalien [19]. Geschieht die Trennung während der Impubertät, so wird das Privilegium der Dotalklage der Condictio beigelegt [20].

2) wer verheirathet ist, darf keine andere heirathen, ehe er geschieden ist. Die Römer haben niemals Polygamie oder auch nur Bigamie irgend gelten lassen, und wenn es wahr ist daß unter Valentinian die Polygamie einmal erlaubt gewesen sey [21], so war das von oben sanctionirtes Unrecht und temporär. Auch Cäsar soll einmal das Projekt gehabt haben, Vielweiberei einzuführen [22]. Das war vorübergehende Frivolität. Wo also ein wirklich noch Ver-

18) L. 4. D. de R. N. L. 30. D. quando dies legat.

19) L. 8. D. de condict causa data conf. L. 13. §. 1. in f. D. de H. P.

20) L. 17. §. 1. L. 18. L. 19 pr. D. de rebus auctorit. iud.

21) *Brissonius* ad Leg. Iul. de adulter. p. 190. s. m. (opp. min. ed. Trekell).

22) Suetonius in Caesare c. 52.

heiratheter zum zweiten Male heirathet, da darf nur die erste Ehe juristisch als solche gelten, die zweite simultane ist wenigstens nichtig [23]). Allein es kann die Frage entstehen, wenn Ehe lediglich auf Consens, und Scheidung lediglich auf Dissens, selbst auf einseitigem, beruht, liegt da nicht schon in der zweiten Heirath eine Scheidung, falls nicht klar ist, daß der Mann wirklich zwei Frauen habe zugleich haben wollen, oder umgekehrt. Diese Frage ward wirklich in alter Zeit, wie Cicero [24]) erzählt, bei den Römern aufgeworfen. Als freilich wie unter Augustus

23) L. 2. C. d. incest. nupt. vergl. mit L. 1. D. qui not. inf. L. 18. C, ad L. Iul. de adulter.

24) Cicero de oratore I. 40 u. 56. «Quid, quod usu, memoria patrum, venit, ut paterfamilias, qui ex Hispania Romam venisset, cum uxorem praegnantem in provincia reliquisset, Romaeque alteram duxisset, neque nuntium priori remisisset, mortuusque esset intestato, et ex utraque filius natus esset, mediocrisne res in controversiam adducta est? cum quaereretur de duobus civium capitibus et de puero, qui ex posteriore natus erat, et de eius matre, quae, si iudicaretur, *certis quibusdam verbis*, *non novis nuptiis* fieri cum superiore divortium, in concubinae locum duceretur.«

C. 56. » — — atque in eo puero, qui ex altera natus erat uxore, non remisso nuntio superiori, fuit inter peritissimos summa de iure dissensio.»

Es werden hier einander entgegengestellt das bloße faktische Verhalten, die neue Heirath, und certa quaedam verba oder redurch die Lex Iulia de adulteriis eine allgemeine Form für die Scheidung vorgeschrieben ward, hob sich dies von selbst, und nun blieb es nicht bei der Richtigkeit, es war auch nicht blos Infamia damit verbunden, sondern es ward criminell [25]).

missus nuntius, dies letzte geht also nur darauf, ob die Entfernte eine wörtliche Erklärung mußte erhalten haben, aus der die Absicht sich zu scheiden deutlich hervorging, mogten diese Worte nun in einer Formel abgefaßt seyn, oder sonst die Meinung deutlich aussprechen. Unmöglich kann also in diesen Stellen ein Beweis liegen, daß ein Rechtsgebrauch damals schon Formeln als nothwendig eingeführt hatte: wie hätte sonst unter den rechtserfahrensten Männern so großer Streit über diesen Fall seyn können? Wächter über Ehescheidungen bei den Römern, S. 109 in der Note meint zwar, aus den Anfangsworten: quid, quod usu venit sey zu schließen, der Gebrauch habe hierüber bestimmt, und durch Gebrauch sey es nun wirklich eingeführt, daß gewisse Formeln zur Scheidung wären erfordert worden. Allein jene Worte, dünkt mich, sagen nichts weiter, als was sie so oft sagen: es hat sich ereignet, der Fall hat sich zugetragen, in der Praxis ist es vorgekommen; es steht ja nicht usu convenit. Vielmehr folgt aus der ganzen Erzählung, daß es wohl gebräuchliche Formeln, die an sich verständlich waren, geben mogte, aber keine nothwendigen, sonst hätte gar keine Frage seyn können, ob in dem bloßen Faktum der neuen Ehe, ohne vernehmliche Erklärung an die erste Frau, eine Scheidung oder eine Doppelheirath in dubio liege, diese aber einmal als möglich zugegeben, konnte sie allerdings Gegenstand einer interessanten und schwierigen Disputatio fori werden. — Die Formeln aber waren nur erleichternd, sie drückten den Willen möglichst kurz aus. Daher kann es seyn, daß Cicero in der ersten Stelle an diese grade dachte.

3) Sklaven können keine Ehe eingehen, nicht blos unter sich nicht, sondern auch nicht mit Freien.

Das Hinderniß ist hier zunächst etwas Faktisches, denn eine Person, welche ganz der Willkühr eines Dritten hingegeben ist, kann nicht eine dauernde Vereinigung, wie die Ehe, wollen, da diese in jedem Augenblick durch die That, welche von einem Dritten abhängt, wieder aufgehoben werden kann. Selbst die Einwilligung des Herrn kann eine solche blos versuchte Vereinigung nicht möglich machen, da ja nichts ihn hindert, diese in jedem Augenblick faktisch wieder zurückzunehmen. Daß der Sklave freilich dem Herrn so ganz hingegeben ist, liegt allerdings in dem positiven Recht, und so ist der letzte Grund der Unmöglichkeit, in so fern von einem römischen Sklaven die Rede ist, allerdings etwas rein juristisches. Der bei einem fremden Volk befindliche Sklave konnte aber, dies auf römisches Recht bezogen, aus rein faktischen Gründen in keiner Ehe leben, daher dies vom

25) L. 18. C. ad L. Iul. de adulter. Gaius I. 63. §. 6. 7. I. de nuptiis. L. 2. C. de incestis nuptiis.

gefangenen Römer galt [26]). Aber auch mit mit dem eigenen Sklaven ist wegen der gänzlichen Ungleichheit, und bei dem Mangel an freier Wahl, schon der Natur der Ehe nach keine möglich. Sklaven unter einander können nur in Contubernio nicht in Matrimonio leben [27]). Verboten waren dergleichen Verbindungen übrigens nicht, nur beziehungsweise kam ein solches Verbot in der Folge vor. [28]).

4) Zu nahe Verwandschaft [29]) macht die Ehe nichtig, z. B. dergleichen zu wollen ist naturwidrig zwischen Eltern und Kindern, zwischen Geschwistern; aber die Römer giengen viel weiter, wovon nur das Nähere uns hier nicht angeht. In allen solchen Fällen war juristisch keine Ehe vorhanden, nur war sie nicht immer verpönt,

26) S. unten §. 55. — Man könnte gegen diese Ansicht einwenden, der Vater, der seine Tochter in eine freie Ehe gegeben hatte, konnte ja auch, unter Voraussetzung der Potestas, die Ehe in alter Zeit willkürlich aufrufen, und so war hier auch die Ehe von der Willkür eines Dritten abhängig. Allein man bedenke, daß hier die Sitte entgegenstand, am gewaltigsten in jener Zeit, wo der Aufruf der Ehe juristisch am freiesten war.

27) Paulus R. S. II. 19. §. 6.

28) Paulus l. c. II. 21.

29) Zu Zeiten auch wohl Schwägerschaft. L. 2 - 4. C. Theod. d. incestis nupt.

jedoch war sie das in den mehrsten Fällen und als Incestus mit Strafen belegt. Ursprünglich beruhte das auf römischer Sitte [30]).

5) Ungleichheit des Standes, nach der Lex Iulia et Pap. Poppaea: ein Senator oder wer zu seinem Hause gehört mit einer freigelassenen Person, ein Ingenuus mit einer Persona infamis wenigstens in mehrern Fällen: eine solche Ehe war nichtig [31]). — Insbesondre war noch verboten und verpönt die Ehe zwischen dem Libertus und der Frau oder Tochter seines Patrons, oder auch seiner Patronin selbst [32]). Nur wenn die Patronin sehr niedrigen Standes war, so daß ihr die Heirath mit dem Libertus eher zur Ehre als zur Schande gereichte, galt eine Ausnahme [33]).

6) der Vormund darf seine Mündel nicht heirathen,

30) Paulus l. c. II. 19. §. 3-5. §. 12. I. de nupt. L. 8. 39. §. 1. D. d. R. N. Tacitus Annal. XII. 6. Collat. Leg. Mos. Tit. VI. Tit. C. V. 5.

31) Ulpian. Fragm. Tit. XIII. L. 44. D. d. R. N. L. 42. §. 1. eod. L. 23. eod. Ulpian. l. c. XVI. 2. — Justinian erlaubte am Ende alle wegen Standesungleichheit verboten gewesene Ehen. Nov. 117. c. 6.

32) Paulus R. S. II. 19. §. 9. L. 3. C. de nupt. L. 62. §. 1. D. d. R. N.

33) L. 13. D. d. R. N.

oder sie an seinen Sohn verheirathen: das ist nichtig und strafbar [34]).

7) der Praeses provinciae oder wer sonst ein Officium in der Provinz hat, darf während dieser Zeit keine Provinzialin heirathen: so lange das Officium dauert, ist die Ehe ungültig [35]).

8) Spadones dürfen nicht heirathen, wenn sie verschnitten (castrati) sind. Also die entschiedenste Zeugungsunfähigkeit macht an sich nicht unfähig zur Ehe [36]).

Man kann noch hierher rechnen, daß der Vater, der die Gewalt hat, in die Ehe des Kindes vorher

34) L. 66. pr. D. d. R. N. L. 17. pr. D. d. act. rer. amot.

35) L. 38. pr. D. d. R. N. L. 17. pr. D. d. act. rer. amot.

36) L. 39. §. 1. D. d. I. D. Es ist unbegreiflich, wie man noch immer diese Bestimmung des römischen Rechts dafür anführen kann, daß absolute Zeugungsunfähigkeit auch unfähig zur Ehe mache, da doch so offenbar die Unwürdigkeit und Niederträchtigkeit einer solchen absichtlichen Verstümmelung dies besondre Recht der Castraten hervorgebracht hat. Das canonische Recht (Thibaut System des P. R. §. 392.) hat hier freilich wieder dem Concubitus eine auserlesene Wichtigkeit gegeben. Die Römer konnten es freilich nicht übersehn, daß die Heftigkeit der sinnlichen Naturtriebe vor allem dahin wirkt, Ehen hervorzubringen, dennoch aber glaubten sie nicht, daß das Wesen der Ehe darauf beruhe.

einwilligen muß, wenn sie nicht absolut ungültig seyn soll; davon aber noch unten §. 38.

Unter der neuern Kaiserregierung ward auch noch die Ehe zwischen Juden und Christen [37]), die des Ehebrechers mit der Ehebrecherin [38]), die des gewaltthätigen Entführers mit der Entführten [39]), des Taufvaters mit seinem Täufling [40]) untersagt [41]).

§. 12.

Wo nun aber kein solches Hinderniß vorhanden war, da war eine gültige Ehe, wenn anders das Faktische vorhanden war, was zur Ehe an und für sich gehört. Nun gab es aber von gültiger Ehe mehrere Arten, denen verschiedene Wirkungen durch das Gesetz beigelegt waren. Wir fragen nur noch vor-

37) L. 6. C. de iudaeis.

38) Nov. 134. c. 12. vgl. L. 13. D. d. his quae ut indign.

39) Nov. 143. 150.

40) L. 26. in f. C. d. nupt.

41) Der Annus luctus (welcher Name sich historisch sehr leicht rechtfertigt vgl. L. 11. §. 1. mit L. 1. m. D. de his qui not. inf.,) gehört nicht hieher, denn die intra legitimum tempus geschlossene Ehe ist nicht nichtig, sondern nur mit Infamie u. Vermögensstrafen verbunden, s. nur L. 1. D. d. secund. nupt. verba: «secundo viro ultra tertiam partem bonorum *in dotem* non det,» war die Ehe nichtig, so konnte gar keine Dos bestellt werden. Daß auch nur während des Trauer-Jahrs Dos und Ehe nicht gelten, steht nirgends.

aus: welches war die Wirkung aller gültigen Ehe?

Wir können davon die eine allgemeine angeben, daß die darin erzeugten Kinder juristisch einen Vater erhielten (habent Patrem). Alle außerehelichen Kinder, was die Neuern illegitime Kinder nennen, die Römer vulgo quaesiti oder spurii [42]), haben im Sinne des Rechts keinen Vater; dagegen hat jede Ehe wenigstens die Wirkung, daß die Kinder nicht bloß der Mutter, wie die spurii, sondern auch dem Vater angehören, und daher zwischen diesem und ihnen ein Pietäts- und Cognations-Verhältniß entsteht. Dies ist der Sinn des Satzes: »Pater est quem nuptiae demonstrant« [43]). Nuptiae ist hier das ganz allgemeine, nur die nach dem Gesetz ungültige Ehe ist ausgenommen, denn aus dieser können nur Kinder entstehen, die den Spuriis gleich sind: »et hi patrem habere non intelliguntur« [44]). Mit den Concubinenkindern war es ursprünglich nicht anders, obgleich das Concubinat nicht verboten war; ursprüng-

42) Beides wird vollkommen gleichbedeutend gebraucht. L. 23. D. d. Statu homin.

43) L. 4. §. 3. L. 5. D. de in ius vocando. L. 23. D. de Statu hom. §. 4. I. d. success. cogn.

44) Gaius I. 64. Ulpian. V. 7. §. 12. I. de nuptiis.

lich gab es nur zweierlei Kinder, die es auf natürlichem Wege geworden waren: ex nuptiis procreati und vulgo quaesiti; zu den erstern können die Concubinenkinder nicht gehören, folglich gehören sie zu den letztern, sie haben eine Mutter, aber keinen Vater. Beziehungsweise ist dies zwar durch die spätere Legislation geändert. Von den ersteren waren aber eine Species die ex *iustis* s. *legitimis* nuptiis procreati, die Legitimi im römischen Sinne, wie sich gleich näher ergeben wird.

Zweites Capitel.

Arten der gültigen Ehe.

§. 13.

Es läßt sich mit Grund vermuthen, daß es ursprünglich in Rom nur eine Art der Ehe gegeben hat, die man die etruscische nennen kann, da die mit ihrer Eingehung verbundenen Feierlichkeiten, wie die ersten Bewohner Roms selbst, wahrscheinlich etruscischen Ursprungs gewesen sind [45]). Wie in der Folge Patrizier und Plebejer sich gegenüber standen, so stand auch diese Ehe als patrizische einer plebejischen gegenüber. Von der letzteren besitzen wir keine Nachrichten, doch ist zu vermuthen, das es ungefähr die Ehe gewesen, welche in der Folgezeit als dritte gänzlich unfeierliche Art und als freie Ehe vorkommt [46]). Wahrscheinlich wurden diese beiden Ehen eine Zeit lang ganz auseinander gehalten: die Patrizier verheiratheten sich nicht mit den Plebejern. Dann, wie Einzelne hiervon eine Ausnahme zu machen anfingen, wurde dies doch im Sinne der Patrizier für keine

45) Es findet sich über diesen Gegenstand eine ausführliche gelehrte und scharfsinnige Untersuchung bei Wächter üb. Ehescheidungen bei den Römern. Stuttgart 1822, S. 32 rc., die freilich noch neuen Zweifeln und Forschungen Raum läßt, was aber in der Schwierigkeit und Dunkelheit der Sache liegt. S. auch schon früher Schrader Rechtsgeschichtliche Bemerkungen in Hugo Civilist. Magazin Bd. 5. H. 2. S. 140. und Bethmann-Hollweg Diss. d. causae prob. Berl. 1820. p. 2. Eine weitläuftige Erörterung hierüber ist der eigentlichen Absicht unsers Buchs, welche auf Darstellung des Vermögensrechts römischer Ehegatten gerichtet ist, zu fremd, nach unsrer Privatüberzeugung aber hat es allerdings seine Richtigkeit, daß die confarreirte Ehe etruscischen Ursprungs u. den alten Patriziern eigenthümlich war. Nur wollen wir uns zum voraus auf eine Bemerkung, die unt. §. 23. i. d. Note vorkommen wird, und einen versuchten Nebenbeweis betrift, beziehen.

46) Ueber den Begrif die-

Ehe geachtet, im Sinne ihres Rechts hatten daher auch solche Kinder keinen Vater: es war den Söhnen nicht gestattet »uxorem ducere ex plebe« und den patrizischen Töchtern nicht «enubere ex patribus». Dabei konnte es jedoch nicht bleiben, sondern es mußten Fälle vorkommen, theils daß ein Patrizier eine Plebejerin heirathete, theils daß ein Patrizier seine Tochter einem ausgezeichneten Plebejer zur Ehe gab, ohne daß man einer solchen Ehe nunmehr noch alle Wirkungen versagen und sie als ganz unerlaubt und verwerflich behandeln konnte. Bethmann-Hollweg in einer kleinen trefflichen Schrift «de causae probatione« [47]) S. 3. erwähnt nur den ersten Fall, und da könnte man es gelten lassen, daß, wie er meint, die Kinder der Mutter folgten, also Plebejer wurden. Allein da auch der zweite Fall sich ereignet haben muß, sobald solche Ehen überhaupt zahlreicher wurden, so kann dies nicht als Regel gegolten haben. Für

ser freien Ehe unten §. 28, — eine dritte Art ist sie, wenn man zählt: 1, nuptiae confarreatae; 2, Coemptio matrimonii causa, wofür der Usus nur ein Surrogat ist, 3, freie Ehe; will man den Usus zu einer besondern Art machen, so ist die freie Ehe die vierte Art; zieht man jene drei in dem Genus, Ehe mit Conventio in manum, zusammen, so ist sie die zweite Art.

47) S. oben.

eine solche Regel läßt sich nicht anführen, was Ulpian in L. 42. D. de Statu hom. sagt:

> Lex naturae haec est, ut qui nascitur sine legitimo matrimonio matrem sequatur, nisi lex specialis aliud inducit.

Denn worin kann diese Lex naturae liegen?

In Teutschland ist man seit geraumer Zeit geneigt, auch wenn gar keine Ehe Statt fand, aus der die Kinder erzeugt worden sind, doch bei ihnen juristisch einen bestimmten Vater anzunehmen, wenn sich anders die Vaterschaft wahrscheinlich machen läßt. Die Römer fanden das unnatürlich [48]), und hiervon ausgegangen ist es denn allerdings Lex naturae, die Kinder als blos der Mutter angehörig anzusehen. Daraus läßt sich aber noch nicht schließen, daß es eben so seyn müsse bei Ehen, die nicht vom Civilrecht eigentlich verworfen (matrimonia non reprobata), son-

48) Es ist dies: naturae lex est, also nicht viel anders zu nehmen, als wenn Pomponius in L. 7. de R. I. einmal sagt: earum rerum *naturaliter* inter se pugna est, testatus et intestatus; obgleich dieser Widerspruch nur auf eigenthümlich römischer und zwar recht künstlicher Vorstellung beruhte, die ihnen aber zur andern Natur geworden war, so wenigstens meine ich, obgleich ich weiß, daß Andre sich die Sache anders denken, hier kann nicht der Ort seyn, dies zu erörtern.

dern nur nicht vom Civilrecht eigentlich garantirt (matrimonia non iusta, non legitima) [49]) sind, wo die Kinder denn doch einen Vater haben. Hier können politische Gründe gar wohl auf das Gegentheil führen, daher **Ulpian** zugibt, es könne hier ein besondres Gesetz die Natur der Dinge ändern. Er spricht hier nach seiner Erfahrung, aus der ihm solche Gesetze vorlagen, namentlich die Lex Mensia. Aber dasselbe Bedürfniß, was später eigne Gesetze hierüber hervorbrachte, kann in der ersten Zeit einen Rechtsgebrauch erzeugt haben. Aeußerst mißlich mußte es aber seyn, die Kinder einer mit einem Plebejer verheiratheten Patrizierin der Mutter folgen, und sie in den Patrizierstand eintreten zu lassen, sobald man die Ehe, wenn auch nur faktisch, bestehen zu lassen sich genöthigt sah; denn nun bekam man in plebejischer Gesinnung aufzogne Patrizier. Concubinat war hier nicht wohl möglich, nämlich zwischen einer Patrizierin und einem

49) Wenn ich hier den Ausdruck matrimonia illegitima, iniusta vermeide, dessen sich doch die Römer auch bedienen, grade um dies zu bezeichnen, so geschieht dies nur deswegen, weil wir in unserm Latein daran gewöhnt sind, unter iniustum s. illegitimum schlechthin etwas Widergesetzliches, etwas Widerrechtliches zu denken.

Plebejer, auch faktisch nicht, denn einen juristischen Charakter bekam dies bekanntlich erst spät. Hatte sich aber eine Patrizierin mit einem Plebejer versehen, und versöhnte sich wieder mit ihrer Familie, so mochte sie immer mit ihren Kindern in den Patrizierstand aufgenommen werden, die Kinder wurden darin aufgezogen, und den Vater gingen sie gar nichts an. Anders wenn sie dem Manne die Frau nebst den Kindern lassen mußten. Gab es hier daher für unsre beiden obigen Fälle eine durchgreifende Regel, so konnte sie entweder nur die seyn: patrem sequuntur liberi, oder die, welche die Lex Mensia hinsichtlich der Peregrinen in der Folgezeit aufstellte: liberi *deteriorem* sequuntur conditionem, also sie werden immer Plebejer, der Vater oder die Mutter mag es seyn.

§. 14.

Durch die zwölf Tafeln, dürfen wir annehmen, wurde auch die plebejische Ehe ein Matrimonium legitimum, das gemeinsame Civilrecht garantirte nun auch diese Ehe, wie es die Testamente auch der Plebejer garantirte, vorausgesetzt, daß die Ehe nicht etwa gemischt war, denn die Decemvirn bestimmten ausdrücklich in einer Supplement-Tafel, daß kein Connubium seyn sollte Patribus cum Plebe, nach Livius IV. 4. und Dionysius X. in f. Dennoch sah man sich genöthigt, auch fernerhin eine solche Ehe faktisch zu gestatten, und konnte ihr auch rechtlich nicht alle Wirkungen versagen. Aber schon im Jahre 309 der Stadt, also wenige Jahre später, ward durch die Lex Canuleia, nach lebhafter Gegenwehr der Patrizier, dies Connubium eingeführt, nach Livius IV. 1—6. Hier läßt nun im vierten Capitel Livius den Canulejus ausdrücklich sagen: es sey kein Grund vorhanden, dies Connubium zu verweigern, denn niemand zwinge ja die Patrizier Plebejerinnen zu heirathen, oder ihre Töchter oder Schwestern d. i. Agnatinnen, den Plebejern zur Ehe zu geben. Das neue Gesetz solle nur die Ehre der Plebejer im allgemeinen herstellen, die Patrizier könnten es im übrigen privatis consiliis halten wie sie wollten. Sodann verlören sie durch einen einzelnen Fall dagegen auch gar nicht, denn «quid iuris tandem mutatur? *nempe patrem sequuntur liberi*«; dies mußte also schon ohne Connubium so gewesen seyn, «nec quod nos ex connubio vestro petamus quicquam est, praeterquam ut hominum, ut civium numero simus.« Der Gedanke, den Livius ihm in den Mund legt, ist dieser: wir wollen nur unsre Bürgerehre anerkannt, in den Rechten soll nichts anders werden. Hat ein Patrizier eine Plebejerin geheirathet, so sind das seine Kinder und sie werden nach wie vor Patrizier: wir machen auf sie keine Ansprüche. Geben Patrizier ein Weib ihres Standes einem Plebejer zur Ehe, so werden die Kinder nach wie vor Plebejer, und es wird ihnen kein Plebejer aufgedrungen: In diesem Zusammenhang konnte er fortfahren: «nec vos, nisi in contumeliam ignominiamque nostram certare iuvat, quod contendatis quicquam est. Das ganze Raisonnement war nicht einmal scheinbar, wenn vorher galt: liberi *matrem* sequuntur. Vielleicht mochte aber auch die Regel: patrem sequuntur, nicht ganz so entschieden seyn, und wenigstens früher die deterior conditio von den Patriziern als Regel aufgestellt worden seyn. Ja es ist möglich, wenn Livius dies auch hier ignorirt, daß in einzelnen Fällen, wo ein hinzugeheiratheter Plebejer sich in der patrizischen Familie eine Art Clientelar-Verhältniß gefallen ließ, die Kinder desselben für Patrizier galten. Nur so viel darf man wohl aus Livius zurückschließen, daß niemals die durchgreifende Regel gegolten habe: liberi matris conditionem sequuntur [50]):

§. 15.

Aus diesem früheren Verhältniß schreibt sich mithin der Unterschied her zwischen Nuptiae iustae und non iustae, der nachher in einem neuen Verhältniß

50) Gewöhnlich erkläct man freilich die Stelle des Livius ganz anders, nempe patrem *sequuntur* liberi soll heißen: n. p. *sequentur* lib., das werde die einzige Folge seyn, und darin bestehe alle Rechtsveränderung; daß das Präsens statt des Futurum stehe, wird durch die Lebhaftigkeit der Rede entschuldigt. Allein dies paßt weder in den Zusammenhang, wie im Text gezeigt worden ist, noch konnte es glaublich scheinen, daß Canulejus mit dem Vorgeben herausgerückt sey, als habe eine solche Rechtsveränderung gar keine Bedeutung. Dagegen konnte er sehr wohl über die speciellere Wirkung des Connubii, die Patria Potestas, welche gar nicht nothwendig mit dem Patrem sequuntur liberi verbunden ist, wenn auch beides oft zusammentrifft und daher auch wohl einmal für einander substituirt wird, mit Stillschweigen hinweggehn, zumal da die väterliche Gewalt im natürlichen Sinn bei aller Ehe Statt fand. Wir dürfen uns hier den Canulejus nicht so wahr wie einen Geschichtschreiber, aber auch nicht so unwahr denken, wie es einem Redner schaden würde. Die Sprache kann nichts dagegen haben, wie mich auch Philologen versicherten, auf das Präsens Gewicht zu legen, also es so zu denken: nempe et hodie 2c. ja es wird sich nicht leicht bei klassischen Schriftstellern ein Beispiel finden, daß die Zeiten verwechselt werden, wo grade auf die Zeit, worin man sich die Sache denkt, etwas ankommt. Wollte man aber dennoch annehmen, Livius habe seinen Redner jenes und nicht dieses sagen lassen, so würde er ihm dann etwas in den Mund gelegt haben, was wir nicht glauben können, und das aus der Natur der Verhältnisse hergenommene Argument würde dadurch nicht schwächer werden.

wieder vorkommt. Auch zeigen sich hier nun schon in dem Matrimonium non iustum oder non legitimum die beiden Unterarten: Matrimonium reprobatum und was man passend Matrimonium iuris gentium genannt hat, nur daß man dies in diesem Verhältniß nicht grade simultan, sondern in historischer Zeitfolge denken muß, und es gab eine Zeit, wo es zweifelhaft war, ob die illegitime gemischte Ehe gänzlich reprobirt oder iuris gentium, d. h. zu toleriren sey oder nicht. Durch die Lex Canuleia war aber dieser ganze Unterschied für dies Verhältniß aufgehoben, und die gemischte Ehe war so gut Matrimonium iustum als die reine, wenn auch der Widerwille der Patrizier gegen solche gemischte Ehen sich faktisch in der Folge noch zeigte [51]). — Der Unterschied kam aber in einem neuen Verhältniß wieder zum Vorschein. Jenes Verhältniß war das zwischen Römern und Römern, in der Folge entstand aber bekanntlich ein Verhältniß zwischen den Römern und den vielen unter Römern sich aufhaltenden Peregrinen. Also

I. Matrimonium iustum und non iustum, oder vielmehr, da wir hier von Unterarten einer gültigen

51) Z. B. Livius X. 23. wo nach einer Patrizierin die Sacra verweigert wurden, «quod e Patribus enupsisset.»

Ehe sprechen, Matrimonium iustum i. e. iuris civilis und Matrimonium iuris gentium [52]). Das der ersteren Ehe eigenthümliche Erforderniß ist gegenseitiges Connubium der Personen, welche sie eingehen wollen, d. h. persönlich gegenseitige Fähigkeit

52) Das Matr. iur. gent. ist nur eine Unterart des Matr. iniusti s. non legitimi, wie schon erwähnt worden, die andre Unterart ist die reprobirte Ehe, z. B. Incest, sowohl Incestus iuris gentium als Incestus iuris civilis. L. 13. §. 1. 4. D. ad L. Iul. de adulter. vergl. mit L. 24 §. 3 eod. u. Coll. L. Mosaic IV. 5. Hieher gehören auch die Gesetze, wo von dem Fall einer capitis deminutio media die Rede ist, und bald gesagt wird, die Ehe werde dadurch aufgehoben, bald nicht; das erstere gilt von der Civilehe, das letztere von der Ehe, die iuris gentium ist. Davon das Nähere unten §. 56. Vergl. auch L. 37. §. 2. D. ad municipal. Auf das Matrimonium iustum beziehen sich die Ausdrücke iusta uxor L. 13. §. 1. cit. L. 28. §. 3. de liberis Sueton. in Vespas. c. 3. in f. L. 31. D. de R. N. legitima uxor L. 4. eod. iustus pater L. 9. D. ad municipal L. 44. §. 1 D. de R. N. iusti liberi. Livius Lib. 38. c. 36. iustus filius Gaius I. 77. vergl. I. 99. iustus coitus Gaius I. 88. civiliter nupta L. 28. §. 3. cit. iustae nuptiae Gaius I. 55. pr. I. de pat. potest. pr. I. d. nuptiis. legitimae nuptiae. Gaii I. Epitome I. 4. pr. L. 10. D. d. R. N. L. 19. D. d. statu. — Glück P. C. XXIII. 2. S. 120 sagt: »*Nuptiae* nannte man (zu Modestin's Zeit) eigentlich die Ehe des Civilrechts. — — Eine Ehe hingegen nach dem ius gentium, unter Personen von denen entweder keine, oder wenigstens nur die eine das römische Bürgerrecht hatte, ohne alle Feierlichkeit geschlossen« (woher wissen wir denn, daß Matrimonia iuris gentium ohne alle

mit einander eine römische Ehe zu schließen: «Connubium inter eos esse debet, qui nuptias contrahunt» Ulpian. Fragm. V. 2. 3. Ulpians Definition

Feierlichkeit geschlossen wurden? das ist vielmehr, zumal wenn beide Peregrinen oder Latinen waren, höchst unwahrscheinlich; oder war ein solches Matrimonium mit Feierlichkeit ein Matrimonium iustum?)« hieß *Matrimonium* schlechtweg.« Dies ist eine alte Meinung die auch gar keinen Grund hat. Schon die Beiwörter iustae, legitimae, civiliter hätten vom Gegentheil überzeugen können, denn woher diese, wenn sie schon dem einfachen Nuptiae, und zwar auf eine von Matrimonium unterscheidende Weise enthalten waren? In pr. de patr. potest., konnte man freilich ehmals denken, sey das Beiwort von Justinian, nun aber wissen wir, daß die Stelle wörtlich aus dem Gajus ist. Die Stelle aus dem westgothischen Gajus hielt man für verdächtig, aber wirklich aus verkehrten Gründen; nun sehen wir freilich, daß sie in den ächten Institutionen nicht steht, sie kann aber sehr wohl aus einer andern Schrift von Gajus, oder aus einem andern Klassiker gezogen seyn, und das ist viel wahrscheinlicher, als daß sie so wie sie da steht, aus der Zeit der Compilation des Breviarii seyn sollte. Vergl. *Oiselius* Comment. ad Caii Institut. h. l. bei Schulting I. A. Irre geleitet wurde man vornämlich durch das »matrimonium *vel* nuptias« in L. 11. D. de R. N., allein gleich dabei in L. 10. steht ja nuptias legitimas, offenbar geht dieses Beiwort dort auf beide matrimonium und nuptiae, und unverkennbar geht dort wie in L. 11, wegen des speciellen Zusammenhangs, nuptias contrahere, wie sonst nubere auf das Weib, (die Tochter), und matrimonium contrahere, wie sonst ducere, auf den Mann (den Sohn). In L. 27. D. de donat. int. V. U. hätte am Ende statt nuptiae fuerint secutae vollkommen eben so gut stehen in §. 3. ist ganz richtig: Connubium est uxoris iure ducendae facultas, d. h. es ist die rechtliche Möglichkeit die Frau iure d. h. nach dem Civilrecht zu

können: matrimonium fuerit secutum oder contractum, denn dies steht blos im Gegensatz von der noch bevorstehenden Ehe, (»matrimonio coituri sunt«) im Anfange. So beweist grade diese Stelle, noch in die Augen fallender aber die von Diselius ebenfalls angeführte L. 13. C. de nupt. (Diocleti neque sine nuptiis instrumenta facta ad probationem matrimonii sunt idonea, diversum veritate continente, neque non interpositis instrumentis, iure contractum matrimonium irritum est, cum omissa quoque scriptura caetera nuptiorum indicia non sunt irrita — würde wohl der Sinn im mindesten verändert, wenn man wo nuptiae steht matrimonium setzte und umgekehrt?), daß nuptiae und matrimonium durchweg dasselbe sagen. Schulting hat dies schon richtig bemerkt, nur läßt er sich wieder von dem Pleonasmus in §. 12. I. d. nupt. (eine Stelle, die von Justinian ist) hintergehen.

Glück führt blos L. 11 (et 12?) D. de R. N., L. 66 pr, et §. 1. D. d. donat. int. vir. et ux., und L. 13. §. 1. D. ad. Leg. Iul. de adulter. an. In der letzten Stelle kommt der Ausdruck: iusta und iniusta uxor vor und dann omnia matrimonia, die eben die iusta wie die iniusta uxor umfassen sollen, dies beweist also schon dagegen, und durch nichts ist erwiesen, daß von omnes nuptiae nicht dasselbe gilt. In L. 66 (s. unten §. 34.) kann es ganz zufällig seyn, daß im pr. zweimal matrimonium und §. 1 mehrmals nuptiae vorkommt, aber es läßt sich etwas dafür sagen, daß in §. 1. nuptiae anfangs auf die Feierlichkeit und gar nicht auf die Ehe an sich geht, nachher aber das Wort in dem Ausdruck nuptiae contractae beibehalten wird, weil es sich grade traf, daß der Anfang der Ehe heirathen. Damit eine solche rechtliche Möglichkeit vorhanden sey, muß natürlich auch in dem gegenseitigen Verhältniß der beiden Ehegatten kein Hinderniß vorhanden seyn, welches aller Gültigkeit der Ehe entgegensteht [53]). Hier haben wir es aber überhaupt nicht mit dem Connubium zu thun, dessen Mangel die Ehe nichtig macht, sondern mit demjenigen, wel-

selbst (matrimonium seu nuptiae) mit der Feierlichkeit der Verschleierung, dem transire ad maritum, dem aqua et igne accipere u. s. w., in einem Akt zusammenfiel. In ähnlicher Art kommt grade das Wort nach einander in der doppelten Bedeutung vor im Westgoth. Gajus l. cit. »Legitimae sunt nuptiae, si Romanus Romonam (dafür hat wohl civis civem ursprünglich gestanden) nuptiis intervenientibus vel consensu ducat uxorem.« Endlich ist nun auch ganz begreiflich, daß die Römer, wenn sie von einer Civilehe sprechen, ohne aber den Gegensatz mit der Ehe nach Ius gentium bemerklich machen zu wollen, das Beiwort iustum legitimum, oder wie es sonst heißt, weglassen, das gilt aber vollkommen eben so gut von matrimonium als von nuptiae, z. B. Coemtio matrimonii causa facta Gaius I. 114. Daß der Ausdruck nubere auch bei matrimon. iur. gent. vorkommen könne, ersieht man z. B. deutlich aus Gaius I. 68. und 69, denn im Anfange war hier doch auf alle Weise, selbst in der Vorstellung der Eheleute, ein matrimonium iuris gentium.

53) Die Klassiker beziehen daher die Fälle §. 11. no. 4 (nicht zu nahe Verwandschaft) auf Connubium Ulpian. V. 6. Gaius I. 59. Collat. Leg. Mosaic. VI. 2. So sprechen sie auch von Mangel an Connubium im Verhältniß zu Sklaven, z. B. auch Constantin L. 3. c. d. incest. nupt. aber auch Ulpian V. 5. Wenn

ches nur eine Civilehe und die eigenthümlichen Wirkungen dieser hindert, die Ehe des Ius gentium aber gestattet.

§. 16.

Seit Patrizier und Plebejer Connubium mit einander hatten, war das, was beiden gemein war, Erforderniß des Connubii, nämlich Civität. Beide, Mann und Frau, musten Cives seyn; dann war Civilehe, sobald Beide eine Ehe wollten, und dieses Willens fähig waren [54]) Sie konnten unter einander nichts an-

nun bei andern Fällen, wo aus Ursache eines persönlichen Verhältnisses alle Ehe fehlen würde, z. B. §. 11. no. 5 (Ungleichheit des Standes) das Wort etwa nicht vorkommt, so mag das sehr zufällig seyn, denn es giebt eine Menge andrer Ausdrücke, womit dies umschrieben werden kann, und die eben so häufig vorkommen als Connubium, S. tot. Tit. D. d. R. N. Wo aber Connubium gesagt wird, da scheint wenigstens irgend eine persönliche Relation als Hinderniß oder Nichthinderniß der Ehe in Betracht zu kommen, wenn auch nicht unter denen selbst, die sich heirathen wollen. Bei Sklaven ist es wenigstens die Relation zum Herrn, bei einer Liberta kann es das Verhältniß zum Patron seyn, was ihr das Connubium *cum alio* benimmt. L. 45. §. 4. 6. D. d. R. N. L. 11. D. d. divort. L. 1. pr. D. d. concubinis. L. 1. c. d. incest. nupt. Auf ein absolutes Hinderniß, z. B. Unmündigkeit oder Wahnsinn, scheint sich das Wort nicht bezogen zu haben, im übrigen hat es weiter keinen technischen Charakter. Vergl. Burchardi Grundzüge des Rechtssystems der Römer S. 53. 54.

54) Ulpian V. 2.

deres wollen als diese Ehe. Concubinat konnten sie wollen, aber da fehlte es an der vollen Affectio nuptialis, das ist gar keine Ehe. Matrimonium iuris gentium konnten sie nicht wollen. Ausnahmsweise fand römische Ehe mit solchen non cives Statt, denen Connubium besonders gestattet war (»Connubium concessum«) [55]). Diejenigen Nicht-cives denen dies widerfuhr, waren dann natürlich der Civität sehr nahe. Der historische Gang war, daß der Römer anfangs dieses Connubium sehr kostbar hielt, und manche Völkerschaft in Italien bekam dies als eine besondere Gunst [56]). Auch die alten Latinen hatten vor der Lex Iulia (v. J. 664), wodurch sie Cives wurden, kein Connubium, wenn es ihnen nicht concedirt war; noch weniger hatten es Peregrinen, aber auch von diesen erhielten Einzelne die Concession. Auch die spätern Latinen, die Colonarii und Iuniani waren an sich ohne Connubium. Zuweilen wurde auch umgekehrt einzelnen Römern das Privilegium gegeben, daß sie mit irgend einer Peregrinin in römischer Ehe leben konnten [57]).

55) Ulpian. V. 4. Gaius I. 56.
56) Z. B. Livius L. 38. c. 36.
57) Gaius I. 57.

§. 17.

Was war nun die eigenthümliche Wirkung der Civilehe? die Antwort ist: Patria Potestas und die auf dieser gegründete römische Familia. Patria Potestas kann nicht seyn, wo nicht Matrimonium iustum ist, und wo dieses ist, entsteht auch Patria Potestas [58]). Dies geht die ganze Regel des Connubii hindurch. Nur bei dem ausnahmsweise eintretenden Connubium konnte ein andres Statt finden. War nämlich der Vater hier Latinus oder Peregrinus, so konnte er nicht Patria Potestas haben, und auch keine römische Familie gründen, denn alle diese Verhältnisse, Agnation, väterliche Gewalt erforderten Civität nach allen Seiten hin [59]).

Für diese Fälle blieb nur noch als gemeinsam mit regelmäßigem Connubium, daß der Sohn dem Vater ganz angehörte, nicht blos habet Patrem, sondern auch sequitur Patrem. Dasselbe konnte aber auch nach der Lex Mensia, deren Alter wir nicht genau kennen, ohne Connubium Statt finden. Die Rö-

58 Ulpian. V, 1, 2. Gaius I. 55. pr. I. de P. P.

59. Ulpian. X. 3. Gaius I. 67. rc. z. — Daß wo der Vater nur ein Römer war, Connubium concessum so gut war wie angebornes, versteht sich von selbst. Gaius I. 57.

mer befanden sich zu der Zeit ungefähr in demselben Verhältniß zu den Nichtrömern, Peregrinen überhaupt, wie wir es in einem gewissen Zeitpunkt oben zwischen Patriziern und Plebejern angenommen haben. Sie ließen die Ehe gelten zwischen Römern und Peregrinen, nur nicht als Matrimonium iustum; mißlich fanden sie es aber, daß wenn ein Peregrine eine Römerin heirathete, die Kinder Matrem sequerentur, daher sagten sie, was auch die Patrizier in einer gewissen Zeit mögen durchzusetzen gesucht haben: solche Kinder patrem habent, sed deteriori conditioni accedunt; sie wurden immer Peregrinen, wenn nur Einer der Eltern Peregrine war. Daß **Ulpian** V. 8. bei Latinen ein anderes Recht anzunehmen scheint, wie bei Peregrinen im engern Sinn, rührt daher, weil es zu seiner Zeit nur noch Latini Iuniani gab, und von diesen hatte ein Senatusconsult unter **Hadrian** ein Andres vorgeschrieben. Vordem war dieses vermuthlich den Peregrinen im weitesten Sinne, d. h. den Nichtrömern, wenn sie nicht Connubium concessum hatten, gemein [60]. War denn das Verhältniß zwischen einem Latinus und Peregri-

60) Hollweg l. c. pag 11. rc.

nus pater, der Connubium hatte, und seinem Sohn ein Andres, wie bei einem solchen ohne Connubium? das wissen wir nicht. Aber gewiß ist, daß die Ehe des ersteren mit der Römerin ein Matrimonium iustum war, obgleich keine Patria potestas daraus hervorgehen konnte; alle übrigen Wirkungen aber einer römischen Ehe, z. B. juristische Möglichkeit einer Dos und eine Bonorum possessio unde vir et uxor, musten eintreten, was ohne Connubium nicht möglich war [61]).

§. 18.

II. Ehe mit *Conventio in manum* [62]) und ohne *Conventio in manum*.

Cicero [63]) und Quintilian [64]) nannten dies die zwei Formen, wie eine Frau verheirathet seyn

61) L. 1. pr. D. unde vir et uxor. Cicero Top. c. 4. wonach das ius partem dotis retinendi ob liberos bei matrimonium non ustum ganz wegfiel.

62) Ulpian. XI. 3. Collat. Leg. Mos. XVI. 6.

63) Topica c. 3. »Si ita Fabiae pecunia legata est a viro, si ea uxor materfamilias esset; si ei in manum non convenerat, nihil debetur. Genus enim est: uxor, eius duae formae, una matrumfamilias, earum quae in manum convenerant, altera earum quae tantummodo uxores habentur: qua in parte cum fuerit Fabia, legatum ei non videtur.

64) Institut. orator. L. 5. c.

kann: uxor quae in manum mariti convenit, uxor quae non in manum convenit, denn uxor ist das Genus für beide Species. Gellius [65]) hat dafür quae in mariti manu mancipioque, aut in eius, in cuius maritus, manu mancipioque est: allein dies letztere ist kein genauer juristischer Sprachgebrauch, in diesem wird in manu esse, in potestate esse und in mancipio esse wohl unterschieden: *in mancipio* ist der Sohn, den der Vater verkauft hat, und den er noxae dedit, nämlich des Dritten. Durch *potestas* wird entweder die dominica potestas über den eigentlichen Servus oder die eigentliche patria potestas über den Sohn oder die Tochter verstanden; *in manu* ist die Frau, der Sohn kann kein Kind in potestate haben wenn er selbst in potestate ist, aber öfters wird von einem Maritus geredet, der indem er selbst in potestate ist, sein Weib in manu hat, obgleich im Effekt allerdings der Vater des Mannes über sie Gewalt hat [66]).

Zuweilen begreift aber auch das Wort Potestas

10. si quis cum legatum sit ei. quae viro materfamilias esset, neget debere ei, quae in manum non convenerit, quoniam duae formae sunt matrimoniorum.

65) N. A. XVIII. 6.

66) Gaius I. 49. 52. 55. 109 116. 117. Ulpian. XXII. 14. XXIV., 23. IX. 1.

dies alles, wird aber mitunter noch weiter ausgedehnt auf jedes Verhältniß, wo man die Person des Andern auch nur vorerst retiniren kann, z. B. der qui ab hostibus aliquem redemit bis zur Bezahlung des Kaufschillings [67]). Terminologisch ist der Genus-Begrif mit Einschluß der Servitus: alieno iuri subiectus esse. Uebrigens war in mancipio ein der Servitus, in manu ein der Patria potestas analoges Verhältniß.

Die Uxor in manu ward auch *Materfamilias* in einem vorzüglichen Sinne genannt [68]). Indeß ist

67) L. 20 §. 1. D. qui testamenta facere. Conf. L. 215. D. d. V. S.

Auch die Tutela nannte bekanntlich Servius Sulpicius, vis ac *potestas* in capite libero. §. 1. I. de tut. Daß potestas auch im öffentlichen Recht die Gewalt der Magistratus bezeichnet, ist bekannt, und eben so daß es ganz vulgär zuweilen für Gewalt haben steht, z. B. über Sachen. §. ult. I. de usufr.

68) *Cicero* Top. l. c. *Quinctil.* l. c. *Gellius* l. c. Servius Daniel. ad Virgil. Aneid. IV. 103. Ganz corrupt findet sich das bei Nonius Marcellus de proprietat. serm. Vergl. Boethius ad Top. Cic. L. 2. (edit. Basil. 1546. p. 772.), wo es heißt: uxoris species sunt duae, una matrumfamilias, altera usu, sed communi generis nomine uxores vocantur; allein zwei Pariser Manuscripte (ich verdanke diese Notiz dem Herrn v. Savigny) no. 7758 und 7759 haben die Worte: usu sed gar nicht, da denn ein richtiger Sinn herauskommt; allein das Folgende enthält gleich noch andre bedeutende Irrthümer.

dies keineswegs ein fester Terminus, materfamilias hieß im weitesten Sinn jedes Frauenzimmer, was sui iuris war, also grade das, was die Materfamilias in jenem Sinne nicht war [69]).

Dann ist es wieder mit Matrona gleichbedeutend, ein Weib, dem die dignitas matronae zukommt, notae auctoritatis femina [70]). So auch die Frau, welche an der Spitze des Hauses steht als Hausmutter wird in einem sehr natürlichen Sinne Materfamilias genannt [71]).

Worauf beruhte nun dieser Unterschied? [72]) Bei aller Conventio in manum entstand ein Analogon von väterlicher Gewalt: das ist der Charakter dieser Forma uxoris, die Frau wird in die Hand des Mannes gegeben, so daß dieser juristisch ihr Pater

69) L. 4. D. de his qui sui. v. al. Ulpian. IV. 1. L. 30. §. 1. D. solut. matr. und oft.

70) L. 46. §. 1. D. de V. S L. 3. §. 6. D. de liberis exh. L. 15. §. 15. D. de iniuriis.

71) L. 195. §. 2. u. 5. D. d. V. S. conf. Festus s. v. materfamilias. — In L. 1. pr. D. de concubinis steht materfamilias im Gegensatz von concubina; dagegen von der Liberta die in concubinatu patroni war, wird anerkannt, daß ihr ausnahmsweise matrisfamilias honestas zukomme, und dasselbe in L. 13. pr. D. ad. L. Iul. d. adulter. durch matronae nomen ausgedrückt.

72) S. überhaupt Grupen d. uxore romana.

und sie seine Filiafamilias wird: Filiae locum obtinet wie er Patris locum obtinet, in einem ähnlichen Sinne, wie die Römer von einem Erben, der nicht Civilerbe ist, ihm aber gleich steht, sagen: heredis locum obtinet. Befand sich der Mann selbst in der Gewalt, so nurus neptis loco est und socer avi loco est [73]. Die Frau kam in die Gewalt des Mannes, obgleich das genau geredet nicht potestas hieß, es war doch so gut wie potestas, sie ward alieni iuris.

Dagegen bei der Ehe ohne Conventio in manum blieb die Frau sui iuris und trat in kein andres Familienverhältniß mit dem Manne, als was die Ehe schon an und für sich mit sich brachte.

Wir können jenes die strenge, dieses die freie oder bloße Ehe (»tantum uxor« — tantum nuptiae — nudum matrimonium) nennen.

Die ganze Abtheilung ist eine Abtheilung des Matrimonii *iusti*, denn bei Matrimonium iniustum, wie man dies auch verstehen mag, iuris gentium oder vetitum, war Conventio i. m. nicht möglich, denn diese war wie Patria Potestas lediglich iuris

73) Gaius I. 111. II. 159. Collat. Leg. Mosaic. XVI. 2. Servius Danielis ad Virgil. Georg. I. v. 31.

civilis. Auch die freie Ehe aber ist Matrimonium iustum; es ist eine Ehe zwischen Personen die Connubium haben, ohne Conventio in manum. [74]).

Drittes Capitel.

Arten der Entstehung einer strengen Ehe.

§. 19.

Es gab dreierlei Arten, wie eine strenge Ehe entstehen konnte; die Römer rechnen sie so auf: *Usu*, *Farre* s. farreo scil. pane, *Coemptione* [75]). Die zweite dieser Entstehungsarten war, wie sich nicht bezweifeln läßt, ehmals den Patriziern eigenthümlich und erhielt sich am Ende nur noch als Ceremonie zu religiosen Zwecken [76]). Der Ritus hieß confarreatio,

74) Ulpian V. 1. 2.

75) Gaius I. 110. vergl. Ulpian. IX. u. Cicero pro Flacco c. 34.

Wenn gegen die geschichtliche Folge, welche wir unten nach Wahrscheinlichkeit angenommen haben, der Usus zuerst genannt wird, so mag dies vielleicht daher rühren, weil er zu der Zeit, als und wird sehr oberflächlich von Ulpian [77]) und Gajus [78]) beschrieben, beide wußten gewiß schon wenig mehr von dem Wesen dieses Ritus [79]). Dionys [80]) nennt es sacras nuptias — mulier nupta ex sacratis legibus, und versetzt die Einführung in die Zeit des Romulus. Es war das jene etrurisch-patrizische Ehe, von der oben §. 13. die Vermuthung vorgekommen, daß sie ursprünglich die einzige in Rom gewesen, der sich dann die pleblejische, d. i. die freie Ehe, zugesellt habe. Wir wissen jetzt nichts weiter davon, als daß dabei ein Opfer vorkam und ein Brod von Far dabei gebraucht wurde, die Ceremonie auch in Gegenwart von zehn Zeugen vollbracht wurde. Darin kann aber das Wesen der Sache nicht bestanden haben, da auch bei andern Opfern farreus panis vorkam, und man auch bei andern Ehen, wenn

er noch galt, die leichteste gänzlich unfeierliche Art war, wie eine strenge Ehe entstand, dann folgen die feierlichen, und unter diesen nimmt wie billig die Confarreatio die erste Stelle ein; so werden Coemptio und Usus auseinander getrennt, die genetisch betrachtet zu einander gehören.

76) Tacitus Annal. IV. 16. Gaius I. 112. in f.

77) l. c.

78) I. 112., wo noch dazu eine Lücke ist.

79) Vergl. Tacitus l. c. Dionys. Halicarnass. II. 25. Plutarch. Quaest. rom. c. 50 (Reiske pg. 118. 119).

80) l. c.

man sie feierlich beging, zu opfern pflegte [81]). Wir können den Charakter der confarreirten Ehe nicht anders als so angeben: eine solche Ehe konnte nicht anders als mit bestimmten religiosen Ceremonien und unter bestimmten Formeln eingegangen werden; waren diese aber angewandt, so kam die Frau in manum mariti. Dies geht deutlich aus Gajus und Tacitus a. d. a. O. hervor.

§. 20.

Was ferner das Wesen der *Coemptio* betrift, so sind wir von diesem jetzt genauer unterrichtet. Vor-

81) Grupen l. c. C. 4. §. 5. 6. Wächter S. 44. ob. nimmt an, daß diese und andre ursprünglich rein hetrurische und demnach patrizische Gebräuche, die er S. 41 ꝛc. anführt, später, nach gänzlicher Verschmelzung der Patrizier mit den übrigen Bürgern, zu diesen übergegangen wären. Klarer wird die Sache dadurch eben nicht; aber wie will er dann seine Behauptung (S. 45) erklären, daß noch zu Cicero's Zeit kein Plebejer eine Confarreatio vornehmen konnte? Und wie stand es denn mit den patrizischen Familien, die nicht aus etrurischem Stamme waren? Konnte man diese noch sondern? Man sollte denken, dann wäre die Confarreatio als Möglichkeit zu confarreiren gedacht, ein sichrer Grenzstein zwischen den altetruscischen und übrigen Patriziern gewesen. Aber davon finden wir nichts bei den Alten. Und was war denn da für eine Ceremonie, die annoch diesen Ritus auszeichnete vor allen übrigen Hochzeitsfeierlichkeiten?

her wußte man nur so viel mit Gewißheit aus Cicero [82]), daß eine Conventio in manum dadurch bewirkt wurde; und aus viel spätern Schriftstellern, aus Servius [83]), Boethius [84]) und Festus [85]), ließ sich mit Wahrscheinlichkeit vermuthen, daß dabei eine Mancipation vorgekommen sey. Vieles blieb zweifelhaft und bedenklich, aus Ulpians Schrift die wir unter dem Titel Fragmente besitzen, war dies ganz weggefallen [86]). Durch den nun aufgefundenen Gajus [87]) ist uns Gewißheit geworden: die Coemption hatte das mit der Adoption i. e. S. und der Emancipation gemein, daß dabei das Symbol einer Mancipatio (d. h. alt-römischer Verkauf, um Eigenthum an Person oder Sachen zu übertragen), gebraucht wurde. Die Solennität war hier immer dieselbe: quinque testes cives romani puberes, libripens, und die Parteien persönlich gegenwärtig. Wer waren hier die Parteien? Bei der Adoption waren

82) Pro Flacco c. 34.

83) Ad Virgil. Aen. L. IV. v. 214.

84) Ad Cic. Top. III.

85) s. v. remancipata,

86) An zwei Stellen scheint diese Schrift über Coemptio etwas enthalten zu haben. Tit. IX. in f. und Tit. XI. in f. Wo die letzte Lücke ist, scheint vornämlich von der Coemptio fiduciae causa facta die Rede gewesen zu seyn.

87) Gaius I. 113 sc.

es der alte und der neue Vater, der Sohn war eigentlich nicht Partei, sondern Gegenstand des Verkaufs; bei der Emancipation waren es der Vater und der Dritte, welcher den Sohn in mancipio empfing, ein Zustand der der Servitus nur analog war [88]. Bei der Coemptio werden uns von Gajus [89]) als gegenwärtig genannt, außer den fünf Zeugen und dem Libripens, die Frau selbst und der, cuius in manum convenit. Diese Personen mußten allemal gegenwärtig seyn; aber war hier denn die Frau die eine Partey? War sie in potestate parentis, so war es ohne Zweifel der Parens, welcher sie mancipirte, und die Frau konnte im Begrif der Formalität nur Gegenstand seyn [90]). Aber wir wissen aus Cicero [91]), daß diese Coemptio auch tutore (legitimo) auctore geschehen konnte; deswegen wird denn auch der Vater nicht als nothwendig gegenwärtig von Gajus genannt. Hier muste denn freilich

88) Qui in causa mancipii sunt, servorum loco habentur heißt es bei Gaius I. 138, von der wahren Servitus war dieser Zustand in mehrern Punkten verschieden ibid. 139. ꝛc.

89) I. 113.

90) S. die freilich sehr lückenhafte Stelle bei Gaius I. 136. und vergl. Collat. Leg. Mosaic. IV. 2. und 7. Daß in diesen beiden Stellen unter der Frau, quae patre auctore in manum convenit, eine confarreata zu verstehen sey, wird wohl niemand glauben.

91) Pro Flacco c. 34.

die Frau als sich selbst verkaufend gedacht werden, was weniger bedenklich ist, da hier keine eigentliche patrià oder dominica potestas hervorzubringen war, sondern nur ein Analogon von jener, und das Ganze nur dicis causa geschah. Ja die Coemptio konnte auch noch zu andern Zwecken an einen Extraneus geschehen, namentlich tutelae evitandae causa, d. h. um von der legitima tutela frei zu werden: und da war die Frau nicht einmal filiae loco [92]). Es gab nach Gajus zwei Unterarten der Coemptio, die matrimonii causa und die fiduciae causa facta. Ohne Zweifel hatten beide sehr verschiedene Formeln; bei Gajus sind sie nicht angegeben. Es ist aber sehr wahrscheinlich, daß die von unsrer Coemptio bei Servius [93]) und Boethius [94]) angeführten ächt sind,

92) Gaius I. 114. verbunden mit ibid. 136.

93) Ad Virgil Aneid. Lib. IV. v. 103.

94) Boethius in Top. Ciceron. lib. 2. p. 779.

95) Vgl. Gaius I. 123 in f. wo aber nichts weiter steht, als daß bei dem Kauf u. Rückkauf der Kinder dieselbe Formel, wie bei dem Verkauf von Sklaven angewandt wurde, bei der (nach Göschen's gewiß richtiger Ergänzung) Coemptio aber nicht so. Jedoch zeigt sich bei dem Ersteren wieder, daß man von der formellen Gleichstellung niemals auf Gleichheit der reellen Wirkung, wenn auch auf relative Aehnlichkeit schließen könne. Denn wie sehr der quasi servus in mancipio von dem eigentlichen Sklaven im persönlichen Verhältniß verschieden war, läßt

und allemal dabei vorkamen, wenn auch noch sonstige Formeln, zumal wenn der Vater mancipirte, dabei vorkommen mochten: Der Mann fragte die Frau, «an sibi materfamilias esse vellet,» worauf sie bejahend antwortete, und umgekehrt fragte sie ihn, «an sibi paterfamilias esse vellet,» und er antwortete volo [95]. Im übrigen haben beide, Servius und Boethius, von der Coemptio schon ganz falsche Begriffe. Diese in den zuletzt erwähnten Fällen und Arrogatio waren sich also darin analog, daß bei beiden eine Person vorkommt, «quae» um es römisch auszudrücken, «cum sui iuris est, in alienam sese potestatem tradit, eiusque rei ipsa auctor sit» [96], bei Coemptio muste aber diese Person immer ein Weib seyn [97], wogegen es bei Arrogatio niemals ein Weib seyn konnte [98].

sich deutlich erkennen. Gaius I. 140. 141. II. 90.

96) Vergl. die Formel bei der Arrogatio Gaius I. 99.

97) Gaius I. 109.

98) Gellius l. c. Gaius I. 101. — War die Coemptio aus einem andern Grunde vorhergegangen, ohne daß noch eine Remancipation oder Emancipation geschehen war, so scheint es, war hinzukommende Heirath zulänglich, um eine Coemptio matrimonii causa daraus zu machen. Gaius II. 139. — — si cui post factum testamentum uxor in manum convenerit, *vel quae in manu fuit nubat*, — — filiae loco esse incipit, et quasi sua est.

§. 21.

Auch über die erstgenannte Entstehungsart, den *Usus*, ist nun nach Gajus alles Wesentliche klar. Wie bei Eigenthum der ein- oder zweijährige Usus die Mancipation, so vertrat hier der einjährige Usus die Coemptio, welche selbst Mancipation war. Durch einjährige Dauer des Faktischen der Ehe ohne Unterbrechung, so wie dort einjährige Dauer des Faktischen des Eigenthums (Besitz) ohne Unterbrechung erforderlich war, soll hier eine strenge Ehe erzeugt werden; nicht etwa soll erst iustum matrimonium wie dort iustum dominium erzeugt werden, denn das ist auch die freie Ehe. Lebt ein Weib bei einem Manne als seine verheirathete Frau (« si nupta perseverabat «) ein Jahr lang fortwährend, so kommt sie in seine Hand; will sie das nicht, so muß sie in dem Jahre drei Nächte, d. h. einen Zeitraum, der drei Nächte mit den dazwischen liegenden Tagen umfaßt (« trinoctium «) sich faktisch von ihm trennen, und dies jedes Jahr wiederholen. Dies letztere, diese Aushülfe war in den zwölf Tafeln namhaft gemacht [99]). Gajus erzählt, dies ganze Recht

99) Gaius I. 111. Cicero pro Flacco c. 34. Gellius N. A. III. 2.

(»hoc totum ius«) sey theils durch Gesetze aufgehoben worden, theils außer Gebrauch gekommen, (»partim ipsa desuetudine oblitteratum«). Ohne die Unterbrechung nun aber war die beiderseitige Affectio nuptialis hinreichend zum Usus, und war eben so wirksam, wie der Animus sibi habendi bei der gewöhnlichen Ersitzung. Irrig ist es, wenn Grupen meinte [100]), es sey eine besondere Absicht des Mannes auf usucapio gerichtet erforderlich gewesen, also er müsse gewollt haben die Conventio in manum; denn wenn gleich der Form nach auch hier der Mann als Usucapient gedacht wird, so erwirbt der Sache nach die Frau hier eben so gut Rechte, wie der Mann, es soll ein doppelseitiges Familien-Verhältniß erzeugt werden, gleich wie durch Ersitzung: dazu war dann aber nichts weiter erforderlich als eine Ehe, und zwar grade nuptiae legitimae, und dann jenes negative Verhalten, daß man sich nicht auf drei Nächte schied. Die faktische Scheidung geschah aber dadurch, daß sich die Frau das Trinoctium aus dem Hause des Mannes, als dem Wohnsitz der Ehe, entfernt hielt; die Abwesenheit des Mannes aus seinem Hause konnte

Macrobius Saturnal. I. 3. Vergl. unt. §. 23 Note. 111.

100) l. c. cap 6. §. 8. (p. 276 277).

nichts ausmachen, denn an unterlassenen Concubitus ist hier gar nicht als Erforderniß oder als zureichend zu denken. Die Ehe im reinsten Sinne genommen muste unterbrochen seyn.

§. 22.

Damit jedoch die Unterlassung des Trinoctii eine Conventio in manum bewirke, war noch erforderlich, daß die Frau nicht in legitima tutela (Tutel der Agnaten) stehe [101]). Dies muste in älterer Zeit erheblich seyn: bekanntlich hob erst die Lex Claudia diese Tutel der Frauenzimmer auf [102]), nachdem die Lex Pap. Poppaea Freiheit derselben von der Tutel überhaupt mit dem Ius liberorum verknüpft hatte [103]). Inzwischen hatte sich durch Praxis eine Aushülfe gebildet mit der schon erwähnten Coemptio fiduciae causa [104]), was aber auch kein ursprüngliches Recht war [105]). Das Trinoctium bezog sich also auf die beiden übrigen möglichen Fällen:

1) da der Vater die Tochter in der Gewalt hatte, und sie in eine freie Ehe gegeben hatte, und

101) Cicero pro Flacco c. 34.

102) Gaius I. 157.

103) Gaius I. 145.

104) Gaius I. 115.

105) *Cicero* pro Murena c. 12. pr. fin.

2) seitdem Emancipationen geschahen, da eine filia emancipata sich ohne Coemptio und Confarreatio verheirathet hatte. Hier war es nach Verlauf des Jahres so gut, als hätte sie sich selbst mancipirt, so wie in dem vorigen so gut als hätte der Vater sie mancipirt.

Aber wie wenn die Tutores legitimi in die Eingehung der Ehe schlechthin eingewilligt hatten, konnte hier nicht gegen sie so gut, als gegen den Vater, die Ersitzung wirken? Er verlor die Patria Potestas dadurch, verloren sie nicht die Tutel? Und wie wenn gar die Tutoren zum voraus eingewilligt hatten, **wenn** das Trinoctium unterlassen würde, so solle strenge Ehe eintreten?

Cicero in der Rede pro Flacco a. a. O. spricht so davon, daß man sieht, dies sey gar nicht möglich gewesen. Er fragt: wenn eine Conventio in manum geschehen seyn soll, wie konnte das seyn? durch Usus? das **ist gar nicht möglich** (»usu non potuit«), denn die Frau stand unter Tutel der Agnaten: »nihil enim potest de tutela legitima sine omnium tutorum auctoritate diminui«. Also bleibt nur ein förmlicher Akt der Uebergabe in die Hand des Mannes (Coemptio) übrig; dieß meint Cicero, war möglich, aber damit es wirklich werde, musten denn auch alle Tutoren auctoritatem interponere, Flaccus aber, der selbst Tutor war, kann dies nicht gethan haben. Dies ist der Zusammenhang der Stelle: Usus und Coemptio werden sich erst als unmöglich und möglich entgegengesetzt, die letztere soll denn aber nur nicht wirklich gewesen seyn. Dies Resultat ergiebt sich denn aber auch aus der Rechtsanalogie von selbst. Der Vater war bei jeder Verheirathung seiner in der Gewalt befindlichen Tochter der selbst und hauptsächlich Handelnde; die Tutoren hatten bei Eingehung der freien Ehe, als etwas Faktischem, gar nichts zu thun, ihr Consens war dabei juristisch so gleichgültig und unwirksam, als der eines jeden Extraneus. Nur bei Constituirung der Dos kam es freilich auf die Einwilligung der Tutoren an, Dos gehört aber gar nicht zum Wesen der Ehe, obgleich sie selbst dadurch bedingt ist. Bei der Coemptio handelte die Frau auch selbst, die Tutoren musten aber auctoriren, und dieses Auctoriren, was bei dem Vater gar nicht in dem Sinne [106]) Statt fand, war es

106) Im allgemeineren Sinn wird dem Vater in den beiden obigen Stellen der Collatio IV. 2. u. 7. eine Auctoritas in dieser Bezie-

daher allein, was sie um ihr Recht bringen konnte; bei freier Ehe dauerte die Tutel, wie die väterliche Gewalt, fort. Sodann, der Vater konnte bei freier Ehe diese jederzeit aufrufen, wie unten (§. 46 in f.) vorkommen wird, er war also gar nicht gefährdet durch das Trinoctium, wenn er nicht selbst wollte; die Tutoren konnten das nicht, sie hatten so wenig auf die Dauer als auf den Anfang der freien Ehe Einfluß, sie konnten sich also auch nicht daran verschweigen. Wie in der Folge rechtliche Hülfe gegen den Vater, der die Ehe willkürlich aufrief gegeben wurde [107]), da war, wenn nicht die strenge Ehe selbst, doch sicherlich die Entstehung derselben durch Usus schon ganz verschwunden; aber wenn auch nicht, so würde dies eine iusta causa gewesen seyn, welche die rechtliche Hülfe ausschloß, daß nämlich die Eheleute sich das Trinoctium nicht hätten gefallen lassen wollen. Es ist also irrig, wenn Grupen [108]) meint, auch

hung beigelegt; da auch eine Einwilligung der Tochter nöthig war (vergl. unten § 38.), so konnte man nicht füglich iussu patris sagen; nur in der frühesten Zeit mochte dies grade der rechte Ausdruck seyn. Jedoch nahm man es mit beiden Ausdrücken nicht genau.

107) L. 5. C. de repudusd. S. unt. §. 46. in f.

108) l. c. cap. 6. §. 2. (p. 265.).

tutore auctore habe die Frau vermittelst des Usus in manum conveniren können, was eigentlich gar keinen Sinn hat.

Viertes Capitel.

Historisches Verhältniß dieser drei Arten der strengen Ehe zu einander und zur freien Ehe.

---

§. 23.

Darüber lassen sich nur Vermuthungen aufstellen. Am mehrsten möchte es für sich haben, daß im Anfange, wie schon geäußert worden, sich die farreirte Ehe und die freie, als patrizische und plebejische allein gegenüber gestanden [109]; daß ferner die Coemp-

109) Als einen starken Nebenbeweis führt Wächter (S. 45. 29. 55.) an, daß sich ohne dies nicht erklären lasse, wie Cicero in der so eben (§. 22.) erklärten Stelle pro Flacco c. 34. die Confarreatio gar nicht erwähne. Die einzige Art nämlich, wie das begreiflich werde, sey die, wenn man annehme, Andro Sextilius sey ein Plebejer gewesen, und deshalb habe es

tio mit ihrem Begleiter dem Usus in der Folge ein Mittelglied gebildet habe, und endlich daß dies zuerst auf Veranlassung der Ehen, die wir gemischte (Patrizier mit Plebejern) Ehen genannt haben, geschehen

sich von selbst verstanden, daß eine Confarreatio nicht möglich gewesen sey. Allein diese Argumentation, so sinnreich sie auch ist, hat doch ihr Mißliches, wenigstens muß dies doch noch etwas anders gestellt werden. Zu Cicero's Zeit hatten sich bekanntlich längstens die alten Patrizier in einem neuern Optimaten-Stande verloren, und an diesem konnte unmöglich ein etrurischer Gebrauch mehr charakteristisch seyn. Es ist auch nicht glaublich, daß sich der Stand der Sache damals viel anders verhalten haben sollte, als etwa funfzig Jahre später zu Tiberius Zeit nach *Tacitus* Annal. IV. 16., da die Gründe des Widerwillens gegen Conventio in manum im allgemeinen und gegen die Confarreatio insbesondre, so wie sie Tacitus angiebt: Scheu vor dem Hinübertreten aus der väterlichen in die männliche Gewalt, Leichtsinn beider Geschlechter, Schwierigkeit der Ceremonien selbst, mit denen man nicht recht mehr umzugehen wuste, — gewiß schon damals Statt fanden. Daß »noch zu Tiber's, zu Gajus, zu Ulpian's Zeiten die Confarreatio im Gange gewesen« (S. 46.) ist wohl nur ein nicht recht gewählter Ausdruck, denn daß sie der Zeit nicht mehr in dem Sinne praktisch seyn konnte, wie ehemals, geht schon aus dem Resultat des Tiberischen Antrags hervor: mit dem religiosen Institut, meinte der Senat, sollte es beim Alten bleiben, aber es ward eine Lex gegeben, daß nur in Beziehung auf die Sacra, also nur noch ganz formal, eine Potestas des Mannes angenommen werden sollte, im übrigen sollte rechtlich das eheliche Verhältniß nicht anders seyn wie bei den Frauen im allgemeinen, welche nämlich von der Gewalt des Mannes frei blieben (»lata lex, qua flaminica Dialis, *sacrorum causa* in pottesate viri, sey. Es scheint ein natürlicher Zusammenhang, daß noch vor dem Decemviralgesetz, wie Patrizier und Plebejer sich schon häufiger unter einander zu verhei-

caetera promiscuo feminarum iure ageret«). Zugleich wurde, da es schon an Patriziern fehlte, die aus einer confarreirten Ehe geboren waren, der Sohn des verstorbenen Flamen Dialis an seine Stelle gesetzt, so viel man sehn kann, ohne daß der alte Gebrauch, drei solche Patrizier erst zur Wahl vorzuschlagen, beobachtet wurde. Solche Priesterstellen hatten keinen Reiz mehr für die Vornehmen, daher suchte man damals schon durch äussern Glanz dies zu heben (»utque glisceret dignatio sacerdotum etc.«). Privatrechtlich war also die Confarreatio, wenigstens in diesem Verhältniß, gar nicht mehr vorhanden, aber es läßt sich auch mit der höchsten Wahrscheinlichkeit vermuthen, daß wenn man auch vielleicht noch einmal außer einer solchen Priesterehe patrimos et matrimos (confarreatis parentibus genitos«) hervorbringen wollte, die Confarreation doch auch da in allen andern Beziehungen als leere Formalität angesehen wurde. Vielleicht wurden diese Priester in der Folge immer aus ihren eignen Ehen recrutirt, was um so leichter thunlich war, als man nach Gajus annehmen darf, die confarreirte Ehe sey den drei Flamines maiores gemeinsam gewesen. Dies Verfahren war ganz im Geiste jener Zeit, wornach überhaupt die alten Formen erhalten, aber ausgehöhlt wurden, und es ist unglaublich schon an sich, daß in der Folge sich dies wieder umgestaltet haben sollte. Daß die Confarreatio zu Gajus Zeit in der Beziehung, worin sie uns allein interessirt, und worin auch Cicero a. a. O. von ihr spricht, nicht mehr praktisch war, kann man aus seinen eignen Aeußerungen leicht errathen. »Olim, sagt er I. 110, tribus modis in manum conveniebant (feminae) usu, farre, coemptione; der Usus falle aus §. 111., rathen pflegten, und sich die Idee eines Connubii unter ihnen zu bilden angefangen hatte, öfters der Wunsch entstehen muste, vorzüglich wenn ein Patri-

sodann §. 112.: »farreo in manum conveniunt per quoddam genus sacrificii — — quod ius etiam nostris temporibus *in usu est, nam* Flamines maiores, id est, Diales, Martiales, Quirinales — — nun folgt freilich eine Lücke, aus der nur noch die Worte sacrorum, nisi und confarreatio aufgetaucht sind; aber wer, der die Stelle von Tacitus damit vergleicht, wird es bezweifeln, daß da gestanden habe, eben nur in Beziehung auf dieses Priesterthum (ratione sacrorum) habe der Usus noch Statt gefunden. Dann folgt als wirklich noch praktisch die Coemptio (§. 113.). Wenn in der Folge von Conventio in manum die Rede ist beim Gajus, so sieht man, daß er immer nur an Coemptio denkt, z. B. in den Stellen, wenn von der dadurch bewirkten Capitis deminutio gehandelt wird, s. unten §. 26 in der Note. Nach allem dem darf man annehmen, daß wo die römischen Juristen Gajus, Ulpian, Paulus, von Conventio in manum schlechthin sprechen, sie die Coemptio meinen, denn bei Confarreatio gab es zu ihrer Zeit schwerlich noch eine privatrechtliche Potestas des Mannes über die Frau, und für ihre Zeit ist die Nachricht des Boethius ad Top. L. II. c. 3. — allerdings wohl richtig, daß nur Priester in confarreirten Ehen lebten. (»Confarreatio solis pontificibus conveniebat«). Die Coemptio war denn aber allerdings noch mit den alten Wirkungen in Gebrauch, aber sicher überaus selten, da die zu Tiber's Zeit Statt findende Scheu vor aller ernsthaften Conventio in manum gewiß eher zu- als abgenommen hatte. Kehren wir zu der Zeit zurück, wo Cicero die Rede pro Flacco hielt, so war damals die Coemptio vielleicht noch häufiger, obgleich die freie Ehe gewiß bei weitem vorherrschte, was sich aus dem damaligen Zustand der Dinzier eine Plebejerin heirathete, daß die Frau auch, wie in reiner patrizischer Ehe, in manum mariti übergehen möchte. Das einzige bisherige Mittel zu diesem Zweck, die Confarreatio, war aber, wegen Mangels an Communicatio sacrorum, bei gemischter Ehe nicht möglich. Ließ sich eine andre Form finden, so ließ sich so nun auch die Idee des Connubii gleich verkörpern und realisiren. Welche Form konnte hier nun aber besser dienen, als das Symbol der Mancipatio [110]), was man so oft sonst noch, bei

ge und der Sitten schließen läßt; aber die Confarreatio hatte sich schon in wenige das Altherkömmliche besonders verehrende, und in die Priester-Familien, in denen sie nach altem Ritus nicht fehlen durfte, zurückgezogen. War daher Andro Sextilius ein Plebejer, nun so verstand sich freilich von selbst, daß seine Frau nicht mit ihm in farreirter Ehe konnte gelebt haben, aber er konnte auch ein Patrizier seyn, ohne daß darum jemand auf den Gedanken kommen konnte, die Ehe sey eine confarreirte gewesen. — Am wenigsten aber kann durch diese Stelle » vollkommen bestätigt werden, daß die Coemptio plebejisch gewesen sey« (Wächter S. 55.), denn wenn auch die Confarreatio den Patriziern eigenthümlich war, die Coemptio aber bei einem Plebejer auch mit erwähnt wurde, so konnte ja die letztere beiden Ständen gemeinsam seyn.

110) Ob das römische Eigenthum (dominium s. str.) ursprünglich allein plebejisch gewesen sey, ist noch sehr zweifelhaft; auf jeden Fall aber würde es unwahrscheinlich seyn, wenn man es den Patriziern bis zu den zwölf Tafeln, (oder sogar noch später), absprechen wollte.

Uebertragung des civilen Eigenthums, bei Testamenten, zumal bei Erzeugung und Aufhebung von Familienverhältnissen, wie schon erwähnt worden, anwandte? Der Usus, als Surrogat dieser Form, war denn nur eine Aushülfe und Erleichterung, wenn jene unterlassen worden, um so willkommner, da die Plebejer den Patriziern in dieser Zeit überhaupt nachstrebten, gewiß auch in der Würde und dem engen Zusammenhalt der Familie und des Hauses, und sich daher auch wohl solche eheliche Verbindungen anzueignen suchten, als bei jenen von jeher gebräuchlich waren. Daß diese Neigung damals vorhanden war, scheinen die zwölf Tafeln selbst zu verrathen mit ihren beiden mäßigenden Bestimmungen:

1) daß kein Connubium mit den Plebejern seyn solle,

2) daß jene Usucapio auch durch eine bestimmte Usurpatio, Usus durch Trinoctium solle verhindert werden können [111]).

Auf jeden Fall ist also jene Hypothese dieser Erklärung der ersten Entstehung der Coemptio aus gemischten Ehen nicht entgegen. Die Ausschließung des Connubii in den XII sollte dies freilich abschneiden, aber es gelang nicht damit.

111) Dies und nicht mehr haben die XII. enthalten, wenn

Sie scheinen ganz im Geist der Patrizier zu seyn, welche die Annäherung, die sie nicht ganz mehr verhindern konnten, doch möglichst zu beschränken suchten.

§. 24.

In späterer Zeit änderte sich dies, und es entstand vielmehr eine Hinneigung zur freien Ehe, gewiß nicht durch das Uebergewicht der Plebejer über die Patrizier; wie es darauf noch ankam, mochte dadurch viel eher Vermehrung der mit Conventio i. m. geschlossenen Ehen hervorgebracht werden; sondern nachdem Patrizier und Plebejer längst wie in Eins verwachsen waren, durch neue Sitte und neues

gleich Viele, und nach Wächter a. a. O. S. 29. u. 50, sich die Sache so vorstellen, als hätten die XII das positive Gesetz enthalten, welches den Usus eingeführt oder doch sanctionirt hätte. Schon in den §. 21. Note. 99. angeführten Stellen bei Gellius und Macrobius liegt dies gar nicht, sondern nur jene mehr negative Bestimmung. Gajus I. 111. ist aber ganz klar darüber: »Usu in manum conveniebat, quae anno continuo nupta perseverabat, nam velut annua possessione usucapiebatur, in familiam viri transibat, filiaeque locum obtinebat.« Daß dieß in den XII. gestanden habe, davon kein Wort; aber nun fährt er fort: »itaque lege duodecim tabularum cautum (erat) si qua nollet eo modo in manum mariti convenire, ut quotannis trinoctio abesset, atque ita usum cuiusque anni interrumperet.«

Zeitbedürfniß. Die losere Ehe der Peregrinen und des Ius Gentium, welche mit der römischen freien Ehe natürlich den Mangel an in manum conventio gemein hatte, behielten sie ja immer vor Augen; die röm. freie Ehe war auch wohl in keiner Zeit ganz ausgegangen, zu Cicero's Zeit aber war sie gewiß schon das bei weitem Häufigere. Den Uebergang bildete, daß jene Erleichterung der Entstehung einer strengen Ehe, der Usus, wie erwähnt worden, durch Gesetze und Praxis aufgehoben wurde; jene strengen Formen, Coemptio, Confarreatio musten in jedem Falle angewandt worden seyn, sonst blieb die Ehe frei. Diese Formen verloren aber auch nach und nach ihr Leben.

Unter Tiberius stand nur noch die Confarreatio in einigen Priesterehen, und in etlichen patrizischen Familien, welche ihre Söhne zu solchen Priesterwürden (flamines maiores) befördert sehen wollten, als eine Ruine da aus alter Zeit, deren Sinn und Würde man nicht mehr zu empfinden vermogte, die aber noch bis in die Zeit unsrer Klassiker sich kümmerlich erhielt [121])

112) Tacitus Annal. IV. 16. verbunden mit Gaius I. 112. u.

Die Scheu vor der Conventio in manum war nach Tacitus Hauptursache, daß die confarreirten Ehen auch unter den Patriziern so selten geworden waren; um dieser nachzugeben, wurde auch bei der Ehe des Flamen die Potestas des Mannes auf das priesterliche Verhältniß beschränkt, mithin blieb dieß nur noch ein Schatten von der alten Ehe. Man darf aber auch daraus schließen, daß ebenfalls die Coemptio schon sehr selten seyn muste, denn mit jener Scheu vertrug sie sich nicht besser; juristisch möglich war sie aber noch zur Zeit der Klassiker und vielleicht noch später.

Fünftes Capitel.

Wirkungen der Conventio in manum.

---

§. 25.

Hierin standen sich die verschiedenen Entstehungs-Arten völlig gleich: Confarreatio, Coemptio, Usus

Ulpian. IX. S. die erste Note zu §. 23.

wirkten dasselbe, was die erstere voraus hatte, hatte bloß religiose Beziehungen[113]). Die allgemeine Hauptwirkung, aus der sich alles übrige von selbst ableitet, war eine Art Potestas des Mannes über die Frau, gleich der des Vaters über die Tochter, wie schon oben vorgekommen ist. Daraus folgt denn gleich negativ, daß sobald dieses Verhältniß rechtlich gegründet ist, keine Tutela und keine Potestas des natürlichen oder Adoptiv-Vaters über die Frau mehr Statt finden kann; denn das ist eine bekanntlich durchgreifende Regel: Tutel ist bloß Surrogat der Potestas, und die verschiedenen Arten der Potestas, das Wort in dem allgemeinen Sinn, wo es alle Verhältnisse, in denen jemand alieni iuris ist umfaßt[114]), genommen, verhalten sich ausschließlich zu einander, z. B. niemand kann zugleich in mancipio und in patria potestate, niemand zugleich in manu und in patria potestate

113) Dahin gehört die ausschließliche Fähigkeit der sogenannten Patrimi u. Matrimi zu gewissen priesterlichen Aemtern und Würden Festus s. v. *Flaminia* et *Patrimus* Servius Danielis ad Virgil. Georg. Lib. I. v. 31. Dionys. L. 2. c. 22. ed. Reiske pg. 279 Tacitus Hist. IV. 53. Conf. Annal. IV. 16. Gellius N. A. I. 12. *Grupen* de U. R. c. 4. §. 23.

114) Siehe z. B. Tacitus IV. 16. v. in potestate viri, Gaius II. 244. 245. vergl. mit Ulpian. XXIV. 23. 24.

oder in mancipio seyn[115]). Positiv u. negativ zugleich folgt daraus, daß dadurch familia mutatur, die Frau wie ein Adoptatus verliert das Ius agnationis in der bisherigen Familie, und bekommt es in der neuen, der ihres Mannes, wieder[116]). Allemal liegt darin eine Capitis dominutio minima[117]).

§. 26.

Was das persönliche Verhältniß dieser Haustochter zu ihrem juristischen Vater im allgemeinen betrift, so darf man ohne Bedenken annehmen, daß es von jeher weniger strenge war, als das der eigentlichen patria potestas, gleichwie das in mancipio viel milder war als die eigentliche Servitus[118]). Ein so willkürliches ius vitae et necis, wie ehmals der Vater

115) Tacitus l. c. v. quando exiret e iure patrio — quae in manum flaminis conveniret. Cicero pro Flacco c. 34. cit. Gaius I. 136.

116) Gaius I. 111. Collat. Leg. Mos. XVI. 6. in f. Gell. N. A. XVIII. 6. in f.

117) Ulpian XI. 13. Gaius I. 162. — Ulpian spricht allgemein von Conventio in man., — Gajus nennt nur Coemptio, bei der es schon in der imaginaria mancipatio liegen mußte; III. 84. spricht er auch von einer, quae in manum convenit, aber freilich in Beziehung auf d. vorher erwähnten Coemptionator; IV. 38 spricht wieder bloß von einer durch Coemptio capite deminuirten Frau. Die Confarreatio lag ihm nur zu entfernt, ursprünglich konnte es bei dieser nicht anders seyn.

118) Gaius I. 139. ꝛc. — Burchardi Grundzüge, ꝛc.

über das natürliche Kind hatte, hat wohl niemals ein römischer Ehmann über seine Frau gehabt, mochte er auch in gewissen Fällen, mit oder ohne Zuziehung eines Familienraths, ihr natürlicher Richter seyn, der sie als solche unter Umständen auch zum Tode verurtheilen konnte (s. unten). Schon die Verschiedenheit des Namens, und daß, wie oben vorgekommen, selbst von einer Frau in manu des Mannes gesprochen wird, der doch selbst noch in potestate parentis ist, deutet auf einen solchen, auch an sich so natürlichen Unterschied im persönlichen Verhältniß, der sich durch die Sitte von selbst bilden muste. Eine Bestätigung aber liegt darin, daß man bei Personen, quae in manu mancipiore sunt, zweifelte, ob durch sie Besitz erworben werden könnte, indem sie selbst nicht im Besitz seyen [119]. Dann ist hier wichtig der

Seite 106. sagt freilich: »bei Conventio in manum ist alles Recht in die Hand des Mannes gelegt, dieser hat alle Befugnisse über seine Frau, wie über seine Sklaven und filii familias, kann sie tödten, verkaufen, verstoßen« (eigen ist doch, daß sie ihn auch verstoßen kann Gaius. I. 137 unt. §. 42), »mißhandeln u. s. w., und sie muß sich alles gefallen lassen.« Aber woher wissen wir denn das so sicher?

119) Gaius II. 90. vergl. mit §. 89 ibid. Daß, wie Schweppe Rechtsgesch. §. 374 behauptet, dies aus demselben Grunde auch bei Kindern in der Gewalt bestritten worden, ist nicht richtig, wie die von ihm selbst an-

Punkt der Scheidung, als das persönliche Verhältniß auflösend, wovon aber unten in einem eignen Capitel gehandelt werden soll.

Darin jedoch stand dies Verhältniß der patria potestas ganz gleich, daß der Frau wie einer Tochter im Testament des Mannes, und wie einer Enkelin, wenn der Mann selbst in potestate war, im Testament des Schwiegervaters ein Tutor bestellt werden konnte [120]. Unser Verhältniß hatte aber das Eigne, daß der Uxor in manu eine Optio tutoris vom Manne vermacht werden konnte [121].

geführte Stelle des Gajus (die obige) beweist. In §. 89 heißt es ausdrücklich, wer in potestate sey, durch den könne man alles, auch Besitz erwerben; dagegen (§. 90) sey das bei den in manu oder in mancipio Befindlichen aus dem erwähnten Grunde zweifelhaft. Es fragt sich also nur, weshalb war das hier ratio dubitandi, und bei dem Kinde, das doch auch nicht besessen wurde (v. Savigny Recht des Besitzes 4te Ausg. S. 269 271), nicht? Die Antwort kann keine andre seyn, als weil die strenge Potestas des Vaters über die Person des Kindes, indem sie diese durchaus und in allen Beziehungen in Anspruch nahm, den Erwerb anzunehmen berechtigte, wogegen die schwächere, auflösliche und relative Gewalt über die in manu befindliche Frau u. s. w. dazu keine Befugniß gab.

120) Gaius I. 148 149.

121) Gaius I. 150 ꝛc. vergl. Livius XXXIX 19.

§. 27.

Dagegen in Beziehung auf Vermögen wurde die Analogie der Patria Potestas streng consequent durchgeführt. Die Frau konnte so wenig als eine filiafamilias irgend etwas eigenthümlich für sich haben [122]). War sie sui iuris bei der Conventio i. m., und hatte bis dahin Vermögen gehabt, so geschah gleich wie bei Arrogatio, eine Successio per universitatem: das Vermögen der Frau ging als Ganzes ipso iure, d. h. durch eine nothwendige juristische Folge auf den Mann über, ward Theil seines Vermögens [123]). Erwarb während der Dauer dieses Verhältnisses die Frau etwas, erwarb sie eine Erbschaft, ein Legat, eine Obligatio, oder wie es sonst geschehen mochte, so erwarb ihr Mann es sofort durch sie, gleich wie ein Paterfamilias durch den Sohn und die Tochter [124]). Daraus folgt denn auch von selbst, daß wenn die Frau in einer solchen Ehe starb, von einem Nach-

122) Wie das Peculium adventitium eingeführt wurde, war die strenge Ehe schon nicht mehr.

123) Gaius II. 98. III. 82. Cicero Top. c. 4. med. v. cum mulier viro in manum convenit, quae mulieris fuerunt, viri fiunt dotis nomine. Vergl. Terent. Andria I. 5 in f.

124) Gaius II. 90. III. 163. Ulpian XIX. 18. 19. XXIV. 22 — 24. vgl. Gaius II. 244 ꝛc.

laß und einer Beerbung derselben gar nicht die Rede seyn konnte; insbesondre, aber nur als eine Folge, konnte auch keine hereditas legitima intestatae vorkommen[125]. Der Mann beerbte aber auch die Frau auf keine Weise, denn wie konnte er erben was er schon hatte? Er konnte aus demselben Grunde nicht Erbe seiner Frau seyn, weswegen nach altem Recht niemals ein Ascendent einen Descendenten, den er bis an dessen Tod in seiner Gewalt gehabt hatte, beerben konnte.

Starb der Mann in der Ehe, so hatte sie alle Rechte einer sua heres, auch beerbte sie ihre eignen Kinder aus dieser Ehe oder ihre Stiefkinder als consanguinea, und ward von ihnen eben so beerbt. Ein gleiches gilt im Verhältniß zu ihrem Schwiegervater als juristischem Großvater, wenn er den Sohn in der Gewalt hatte, und versteht sich, nach demselben starb[126].

125) Cicero pro Flacco c. 34. cit. Cicero stellt hier offenbar entgegen: 1, es war eine freie Ehe, dann ist nichts natürlicher, als daß der nächste Agnat Erbe der Frau wurde; 2, es war conventio in manum geschehen, dann kann freilich eine hereditas ex Lege nicht Statt finden, nur muste dann die Conventio auch rechtbeständig seyn, und diese Rechtsbeständigkeit bestreitet er nun auf die oben (§. 22.) erwähnte Weise.

126) Ulpian XXII. 14. XXIII. 3. XXIX. 1. Collat. Leg. Mos. XVI. 2. aus Gaius Insit., wo im Codex rescriptus eine Lücke ist, die in der Berliner Ausg. aus der Collatio ausgefüllt wor-

Das Testament des Mannes wird durch nachfolgende strenge Ehe rumpirt [127].

Endlich zum Schluß noch diese Bemerkung: der Form nach konnte auch nichts dagegen seyn, daß der Mann die Frau wieder an einen Dritten mancipirte (remancipare), das muste er wenigstens so gut wie der Coemptionator, der es fiduciae causa war, thun können [128], und so scheint es, muste er sie auch in eine neue Ehe remancipiren können, so daß sie eo auctore eine Coemptio mit einem neuen Mann vornahm. Wie sich dies aber der Materie nach verhielt, davon das Nähere unten im Capitel von der Dauer der Ehe.

den, s. Gaius Lib. III. init. Ferner Gaius III. 40 41. Collat. Leg. Mos. XVI. 6. (Ulp.) Gellius N. A. XVIII. 6. in f. — Servius Danielis ad Georg. Lib. I. v. 31. Teque sibi generum ꝛc., spricht freilich von einer gegenseitigen Beerbung, aber in einem vulgären unjuristischen Sinne.

127) Ulpian XXIII. 3. Gaius II. 139.

128) Gaius I. 115. 118. 136. 137. 166.

Sechstes Capitel.

Von der freien Ehe insbesondre, ihrer Entstehung und ihren Kennzeichen.

§. 28.

Der Begrif der freien Ehe im Gegensatz der strengen ist negativ, der positive Theil desselben besteht blos darin, daß sie, so gut wie die strenge, eine römische Ehe ist, ihr fehlt aber die Conventio i. m., und das macht den ganzen Unterschied; folglich alles, was aus dem Convenire in manum hervorgeht, fehlt ihr, alles, was außerdem einer römischen Ehe eigen ist, findet sich bei ihr. Die Frau wird also nicht filia ihres Mannes, sie tritt nicht in die Familie desselben über u. s. w., sondern sie bleibt in ihrer bisherigen Familie, und in der Gewalt ihres natürlichen oder Adoptiv-Vaters, wenn sie nicht schon vorher emancipirt worden ist; ist sie sui iuris, so bleibt sie es. Die Ehe ist an sich nach römischem Recht kein modus solvendae patriae potestatis [129]).

129) Auch die Tutel der mündigen Frau, so lange diese Rechtens war, konnte nicht dadurch aufgehoben werden. — Jedoch

Nur freilich bringt es die Natur der Ehe mit sich, daß, wenn sie anders fortbestehen soll, der Vater faktisch von seinem Recht in so weit keinen Gebrauch machen darf, als dadurch die individua vitae consuetudo gestöhrt werden würde. Der Vater hatte daher zwar der Form nach das Interdictum de liberis exhibendis gegen den Mann, wenn er die bisher in seiner Gewalt befindliche Tochter ohne Conventio in manum an ihn verheirathet hatte, d. h. wenn er ihm auch nicht die Ehe aufkündigte, konnte er doch verlangen, daß die Tochter zu ihm gelassen würde; allein der Prätor gab dem Mann eine Exceptio gegen dieses Interdikt (L. 1. §. ult. D. d. liber exhib.). Ja wenn die Frau bei dem Vater abwesend war, und ihm, ohne Scheidung, vom Vater vorenthalten wurde, so gestand man dem Manne eine Klage, »ut uxor exhibeatur et ei uxorem ducere liceat,« zu (L. 2. eod. L. 11. C. de nupt.).

schon Constantin versuchte es, eine Art von Curatel des Mannes über die Frau einzuführen, indem Veräußerungen einer Minderjährigen auch ohne Decret gültig seyn sollten, wenn nur ihr Mann einwilligte, und den Kaufcontract unterschrieb, allein schon Julian hob dies wieder auf (L 3. C. Theod. de contr. emt. 3. 1.) und im Justinianischen Recht finden wir es nicht.

Es war dolus vom Vater, sein Benehmen mit dem in Widerspruch zu setzen, was er selbst gewollt hatte (die Ehe hätte ohne seinen Willen nicht anfangen können, s. unt. §. 38.), ohne einmal diesen Willen zu widerrufen. Im übrigen blieb die Patria Potestas mit allen ihren Wirkungen stehen, z. B. erwarb die Frau alles dem Vater, konnte von diesem ein Peculium [130]) haben, u. s. w.

§. 29.

Die eben erwähnte Beschränkung der väterlichen Gewalt über die Frau ging schon aus dem positiven Theil des Begrifs hervor; eine allgemeine Folge daraus war aber nach dem Obigen (§. 17.), daß auch die freie Ehe dem Manne oder dessen Parens Patria Potestas an den aus ihr erzeugten Kindern verlieh, da denn so die Familia des Mannes fortgepflanzt wurde. Das ist, wie gezeigt worden, Charakter aller Civilehe, was eben die freie Ehe auch ist.

Schon in dem Wesen der gültigen Ehe überhaupt (§. 3), was die freie römische Ehe auch, und nur etwas mehr ist, ist enthalten, daß die Frau Theil nimmt

130) L. 65. §. 1. D. de R. V. L. 24. D. d. I. D.

an Stand, Rang und Forum des Mannes, die dignitas ist es grade was sie von der Concubine unterscheidet [131]).

Wenn gleich in dem Verhältniß der freien Ehe keine potestas des Mannes über die Frau juristisch anerkannt war, so darf man dies doch nicht so denken, als habe hierin eine positive Ausschließung und Entfernung der natürlichen Herrschaft des Mannes über die Frau liegen sollen, man ließ dies nur als etwas Faktisches für sich bestehen [132]). In das innere Recht des Hauses griff das äußere Recht überhaupt nicht ein. Persönlichkeiten unter Ehegatten wurden erst da Gegenstand der Gesetzgebung, als christliche Kaiser es sich angelegen seyn ließen, die Scheidung zu beschränken [133]). Sonst hatte das Persönliche dieses Verhältnisses nur sehr indirekt und in einzelnen Punkten Einfluß auf das äußere Recht, wohin man rech-

131) L. 44. §. 4. D. d. legat. III. L. 16. §. 1. D. d. his quae ut indign. L. 8. D. d. Senator. L. 65. D. d. iudic. L. 19. pr. D. d. iurisdict. L. 22. §. 1. D. ad municipal. L. 9. C. de incolis. L. 13. C. de dignitat. L. 10. C. de nupt. Nov. 22. c. 36.

132) Vgl. Plutarch Coniug. Praecept. edit. Reiske pag. 538. 539.

133) Siehe z. B. L. 8. §. 2. C. de repudiis (von Theod. II), conf. Nov. 117. c. 14.

nen kann, daß der Mann durch der Frau zugefügte Injurien mit injurirt wird [134]); daß er sie vor Gericht zu vertreten hat, da gerichtliches Auftreten und Handeln einer Frau nicht wohl ansteht, womit denn auch zusammenhängt, daß er ihr präsumtiver Procurator ist [135]).

§. 30.

Entstehung der freien Ehe, Art sie zu schließen.

Ungeachtet dieser größern Ungebundenheit des ehelichen Verhältnisses, konnte die Ehe ohne Conventio in manum, doch gar wohl unter religiosen und andern Festlichkeiten (ritus nuptiarum, pompa nuptialis, nuptiarum celebritas, festivitas) eingegangen werden, was gewiß bei den Römern wie bei andern Völkern sehr häufig und das Gewöhnliche war. Es hätte auch mit dem Wesen der freien Ehe gar nicht in Widerspruch gestanden, wenn irgend eine solche Festlichkeit oder doch irgend ein solenner Akt unentbehrlich gewesen wäre, damit eine solche Ehe entstän-

134) L. 1. §. 3. L. 2. D. de iniuriis.

135) L. 18. 21. C. d. procurator. L. 6. C. de receptis arbitr.

de; nur freilich eine Coemptio oder die Solennitäten, welche an der Confarreatio charakteristisch waren, die wir aber eben nicht kennen, durften es nicht seyn. Eine solche Nothwendigkeit fand sich indeß in dem positiven Recht der Römer nicht. Die römischen Juristen sagen an mehrern Orten, die Ehe, versteht sich die freie, erfordre lediglich Consensus: L. 30. D. d. R. I. L. 15. in f. D. d. condit. L. 66. pr. D. d. donat int. V. et Ux. L. 11. D. d. sponsal. [136]). Daraus folgt die Negation aller übrigen Erfordernisse einzeln von selbst, diese Negation findet sich aber am vollständigsten noch in einer Constitution Theodos des jüng.:

> L. 3. C. Theod. de nupt. (3. 7. L. 22. C. Iust. eod.) si donationum [137]) ante nuptias vel dotis instrumenta defuerunt, pompa etiam, aliaque nuptiorum celebritas omittatur, nullus aestimet [138]), ob id deesse recte alias inito matrimonio firmitatem, vel ex eo natis liberis iura posse legitimorum

136) Gothofredi op. minora edit. Trotz Lugd. Batav 1733. pag. 339.

137) Cod. Wurceb. »donatio« Ritter.

138) »Existimet« C. I.

auferri, si [139]) inter pares honestate personas, nulla Lege impediente fiat [140]) consortium, quod *ipsorum consensu* atque amicorum fide firmatur.

Die im Anfange erwähnten donationes ante nuptias geschahen unter Brautleuten und waren unwesentlich, so wie Sponsalien der Ehe vorhergehen und auch nicht vorhergehen konnten [141]).

Daß ein schriftlicher Ehecontrakt (Tabulae nuptiales) errichtet worden, war niemals nöthig [142]). Auch dotis instrumenta sollen nach unsrer theodosischen Constitution entbehrt werden können, was mit einer Hand den schriftlichen Ehecontrakt, worin zugleich die dos bestimmt zu seyn pflegte, und mit der andern die Constitutio dotis selbst berührt. Noch Justinian erklärte in mehrern Stellen des Codex die dos, auch wo sie gegeben werden kann, für ganz entbehrlich [143]). Ferner, alle nuptiarum celebritas

139) *si* fehlt im C. I.

140 *fiat* ist weggelassen im C. I.

141) L. 32. §. 27. D. d. donat. int. V. et U.

142) L. 31. in f. pr. D. de donat. (Papinian). L. 4. in f. D. d. pignos. (Gajus). L. 9. 13. C. de nupt. (Probus).

143) L. 20. C. d. donat. ante nupt. — — — dos propter nuptias fit, et sine nuptiis

soll unwesentlich seyn. Auf Consens beruhe die Ehe allein, »atque fide amicorum.« Also auch Zeugen musten zugegen seyn? So scheint Gothofred (Comm. ad C. T. h. l.) diese Stelle auszulegen, indem er darin ein Verbot der Nuptiae clandestinae sieht, und die L. 1. C. Theod. eod. herüberzieht. Allein diese Worte sagen das gar nicht, sondern die Meinung ist: hinsichtlich ihrer Entstehung beruht die Ehe einzig auf Consens der Personen, die dazu zu consentiren haben, was zunächst die Ehegatten sind, hinsichtlich der Glaubwürdigkeit und der Sicherheit des Beweises, wo es an schriftlichen Dokumenten u. offenkundigen Feierlichkeiten fehlt, auf dem Zeugniß der Freunde, denn Fremde wird man nicht leicht zuziehen. Jene Auslegung des Gothofred ist so wenig richtig als die, wenn er gleich darauf von der Hierologie sagt, Justinian habe diese niemals vorgeschrieben, obwohl er in L. 24. C. de nupt., nuptiarum festivitas et vota erfordere, denn Justinian will dort nichts Neues über

nulla dos intelligitur, sine dote autem nuptiae possunt celebrari. L. penult. pr. C. de repud. — — non enim dotibus sed affectu matrimonia contrahuntur.

die Art der Abschließung der Ehe vorschreiben, sondern bezeichnet nur beiläufig diese durch das Gewöhnliche, was dabei vorkam, festivitas nuptiarum, dasselbe nennt er nachher vota nuptiarum, was doch nicht mit jener der Sache nach eins seyn kann, aber auch dies bezeichnet hier nichts weiter, als den ernstlichen Consens in die Eingehung [144]).

Im Recht des Codex also so gut, als im Recht der Pandekten ist nur allein Consensus erforderlich. Ueber die Aenderungen im Novellenrecht unten.

§. 31.

Aber was bedeutet hier denn nun Consensus? Man darf sich dies nicht in der Weise denken, wie bei einem Consensual-Contract aus dem Consensus eine Obligatio entsteht; wo dieser also auf bevorstehende

144) Näher angegeben, ist der Sinn dieser: wenn bei einem pactum oder sonst die Ehe zur Bedingung gemacht worden, so soll vor Entstehung der Ehe selbst die Bedingung nicht als erfüllt angesehn werden, also nicht etwa durch Sponsalien, nisi ipsa nuptiarum accedat festivitas; — auch der Eintritt des zur Ehe fähigen Alters, wenn etwa die Sponsalien vorher geschehen waren, soll hinreichen, sed ex quo vota nuptiarum re ipsa processerint. Vergl. L. 10. pr. D. de condit. et dem. *Voet* ad Tit. d. R. N. — §. 2. in f.

künftigen Leistungen gerichtet ist [145]). Die Ehe ist keine Obligatio, sondern ein Familienverhältniß, da sie wie wir gesehen haben, eine natürliche Thatsache ist, so kann sie nicht aus einem juristischen Akt entspringen: damit sie sey, müssen zwei Personen zweierlei Geschlechts ihr Leben wirklich vereinigt haben [146]), mag nun sonst noch ein religioser oder juristischer Akt hinzukommen sollen, um dieser Thatsache gewisse Wirkungen beizulegen, oder mag es, wie bei freier Ehe, blos daraf abgesehen seyn, die nackte Thatsache selbst herzustellen. Wenn nun Consens hier entscheiden soll, so liegt dies darin, daß die Ehegatten zu dem gemeinsamen Leben ernstlich und freiwillig zusammentreten müssen, dieses freiwillige Zusammentreten ist der Consensus, der die Ehe hervorbringt, es ist aber auch schon die Ehe selbst, der Anfang des ehelichen Zusammenlebens. Also darf man sich gar

145) Hugo im Civilist. Magazin. B. 1. S. 200 2c.

146) »Matrimonium est viri et mulieris *coniunctio*, individuam vitae consuetudinem continens« §. 1. I. de patr. pot. — In qua definitione, sagt Duarenus (ad Tit. d. nupt. init.), verbum *coniunctio* ostendit, nuptias a sponsalibus differre, quibus nulla coniunctio, sed coniunctionis spes tantum inducitur. In der Folge aber hat er diese richtige Vorstellung nicht genug benutzt.

nicht Ehe und Consens zur Ehe als in der Wirklichkeit aus einander liegend denken, als sey die Ehe noch etwas Bevorstehendes, wie beim Consensual-Contract die Leistung: das würden immer Sponsalien seyn (L. 1. D. d. sponsal.). Der *Consensus* ist hier die faktische Lebensvereinigung selbst.

Daher wird dasselbe, was in jenen Stellen Consensus heißt, auch durch maritalis (nuptialis) affectio, animus mariti et uxoris ausgedruckt: Vereinigung mit der Absicht von beiden Seiten, daß dies eine eheliche, d. h. des ganzen Lebens, Stand und Rang mit eingeschlossen, seyn solle, das macht die Ehe, z. B. L. 31. pr. D. de donat. cit. L. 32. §. 13. D. d. donat. int. V. et U. L. 3. §. 1. eod. Es ist die animi destinatio, wovon in L. 4. D. de concubinis die Rede ist, in Beziehung auf Ehe, wie dort auf Concubinat gedacht, verbunden mit der That selbst. Eine rohere Ansicht [147]) würde es

147) Wenn ein Volk im ungebildeten Zustande dies so ansieht, so ist die Grundvorstellung hier und dort dieselbe: es muß eine wirkliche Conventio durch die That seyn; nur nach der reineren Vorstellung braucht es grade keine Conventio cum corpore zu seyn, s. L. 8. C. de incest. nupt. Wir Teutsche sind uns diesmal also nicht selbst ungetreu geworden, indem wir die Ansicht der Römer später bei uns haben aufkommen lassen.

nun aber seyn, hierzu Concubitus zu erfordern, daher verwerfen dies die römischen Juristen und verlangen blos Vereinigung in dem Sinne, wie sie zum Wesen der Ehe wahrhaft gehört. Somit konnten sich Concubitus und Consensus [148]) grade wie Concubitus und Affectio maritalis [149]) entgegengesetzt werden.

§. 32.

In Beziehung auf diesen Gegesatz ist nun gleich eine Stelle merkwürdig, wo der Moment, auf den es ankommen soll, erst durch »statim atque ducta est mulier« und dann durch Consensus, beides im Gegensatz von Concubitus bezeichnet wird, es ist:

> L. 15. D. de condit. et dem. Ulpian. lib. 35. ad Sabin. Cui fuerit sub hac conditione legatum, si in familia nupsisset, videtur impleta conditio *statim atque ducta est uxor*, quamvis non in cubiculum mariti venerit. Nuptias enim non concubitus, sed consensus facit.

148) L. 32. D. d. R. I. Nuptias non concubitus, sed consensus facit.

149) L. 32. §. 13. D. de donat. int. V. et U. — non enim coitus matrimonium facit, sed maritalis affectio.

Nun heißt freilich ducere uxorem bekanntlich heirathen, allein hier soll ohne Zweifel eine specielle Thatsache bestimmter bezeichnet werden, nämlich die deductio in domum mariti selbst [150]), und eben daß mit dieser die Ehe anfing, ist die Ursache, daß ducere uxorem und Heirathen eins sind, nicht etwa wie Trauung und Heirathen, sondern weil Heirathen auch die Vereinigung, mithin den Consensus bezeichnet, und dieser wieder mit der Deductio in domum mariti eins ist. In wie weit nun aber dies ganz wahr sey, und wie fern es bei der Ehe auf die Deductio ankomme und wiederum nicht ankomme [151]), das läßt sich nur einsehen, wenn man sich die Sache in der Art, wie sie so eben entwickelt worden, gedacht hat. Bekanntlich wurden, indem die Braut in das Haus des künftigen Ehemanns hinübergeführt wurde, und noch indem sie über die Schwelle gehoben wurde, Feierlichkeiten begangen, aber diese Feier-

150) Dies sieht man ja schon aus dem Gegensatz mit in cubiculum mariti venire.

151) Vergl. Grupen de U. R. praefat. — Es wird gleich zu Anfang die Richtung verschoben wenn man, wie Böhmer (I. E. P. IV. 1. §. 7.) sagt: »regulariter consensus matrimonialis declarandus erat per deductionem in domum.«

lichkeiten waren, wie aller Pomp, mochte er noch so gewöhnlich seyn, unwesentlich für den Anfang der Ehe. Soll also das deducere in domum nicht blos als Bezeichnung [152]), sondern als Thatsache, worauf es ankommt, sich zum Anfang der Ehe verhalten, so muß damit das nude Faktum des Hineintretens der Frau in das Haus des Mannes verstanden werden. Dies erklärt sich nun aber auch gar nicht schwer. Das vereinigte Leben beider muß einen Wohnsitz haben, wo beide, die regelmäßigen und unregelmäßigen Entfernungen abgerechnet, unzertrennlich sich zusammen aufhalten, und wohin selbst jene Entfernungen immer wieder als zu ihrem Mittelpunkt zurückkehren. Dieser Ort, die gesammte Heimath beider, kann nach dem natürlichen und bürgerlichen Verhältniß der Geschlechter kein andrer seyn, als das Haus des Mannes, als des Hauptes der Familie, dessen Rang und Würde die Frau theilen soll [153]), nicht etwa nur sein eigenthümliches Haus, sondern natürlich auch wenn er zur Miethe wohnt, ja sogar wenn der Mann

152) Wie z. B. das umgekehrte nubere marito, was von einer Solennität hergenommen ist, zuweilen aber auch noch wie nuptiae die Festlichkeit selbst bezeichnet.

153) Die Römer nennen daher dies Haus domicilium ma-

zu der Frau in ihr Haus zöge, indem er sie heirathet, was bei den Römern gewiß noch viel seltener, als bei uns, aber doch möglich war [154]), so würde dies so gut seyn wie deductio in domum, denn das bisherige Haus der Frau wird dadurch Haus des Mannes, sie wohnt fortan bei ihm in seiner Wohnung, wenn gleich das Haus ihr Eigenthum bleibt. Nur gemeinsamer Wohnplatz ist erforderlich, damit die Societas omnis vitae anfange, sonst kann die Ehe wohl beschlossen d. h. verabredet, aber nicht

trimonii, oder den Ort, ubi latem matrimonio collocant coniuges L. 5. in f. D. d. R. N. L. 1. §. 2. D. de agnoscend. liber. Uxor, heißt es, socia rei humanae atque divinae domu (mariti) suscipitur L. 4. C. d. crim. expil. hered. Vgl. L. 65. D. d. iudiciis.

154) L. 4. §. 1. D. de usu et habitat. (Ulpian) Mulieri autem si usus relictus sit, posse eam et cum marito habitare, Quintus Mucius primus admisit, ne ei matrimonio carendum foret, cum uti vult domo, nam per contrarium, quin uxor cum marito possit habitare, nec fuit habitatum. — — *Seneca* Controvers. 1. 6. Omnes uxores divites servitutes exigunt. Crede mihi, volet in suit regnare divitiis, et tamen aequum est eam possidere domum, *in quam me adsciverit*, ironisch gesagt, um die Unnatur der Sache ins Licht zu stellen. *Apuleius* Apologia, pro se de Magia, verb. Quodcunque in dotem acceperis, potes cum libuit, ne sis beneficio obstrictus, omne ut acceperas retribuere: pecuniam renumerare, mancipia restituere, *domo demigrare*, praediis cedere.

geschlossen d. h. angefangen seyn. Folglich gehört zum Consensus, der die Ehe hervorbringen soll, auch daß die Frau ducta est, und beides fällt in einen Moment zusammen. Nun können freilich im Einzelnen sonderbare Fälle vorkommen, die sich aber alle auf eine gleiche Grundansicht zurückführen lassen.

Außer dem schon ungewöhnlichen Falle, daß der Mann zu der Frau zieht, kann es sich ja ereignen, daß zwei Leute, die beide von dem Wohnort des Mannes abwesend sind, sich vereinigen: wir, die wir jetzt zusammen sind, wollen als Eheleute zusammen bleiben von diesem Augenblick an, »ich, die Braut, ziehe mit dir in dein Haus, wenn wir zurückkehren;« hier muß augenblicklich die Ehe geschlossen seyn, abgesehen von Concubitus, denn das gemeinsame Leben geht von dem Augenblick an, wenn gleich die Frau noch nicht über die Schwelle der ehelichen Wohnung geführt worden ist [155]). Ja es kann ja seyn, daß ein Mann

155) Die Römer konnten nicht anders denken, denn sonst hätte ja ein Römer nie auf der Reise heirathen können. Dasselbe müßte auch alsdann gelten, wenn an dem Wohnorte selbst sich die beiden Personen vereinigten, die Hände in einander schlügen, in der bestimmten Absicht, von diesem Augenblick an Mann u. Frau zu seyn, und nun im Begrif die Frau nach seinem Hause zu führen, der Mann vom Schlage gerührt würde. Daher trifft un-

gar keinen Wohnort hat[156]), in diesem Augenblick nicht, indem er sich nach einem umsieht, den er wählen möchte, oder regelmäßig nicht, was sich bei einem Schiffer denken läßt, welcher sich mit seinem Schiff so lange als irgend möglich in guter Jahreszeit herumtreibt, und selbst für den Winter keinen bestimmten Wohnort hat, sondern sich bald hie bald da vor Anker legt. In einem solchen Zustand darf doch die Ehe nicht untersagt seyn, wenn es sich schickt und glückt, aber in dem letztern Beispiel würde das Schiff domus mariti und domicilium matrimonii seyn.

So ist also die Untersuchung im Einzelnen, ob Ehe ohne deductio in d. m. seyn könne oder nicht, durchaus nicht von Hochzeitsfeierlichkeiten, und so durchaus nicht von juristischen Gründen abhängig, daß sie vielmehr eben so rein von faktischen Umständen abhängt, wie die Frage, wo jemand sein domicilium habe[157]).

ire Trauung als Anfangspunkt der Ehe fast immer mit der Ansicht der Römer überein. Bei den römischen Hochzeitsfeierlichkeiten empfing der Bräutigam die Braut in seinem Hause.

156) L. 27. §. 2. in f. D. ad municipalem.

157) Vergl. L. 7. C. de incolis (10. 39.).

Wenn nun gleich regelmäßig Deductio i. d. m. zum Anfang der Ehe gehört, so folgt doch noch gar nicht daß wo diese geschehen ist, auch schon gleich die Ehe müsse angefangen haben; denn das Zusammenleben, selbst wenn es mit Coitus verknüpft war, macht es ja an sich nicht, sondern es muß Affectio maritalis hinzukommen, sonst ist es höchstens Concubinat, und diese Affectio maritalis muß auch nicht in concreto vom Gesetz verworfen seyn, wie z. B. unter Impuberes und unter zu nahen Verwandten [158]). Es kann auch seyn, das man eine Ehe wirklich beabsichtigt, aber erst nach einer bestimmten Zeit, die Deductio i. d. m. aber schon früher geschah, hier fängt die Ehe erst mit dem Moment an, auf den die Absicht gerichtet war. Es ist dies überhaupt quaestio facti, und nur zufällig und nebenbei können juristische Rücksichten eintreten, wie z. B. wenn der wirkliche Consensus aus juristischen Gründen nicht beachtet wird, da denn auch die That selbst nicht helfen kann.

§. 33.

Alles dies, was bisher aus der Natur der Sache entwickelt worden, und wobei wir uns länger, als

158) L. 10 D. de condit. et demonstr.

römische Juristen wohl pflegten, haben aufhalten müssen, weil wir ein uns fremdes Rechtsleben der Vorzeit leichter mißverstehen, als sie ihr eignes — [159]) läßt sich nun eigentlich gar nicht durch Gesetze ändern [160]). Soll die Ehe bloß auf Consensus, d. h. auf faktischer Vereinigung beruhen, so kann es damit nicht anders seyn. Die wenigen Bruchstücke, die sich darüber im Corpus iuris finden, stimmen aber auch vollkommen überein:

1) solche, die den Anfang der Ehe an die Deductio uxoris i. d. m. knüpfen, als an ein unentbehrliches Erforderniß:

L. 5. D. d. R. N. Pomponius lib. 4. ad Sabinum.

Mulierem absenti per literas eius, vel per nuncium posse nubere placet, si in domum eius deduceretur, eam vero, quae abesset, ex litteris vel nuncio suo duci a marito non posse; deductione enim *opus esse* in ma-

159) Die Breite entschuldigt sich leicht daraus, daß die Interpreten des römischen Rechts, es in diesem Punkt ganz ordentlicher Weise mißverstehn.

160) L. 12. D. de captivis Facti autem causae infactae nulla constitut. fieri possunt.

riti, non in uxoris domum, quasi in domicilium matrimonii.

L. 6. eod. Ulpian lib. 35 ad Sabinum.

Denique [161]) Cinna scribit, eum, qui absentem [162]) accepit uxorem, deinde rediens a coena iuxta Tiberim periisset, ab uxore lugendum, responsum est.

L. 7. eod. Paul. lib. sing. ad L. Falcid.

Ideoque potest fieri, ut in hoc casu aliqua virgo et dotem et de dote habeat actionem.

In den drei Fragmenten wird sämmtlich ein Fall erörtert, nämlich der, da der Mann abwesend, d. h. entfernt von seinem Wohnort ist, und sich abwesend entschließt, die Frau zu heirathen: dies soll so bewerkstelligt werden können, daß zufolge seines durch Brief oder Boten überbrachten Entschlusses die Frau

161) d. h. folglich.

162) Kein Codex berechtigt hier, so viel ich habe in Erfahrung bringen können, absens statt absentem zu lesen, was sonst allerdings das Verständniß erleichtern würde; aber das letztere ist auch nicht dem Zusammenhang eigentlich entgegen, da Abwesenheit ein relativer Begrif ist, die Frau war abwesend von ihm, indem er von Rom abwesend war, wo sie sich aufhielt und auf seine Anordnung in sein Haus geführt wurde.

in seine Wohnung eingeführt wird. Dann sollen in dem Augenblick da die Deductio geschehen ist, alle Wirkungen einer römischen Ehe eintreten; namentlich soll dos, die ohne Ehe unmöglich ist, seyn können, selbst wenn der Mann stürbe, ehe er zurückkehrte. In L. 5 wird aber auch der umgekehrte Fall erwähnt: die Frau ist abwesend, d. h. von dem ihnen beiden gemeinsamen Wohnort, sie sendet ihren Entschluß zur Heirath herüber; hier soll es nicht hinreichen, daß ein Hochzeitszug des Bräutigams in das Haus der Braut veranstaltet wird, wenn auch darin der Consens zu heirathen klar genug liegt[163]). Offenbar ist der Grund der Entscheidung der, daß in dem erstern Falle die Thatsache, welche Ehe ist, mit der Deductio anfängt, in dem letztern nicht.

163) Es ist also auch unrichtig, wenn man, wie Schulting (ad Paul. R. S. II. 19 §. 8.) die Sache darin setzt: »consensus deductione praecipue declaratur,« mag man dies nun von einem auf gegenwärtige oder künftige Heirath gerichteten Consens verstehen. Duarenus (ad Tit. D. solut matr.), der sich den Consensus noch als etwas von dem Anfang des ehelichen Zusammenlebens Abgesondertes vorstellt, meint, der Anfragende habe darüber angefragt, als ein »homo superstiosior,« wie es eigentlich mit den Feierlichkeiten hätte gehalten werden müssen. — Vergl. Paulus R. S. II. 19. §. 8. Vir absens uxorem ducere potest, femina absens nubere non potest.

Von dem letztern Falle wird man das leicht zugeben, aber in dem ersteren kann es bedenklich machen, daß das Zusammenleben der Ehegatten doch noch nicht angefangen hat. Allein wenn man in diesem besondern Falle ein eigentliches Zusammen-Sitzen, Stehen, Liegen, kurz ein Zusammenseyn unter einem Dache erfordert hätte, so würde es damit nicht viel anders gewesen seyn, als mit dem Erforderniß des Beischlafs, man hätte die Sache schon etwas zu gröblich und sinnlich genommen: Zur Vereinigung des Lebens muste es hinlänglich seyn, wenn die Frau, welche den Kreis ihrer Thätigkeit, ihr eigentliches Leben im Hause hat, in die Wohnung des Mannes eingezogen war, mit seinem und ihrem Willen, daß sie sein eheliches Weib seyn sollte, seine Leute und Sachen dadurch unter ihre Hand und Aufsicht genommen, und somit ihre Wirksamkeit als Hausfrau, als Herrin des Hauses [164]) angetreten hatte. Wirklich war dies schon Societas vitae [165]). Beim Manne ließ sich

164) »Societas enim vitae quodammodo dominam eam facit« L. 1. D. rer. amotar.

165) Darauf, daß sie dort auch auf Kosten des Mannes lebe, kommt es an sich nicht an. L. 69. §. 3. D. d. I. D.

das umgekehrt, wenigstens gemeinhin bei römischer Sitte, nicht denken [166]).

§. 34.

2) Stellen, welche den Anfang der Ehe an die Deductio i. d. m. nicht geknüpft wissen wollen. *L.* 66. *pr. D. de donat. i. V. et U. Scaevola lib.* 9. *Digest.*

Scia Sempronio, cum certa die nuptura esset, antequam domum deduceretur tabulaeque dotis signarentur, donavit tot aureos, quaero, an ea donatio rata sit? — Non attinuisse, tempus, an antequam domum deduceretur, donatio facta esset, aut tabularum consignatarum [167]), quae plerumque et post contractum matrimonium fie-

166) In dem Fragment wird vorausgesetzt, die Frau sollte am Ende wirklich in die Wohnung des Mannes ziehn; nur wenn der Mann zur Frau zöge, damit nun ihre Wohnung die ihrige würde, und er träte nun mit Bewilligung seine Hausherrschaft an, er regierte ihr Gesinde zu seinen Zwecken, er finge an, was freilich bei uns öfters vorkommt, den Acker der Frau zu bestellen u. s. w. und thäte dies alles als Mann, so ließe sich etwa im Sinne der Römer ein Anfang der Ehe denken, ohne augenblickliche Anwesenheit der Frau.

167) Nach der Glosse soll die Wortconstruction fehlerhaft seyn,

rent, in quaerendo exprimi: itaque, nisi ante matrimonium contractum, quod consensu intelligitur, donatio facta esset, non valere.

§ 1. *eiusd. Legis.*

Virgini in hortos deductae ante diem tertium, quam ibi nuptiae fierent, cum in separata diaeta ab eo esset, die nuptiarum, priusquam ad eum transiret, et priusquam aqua et igni acciperetur, id est, nuptiae celebrentur, obtulit decem aureos dono. Quaesitum est, post nuptias contractas divortio facto, an summa donata repeti possit? Respondit, id quod ante nuptias donatum proponeretur, non posse de dote [168]) deduci.

Es werden hier zwei Fälle vorgetragen nach einander, in beiden war ein bestimmter Tag angesetzt, an dem die Heirath geschehen sollte. In beiden Fällen kam es auch darauf an, den Anfangs-

aber warum? »In quaerendo exprimi« ist hier zu tempus hinaufzuziehn; und tempus paßt eben so gut zu dem Genitiv »tabularum consignatarum« als zu dem vorhergegangenen Satze »an — facta esset, und das quae plerumque — fierent« ist ein Zwischensatz, der freilich allein auf tabulae consignatae geht.

168) »de dote« fehlt bei Haloander.

punkt der Ehe zu bestimmen, denn darnach richtete sich die Gültigkeit der geschehenen Schenkung. In der Art, wie der erste Fall behandelt wird, liegt hier eigentlich die Schwierigkeit, und sie läßt sich nur dadurch lösen, daß man das Verhältniß der Antwort zur Anfrage genau ins Auge faßt. Der Anfrager hatte auf einen entschieden irrelevanten Punkt, neben und mit der Deductio in domum ein Gewicht gelegt, das war die Besiegelung des schriftlichen Heiraths-Contracts. Dies wird gradezu verworfen und als Grund angegeben, die Besiegelung könne so gut nach, als vor und bei dem Anfang der Ehe geschehen, ja das erstere sey sogar gewöhnlicher. Nach diesem Fehlgrif ließ sich erwarten, daß der Anfrager die wahre Beziehung der Deductio in domum auf die Entstehung der Ehe eben so wenig begriffen habe. Es wird daher auch mit getadelt, daß er ebenfalls hierauf grade alles Gewicht gelegt habe, jedoch wird diesem Tadel kein Grund hinzugefügt, und es wird nicht gesagt, daß auch die Deductio oft nach dem Anfang der Ehe geschehe. Aber eben weil es doch, nach dem Obigen, möglich ist, und weil, wie der zweite Fall (in §. 1.) darthut, die Deductio auch früher geschehen, eine Donatio also auch nach derselben noch gültig seyn kann, war dieselbe für sich allein noch nicht entscheidend, sondern es kam alles auf den Consensus und das matrimonium contractum an, d.h. auf die Idee, mit der man wirklich sich vereinigt hatte. Daß der Jurist keineswegs die Deductio in domum gleich jener Besiegelung, als gänzlich irrelevant darstellen wollte, sieht man ja aus §. 1, wo offenbar ein Surrogat sie für die Heirath entbehrlich macht. Wollte man die Villa als domus mariti gelten lassen, ungeachtet er sich nur temporär dort aufhielt, so war die Deductio vor der Heirath geschehen, denn sie geschah vor dem bestimmten Hochzeitstage, an diesem wurde sie aber durch das Hinüberführen in die Zimmer des Mannes vertreten, da sie inzwischen ihre abgesonderten Zimmer [169]) als Fremde, als Gast

169) Eine ganz von der hier gegebenen abweichende Erklärung findet sich in Glück P. C. III. 1. §. 1191. Th. 22. Abth. 1. S. 401 rc. Allein daß hier »Gärten, welche dem Vater der Braut gehören, oder auch der letzterer Brautgabe seyn konnten« gemeint waren, und daß »die Braut den Bräutigam hier erwartete, und von da aus die feierliche Deductio in domum geschah,« verträgt sich nicht ein mal mit den Worten. Es war bestimmt, daß »ibi (in den Gärten) nuptiae fierent« und eben daselbst war sie in separata diaeta ab eo; wäre das ein Garten ihres Vaters gewesen, was konnte es für einen Sinn haben, daß sie dort in einer vom Manne abgesonderten Behausung sich

bewohnt hatte. Daß dabei Feierlichkeiten erwähnt werden, ist ganz natürlich, da dies sonst als ein bloßer Besuch aus einem Zimmer ins andre hätte angesehen werden können, auch war dies daher in concreto beobachtet worden. Wollte man die Villa nicht als Domicilium matrimonii ansehen, so hatte die Ehe vor der Deductio ihren Anfang genommen, denn das war ja klar, daß man während des Aufenthalts in der Villa zu dem gemeinsamen Leben als Eheleute in der That zusammen getreten war, folglich konnte alles auf Nuptiae contractae und Consensus zurückgeführt werden [170].

In Uebereinstimmung hiermit, wenn man nur auf das Wesen der Sache sieht, ist also eine Stelle im Codex, welche die Frage, ob der Bräutigam oder Ehemann schon geschenkt hat, darnach beurtheilt wissen will, ob die Schenkung erst in seinem Hause oder schon im Hause der Braut geschehen ist:

L. 6. C. d. donat. ante. nupt. (*Imp. Aurelianus*).

aufhielt, vorausgesetzt, daß dieser nicht auch da war? Daß eine feierliche Deductio in das Haus des Mannes in der Stadt bevorstand, davon ist auch keine Spur in der Stelle.

170) Wegen des Worts diaeta vgl. L. 43. §. 1. D. de legat. I.

Cum in te simplicem donationem dicas factam esse die nuptiarum, et in ambiguum possit venire, utrum a sponso, an a marito donatum sit, sic distinguendum est, ut, si *in tua domo* donum acceptum est, ante nuptias videatur facta esse donatio, quodsi *penes se* dedit sponsus, retrahi possit, uxor enim fuisti.

Denn hier wird ein gewöhnlicher Fall vorausgesetzt für den das wirklich seine Richtigkeit hat.

§. 35.

Zunächst haben wir nun folgendes zu erwägen. Wenn die Deductio nicht an sich den animus mariti involvirte, Feierlichkeiten aber, welche charakteristisch genug waren, ihn unverkennbar anzuzeigen, bei freier Ehe füglich fehlen konnten, woran wurde denn dieser allemal erkannt? Zuförderst ist so viel gewiß, wenn eine Dos förmlich bestellt war, so lag darin ein stillschweigendes Anerkenntniß der Ehe, denn dos sine nuptiis esse non potest; wenn auch gleich der Anfangspunkt der Ehe nicht nothwendig mit der Bestellung der dos zusammen fallen mußte, wovon noch unten (S. §. 116.). Sodann konnte durch eine wörtliche Erklärung, mochte diese nun mündlich oder schriftlich geschehen, die affectio maritalis an den Tag gelegt werden; aber da hier nun manche Ausdrücke zweifelhaft oder doppelsinnig seyn konnten, zumal bei der nahen Verwandschaft der freien Ehe mit dem Concubinat dem Faktischen nach [171]), so waren hier hergebrachte Formeln (probatae formulae) ganz unentbehrlich. Und hier treffen wir nun wieder auf eine Formel, wovon schon einmal die Rede gewesen ist: »convenire cum uxore liberorum procreandorum s. querendorum s. suscipiendorum causa.« Selbst der Ausdruck »*Uxorem* habere« scheint nicht unzweideutig gewesen zu seyn, da ihm jene Formel hinzugesetzt wird [172]).

Dasselbe gilt von Uxorem ducere [173]). Wes-

171) Auch beim Concubinat konnte, wenn gleich nicht Theilnahme und Rang des Mannes, doch unter Umständen sogar »matronae nomen et matrisfamilias honestas« Statt finden. L. 13. pr. D. ad L. Iuliam d. adulter. — — »Si modo ea sit, quae in concubinatu se dando matronae nomen non amiit, utputa quae patroni concubina fuit.« L. 41. §. 1. D. R. N. »Et si qua se in concubinatu alterius quam patroni tradidisset, matrisfamilias honestatem non habuisse dico.« Vergl. mit L. 1. pr. L. 4. D. d. concubinis. Paul. R. S. II 20. §. 1.

172) Gellius N. A. IV. 3. XVII. 21. Plantus Capteivei IV. 2. v. 109. L. 9. C. de nuptiis.

173) Ulp. III. 2. Ennius apud Festum v. quaeso. Varro apud

halb nun aber grade diese Formel, um eine wahre Ehe zu bezeichnen? [174]). Nicht weil man das Erzeugen von Kindern für die Haupsache bei der Ehe hielt, das konnte nach dem Obigen nicht seyn (§. 9), sondern weil, wie auch schon erwähnt worden, nur eheliche, nicht außereheliche Kinder patrem habent, also auch nur der Vater, der Kinder ehelich erzeugt, liberos habet [175]). Das Wort liberi ward also in dieser Heirathsformel ganz juristisch genommen, worüber man nicht erstaunen mag, da das Recht bei den Römern mit dem Leben verwachsen war, statt daß es bei uns zuweilen bald über dem Leben schwebt, bald unter dem Leben fortkriecht. Daß es eine Heirathsformel war, sieht man ganz deutlich aus Ulpian a. a. O. [176]), wo die Worte als Erklärung vor Zeugen (testatio) vorkommen, und aus L. 9. C. de nuptiis cit., wo es heißt, daß wenn auch ta-

Macrobium Saturn. I. 12. Plautus Aulular. Act. II. Scen. 1. v. 26. ꝛc. Conf. Gothofred. d. formulis VI. 122.

174) v. Savigny Abhandl. in der Berliner Akademie vorgelesen in den Jahren 1814 u. 1815. Berl. 1817. S. 21 ꝛc.

175) L. 6. init. D. de his qui sui. Filium eum definimus, qui ex viro *et uxore eius* nascitur.

176) — —' lege Iuuia cautum est, ut si civem Romanam vel latinam duxerit, *testatione interposita*, quod liberorum quaerendorum causa uxorem duxerit.

bulae nuptiales fehlen, doch die zusammen erzeugte Tochter als eheliche gelten solle, wenn nur Nachbarn und andre Leute bezeugen können,

»uxorem (eum) liberorum procreandorum causa domi habuisse.«

Gewiß war dies in alter Zeit die gewöhnlichste Formel, die wohl in keinem schriftlichen Heirathscontract fehlte [177]).

Aber wie, wenn nun auch keine deutliche Formel daß man Ehe wolle, gebraucht worden war? Zuerst gab es hier nun noch eine Präsumtion. Wer eine Ingenua, quae non corpore quaestum fecit, zu sich nahm, und mit ihr fortwährend lebte, von dem ward angenommen, daß er mit ihr eine Ehe eingegangen sey. Wollte er das nicht, so muste er ausdrücklich vor Zeugen erklären, daß er sie als Concubine nehme.

Ob dieses Recht altes Recht war, oder erst durch die Augustische Gesetzgebung eingeführt, ist zweifelhaft, doch läßt sich wohl das Erstere vermuthen. So viel ward aber erst durch die Lex Iulia de adulteriis ein-

177) Wie lange sie noch gebräuchlich blieb sieht man aus Aur. Augustini Serm. 51 l. 13. (ed. Paris 1683 f. T. 5.)

geführt, daß wer weder das Eine noch das Andre wollte, sich des Crimen stupri schuldig machte[178]).

§. 36.

In den übrigen Fällen nun, wo weder Präsumtion aushalf noch Formel, da konnte denn in concreto die Sache sehr zweifelhaft seyn, aber die römischen Juristen werden es nicht sehr bedenklich gefunden haben, da keine Ehe anzunehmen.

Erst Justinian, nachdem er Anfangs das Alte hatte stehen lassen (§. 30), machte sich neuerdings Gedanken darüber. Noch in Nov. 22. c. 3. erkannte er an: »nuptias mutuus facit affectus, dotalium instrumentorum accessione non indigens. Cum enim semel contractae fuerint, sive nudo coniugali affectu, sive dote et donatione propter nuptias« etc. Nachmals glaubte er in der Praxis bemerkt zu haben, daß in dieser Hinsicht auf zweideutige Ausdrücke, welche auch als Schmeichelworte oder Höflichkeit gemeint seyn konnten, zu viel Gewicht gelegt

178) L. 24. d. R. N. L. 34. pr. D. ad L. Iul. d. adult. L. 3. pr. §. 1. D. de concubinis. In §. 1. heißt adulterium dasselbe was stuprum, cf. L. 6. §. 1. L. 7. D. ad L. Iul. d. adult.

würde, seine eignen Bestimmungen in Nov. 74. c. 4. 5. sind aber sehr schwankend, und erst in Nov. 117. c. 4. kam die Sache zur Ruhe: Personen der Dignitatum maiorum sollten keine Ehe anders als mit instrumentis dotalibus eingehen können, alle übrigen sollten das alte Recht haben, nämlich durch sola affectio eine Ehe schließen können, es käme dann nur auf den Beweis dieser an [179]). Dabei blieb es und Nov. 74. cit. ist nur noch darum merkwürdig, weil sich darin eine entfernte Annäherung zur Hierologie zeigt, Erklärung der Ehe vor Bischof und Zeugen sollte ein Surrogat für instrumenta dotalia seyn, was aber durch Nov. 117 cit. wieder wegfiel, nämlich in so weit, als dadurch eine gesetzliche Alternative gebildet wurde.

§. 37.

Wenn wir nun bisher von Consensus gesprochen haben, so haben wir natürlich eine freie unerzwungene Eingehung der Ehe gemeint, die welche Ehegatten werden sollen, müssen sich frei entschlossen haben, und freiwillig zusammengetreten seyn. Hier dürfen wir

179) Conf. Auth. sed novo iure C. d. natural. liber.

nun aber zwei Fragen, schon ihres Zusammenhangs mit dem folgenden Capitel wegen, nicht übergehen:

1) kann nicht in vorhergehenden freiwillig geschlossenen Sponsalien ein Rechtszwang liegen?

Es wäre auffallend, wenn bei großer Freiheit in Auflösung der bestehenden Ehe selbst (wovon im folgende Cap.), die Verheißung einer künftigen Ehe sehr bindend bei den Römern sollte gewesen seyn. Es findet sich daher keine Spur eines allgemein gesetzlichen Zwanges [180]), am wenigsten eines direkten.

Was dem noch am nächsten kommt, war die Klage auf das Interesse, welche im alten Latium wie Gellius N. A. IV. 4. nach Servius Sulpicius erzählt, aus einer dort gebräuchlichen förmlichen Stipulatio und Sponsio, welche unstreitig wechselseitig geschah (spondesne dare uxorem? — spondesne ducere?), angestellt werden konnte. Dies

180) Nur ausnahmsweis und einzeln kommt dergleichen vor: die liberta wird gezwungen, den Patron zu heirathen, wenn er sie unter dieser Bedingung manumittirt hatte. L. 28. 29. D. d. R. N. Constantin zwang die Angehörigen eines Mädgens, dem Soldaten, welchem sie dasselbe versprochen hatten, ihr Wort zu halten, indem er allgemein für ein solches Vergehn relegatio in insulam androhte. L. 4. C. Theod. de sponsal. (3. 5.).

Recht aber hörte dort, nach derselben Erzählung auf, wie Latium durch die Lex Iulia [181]) die Civität erhielt, folglich war das dem römischen Recht entgegen, wenn gleich in alter Zeit die Form der Sponsio dabei gebraucht wurde [182]). Auch indirekte, von den Parteien besonders beliebte Zwangmittel waren ursprünglich dabei wahrscheinlich gar nicht zulässig. Eine Stipulatio poenae (Conventionalstrafe) wird in L. 134. pr. D. d. V. O. und in L. 5. C. de sponsal. in f. (Leo et Anthem.) verworfen, aus dem allgemein ausgesprochenen Grunde, in Beziehung auf Ehe, auch auf bevorstehende, dürfe ohne Verletzung guter Sitte kein Zwang seyn. Von Arrhis sponsalitiis kommt in den Pandekten nichts vor, im Codex werden sie aber in Constitutionen aus der christlichen Zeit als wirksam erwähnt: die gegebene ward verwirkt, die empfangene ehmals vierfach, dann nach Leo's angeführter Constitution doppelt zurückgegeben, wenn nicht etwa rechtmäßiger Grund zur Aufkündigung vorhanden war: erlaubt ist das Vier-

181) v. J. 664. auf Antrag des Lucius Iul. Caesar.

182) L. 2. D. de sponsal Plautus Trinummus V. 2. v. 32. ꝛc. Aulular II. 2. v. 27. ꝛc. 41. u. 77. ꝛc. Poenulus V. 3. v. 36. ꝛc.

sache zu stipuliren, aber nicht mehr. Dies gilt noch im Justinianischen Recht[183]). Ganz altes Recht war es aber, daß doppelte Sponsalien zu gleicher Zeit eingegangen, infamirten[184]). Die bisherigen aber aufzukündigen, und neue einzugehn, war ganz frei[185]).

§. 38.

2) In wie weit wird diese Freiheit der Einwilligung durch die Patria potestas bei den Römern modifizirt?

Betrachten wir die Ehe blos als Thatsache, so kommt es dabei lediglich auf den Consens des Ehegatten selbst an; es ist also schon juristisch, wenn die Einwilligung eines dritten erforderlich ist, damit die Ehe bestehe; kann dieser aber gar die Ehe erzwingen, so daß sein Consens den Consens des Ehegatten in sich schließt, so ist dadurch das Wesen

183) Vergl. L. 3. 5. C. Iust. de sponsal. L. 6. C. Theod. eod. Die Kirche dachte hier aber schon früh an Zwang, vgl. Lov. Leonis 74.

184) L. I. L. 13. §. 1. 2. D. de his qui not. inf.

185) Die übliche Aufkündigungs-Formel war: conditione tua non utar L. 1. C. de sponsal. L. 2. §. 2. D. d. divort. Ein indirekter Beweis liegt auch noch darin, daß ein Official in den Provinzen, obgleich keine gültige Ehe, doch gültige Sponsalien mit einer Provincialin schloß, L. 38. pr. D. d. R. N. Vergl. oben §. 11. no. 7. und L. un. C. si rector prov.

der Ehe selbst angegriffen. Selbst der Vater, welche Gewalt er auch haben mag, muß sich über die Einwilligung des Kindes nicht hinwegsetzen dürfen, das er zu verheirathen (in matrimonium collocare) gedenkt.

Unnatürlich wäre es auch, wenn er ganz willkürlich seine Einwilligung versagen könnte. Auf der andern Seite hat es sein Bedenken, solche Familienverhältnisse vor das äußere Forum zu ziehn. Durch das römische Recht ward, wenigstens in der Mittelzeit, dies so moderirt. Der Vater, der die Potestas hat, muß allerdings in die Ehe einwilligen, wenn sie überhaupt bestehen soll[186]), und er ist es eigentlich der die Sponsalien und die Ehe für das in seiner Gewalt befindliche Kind, abschließt[187]), aber schon der Lex Iulia nach darf er nicht auf ungerechte Weise säumen, sonst wird er durch Cognitio extraordinaria genöthigt[188]).

186) *Ulpian* V. 2. Iustum matrimonium est, si inter eos, qui nuptias contrahunt, connubium sit, — — — et utrique consentiant, si sui iuris sunt, aut *etiam* parentes eorum si in potestate sunt.

187) Daher z. B. wird der Vater infam, der den Sohn doppelt verlobte, und nicht der Sohn. L. 1. D. d. his qui not. inf.

188) L. 19. D. d. R. N. verb. mit pr. I. de nupt. §. penult. ibid. L. 2. L. 18. D. d. R. N.

Ferner der Sohn kann am wenigsten gezwungen werden[189]). Aber auch die Tochter muß gehört werden, schweigt sie aber still, und widerspricht nur nicht ausdrücklich, indem der Vater sie zur Ehe hingeben will, so ist Ehe, so sind Sponsalien vorhanden, wenn er abschließt[190]). Aber auch ausdrücklicher Widerspruch der Tochter wird nicht beachtet, wenn sie keinen hinreichenden Grund hat, den Mann auszuschlagen[191]). Auf der andern Seite ist es aber auch hinreichend, wenn der Vater auch nicht selbst abschließt und hingibt, sondern nur consentirt, was tacite schon im Wissen und Stillschweigen liegen soll, aber allerdings dieser stillschweigende sowohl als ein ausdrücklicher Wille muß der Ehe vorhergehn, und Ratihabition wird nicht zurückgezogen[192]). Hat der

L. 11. D. d. statu hom. Paul. R. S. II. 19. §. 2. die Worte: »sed contracta non solvuntur« sind entweder ein gothisches Emblem, oder es ist zu ergänzen: s. c. voluntate n.~s. S. Schulting ad h. l. und unt. §. 46.

189) L. 12. C. d. nupt. *Gellius* N. A. II. 7. spricht ja offenbar von moralischen Gründen, dem Vater zu folgen, daher ist J. Gothofred's (op. minora pg. 750 in f.) Bemerkung: Gellius non bonus ubique ICtus, hier nicht gut angebracht. Vergl. Quinctil. Declamat. 176.

190) L. 7. §. 1. D. d. spons.

191) L. 11. 12. eod. Vergl. L. 20. init. C. d. nupt.

192) L. 2. d. R. N. cit. pr. I.

Großvater die Gewalt, so muß dieser einwilligen, und ist es ein Enkel, der sich verheirathen will,

d. nupt. cit. L. 2. 5. C. d. nupt. L. 7. §. 1. d. sponsal. cit. in f. Es ist irrig wenn man in diesen beiden zuletzt erwähnten Punkten einen Unterschied zwischen filiusfamilias und filiafamilias hat machen wollen. Ursprünglich mochte es überhaupt zur Form gehören, daß iussu patris die Ehe contrahirt wurde, und in dieser Hinsicht steht im pr. l. cit. »filii familiarum« im Gegensatz von »patresfamil.« und begreift die filiasfamilias mit. Was dort auch über den Unterschied der filia vom filius in Beziehung auf furor patris vorkommt, und aus L. 25 C. de nupt. hergenommen ist, hat ganz andre Gründe, als daß bei der Tochter allein ein nachfolgender und stillschweigender Consens sollte hingereicht haben. Daß der anfängliche furor eines der Contrahenten selbst, die Ehe so gut wie die Sponsalien hinderte, versteht sich von selbst. L. 8. D. d. sponsal. L. 16. §. 2. D. d. R. N. Paulus R. S. II. 19. §. 7., aber nach der Strenge muste dies auch vom furor parentis gelten; denn da war ja gar kein Consensus möglich. Nun gab man hier aber wie beim pater absens oder ab hostibus captus (L. 9. §. 1. L. 10. D. d. R. N.), nur in andrer Weise nach: furor parentis sollte gar nicht hinderlich seyn, erst entschieden bei der Tochter nicht, da diese nicht im Concubinat anständiger Weise leben konnte, dann endlich auch beim Sohne nicht. Die L. 5. C. de nupt. cit. wornach Wissen und Stillschweigen so gut wie ausdrückliche Einwilligung seyn soll, spricht ja grade von einem Sohn, sie ist von Alexander Severus. Das Gegentheil behauptet mit Andern Glück a. a. O. XXIII. S. 18. rc. — Ob ein Kind ehelich sey oder nicht, richtet sich in dieser Beziehung lediglich nach der Zeit der Conception, ob damals ein Parens, welcher einwilligen muste, lebte und wirklich einwilligte; that er dies nicht, starb aber so muß noch die Einwilligung des Vaters hinzukommen, in so fern dadurch ein suus heres aufgedrungen würde[193].

Consens des Curators ist selbst einer Minderjährigen durchaus nicht nothwendig, eben so wenig als ehmals der Consens der Tutoren einer Volljährigen (oben §. 22 m.)[194]. Auch die Schließung oder Aufkündigung der Sponsalien hängt durchaus nicht von den Tutoren der Impuberes ab, sondern sie schließen sie selbst, können das aber nicht eher, bis sie sieben Jahr alt sind; die Tutores haben hier nur einzureden, in so fern dabei Vermögen in Consideration kommt[195]. Eine Mulier sui iuris hat weder die Einwilligung des Vaters noch der Mutter noch sonstiger Verwandten nöthig, um eine Ehe oder Sponsalien eingehen zu können. Nur wenn sie noch minderjährig oder gar

vor der Geburt, so ist das Kind kein iustus filius, und wenn auch sein eigner Vater ihn anerkennt, er muß ihn erst adoptiren, wenn er es werden soll. L. 11. D. de statu homin.

193) Vergl. L. 16. §. 1. D. d. R. N. mit L. 3. D. eod. u. §. 7. I. d. adopt. L. 196. §. 1. D. d. V. S. Glück Pandecten-Commentar XXII. S. 421 rc.

194) L. 20. d. R. N. L. 8. C. de nupt.

195) L. 6. 14 D. d. sponsal. Vergl. Paulus R. S. II. 19. §. 1. Cicero pro Flacco c. 34. 35. init.

impubes ist, kann die Zufriedenheit solcher Cognaten mit der Ehe in Betracht kommen, jedoch muß das Gutbefinden der Obrigkeit hier den Ausschlag geben, wenn keine gütliche Vereinigung Statt findet, und hier können denn auch Tutoren und Curatoren nach Unterschied der Fälle zugezogen werden [196].

§. 39.

Zum Schluß erinnern wir nur, daß was den Consensus der Parteien selbst betrift, obgleich wie bei Ehe (§. 30.) so bei Sponsalien die Römer von nudus consensus sprechen, doch dieser hier aus faktischen Gründen einen andern Charakter als dort hat, bei der Ehe ist er die eigentliche Lebensvereinigung mit voller ernster Absicht selbst, bei den Sponsalien ist er auf diese als etwas Künftiges gerichtet, mag nun ein großer oder noch so kleiner Zeitraum dazwischen liegen, die Lebensvereinigung fängt noch

196) L. 1. 18. 20. C. d. nupt. vergl. mit L. 1. C. Theod. eod. L. 6. 7. C. Theod. d. sponsal. S. auch L. ult. pr. C. de repudiis; »*parentum* voluntate« geht hier nicht etwa auf beide Eltern, sondern auf den beiderseitigen parens mit potestas, wie in pr. I. d. nupt. und in Ulp. V. 2. inf.

nicht an, es ist also eine bloße Vereinbarung im Sinne hinreichend. Daher kann, wie gesagt, ein siebenjähriges Kind Sponsalien schließen; daher können Abwesende, ohne Unterschied der Fälle, durch Procuratoren und Unterhändler, oder wie immer, Sponsalien vollkommen gültig abschließen [197]).

Siebentes Capitel.

Von der Dauer römischer Ehe.

§. 40.

Wie die Ehe ihrer Natur nach auf das ganze Leben, auch in der Dauer, berechnet sey, ist oben (Einleit. §. 5.) bemerkt worden, auch von dem Verhältniß des Gesetzes zu dieser Dauer im allgemeinen geredet worden. Wir haben hier nun nachzusehn, wie

197) L. 1. 4. 7. 18. D. d. sponsal. — In dem Unterschied der Feierlichkeiten kann ja dies nicht liegen, da diese ja eben so gut bei Heirath als bei Verlobung fehlen konnten.

die Römer in diesem Betracht verfuhren. Wir müssen auch dieß, nach unserm Plane, der vollständigen Entwickelung des Vermögensrechts unter römischen Ehegatten, namentlich des künstlichern Dotalrechts, voranschicken, da in diesem die Bestimmung mehrerer wichtiger Punkte davon abhängt, daß man hierüber ganz fest gestellt ist.

Die ganze Untersuchung muß natürlich auf die Möglichkeit und größere oder geringere Leichtigkeit der Scheidung, d. i. der Trennung der Ehe *unter Lebenden* gerichtet werden [198]), und zwar muß dieses in Beziehung auf Gesetz und positiven Rechtszwang gedacht werden; denn bei der größesten Leichtigkeit der Scheidung *nach dem Recht* kann die Trennung *faktisch* durch mancherlei Gründe, die sich gar nicht

198) So strenge, wie nach Tacitus (d. morib. Germ. c. 19 »tantum virgines nubent — — unum accipiunt maritum, quomodo unum corpus unamque vitam«) bei den alten Teutschen, daß man auch den zweiten Mann *als Wittwe* zu heirathen für schändlich gehalten und so die Dauer der Ehe selbst über das irdische Zusammenleben hinausgezogen hätte, war man schwerlich jemals bei den Römern. Nur freilich als vorzüglich achtbar ward es angesehn, wenn die Frau sich mit *einer* Ehe begnügte. Valer. Max. I. 1. §. 3. Vergl. *Plutarch* Quaest. Rom. ed. Reiske pag. 161. 162. Ueber die römischen Wortbezeichnungen der Scheidung s. *Wächter* S. 60. ꝛc.

vollständig aufrechnen lassen, durch Gesinnung, durch Sitte, durch anderweitige Anstalten im Staat u. s. w. erschwert seyn. Dies muß man niemals vergessen, und sich wohl vor dem Schluß hüten, daß die Römer, wenn sie stets oder in der und der Zeit allen Rechtszwang in Hinsicht der Ehe ausschlossen, darum schon sich einbildeten es gehöre nicht zum Wesen der Ehe, daß die Gesinnung auf ein dauerhaftes Verhältniß für das ganze Leben, sondern es vertrage sich gar wohl damit, daß sie auf etwas an sich leicht Auflösliches, worüber man bald und ohne Beschwerde anderes Sinnes werden könne, grade wie bei einer gemeinen Societät, gerichtet sey; wäre das, so hätten sie das Wesen der Ehe gänzlich verkannt [199]).

War denn immer Ehescheidung frei, auch einseitig frei in Rom, auch bei Conventio in manum, auch bei Confarreatio?

Eine völlig befriedigende Antwort läßt sich auf diese Frage, so historisch gestellt, gar nicht geben, da wir, was die ältere Zeit betrift, aus den Urkunden wenige Nachrichten haben, und diesen wenigen nicht zu trauen ist [200]). Dionys von Halicarnaß L. 2.

199) Vergl. Burchardi, Grundzüge rc. S. 105.

200) Es ist nicht wohl möglich, daß dem Dionys oder dem

c. 25. (ed. Reiske pag. 287.) spricht von der Confarreatio, als habe sie zur Zeit des Romulus ein durchaus unauflösliches Eheband erzeugt, und zwar nach einem Gesetze, das Romulus selbst gab, er legt ihm dabei Motive unter, die doch wohl aus seinem eigenen Kopfe entsprungen sind. Plutarch im Romulus Cap. 22. erzählt, wieder nach einem Gesetz des Romulus habe sich die Frau gar nicht vom Manne einseitig trennen können, dem Manne dagegen sey es aus wenigen bestimmten Ursachen[201])

Plutarch, welche uns hier etwas aus der Zeit vor den Decemvirn berichten, zuverlässige historische Documente vorlagen; das zeigen auch die Berichte selbst, welche in sich unwahrscheinlich, unter einander widersprechend sind, und mancherlei Deutungen unterliegen. Sehen wir sie nun aber als aus alter Tradition hervorgegangen an, so fragt sich immer wie viel ist Wahres in der Tradition, wie viel hat sich im Laufe der Zeiten angesetzt, und wie viel mag eigene Erfindung der Erzähler seyn, nicht aus Unwahrhaftigkeit ersonnen, sondern um etwas Rundes und Ganzes für ihre Reflection zu haben? Wenn man alles in diesen Nachrichten Widersprechende, Unbestimmte, Unglaubliche wegnimmt, so bleibt wohl nur dieß, was auch ohnehin bekannt ist, daß in den ersten Jahrhunderten Roms Scheidungen unter Ehegatten sehr selten waren, und nur aus besonders dringenden Gründen vorgenommen wurden. Daher ist es ganz unzulässig, auf diese Nachrichten eine Theorie des ältesten Rechts der Scheidungen, möge diese auch noch so sinnreich seyn, zu gründen und darauf weiter fortzubauen.

201) Giftmischerei, Unterschiebung fremder Kinder, Nachmachung der Schlüssel, Ehebruch.

gestattet gewesen, habe er ihr aus andern Gründen den Scheidebrief gesandt, so habe er dadurch sein Vermögen verwirkt gehabt, einen Theil habe die Frau bekommen, ein Theil sey der Ceres gewidmet worden. Diese Nachrichten widersprechen sich unter einander*) denn wenn wir auch auf die obige Vermuthung (§. 13.), daß es in der ältesten Zeit zu Rom nur Eine Ehe, nuptiae confarreatae, gab, nicht mehr Gewicht legen wollen, als ihr zukommt, so ist doch des Dionys eignes Raisonnement ganz darauf gestellt, daß es nur eine gab, auch Plutarch gibt nicht zu erkennen, daß mehrere im Gebrauch waren, hätte aber Romulus zwei so verschiedene Gesetze 202) nach einander gegeben, so hätte diese ganze Gesetzgebung als schwankend und vorübergehend keine historische Bedeutung. Sodann betreffen diese Erzählungen theils eine Zeit, von der die spätern Römern selbst nichts sichres Historisches mehr wußten, theils läßt sich kein Zusammenhang zwischen ihnen und den frühsten historischen Berichten, die wir haben, anknüpfen. Aus Gellius 203), Valerius Maximus 204) und

*) Das Nähere hierüber im Anhang.

202) Nihil erat, quod has nuptias posset dissoluere. Dion.

203) N. A. IV. 3. XVII. 21. — Vergl. überhaupt Cuiacius I. obs. 39.

204) L. 2. c. 1. §. 4.

Dionys selbst[205]) haben wir die Nachricht, daß die erste Ehescheidung in Rom um das Jahr 520[206]) geschehen sey, und zwar, wie sie einstimmig erzählen, entließ Carvilius Ruga seine Gattin wegen Unfruchtbarkeit. Dabei wird denn keiner andern übeln Folgen erwähnt, als daß Valerius Maximus anführt, er sey dem Tädel seiner Mitbürger nicht entgangen, welche gemeint hätten, man müsse der Heiligkeit des ehelichen Bündnisses (coniugali fidei) selbst den natürlichen Wunsch, Kinder zu bekommen, nachsetzen. Wenn man nun auch diese Erzählung in so weit

205) Er erzählt es gleich nach der obigen Diatribe über die confarreirte Ehe und das romulische Gesetz, welches sie normirt haben soll. Seine Vorstellung scheint gewesen zu seyn, der Eid, se uxorem habere liberorum procreandorum causa, habe das sonst nach dem Gesetz unauflösliche Band doch gelößt; aber wie läßt sich das nur denken?

206) Plutarch erzählt dieselbe Geschichte an mehreren Stellen (Comp. Thesei c. Romul. c. 6. Numae cum Lycurg. c. 14. Quaest. rom. c. 14.), nur mit dem Unterschied, daß er eine Zeit von 230 Jahren angibt, binnen welcher keine Ehescheidung war, dieser Widerspruch kann aber, da die andern bis auf wenige Jahre übereinstimmen, alle auch in der Begebenheit selbst zusammentreffen, die Glaubwürdigkeit im Ganzen nicht aufheben. Manche von Wächter S. 82. erhobenen Zweifel sind unter Voraussetzungen gemacht, die wir nicht anerkennen können, anderen dagegen müssen wir beitreten.

wohl bezweifeln darf[207]), als sie alle Ehescheidungen in früherer Zeit auszuschließen scheint, — vielleicht war es bloß die erste Scheidung, die mit besondrer Willkür, deren man sich nicht versehen konnte, geschah, die erste Verstoßung der Frau, — so darf man ihr doch in so fern nicht den Glauben versagen, als sie auf eigentlichen Rechtszwang gesehen, eine große Leichtigkeit die Ehe aufzulösen beweist. Gab es zu der Zeit gesetzliche Causae divortii, so war gewiß nicht die Sterilität darunter, wie das auch aus dem Zusammenhang jener Erzählungen selbst hervorgeht.

Ferner gibt es eine Stelle bei Cicero [208]), wo bei einem Repudium der zwölf Tafeln erwähnt wird, und nach einer Lesart auch von Causam addidit die Rede ist. Die Stelle spricht vom Antonius, der eine Beischläferin unter Formen, die bei einer Ehefrau anwendbar waren, aus dem Hause trieb. Wir wollen

207) Hugo R. Rechtsgeschichte Ausg. von 1822 S. 99. Not. 11. Neustetel u. Zimmern röm. rechtl. Untersuchungen B. 1. S. 323. Wächter S. 82 ꝛc Das Beisp. der Sabinerinnen Dionys L. VI. kann etwa nur beweisen, daß jene Zeugnisse nicht auf Scheidungen, die vom Volke einmal besonders autorisirt wurden, zu beziehen sind. Daß bei Livius X 31. matronae stupri damnatae vorkommen, ist ein indirekter Beweis, der der Unterscheidung zwischen willkürlichen und unvermeidlichen Trennungen näher führt.

208) Philippica secunda c. 28.

die Worte hieher setzen, wie sie am ausführlichsten in einigen Ausgaben gelesen werden, und zwar ohne Interpunction:

»mimam illam suam suas res sibi habere iussit ex duodecim tabulis causam addidit claves ademit foras exegit.«

Ob die Worte »mimam« und »foras« ächt sind, kann für unsern Zweck ganz gleichgültig seyn. Entscheidend wäre es dagegen, wenn, was einige Commentatoren[209]) glaubten, die Worte ex duodecim tabulis eine Randglosse gewesen wären, welche aus Irrthum in den Text aufgenommen worden, aber wir wissen nichts Erhebliches für diese Meinung anzuführen. Ferner könnte es auf die rechte Spur führen, wenn Ferrarius[210]) bezeugt, er habe statt *claves* in Manuscripten gefunden: clavos und *clausa*, und adiecit statt ademit, nirgends aber causam. Hiernach könnte man vermuthen, es stand in einem Manuscript clausa adiecit statt claves ademit, und daraus machte man causas adiecit und dann causas addidit; endlich warf man beides zusammen, um

209) Siberus u. Graevius, s. die Ausgabe des letzteren von Cicero's Reden Amsterd. 1698. S. 542.

210) Die Ausgabe von Grävius a. a. O.

alles recht vollständig zu haben, wie wir es oben wiedergegeben haben. So viel ich noch habe bemerken können, findet sich beides mit einander in keinem Manuscript[211]). Dieß einmal vorausgesetzt, und daß man sich also entscheiden müste für eine Lesart: claves ademit oder causam addidit, würde für die Richtigkeit jener Conjectur, wenigstens für die Unächtheit der letztern Lesart Nonius Marcellus[212]) entscheiden, welcher die Stelle des Cicero so anführt: Claves ademit, forasque exegit, denn das »foras« kann aus dem Gedächtniß hinzugekommen seyn, aber nicht so kann sich causam addidit in claves ademit verwandelt haben. Freilich aber findet sich doch schon in ganz alten Drucken[213]) und selbst in Manuscripten[214]) causam addidit für claves ademit.

211) Grävius a. a. O., der diese Lesart vertheidigt, sagt bloß: quia tamen haec verba »causam addidit«, neque orationis numero, neque sensui officiunt, imo plurimum leporis addunt, non ausim ea excludere, et quasi *e veteri librorum possessione* turbare. Damit sind ohne Zweifel impressi libri gemeint.

212) Verb. exigere c. 4. §. 152. ed D. Gothofredi 1595 p. 650.

213) Venetiis 1491. Illam s. s. r. s. h. iussit. Ex. XII. tabulis causam addidit: exegit: quam ꝛc.. (hier auf der Bibliothek).

214) Oxforder Ausgabe von Cicero's Werken 1783. T. VI. p. 313. Text: m. i. s. s. r. s. h. iussit ex duodecim tabulis,

Aber lassen wir auch einmal das causam addidit richtig seyn, und allein oder vor claves ademit da gestanden haben, so braucht man es doch gar nicht nothwendig mit den Worten: ex duodecim tabulis, angenommen daß diese kein Glossem sind, in Verbindung zu bringen, denn diese können sich eben so gut auf das Vorhergehende: suas res sibi haberet iussit beziehen, daher denn auch in den Ausgaben verschiedentlich interpungirt wird, dann dürfte dennoch gar nichts von causis devortii in den zwölf Tafeln gestanden haben. Aber man dürfte auch grade nicht denken, daß eine bestimmte Formel in diesem Gesetz vorgeschrieben worden. Es konnte ja die Formel: tuas res tibi habeto, welche noch zur Zeit unsrer Klassiker üblich war[215]), auch schon damals üblich, und im Decemviralgesetz nur darum gebraucht worden seyn, um die Sache, das Divortium selbst zu bezeichnen, ja es ist nicht unmöglich, was sich freilich nicht behaupten läßt, daß auf diese Weise

claves ademit, exegit. Note: causam addidit für claves ademit Cod. ψ, womit nach dem Manuscripten-Verzeichniß im ersten Bande ein aus 5 Bänden bestehendes Oxforder Manuscript auf Pergament bezeichnet wird; die Philippicae stehen im Anfange des 2ten Bandes, welcher im Jahr 1447 geschrieben worden ist.

215) L. 2. pr. D. d. divort.

grade gesagt würde[216]), daß die Scheidung völlig frei sey, und daß der Mann, welcher die Frau verstieß — an den umgekehrten Fall mogte man am wenigsten denken, -- deshalb nicht, etwa von den Verwandten der Frau, oder dem Stande, wozu sie gehörte, solle in Anspruch genommen werden können. Gesetzt aber auch, es bezog sich das ex XII tabulis auf causam addidit, so folgt noch immer nicht, daß die zwölf Tafeln die Ehescheidung auf bestimmte Ursachen beschränkten, es konnte ja mit zur Form gehören, nur irgend eine anzuführen. Möglich ist aber auch immer, daß etwas darüber bestimmt war, wie es dann mit dem Eingebrachten gehalten werden solle[217]), aber doch unwahrscheinlich nach dem, was bald über die rei uxoriae actio wird gesagt werden. So viel ist aber wohl aus allem klar, daß bei dieser Dunkelheit und Unzuverlässigkeit, die Stelle kaum[218]) darthun kann,

216) Z. B. Si quis uxorem suam suas res sibi habere iusserit, sine fraude esto.

217) Einige beziehen grade hierauf die Worte suas res sibi habere iussit ex duodecim tabulis, als hieße es: dotem reddidit e legibus XII tabularum, ed. Wernsdorf pag. 449. Vgl. Brisson. ad leg. Iul. d. adult. op. min. p. 223. Cuiac. I. obs. 39.

218) Hugo R. Rechtsgeschichte, Ausg. 1822. S. 99 N. 10 scheint der Meinung zu seyn, die Stelle beweise schon darum nichts, da Cicero nur spotte. Allerdings verhöhnt Cicero den Antonius, aber grade so, daß er ihn, den Senatorius

daß überhaupt in den zwölf Tafeln etwas über Ehescheidung gestanden habe, **gar nicht** aber, **was** darin gestanden habe.

Vergleichen wir noch ein paar andere Stellen beim Cicero [219]), welche schon bei einer andern Gelegenheit (§. 11. Note 2.) vorgekommen sind, so kann man nicht zweifeln, daß zu Cicero's Zeit und lange vor ihm die Scheidung sehr ungebunden war, denn wie hätte sonst nur darüber disputirt werden können, ob in der bloßen Schließung einer neuen Ehe in Rom, nachdem man die Frau in der Provinz zurückgelassen,

homo, den Consul, die Mima grade mit **eben der** Feierlichkeit aus dem Hause treiben läßt, wie sie bei ernsthafter Ehescheidung gebräuchlich war, und diese leitet er, wenn man kein Emblem annehmen will, wenigstens der Formel nach aus den XII ab. So ist hier der Scherz auf Ernst gebaut, und eben dadurch wird er zur Ironie. Dazu gibt auch eine Bestätigung L. 43. D. ad Leg. Jul. d. adulter. mit der Ueberschrift, aus Gajus Comment. z. d. XII Tafeln, denn wenn auch die Lex, die hier erwähnt wird, höchst wahrscheinlich die Lex Iulia d. adult. mit ihren Bestimmungen über die Form der Ehescheidungen war, so wird es doch durch die Verknüpfung dieser Bestimmungen mit den zwölf Tafeln in einem Commentar über die letzteren einigermaßen wahrscheinlich, daß diese auch Bestimmungen darüber enthielten, u. so eigentliche Veranlassung dazu durch ihren Inhalt gaben. Vergl. **Wächter** S. 68. 69. in der Note.

219) De Oratore I. 40 und I. 56. Hierauf macht auch **Hugo** a. a. O. aufmerksam. — Vergl. auch Cicero ad Divers. VIII. 7.

ohne alle ausdrückliche Scheidungserklärung, schon an sich und stillschweigends ein wirksames repudium liege, und das divortium eo ipso mit allen seinen Wirkungen eintrete, so daß die Frau in Rom nicht bloße Concubine, das Kind dieser Ehe nicht illegitim werde.

So viel scheint aber gewiß zu seyn, daß mochte auch in den zwölf Tafeln etwas über Scheidungsformeln oder causa divortii gestanden haben, dieß den Römern entweder niemals einen Zwang auflegte — der Zwang der Sitte war ein ganz andrer — oder sich dieser Zwang doch bald verlor.

§. 41.

In der späteren Zeit kommt nun aber diese Freiheit der Scheidung ganz zur Klarheit.

L. 19. D d. V. O. Pomponius lib. 15 ad Sabinum.

Si stipulatio facta fuerit: si culpa tua divortium factum fuerit, dari? nulla stipulatio est, quia contenti esse debemus poenis Legum comprehensis[220]), nisi et

220) Haloander hat comprehensis gar nicht. Sehr viele Manuscripte und alte Drucke haben hier Legibus, siehe die Note 30 in der Gebauer'schen Ausgabe; so Rom. 1476. Norimb. (Koburger.) 1483. Venet. 1483. 1485. 1487. Venet. (de

stipulatio tantundem habeat poenae, quanta Lege sit comprehensa.

L. 134 *in f. pr. eod. Paulus lib.* 15 *Respons.* — Quia inhonestum visum est, vinculo poenae matrimonia obstringi, sive futura, *sive iam contracta.*

Beide Stellen sprechen von einer stipulatio poenae in Beziehung auf Ehe, dabei gibt sich denn aber zugleich die entschiedene Vorstellung kund, daß es gegen die guten Sitten sey, eine Ehe erzwingen zu wollen, daß schon wenn die Gesetze zuweilen mit repudium Strafe verbänden, dieß etwas Exorbitan-

papia — auf der hiesigen Universitäts-Bibliothek) 1491. (de Tortis) 1499. 1502. Paris 1510. Fradini 1511. 1513. u. s. w. Dagegen die beiden Berliner Manuscripte (eins in der Königlichen, und eins in der Savigny'schen Bibliothek) lesen lege. Es scheint aber diese Lesart durch das folgende Lege entstanden zu seyn, es wird erst ein allgemeiner Satz ausgesprochen: die Strafen der Gesetze dürfen wir nicht durch Privatwillkühr verändern und erhöhen, dann wird eine Ausnahme von der Richtigkeit der grade in Frage gestellten Stipulation mit Beziehung auf das grade dahin gehörige Gesetz gemacht. Möglich ist jedoch aber auch, daß die den Glossatoren vorliegenden Manuscripte, außer dem Florentinischen, Lege hatten, aber die Lectio Bononiensis den Pluralis aus jenem herübernahm und ihn nur grammatisch verbesserte.

tes sey, was daher um so weniger durch Stipulation ausgedehnt werden dürfe.

L. 2. C. d. inutil stipulat. Imp. Alexander (Severus).

Libera matrimonia esse *antiquitus placuit, ideoque* pacta, ne liceret divertere, non valere.

L. 14. C. d. nupt. Impp. Dioclet. et Maximian.

Neque ab initio matrimonium contrahere, neque dissociatum reconciliare quisquam *cogi* potest; unde intelligis *liberam facultatem* contrahendi atque distrahendi matrimonii transferri ad necessitatem non oportere.

Es ist kein Grund vorhanden, eine dieser Stellen auf freie Ehe zu beschränken, obgleich sie auch für diese besonders beweisend sind. Denn wenn sie auch aus einer Zeit sind, wo die strenge Ehe schon selten war, so beziehen sie sich doch auf die Natur der Ehe überhaupt, und sind aus einer sittlichen Betrachtung hervorgegangen, die auf jede Ehe paßt. Ja das Rescript von Alexander Severus beruft sich auf eine

Ansicht der Ehe, die von Alters her statt gefunden habe, mithin scheint das Grundvorstellung gewesen zu seyn.

So war denn also wohl von jeher die Ehescheidung bei den Römern, nicht bloß die welche nach Uebereinkunft, mit beiderseitiger Zufriedenheit (bona gratia) geschah, sondern auch die einseitige sehr frei, wenn gleich die Sitte, welche anfangs nur nicht so streng geschieden vom Recht seyn mochte, jede Scheidung, ohne besonders schändliche Aufführung der Frau lange zurückhielt.

§. 42.

Allein lag denn nicht in der Natur der strengen Ehe schon ein Hinderniß freier Scheidung, zumal auf Seiten der Frau? dieß scheint doch so, und so könnte dadurch das Zeugniß des Grammatikers [221]), welcher

221) Festus d. V. S. sub verb: »*Diffarreatio* genus erat sacrificii quod inter virum et mulierem fiebat dissolutio dicta diffarreatio, quia fiebat farreo libo adhibito« — et sub verb. »*Remancivatam* Gallus Aelius esse ait, quae mancipata sit ab eo, cui in manum convenerit.« Das letztere könnte freilich möglicher Weise sich bloß auf eine außereheliche Conventio in manum beziehen; daß es das aber nicht thut, zeigt nun Gaius I. 118. aufs deutlichste, denn daß *non* hinter nupta wegzuwerfen sey, kann nicht bezweifelt werden, dafür aber *usu* zu suppo-

von einer diffarreatio im Gegensatz von confarreatio als Auflösung der Ehe mit gleicher religioser Feierlichkeit (farreo libo adhibito) und dann von remancipatio als vernichtendem Gegensatz der in manum conventio spricht, verdächtig werden. Zweierlei scheint hier entgegen zu stehen.

1. Das persönliche Verhältniß an sich. Könnte der Mann auch die Frau vielleicht nöthigen, sich von ihm remancipiren oder emancipiren zu lassen, oder eine diffarreatio mit ihm zu begehen; wie läßt sich denken, daß sie ihn, der doch eine Familiengewalt über sie hatte, dazu habe nöthigen können? Darauf läßt sich denn nur antworten, daß nach Gaius I. 137[222]) dieses dennoch möglich war, denn so lücken-

niren (Wächter S. 78 Note ***), ist unmöglich, denn niemals war eine Frau usu *nupta*, sondern »usu in manum conveniebat quae anno continuo *nupta perseverabat*.« Gaius I. 111.

222) Es ist vorher von Befreiung der Kinder aus der väterlichen Gewalt durch Mancipation und wie man wohl sieht in §. 136. in specie durch Coemptio die Rede: — »potestate parentis liberantur, nec interest, an in viri sui manu sint, *aut* extran*ei*, *quamvis* hae solae loco filiarum habeantur, quae in viri manu *sunt*« — dann in §. 137. — filia patrem. set filia quidem nullo modo patrem *potest* cogere etiamsi adoptiva sit: haec autem repudio misso (*virum*) proinde compellere *potest*, atque si ei nunquam nupta fuisset.

Wächter S. 64 Note **. meint, durch alle Perioden hinhaft die Stelle ist, so sieht man doch so viel, die Frau konnte den Mann zur Emancipation nöthigen. Dieß wird als etwas Abnormes, d. h. von der sonstigen Analogie Abweichendes angeführt, aber nicht als etwas Neueingeführtes; erfordert wird auch keine causa, nur schlechthin repudium missum. Dieß muß vollends für freie Ehe, aber auch schon für confarreirte Ehe mit beweisend seyn, da nun des Festus Anführung der diffarreatio wieder Glauben bekommen hat. Der ganze Einwurf verliert auch seine Spitze, sobald man nur annimmt, was schon oben (§. 26.) vor-

durch sey »die Annahme, daß auch die Frau (bei strenger Ehe) sich hatte scheiden können, den römischen Grundsätzen über die väterliche Gewalt gar zu widersprechend.« Er geht davon aus, daß wenn hier der Mann bloß faktisch repudiirte, die potestas des Mannes juristisch fortdauerte, was nicht bloß wahrscheinlich, sondern gewiß ist, da habe sie ihn dann nöthigen können, eine Remancipation vorzunehmen. Er erklärt also die Stelle so, als stände da: *viro* repudium mittente, allein dann wären die Worte, wie sie doch einmal da stehen, höchst undeutlich, schwierig und mehrdeutig gestellt. Die Endworte: atque si ei nunquam nupta fuisset sagen soviel als: sie kann ihn zwingen so gut wie den Extraneus coemptionator. Wie es ursprünglich gewesen, das können wir freilich aus Gajus nicht mit Bestimmtheit wissen, aber gesetzt ein solcher Fall, wie Wächter annimmt, ereignete sich, so war man schon aus der Consequenz heraus, und nun that gewiß bald die Begünstigung der Scheidungen das Uebrige. vergl. Gaius I. 140.

gekommen ist, daß im persönlichen Verhältniß die Analogie der potestas so wenig, als die der servitus bei dem in mancipio, streng durchgeführt wurde. Wollte man glauben, das in manu sey in ältester Zeit ein wahres in potestate gewesen, so müßte man auch glauben, daß der Mann die Frau damals ganz frei und willkürlich, ohne daß sie es zu hindern vermogte, an dritte habe verkaufen können; das ist aber doch sehr unwahrscheinlich. Daß er sie remancipiren konnte, läßt sich nun nicht bezweifeln (§. 20. 21. §. 27 in f.), dieß ward aber dadurch für sie unschädlich, daß wenn sie sich dem nicht nach seinem Gefallen unterwerfen wollte, sie die Ehe aufrufen, und ihn zur Remancipation an eine bestimmte Person nöthigen konnte, die sie dann wieder frei ließ.

Bestätigt wird nun dieß dadurch, daß es in alten Schriftstellern[223]) als etwas Ausgezeichnetes von der Ehe des Flamen Dialis angeführt wird, daß

223) Gellius N. A. X. 15. Uxorem si amisit (flamen dialis), flaminio decedit, *matrimonium flaminis nisi morte dirimi non est ius.* Die letzten Worte finden sich eben so bei Festus s. v. Flameo; dann s. v. »Flaminica, i. e. Flaminis uxor, *cui* non licebat facere divortium,« also grade von der Frau wird es als dem Amte eigenthümlich bemerkt, daß sie sich nicht scheiden konnte. Plutarch

seine (confarreirte) Ehe bei Lebzeiten nicht habe getrennt werden können.

Bei allem dem ist damit aber doch nicht streng erwiesen, daß es nicht eine Zeit könne gegeben haben, wo die farreirte Ehe überhaupt unauflöslich war, und vielleicht jede i. m. Conventio der Frau alle willkürliche Trennung unmöglich machte. Auf jeden Fall ist aber damit nicht geleugnet, daß Strenge der Sitte oder sonstige Umstände es der Frau viel schwerer machen mochten, als dem Manne, den Bund zu brechen, so daß schon aus diesem Grunde für sie ein ganz andres Gesetz galt als für den Mann.[224]).

Allein auch für Männer muste in den guten Zeiten anerkannte Sitte um so mehr eigentlich frivole Ehescheidungen erschweren, als bekanntlich die öffentliche Meinung im Allgemeinen in der Censur und im Einzelnen auch im prätorischen Edikt, wie z. B. die

Q. R. c. 50 Reiske p. 48. erzählt, Domitian habe zuerst zu einer solchen Scheidung die Erlaubniß gegeben, und da wurde denn, wie man sieht, eine feierliche Diffarreation vorgenommen.

224) Davon, scheint mir, muß allein nur Plautus Mercator Act. 4. Scen. 6. verstanden werden. — Hinsichtlich der freien Ehe erklärt diese Stelle eben so Wächter S. 101 und vergleicht sie sehr treffend mit Euripides Medea v. 236.

mit doppelten Sponsalien verbundene Infamie zeigt, ein sehr wirksames, mächtiges Organ hatte[225]).

§. 43.

2. Geht eine Schwierigkeit aus den Vermögensverhältnissen hervor, wie sie sich durch die potestas des Mannes bilden musten. Wie wurde es mit dem ursprünglichen Vermögen der Frau gehalten, und wie mit dem, was sie gehabt haben würde, wenn der Mann es nicht während der Ehe durch sie erworben hätte? dieß alles war seinem Vermögen einverleibt, konnte er genöthigt werden, es wieder herauszugeben? Hieher gehört wieder eine schon oben (S. 96. §. 40.) angeführte Stelle aus Gellius[226]), wo von der Ehescheidung des Carvilius die Rede ist. Als auf ihn gekommene Erzählung führt er an, daß vor der Zeit dieser Scheidung in Rom und Latium

225) Vergl. Valer. Maxim. II. 9. §. 2. Wächter S. 102.

226) N. A. IV. 3. Memoriae proditum est, quingentis fere annis post Romam conditam, nullas rei uxoriae neque actiones neque cautiones in urbe Romana aut in Latio fuisse, quia profecto nihil desiderabantur, nullis etiam tunc matrimoniis divertentibus. Servius quoque Sulpicius in libro, quem composuit de dote, tum primum cautiones rei uxoriae necessarias esse visas scripsit, cum Sp. Carvilius, cui Ruga cognomentum fuit, vir nobilis, divortium cum uxore fecit. —

keine rei uxoriae actiones oder cautiones vorgekommen wären; es sey kein Bedürfniß dazu gewesen, da keine Ehen durch Scheidung wären aufgelöst worden. Auch Sulpicius in einer Schrift de dotibus führe an, von da an wären erst die Cautiones rei uxoriae nothwendig geworden. Soll diese Darstellung der Sache buchstäblich wahr seyn, so muß sie sich auf die freie Ehe so gut als auf die strenge beziehen lassen, denn beide waren möglich, und mogte die Ehe des Carvilius nun eine strenge seyn oder eine freie[227]), so konnten die Cautionen fortan so wenig bei dieser als bei jener ausbleiben. Allein bei der freien Ehe hat es seine ganz eignen Zweifel, wie bei dieser nur nicht schon früher solche Stipulationen vorkommen mußten, oder aber eine rei uxoriae actio, nämlich für den Fall, da die Ehe durch den Tod des Mannes aufgelöst wurde, und die Frau nun gegen die Erben de dote klagen wollte. Daß es hier noch keine rei uxoriae actio gab, läßt sich erklären, aber Stipulationen durften dann um so weniger fehlen; davon unten im eigentlichen Dotalrecht (§. 59. ꝛc.). Demnach scheinen sich wenigstens die

227) Am Ende des Capitels wieder von einer strengen Ehe ist in veränderter Beziehung die Rede.

rei uxoriae *cautiones*, die nun erst Bedürfniß wurden, vorzüglich auf die strenge Ehe bezogen zu haben, die denn auch in jener Zeit vielleicht bei weitem die häufigste war, wo der usus dieß so sehr erleichterte. War nämlich die Frau in manu, so war der Fall des Todes immer schon durch das Recht, wie es für alle wünschenswerth war, bestimmt: starb die Frau in der Ehe, so behielt der Mann ihr Vermögen, wie er nachher die dos adventitia bei freier Ehe behielt; starb der Mann, so beerbte sie ihn (§. 27.) als filiafamilias, und sie bekam, wenn keine Kinder da waren, alles, wenn welche da waren, gleichen Antheil an der Universitas, worin ihr ursprüngliches Vermögen steckte, indem es darin aufgegangen war. Mithin blieb nur der Fall der Scheidung zu bestimmen übrig, und dieser hatte nun bis dahin gefehlt, wenigstens so weit als nicht die Frau durch Verbrechen den Mann zum repudio genöthigt hatte, oder sie sich nach gutwilliger Vereinbarung schieden. Vereinbarung war natürlich auch immer mit Auseinandersetzung hinsichtlich des Vermögens verbunden, bei Entfernung der Frau wegen Verbrechen verstand es sich wohl von selbst, daß der Mann ihr Vermögen gewann, indem er es nur nicht herauszugeben hatte, sie war in dieser Beziehung civiliter todt, wenn auch der Mann den vorliegenden Umständen nach nicht auf Tod erkennen konnte[228]). Folglich konnten hier früher keine Stipulationen auf Rückgabe vorkommen, als die eines Dritten zu eignem Vortheil, das war denn aber nicht *rei uxoriae* cautio[229]).

228) S. z. B. *Livius* XXXIX. 18. v. Mulieres damnatas (de Bacchanalibus) cognati, *aut in quorum manu essent* tradebant, ut ipsi in privato animadverterent in eos. In dort gemeinten Fällen konnten, außer den Fällen der Todesstrafe, sicher nicht alle Ehescheidungen ausbleiben, da denn nur eintrat, was *Gellius* N. A. X. 23. sagt: vir, cum divortium fecit, mulieri iudex pro censore est. Niemand gewiß konnte ihm hier das ursprüngliche Vermögen der Frau abfordern. Vergl. Valer-Max. VI. 3. §. 7. Consimili severitate senatus postea usus Sp. Posthumio Albino et Q. Marcio Philippo consulibus mandavit, ut de his, quae sacris Bacchanalium incestu usae fuerant, inquirerent; a quibus cum multae essent damnatae, in omnes cognatas intra domos animadverterunt, lateque patens opprobrii deformitas severitate supplicii emendata est; qua, quantum ruboris civitati nostrae mulieres turpiter se gerendo incusserant, tantum laudis graviter punitae attulerunt.

229) Daß dieß in einer Schrift de dotibus stand; kann in keinerlei Art Bedenken erregen, denn dos im engern Sinne kann freilich nicht, wie sich bald zeigen wird, mit strenger Ehe bestehen, aber dos heißt auch bloß Eingebrachtes der Frau, wie es auch immer in das Vermögen des Mannes gekommen seyn mochte. Auch die Oratio Catonis, deren Gellius X 23 cit. gedenkt, ward de dote betitelt, und doch sind grade die Verhältnisse, welche dort daraus hergenommen werden, solche, die nur bei strenger Ehe möglich waren. Zwar meint

§. 44.

Aber als nun bei Conventio in manum doch Stipulationen, wegen willkürlicher Scheidung, aufkamen, wie konnten diese wirken? Grade im Vermögensrecht galt das Verhältniß der Frau zum Manne als Tochter zum Vater vollaus (§. 27.). Vor der Ehe konnte also zwar die Frau sich die Rückgabe des Eingebrachten gültig promittiren lassen, aber sobald sie in manum convenirt war, war auch schon diese Forderung mit ihrem übrigen Vermögen per Universitatem auf ihn übergegangen, folglich durch Confusio aufgehoben; und dadurch, daß die Frau nachmals wieder aus der Potestas heraustrat, konnte die Forderung nicht wiederhergestellt werden[230]. Grupen[231]) scheint zu glauben, man habe hier, wie im Falle des Impuberis arrogati[232]) durch

Grupen d. ux. rom. c. 3. §. 5. pag. 50. 51., sogar das ius vitae et necis habe dem Manne in alter Zeit auch bei freier Ehe zugestanden; aber als Recht gedacht ist das gar nicht möglich, selbst kein Familien-Richteramt konnte ihm an und für sich die freie Ehe gewähren, da ja bei dieser die Frau in potestate parentis blieb. Eine andere Frage ist, ob es ihm ungestraft hinging, wenn er im ersten Zorne die Frau tödtete, etwa indem er sie im Ehebruch ertappte. Vergleiche Collat. Leg. Mos. IV. 2. ꝛc.

230) L. 83. §. 5. D d. V. O.

231) L. c. cap. 3 in f.

232) L. 18. D. d. adopt.

einen servus publicus ausgeholfen; allein dieß konnte wohl für einen so seltenen Fall, wie die Arrogatio impuberis, welche unter ganz besondern Schutz des Staats gestellt war, eingerichtet werden, bei den zahlreichen Ehen mit Conventio ist die Anwendung nicht glaublich. Dagegen ist es sehr wahrscheinlich, daß dieß das Geschäft des Vaters der Frau, der sie bis dahin in der Gewalt hatte, oder ihres Tutors[233]) war. Immer ward freilich durch die Conventio die patria potestas wie die tutela beendigt; aber beim Vater war es dos (s. l.) profectitia, welche er sich ja immer zu Anfang stipuliren konnte, wenn er wollte. Auch wenn er sich was ein andrer gab, wenn dieser es nicht wollte, oder den künftigen Erwerb der Frau stipulirte, mochte man dem Vater in alter Zeit vollkommnes Zutrauen schenken können, daß er die Tochter nicht um das Ihrige bringen würde; und so scheint auch die Beendigung der Tutel kein Hinderniß gewesen zu seyn, daß nicht der Tutor oder dessen Erbe nachmals hätte belangt werden können,

233) Mochte es nun ein tutor legitimus oder dativus; ein im Testament gegebener oder ein von der Obrigkeit bestellter (wie z. B. der bei Gaius I. 178 u. 180 erwähnte »dotis constituendae gratia a Praetorae datus«) oder ein optivus oder fiduciarius seyn.

die Klage zu cediren, oder wenn er sie schon durchgeführt hatte, oder an ihn sonst gezahlt worden war, das so Empfangene herauszugeben. Könnte man dieß nicht und auch keine actio mandati oder negotiorum gestorum[234]) annehmen, so würde man genöthigt seyn, hier für den Anfang, und so lange dieß vorhielt, ein bloßes Verhältniß des Zutrauens, der Fides, wie Anfangs bei den Fideicommissen, ohne Rechtszwang, anzunehmen. Denkt man sich aber eine actio tutelae oder mandati oder negotiorum gestor., als zulässig, so war es nun um so natürlicher, daß bald, wie bei häufigern Scheidungen der Staat selbst ein Interesse erhielt, daß die Frauen nicht um das Ihrige kämen, für die Fälle da die Stipulationen unterlassen worden, eine rei uxoriae actio gegeben wurde, auf ähnliche Art, wie bei unterlassener Cautio über das Vermögen des Impubes arrogatus, eine actio utilis gegen den Arrogator gegeben wurde[235]).

234) Das im Gaius III. 111. bei Gelegenheit der adstipulatio Erwähnte führt doch leicht hierauf. Vergl. auch L. 48. D. d. negot. gest. — Eine Hülfe hatten die Römer hier gewiß, denn wo es wahres Bedürfniß war, haben sie sich nie bedacht inconsequent zu seyn, d. h. von der strengen Regel einer höhern Consequenz zu Gefallen abzuweichen, s. z. B. gleich Gaius l. c. §. 114.

235) L. 19. §. 1. D. d. adopt.

Rei uxoriae actio war dann der allgemeine Name für alle Fälle, da aus Gründen der Utilitas Publica, bei unterlassener Cautio de re uxoris restituenda, eine Klage gegeben wurde, sey es bei beendigter freier oder strenger Ehe. Diese Klage ward daher auch hier durch ein späteres Bedürfniß erzeugt, und dieses Bedürfniß konnte sich bei strenger Ehe immer nur dann zeigen, wenn für den Fall der Scheidung keine Caution geschehen war. Sobald man nun ein solches Iudicium, was ohne Zweifel bonae fidei war, hier hatte, so konnten auch bei strenger Ehe, auf ähnliche Weise indirekte Bestrafungen verschuldeter Ehescheidungen eintreten, wie, nach dem folgenden Capitel §. 50 ꝛc, bei freier Ehe Statt fanden. Denn wenn auch die Retentio ob liberos oder ob mores nicht auf die Dos gerichtet werden konnte, da hier keine Dos möglich war, so konnte doch ein Theil des ursprünglichen Vermögens der Frau in dem Vermögen des Mannes zurückbleiben gegen die sonstige Regel zur Strafe, ja im vulgären Sinne konnte man hier sogar wohl von Bestrafung an der Dos sprechen. Daß es dabei auch rechtsgebräuchliche Termine der Restitution (annua, bima, trima die) gegeben haben müsse, ist mehr als wahrscheinlich, und so konnte auch der Mann durch Aufhebung dieser u. w. d. a. bestraft werden. Die gesetzlichen Bestimmungen bei Ulp. Tit. VI. bezogen sich freilich wohl nicht auf strenge Ehe, vermuthlich gab es auch keine andern für diese, aber nur deswegen, weil es zur Zeit, wie ein solches Gesetz gegeben wurde, wenig strenge Ehen mehr gab. Das Iudicium morum fand denn aber auch hier Statt, nur war auch bei diesem die Strafe willkürlich. Eine Bestätigung dieser Ansicht findet sich in L. 11. in f. C. de repudiis, wo Justinian auch seine Quart des ganzen Vermögens, welche wo keine Dos war verloren ging, als Surrogat des Iudicium de moribus angesehen wissen will [236].

236) Wächter S. 156 meint, in der dritten Periode (Cicero bis Alex. Sev.) sey die Scheidung bei Coemptio auch beim Manne erschwert worden, indem er die Ausschließung der Emancipatio ohne Einwilligung des Hauskindes (Paul. R. S. II. 25. §. 5.) hieher zieht, allein, diesem muß ich aus denselben Gründen widersprechen, weswegen ich nach dem Obigen überhaupt nicht zugeben kann, daß Patria Potestas und In Manu in dieser Hinsicht parallele Institute sind.

Achtes Capitel.

Von der Scheidung bei freier Ehe insbesondre.

---

§. 45.

Daß hier volle Scheidungsfreiheit[237]) galt, sagen die oben (§. 41.) angeführten Beweisstellen aus-

237) Wenn man hier sagt: »es folgt schon aus dem Begrif der freien Ehe, daß bei ihr völlig freie Trennung statt fand« (Wächter S. 65. S. 98. II. S. 95. II.), so kann dieß, auch wenn man es rein juristisch, abgesehen von dem, was sich faktisch schon ereignet hatte, versteht, leicht zu Mißverständnissen und Fehlschlüssen führen. Dieser neue Ausdruck: freie, laxe oder lose Ehe, darf ja nicht etwas Positives bezeichnen, sonst würde er ganz verwerflich seyn, er ist bloß ein anderes Wort für den römischen Ausdruck: uxor quae non in manum convenit, und wie man deises nennen mag, der Begrif bleibt immer rein negativ (oben §. 28. init. u. §. 28. init.) im Gegensatz der strengen Ehe, und es läßt sich daraus gar nichts ableiten, als daß die besondern eigenthümlichen Wirkungen der Conventio in manum dabei fehlen müssen. Wer unternimmt es nun aber wohl, zu beweisen, daß die Ausschließung der vollen Scheidungsfreiheit, nicht allein bei der strengen Ehe Statt gefunden, sondern auch zu ihren Eigenthümlichkeiten, zu ihrem ausschließlichen Charakter gehört habe? Wie kommt es denn, daß bei den Alten strenge und freie Ehe nie in diesen Gegensatz gestellt werden? Wer sagt es uns mit Zuverläßigkeit, ob nicht in den ersten Zeiten sich ein politischer oder religioser Zwang auch über die sogenannte freie Ehe erstreckt habe? Man kann zugeben, daß wo so ein enges

drücklich, aber auch fast jede Zeile des Eherechts in den Pandekten und im Codex zeugt davon [238]). Daß

Verhältniß, wie das in manu unter den Ehegatten Statt fand, man vorzüglich geneigt seyn muste, strenge gegen Scheidungen zu seyn, wenn man einmal strenge seyn wollte, aber daraus folgt ja noch gar nicht, daß man nicht, auch ohne dieß strenge war, und noch viel weniger, daß man hier die Schranken völlig und immer offen ließ. Bei uns heut zu Tage giebt es keine Ehe mit Conventio in manum im römischen Sinn, u. doch finden wir bei uns religiose u. politische Beschränkung und Ausschließung der Scheidungen. Entschied sich doch in den ersten Jahrhunderten Roms die Sitte gegen alle willkürliche Scheidung bei beiden Ehen. Aber Wächter's Vorstellung von der freien Ehe wie sie ursprünglich war, kann ich überhaupt nicht theilen. Er vermuthet S. 32. von dem latinischen Volksstamm, bei welchem er die freie Ehe als heimisch annimmt, er habe »aus einem nicht so ernsten und religiosen Volke herstammend, alles mit leichterem Sinne genommen, während er in der Ehe weiter nichts sah, als einen Vertrag, den man nach Belieben eingehen und wieder aufheben konnte.« Wenn dieß wahr wäre, so sähe man denn nun freilich wohl, daß der plebejische Volksstamm von den Patriziern, diesen Gründern Roms, erzogen, und von unterst zu sich herauf gebildet worden, und man kann es ihnen kaum verdenken (vergl. Wächter S. 50.), daß sie die, welche sie als so unmündige, unerzogne Kinder gekannt hatten, nicht so leicht aus der Zucht lassen wollten. Wir müßten dann von den un-

238) Welchen Mißbrauch man von dieser Freiheit in den Zeiten gänzlich verdorbener Sitten machte, kann man nachlesen bei Seneca de benefic. III. 16. Iuvenalis Sat. 6. v. 224 ꝛc. u. 142 ꝛc. Valerius Max. VI. 3. no. 10 — 12. Plutarch in Aemil. Paul. c. 5. in Cicer. c. 41. Martial. Epigr. X. 41.

insbesondre auch die Frau durch einseitige Willkür sich scheiden konnte, zeigt L. 5. C. de repudiis

leugbar historischen Zeugnissen der Alten, daß in den ersten Jahrhunderten Roms keine oder doch keine frivole Scheidungen vorgefallen seien, noch jene erste Zeit des Leichtsinns, der Barbarei (denn wirklich es ist eine barbarische Vorstellung sich ein Familienverhältniß wie die Ehe als einen gemeinen Vertrag zu denken) und Wildheit der Plebejer noch erst vorabziehn, und doch würde man es schwer begreifen, wie sich das alles habe so bald gänzlich verändern können. Wer aber ist auch nur im Stande, mit einiger Zuverlässigkeit zu behaupten, daß in den ersten Zeiten Roms unter den Plebejern nicht bloß keine hetrurischen, sondern überall keine religiosen Feierlichkeiten bei Eingehung der Ehe allgemein gebräuchlich gewesen seien, oder, daß wenn solche vorhanden waren, man sich nicht gescheut habe, einen durch die Religion geweihten Bund leichtsinnig wieder zu zertrennen? Auch das würde nichts austragen, wenn man sagen wollte, die bekannte Regel für Rechtsgeschäfte: eo genere quidque dissolvitur, quo colligatum est, gebe hier den Begrif an die Hand. Wächter wendet diese Regel bei der Conventio in manum S. 72 rc. an, und dieß ist ganz richtig, er wendet sie aber auch bei der nuden Ehe, wie man wohl auch die Ehe ohne Conventio in manum nennen könnte, an, und meint S. 161, die Lex Iulia, indem sie eine Form der Scheidung vorschrieb, habe in diese Consequenz eingegriffen, und darin scheint er mir Unrecht zu haben. Der positive Gegensatz von Consensus ist ja nicht einseitiger Dissensus, sonst müßten Consensual-Contracte einseitig aufgehoben werden können, sondern mutuus dissensus d. h. entgegengesetzte Uebereinkunft; war nun von jeher einseitiges Aufrufen der Ehe erlaubt, so war man auch von jeher schon aus dieser Consequenz herausgetreten. Nur für die divortia bona gratia facta konnte also die

(Diocl. et.)[239]), und wird durch die einzige Ausnahme, daß eine Liberta sich von ihrem Patron, den

Lex Iulia die Inconsequenz noch vergrößern, aber diese traf sie vermuthlich gar nicht (unten §. 46 in f.). Allein überhaupt durfte man sich hier über Consequenz und Inconsequenz keine Gedanken machen, denn die ganze Regel paßt nur auf Rechtsgeschäfte im strengsten Sinne, und ein solches ist der Vertrag, welcher die freie Ehe hervorbringt, im Sinne der Römer gar nicht, wie aus dem was über die Bedeutung des Consensus, woraus sie entsteht, oben (§. 31. rc.) vorgetragen worden, hinlänglich erhellt, er ist etwas bloß Faktisches, wie die Ehe selbst, er ist ihr Anfang. Wenn die Römer ihn Contractus nennen, so werden dadurch uneigentlich die mittelbar entstehenden juristischen Wirkungen und die indirekten Beziehungen auf Recht und Gesetz bezeichnet; zunächst entsteht das nude Faktum: Ehe daraus. Bei der Confarreatio u. Coemptio war dieß ganz anders, diese gingen unmittelbar auf ein rein civilrechtliches Verhältniß: ein Analogon von väterlicher Gewalt zwischen Mann und Frau, dieß war immer eine juristische Zugabe zu der Ehe, nur damit verknüpft, vollends die Coemptio, die ja auch mit einem Extraneus (non maritus) geschlossen werden konnte. Diese Zugabe konnte daher auch, wie Wächter S. 74. m. nur zu zweifelhaft bemerkt, wenigstens gewiß durch Remancipatio, wenn Coemptio geschehen war, allein hinweggenommen werden, ohne daß die Ehe darum aufhörte, diese wurde, versteht sich, nur dann dadurch zerstöhrt, wenn man sie zu diesem Zweck vornahm.

239) — invitam autem ad maritum redire, nulla iuris praecipit constitutio. Vergl. L. 3. D. eod. in f. und vorzüglich *Cicero* ad Divers. VIII 7. Paulla Valeria, soror Triarii, divortium sine causa, quo die vir e provincia venturus erat, fecit.

sie einmal freiwillig geheirathet hatte, nicht ohne seinen Willen scheiden durfte[240]), bestätigt. Bei freier Ehe wurde Beendigung der Verbindung eben so rein faktisch genommen, wie der Anfang derselben.

Aber auch selbst die Diffarreatio konnte ja die Ehe nicht aufheben, sobald man eine freie Ehe überhaupt gelten ließ, und in concreto sie nicht trennen wollte, sie ward ja durch nudus Consensus fortgesetzt, wenn sie auch nicht damit angefangen hatte. Freilich gab es in Rom eine Zeit, wo gar keine Ehe ohne Confarreatio möglich war, indem das Recht jede andere verwarf, oder wo die Patrizier nur allein in confarreirter Ehe leben konnten, und in keiner andern, so muste damals die Confarreatio als mit der Ehe verwachsen erscheinen. Seit die freie Ehe aber Matrimonium iustum war für beide Stände, muste sie zuerst entstehen, und dann später durch Confarreatio oder Coemptio die in manum conventio hinzugefügt werden können mit allen ihren besondern juristischen Wirkungen, und so muste auch die Ehe erst gleich mit Conventio in manum entstehen, und diese für sich allein durch Diffarreatio oder Remancipatio wieder aufgehoben, und dadurch die strenge Ehe in eine freie augenblicklich verwandelt werden können, wenn man das wollte. Ueber die Unabhängigkeit der Coemptio und der Conventio in manum vor der Ehe und umgekehrt vergl. noch §. 20. S. 65. N. 98 und §. 42. S. 144 N. 221.

240) Es gab darüber ein eignes Verbot in der Lex Iulia de maritandis ordinibus L. 45. D. de. R. N. L. 10. 11. D. d. divortiis L. 62. D. d. donat. int. V. et U. (das Punktum nach Libertam ist wegzunehmen. separare i. e. distinguere). L. un. §. 1. D. unde vir et uxor — das Nähere darüb. bei Wächter S. 143. ꝛc.

Ein Scheidebrief war nicht erforderlich, was sich auch nachher erhielt[241]). Wahrscheinlich war auch keine Wortformel (certa quaedam verba) nöthig, es konnte auch tacite geschehn, wenn gleich auf bloße Vermuthungen hier nichts gegeben wurde, sondern der Wille klar und ernstlich, und ein fester dauerhafter Entschluß erwiesen seyn muste. War dieser nicht vorhanden gewesen, so war auch die Ehe geblieben, und selbst Scheidungsbrief und Wortformel (verba in repudiis comprobata) konnten nichts ausrichten, wenn man in rascher Leidenschaft gehandelt, und sich dieses bald hatte gereuen lassen[242]), oder die Scheidung bloß äußerlich vorgegeben (simulirt) worden war[243]).

§. 46.

Durch die Lex Iulia de adulteriis kam zu diesen blos inneren Erfordernissen eine Form hinzu[244]) die aber auch nichts Schwieriges hatte, im Beiseyn von sieben Cives romani sollte ein Freigelassener aus der Familie die Botschaft überbringen[245]). Da kam es denn aber noch

241) L. 6. C. d. repud.

242) L. 3. 7. D. d. divort. L. 48. D. d. R. I.

243) L. 3. C. d. repud. L. 64. D. d. donat. int. V. et U.

244) Es sollte bei der Anklage des Ehebruchs, der Vorwand der Scheidung erschwert werden.

245) Auffallen muß die Verwand-

immer darauf an, ob dieß mit beharrlichem Willen und im Ernste geschehen war[246]). Die Hauptperson, welche das Repudium gab, war entweder der sich scheidende Ehegatte selbst, oder der, welcher ihn in der Gewalt hatte[247]). Ursprünglich stand es in freier Macht dessen, der die Potestas hatte, die Ehe aufzurufen, und erst Mark Aurel und seine Nachfolger verboten dieß, wenn das in der Gewalt stehende Kind nicht einstimmte, und nicht eine besonders dringende Ursache (»magna et iusta causa«) vorhanden war[248]). Die von Augustus eingeführte

schaft dieser Form mit der Emancipatio, die auch die coemirte Ehe auflöste. Außer dem Libertus, der als Nuntius den Absender repräsentirte (das nuntium mittere war natürlich auch vorher gebräuchlich), sieben Zeugen, wie bei der Emancipatio sieben Gegenwärtige außer den Parteien, 5 eigentliche Zeugen, dann der Libripens und der an welchen mancipirt wurde, beide bloße Formalitätspersonen, und im natürlichen Sinn auch Zeugen, wie die 7 Gegenwärtige des Civilteslaments beim prätorischen als 7 Zeugen vorkommen. Die Aehnlichkeit bemerkte auch Wächter S. 161, wo das Nähere über die Form nachzusehen ist.

246) L. 9. D. d. repud. L. 35. D. d. donat. int. V. et U. L. 1. §. 1. in f. D. unde vir et uxor.

247) L. 2. §. 3. D. d. repudiis.

248) Vergl. L. 1. §. ult. D. de liber. exhib. Ulp. VI. 10. und Sueton. in Tiberio c. 11. pr. fin. mit L. 5. C. de repud. und L. 32. §. 19. 20. D. d. donat. int. V. et U. Paulus R. S. II. 19. §. 2, wenn anders die Worte: sed contracta non

Form bezog sich unstreitig auf jegliches Repudium, nur auf Divortium bona gratia factum scheint sie sich nicht bezogen zu haben [249]).

solvuntur ächt sind, s. oben §. 38. Note 188. S. 125. — Die ursprünglich Statt findende große Willkür der Väter von beiden Seiten bestätigt zugleich die große Freiheit der Scheidung unter den Ehegatten selbst, von Alters her, denn wer sui iuris war, muste doch wenigstens dieselbe Willkür in Aufrufung der Ehe haben. Das Exorbitante, was aber, die Sache natürlich betrachtet, in der väterlichen Willkür lag, wird dadurch gemildert, daß durch *Usus* die freie Ehe so leicht in eine strenge übergehen konnte: der Vater brauchte nur einmal das Zutrauen zu dem Schwiegersohn zu haben, daß er ihm ein Jahr lang die Tochter ohne Trinoctium ließ, so war seine Potestas beendigt; der Vater des Mannes aber war durch restitutio dotis gemeiniglich behindert. Wie der Usus diese Wirkung verlor, da mochte denn auch bald das Recht des Vaters zweifelhaft werden, und man darf annehmen, daß man sich schon längst faktisch widersetzt hatte, und schon mehrmals das Interdikt des Vaters sich nicht hatte durchsetzen lassen, wie Mark Aurel hieraus ein stehendes Recht machte. — Seltsam ist, daß einige neuere Juristen (S. Schulting ad Paul. rec. Sent. II. 19. §. 2. Not. 6.), und unter ihnen Cuiacius ad Nov. 22. dies behauptete Recht des Vaters geleugnet haben, ihre Gründe beweisen grade das Gegentheil, denn die Stellen, welche sie anführen, zeigen uns, daß der Gebrauch dieses

249) In L. 9. cit. wird immer vorausgesetzt, qui divortium i. e. repudium, facit, dessen Libertus soll zugegen seyn; sonst hätte auch wohl nicht die Frage aufgeworfen werden können, ob in lange getrennter Wohnung eine Scheidung liege L. 32. §. 13. D. d. donat. i. V. et U.

§. 47.

War nun aber diese Form, wo sie seyn sollte, nicht beobachtet, so war freilich doch durch die Trennung die Ehe faktisch in ihrem Wesen zerstöhrt, aber

Rechts unter gegebenen Umständen abscheulich und für die Tochter selbst empörend seyn konnte. Eben darum traten, wie die Sitten verdorben waren, die Kaiser ins Mittel. Ganz richtig hat dieß Wächter S. 96. 97. in der Note beurtheilt. Nur kann ich dem, was er S. 155. über das neuere Kaiserrecht sagt, und insbesondre seiner Auslegung der hier in Betracht zu ziehenden Hauptstellen S. 151. ꝛc. nicht beipflichten. Die Vermuthung des Hugo Grotius in not. ad lib. II. d. iure bell. et pac. c. 5. no. 14. und des I. Gothofredus ad. L. 210 D. d. R. I., welche oben N. 188 S. 125 schon angeführt worden, daß die Worte: sed contracta non solvuntur ein westgothisches Emblem sind, verwirft er deswegen, weil das eine zu leichte Aushülfe sey. Mich dünkt aber, leicht oder schwer, es kommt nur darauf an, ob sie wahrscheinlich sey, und da möchte es doch wohl nicht unwahrscheilich seyn, daß zur Zeit des Breviarii über diesen Punkt schon ein ganz andres Recht gegolten habe. Was aber dieser Vermuthung wahrhaft entgegensteht ist dieß, daß dann auch die letzten Worte: contemplatio — praefertur ein Emblem seyn müsten, da sie unmittelbar mit contrahuntur verbunden keinen rechten Sinn geben. Zur Erleichterung des Verständnisses setze ich die Worte, wie sie im Breviarium gelesen werden, hieher: Eorum, qui in potestate patris sunt, sine voluntate eius matrimonia non contrahuntur; sed contracta non solvuntur, contemplatio enim publicae utilitatis privatorum commodis praefertur. — Mir scheint die Conjectur den Vorzug zu verdienen, wornach voluntate hinter contracta ausgefallen ist, was leicht geschehen konnte, indem der Interpret den Sinn, die juristischen Wirkungen hörten damit nicht auf; diese waren also nun an ein Verhältniß geknüpft,

der beiden Sätze mit dem Auge zusammenfaßte, oder zusammenzufassen glaubte, und dann niederschrieb, oder es kann auch ein ungenauer Ausdruck von Paulus seyn, so daß voluntate in Gedanken zu suppliren ist, wie Duarenus ad Tit. D. solut. matr.. c. 2. und die ihm nachfolgten, es zu nehmen scheinen. Ich gestehe, daß mir diese Erklärung leicht und ungezwungen, und grade die einzige zu seyn scheint, welche sich mit den folgenden Worten ganz verträgt. Denn publica utilitas und commoda privatorum stehen sich hier wie ius publicum und ius privatum (L. 1. §. 2. D. d. iustitia) entgegen: das Recht, worauf es hier zunächst ankommt, nämlich die Patria Potestas, ist privatrechtlich, ad utilitatem s. commodum singulorum spectat, nach der Ratio iuris würde also dem Vater sein Kind, was er in der Gewalt hat, niemals vorenthalten werden können, denn dieß ist Regel des Privatrechts; allein hier greift das ius publicum besonders ein, und nach einem singulären Recht, was auf utilitas publica gegen die Ratio iuris gegründet ist, darf es dem Vater nicht gestattet werden, eine Ehe zu zerstöhren oder zu beunruhigen (S. ob. §. 28. in f.), welche mit seiner ausdrücklichen oder stillschweigenden Bewilligung geschlossen ist. Daß dieses Recht schon durch Mark Aurel und nicht erst durch Diocletian (L. 5. C. cit.) gesichert wurde, darf man mit Zuverlässigkeit annehmen, und dieß widerstreitet durchaus nicht dem Charakter der vorconstantinischen Constitutionen, da schon in den veränderten Umständen und der Natur der Verhältnisse dermalen eine Nothwendigkeit lag, die väterliche Gewalt bis auf diesen Punkt zu beschränken, und der Verfügung Mark Aurel's voranging, so daß gar kein Grund ist zu zweifeln, man habe dieselbe fortan als Gesetz geachtet und befolgt; Diocletian in L. 5. gibt selbst diese Verordnung als die eigentliche Cäu was der That nach nicht mehr Ehe war, und Wiederverheirathung war juristisch Bigamie [250]).

ßere) Quelle dieses Rechts an: »divus Marcus pater noster, religiosissimus Imperator, constituit.« Auch Ulpian's Aeußerung in L. 1. §. ult. D. d. liberis exhib. stimmt hiemit vollkommen überein. Seine Worte sind: Si quis filiam suam, quae mihi nupta sit, velit abducere, vel exhiberi sibi desideret, an adversus Interdictum exceptio danda sit, si forte pater concordans matrimonium, forte et liberis subnixum, velit dissolvere? *Et certo iure utimur ne bene concordantia matrimonia iure patriae potestatis turbentur*, quod tamen sic erit adhibendum, ut patri persuadeatur, ne acerbe patriam potestatem exerceat. Eigentlich ist hier nicht von Scheidung die Rede, sondern nur von faktischer Unterbrechung der Ehe durch das Interdikt (§. 28.), und es wird nur angeführt, daß dieses sogar in der Absicht, die Ehe ganz aufzulösen, ja sogar dann geschehen könne, wenn Kinder aus der Ehe vorhanden wären, und da wird denn mit deutlichsten Worten gesagt, daß nach einem feststehenden Recht eine einige Ehe durchaus nicht vom Vater beunruhigt werden dürfe. Die Endworte quod tamen — — exerceat betreffen also offenbar blos die Form, in welcher hier der Iudex zu verfahren hatte. Er soll schonend verfahren, da im übrigen das Kind dem Vater zu gehorchen verpflichtet ist, es kann ja seyn, daß der Vater gar keine Scheidung wollte, vielleicht war es nur seine Absicht die Ehegatten, welche, ohne grade bis zur Scheidung gegen einander erbittert zu seyn, doch zuweilen in unedlem Zank leben, eine Zeit lang von einander trennen wollte, um das Verhältniß zu reinigen, er konnte irgend einen andern vernünftigen Grund haben, eine Unterbrechung zu wünschen, er muste also befragt

250) Vergl. L. 43. in. f. D. ad. L. Iul. d. Adult.

Daß die Römer dieß klar so einsahen, zeigt sich an der einzelnen Beziehung, worin die Rechtswirkung

werden, und wenn sich kein vollaus hinreichender Grund seines Benehmens auswies, so muste ihm die Unbilligkeit und Härte desselben vorgestellt werden, um ihn wo möglich zum freiwilligen Abstehen von seinem Vorsatz zu bewegen. Diese Aeußerungen lehnen sich gar nicht gegen die Constitution des Mark Aurel auf, sondern sind ganz im Geist derselben, wenn man nicht annehmen will, daß ungeachtet der Certitudo iuris, es dürfe dergleichen nicht erlaubt seyn, doch wenn der Vater sich nicht sagen lassen wollte, ihm faktisch nachgegeben wurde. Wächter hat freilich eine andere Auslegung der Stelle von Paulus (nur aus Versehen steht S. 154 mehrmals Ulpian statt Paulus) vorgeschlagen. Er will die Worte: sine voluntate eius nicht zu contracta, sondern zu solvuntur herabziehn, dann wäre, meint er, der Sinn dieser: ohne Einwilligung des Vaters kann keine Ehe geschlossen werden, wenn sie aber dennoch ohne seine Einwilligung geschlossen ist, so kann sie ohne seine Einwilligung nicht von dem unter seiner Gewalt Stehenden getrennt werden. Freilich, fährt er fort, »ist hier zu subintelligiren, daß der Hausvater seine Einwilligung nachher, wenigstens stillschweigend, gegeben habe.« Allein die Römer sprechen niemals von einer geschlossenen Ehe (matrimonium contractum), so lange noch ein rechtliches Hinderniß im Wege ist, das ist schon Vorstellung der neueren Zeit, die allerdings zur Zeit des Breviarii aber gewiß nicht zu Paulus Zeit, sich geltend gemacht haben konnte. Auf das Wort contrahuntur wird ja im ersten Satz alles Gewicht gelegt, non contrahuntur d. h. sie können nicht gültig eingegangen, nicht im juristischen Sinne geschlossen werden. War aber die Ehe durch tacitus consensus des Vaters schon wirklich geschlossen, so verstand es sich denn auch, schon nach der Rati iuris von selbst, daß nun nicht ohne seine Einwilligung eine dennoch aufhörte, nämlich die Bonorum possessio unde Vir et Uxor wurde doch keinem der Ehegatten gegeben, da diese schlechterdings Eintracht und wirklichen Bestand der Ehe bis zum Tode voraussetzte.

L. 1. §. 1. D. unde vir et uxor. Ulpian. lib. 47. ad Edictum.

Ut autem haec bonorum possessio locum habeat, uxorem esse oportet mortis tempore. Sed si divortium quidem secutum sit, *verumtamen iure durat matrimonium*, haec successio locum non habet. Hoc autem in huiusmodi speciebus procedit: liberta ab invito patrono divortit, Lex Iulia de maritandis ordinibus retinet istam in matrimonio, dum eam prohiberet alii nubere invito patrono; *item Iulia de*

Scheidung geschehen konnte, nämlich von Seiten des in seiner Gewalt befindlichen Kindes, und die utilitas publica brauchte hier nicht herbeigezogen zu werden, da in dem Privatrecht hier schon die Rücksicht des öffentlichen Rechts mit garantirt war. Daß die Worte so verstanden an sich zu viel sagen würden, daß auf eine wirklich gezwungene Weise supplirt und construirt werden müßte, will ich nicht in Anrege bringen, da dieß zum Theil auf Gefühl beruht, und sich daher nicht so rein demonstriren läßt. — Vergl. Glück P. C. XXIII. S. 31. Note 83.

adulteriis, nisi certo modo divortium factum sit, pro infecto habet.

§. 48.

War dagegen diese Form ernstlich gebraucht, so war nun auch alles Nöthige geschehen, die Ehe war aufgehoben, auch wo kein gerechter Grund war (von dem einseitigen Aufruf des Vaters abgesehen), die Ehegatten wurden niemals genöthigt, bei einander zu bleiben, noch ward in Hinsicht der juristischen Wirkungen die Ehe jemals als fortdauernd behandelt. Direkt ward folglich auch die frivolste Ehescheidung nicht gehindert, und es fragt sich nur, gab es keinen indirekten Zwang durch Bestrafung dessen, der dabei in culpa war? Wie es damit in ältester Zeit gewesen, läßt sich nun einmal nicht ausmitteln. Die Erzählung vom Carvilius Ruga (§. 40.) scheint schon, wenigstens auf Seiten des Mannes, dieß gänzlich auszuschließen, denn sonst wäre es wohl irgendwo erwähnt worden, daß ein Richter ihm dadurch sein Unrecht fühlbar gemacht hätte. Auf der andern Seite scheint aber doch manche Aeußerung in den Pandekten, und namentlich die oben (§. 41.) angeführte L. 19. d. V. O. (von Pomponius) schon für die Zeit der Pandektisten auf etwas der Art selbst beim Mann zu führen. Interpolationen sind hier freilich leicht denkbar, da zu der Zeit, wie die Pandekten verfertigt wurden, die Scheidung schon sehr vergönt war; allein man darf doch auch nicht zu geneigt seyn, dergleichen anzunehmen, in L. 19. scheint dergleichen nicht enthalten zu seyn; wahrscheinlich im Ganzen ist immer, daß man nur solche Stellen aufnahm, die sich mit altem und neuem Recht in diesem Betracht vereinigen ließen.

Wir wollen dieß etwas näher untersuchen. Solche Strafen können entweder so gedacht werden, daß sie die Scheidung selbst, in so fern sie verschuldet, d. h. auf eine widergesetzliche Art hervorgebracht ist, bestrafen, oder noch indirekter so, daß die Schuld, das Vergehen unmittelbar, bestraft wird, wovon die Scheidung die Folge gewesen ist.

§. 49.

Es ist durch mehrere Zeugnisse der Alten unwidersprechlich gewiß, daß ehemals in Rom über die Vergehungen einer Frau Familiengericht gehalten wurde. Wir dürfen annehmen, daß dieß in alter Zeit durchaus die Regel ausmachte, denn wir finden es bei Teutschen wie bei Römern, daß zuerst der Staat die Familien sich selbst überläßt, wenn dieß auch bei den Römern niemals in dem Grade der Fall war, wie ursprünglich bei den germanischen Völkerschaften. Ganz genau kennen wir nun zwar die Einrichtung dieser Familiengerichte nicht, aber aus den uns sonst bekannten Verhältnissen läßt sich schließen, daß der Mann bei strenger Ehe der eigentliche Sittenrichter der Frau seyn muste, daß es dagegen bei freier Ehe der parens war, unter dessen Gewalt sie stand, oder auch ihre Agnaten. Dieser disjunctive Gegensatz findet sich in der oben vorgekommenen Stelle des Livius 39. 18. (§. 43. S. 152. Not. 228). Die wegen Theilnahme an den Bacchanalien in der öffentlich veranstalteten Untersuchung schuldig befundenen (»damnatas«) Weiber wurden entweder ihren Cognaten oder denen übergeben, die sie »in manu« hatten. Unter den »cognatis« ist hier der Vater, der die Gewalt hat, mitbegriffen, er oder die Agnaten sind gemeint, diese oder aber der Mann, der sie in manu hat, richteten sie. Man könnte, da der Ausdruck hier nicht juristisch ist, versucht seyn, den Vater mit unter denen »in quorum manu essent« zu begreifen, das würde aber dasselbe Resultat geben, da sich nicht glauben läßt, daß der Vater der die Gewalt hatte, mit dem Manne, der keine hatte, die Censur zu theilen gehabt hätte, zudem ist auch diese Auslegung weniger natürlich. Nun finden wir zwar eine Art von Concurrenz der nächsten Verwandten mit dem Manne bei einer solchen Gelegenheit als alte Sitte angeführt in

> Tacitus Annal. XIII. 32. Pomponia Graecina insignis femina Plautio, qui ovans se de Britannis retulit, nupta, ac superstitionis externae rea, mariti iudicio permissa. Isque *prisco instituto, propinquis coram*, de capite famaque coniugis cognovit et insontem nuntiavit.

Allein die Nachricht sagt nicht, daß die Verwandten mit richteten, sondern nur, daß vor ihnen der Mann richtete[251]): er entschied, sie waren Auc-

251) In der oben §. 40. vorgekommenen Stelle des Dionys (II. 25.) heißt es freilich bei Unkeuschheits-Vergehungen und wenn die Frau Wein getrunken, hätten die Verwandten mit dem Manne gerichtet (οἱ συγγενεῖς μετὰ τοῦ ἀνδρὸς ἐδίκαζον); allein die ganze dort befindliche Erzählung that so vieles gegen sich, namentlich daß Dionys dieß alles in die unhistorische Zeit versetzt, daß es auch so noch immer unbestimmt bleibt, wie die Concurrenz denn beschaffen war, daß grade Dionys in juristischen Dingen so unzuverlässig ist u. s. w., als daß man irgend darauf sollte fußen können.

toritäts = Zeugen, dieß war alter Gebrauch, damit Vorwürfe und Anfeindung der Familien vermieden würden, wenn die nächsten Angehörigen sahen, daß nach der Sitte gerichtet worden, und nicht nach Leidenschaft und Willkür [252]). Demnach war dem Manne, der die Familiengewalt hatte, die Entscheidung allein anheim gegeben; hatte er nicht die Gewalt, so richteten umgekehrt nur sie, und er mochte in gleichem Sinne zugezogen werden. Dieß von dem alten Recht zugegeben, entsteht noch der Zweifel, daß zu der Zeit, wovon Tacitus spricht, die strengen Ehen selten waren (§. 24. in fin.), und daß auch nur gesagt wird, sie war Plautio *nupta*. Allein gesetzt, sie lebten in freier Ehe, so war dem Manne dießmal das Richteramt besonders aufgetragen. Was vormals regelmäßig geschah, daß die Bestrafung der Frau in privato vollführt wurde, geschah jetzt nur noch vermöge besondrer Ermächtigung von oben, wie auch Tiberius einmal die Züchtigung liederlicher Matronen in der Familie veranstaltete, weil kein öffentlicher Ankläger aufgetreten war, und für diesen einzelnen Fall zu solchem Behuf den alten Ge=

252) Vergl. auch Valer Max. II. 9. §. 2.

brauch wieder hervorrief[253]). Wo dieß alles von Willkür abhing, da konnte auch ein Mann bei freier Ehe, zumal ein so ausgezeichneter Mann wie Plautius, zum Richter besonders autorisirt werden, und es war Mäßigung von ihm, wenn er nach altem Gebrauch, der sich aber nur auf strenge Ehe hatte beziehen können, ihre Angehörigen zuzog, ungeachtet sie »*mariti iudicio permissa erat.*«

Dieses Iudicium de moribus nun aber, was in privato gehalten wurde, stand in keiner nothwendigen Verbindung mit divortium, nur zufällig konnte es damit verknüpft seyn, wenn der Mann es für gut fand, und nur daß er es oft für gut finden muste, wenn es zu einem solchen Aeußersten kam, ist begreiflich; er konnte dann aber auch sich scheiden, ohne daß er darum gehindert war, als Richter des Verbre-

253) Suetonius in Tiberio c. 35. Matronas prostratae pudicitiae, quibus accusator publicus deesset, ut propinqui more maiorum de communi sententia coercerent, auctor fuit. Er that dieß eben so gut aus höchster Macht, als er nach dem was gleich folgt, einen Eques romanus vom Eide dispensirte, den dieser geschworen hatte, seine Frau nie zu verstoßen. — Vergl. Plinius Histor. natur. XIV. 3. Fabius Pictor in Annalibus suis scripsit; matronam, quam loculos, in quibus erant claves vinariae cellae resignavisset, *a suis* inedia mori coactam.

chens aufzutreten, was die Frau in der Ehe begangangen hatte, vorausgesetzt daß er überhaupt als Ehmann dazu befugt war [254]). Sodann war dieß

254) Gellius N. A. X. 23. Verba M. Catonis adscripsi ex oratione, quae inscribitur de dote — —: Vir, inquit, cum divortium fecit, mulieri iudex pro censore est, imperium quod videtur habet si quid perverse tetreque factum est a muliere, multatur si vinum bibit, si cum alieno viro probri quid fecit condemnatur. Die Rede bezieht sich auf eine Zeit, wo vermuthlich die strenge Ehe noch sehr häufig war. Auf den ersten Blick hat es allerdings etwas Auffallendes, wenn der Mann noch nach der Scheidung eine Gewalt übt, die ihm doch nur vermöge des in manu esse, wie es scheint, zustehen konnte. Dieß scheint mir der Hauptzweifel. Wächter der dieser Stelle besondre Sorgfalt gewidmet hat, wendet S. 108 noch ein, »daß es ja gegen die ersten Grundsätze des Rechts gewesen wäre, die Richtergewalt dem zu übertragen, der in der Regel als Feind der zu Richtenden zu betrachten sey« Allein zum Feind macht ihn ja nicht die Scheidung, sondern die Beleidigung, die während der Ehe vorgefallen ist, und freilich muß man voraussetzen, daß die Scheidung wegen des Verbrechens geschah, was grade gerichtet werden soll: ein geschiedener Mann konnte nicht noch Richter der Frau seyn wegen Vergehungen, die sie später begangen hatte. Beleidigt war der Mann auch bei den Bacchantinnen, von denen Livius spricht, denn diese hatten die gröbste und frechste Unzucht getrieben. Auch Diony an der im Anhang vielbesprochenen Stelle, wenn wir ihm auch nicht so viel Glauben schenken wie Wächter selbst, konnte nicht ganz aus römischer Sitt her austreten, wenn er sagt, grade der beleidigte Mann sey der Richter der Frau gewesen. Uebrigens macht aber Wort und Sache hier einige Schwierigkeiten. Wächter führt mehrere Conjecturen an, die allerdings meistens so willkürlich als unglück-

auch nur etwas Einseitiges, es konnte so nur die Frau gezüchtigt werden, Vergehungen des Mannes

lich sind. Ihm gefällt Hoffmann's (Comm. ad. Leg. Iul. de adulter.) Vorschlag, index statt iudex zu lesen, am besten, er verwirft aber dessen Erklärung, daß bei der Censur der Mann auf die Frage: ex animi tui sententia uxorem habes? die Gründe seiner Scheidung habe angeben und daher zugleich als Angeber der Frau vor dem Censor habe auftreten müssen, mit vollem Recht. Seine eigne Erklärung ist nun diese, index pro censore heiße Angeber statt des Censor, und dieß wieder so viel als, »wie die Censoren Weiber, die sich vergangen hätten, ihren Verwandten zur Bestrafung zuschickten«, (er beruft sich hierbei auf die obigen Stellen von Livius, Valer. Maximus und Tacitus, es waren hier aber nicht die Censoren, sondern die Criminalrichter oder der Kaiser); dasselbe habe hier der Mann gethan, also er sey nur Angeber loco Censoris gewesen. So ungern ich dieser gewiß sinnreichen Vermuthung nicht volle Gerechtigkeit widerfahren lassen möchte, so muß ich doch bekennen, daß sie mir der Sache nach zu künstlich scheint, wenn auch die Veränderung des Buchstabens die leichteste ist, die sich denken läßt. Sollte der Censor wohl bei einer solchen Ueberlieferung an die Verwandten der Frau als ein bloßer Index gedacht worden seyn? und wenn auf diese Aehnlichkeit aufmerksam gemacht werden sollte, wie konnte man die Verwandten hier ganz unerwähnt lassen? Zudem wird dann der Satz: vir cum divortium — pro censore est, ganz aus der Verbindung gerissen, mit dem nächstfolgenden, ja mit der ganzen Catonischen Rede, die es darlegen wollte, welche Macht und welches Uebergewicht dem Manne zukomme; da wäre dann diese Vergleichung ganz unpassend und die Bemerkung nichts sagend gewesen, denn den Angeber zu machen, zeigt von keiner Macht, und wenn auch die Censoren eben darum keine bloßen Angeber heißen konnten, weil sie die Verwandten nöthigen konnten, blieben hier ungeahndet, und konnten nur eine mildere Ansicht ihrer Vergehungen bewirken. Dennoch über die ihnen übergebenen Weiber nun auch zu Gericht zu sitzen, so ist wieder nicht abzusehen, wie nach gänzlich aufgelöstem Nexus dem Manne ein solches Nöthigungsrecht zustehen konnte, indem er selbst keine Richtergewalt mehr hatte.

Wir glauben nun, daß die im Anfang zugegebene Schwierigkeit gar keinen so recht tiefen Grund hat. Denn daß der Mann, der die Frau in manu hatte, sie wegen unsittlicher Aufführung bestrafen konnte, ist unleugbar, und dann war er in Hinsicht ihrer, was der Censor bei Männern war, Sittenrichter, wenn auch die Art der Bestrafung verschieden seyn muste. Daß der Mann aber gern die Scheidung vorher vernahm; und dann erst gleich darauf sein Richteramt antrat, davon läßt sich ein sehr guter Grund denken, denn es muste sein Ehrgefühl kränken auch nur einen Augenblick eine Gezüchtigte zur Frau gehabt zu haben, vorausgesetzt daß er sich überhaupt scheiden wollte: bei freien Römern muste dieß Gefühl ziemlich allgemein sich finden. Die Verwandten, wenn es nicht der Vater war, aus dessen Potestas die Tochter noch nicht herausgetreten war, was aber ja bei strenger Ehe der Fall war, hatten überhaupt ja keine eigentliche juristische Potestas. Allerdings hatte diese der Mann auch nicht mehr, sobald er sich geschieden hatte, aber es fragte sich nur noch, wer war zum Familien-Richteramt der nächste? der Mann, in dessen streng gebundener Ehe sich die Frau vergangen hatte, oder die Verwandten? derselben, mit denen sie aus allem Nexus der Potestas oder der Agnatio längstens und ehe sie noch das Verbrechen beging, herausgetreten war? Mich dünkt es war natürlich, den Mann als den eigentlichen Propinquus in dieser Hinsicht anzusehen. Um hier auf eine juristische Gewalt zu treffen, dürfte man nur annehmen, daß das »cum divortium fecit«. bloß auf die dem Iudicium vorhergehende formelle Erklärung, musten in einer Zeit, wo ein solches Recht vollaus galt und gebraucht wurde, die Fälle willkürlicher Scheidung viel seltener seyn.

§. 50.

Einen andern Charakter aber muste die Sache annehmen, nachdem man sich mehr gewöhnt hatte, dergleichen vor ein äußeres Forum zu ziehen, und da entstand denn ein Iudicium de moribus in einem ganz andern Sinne[255]). Es konnte nun für beide Ehegatten in besondrer Beziehung auf *Divortium* und dabei vorkommende Restitutio dotis, Vermögensstrafen geben, wenn einer der Ehegatten sich während der Ehe vergangen hatte. Nach Ulpian wurde in diesem Betracht der schuldige Ehegatte immer an der dos bestraft: die Frau verlor bei gröblichem Vergehen (nur Adulterium) 1/6 der dos, bei einem leichtern Vergehen (alle übrigen) 1/8 derselben[256])

man wolle geschieden seyn, gehe, die Emancipatio aber nachfolgen lassen. Doch scheint es dessen nicht zu bedürfen. — Die Constitution von Honorius (L. 2. C. Th. de repud.) ist kein Beweis, denn sie erklärt sich eben so gut aus neuer Willkür, als aus alter Sitte, wenn auch nicht geleugnet werden soll, daß die Kaiser gern, wo es anging, ihrer Willkür einen alten Gebrauch zum Grunde legten.

255) Ulpian. VI. 12. vergl. Quinctilian. Inst. orat. VII. 4.

256) Ob es in früherer Zeit

der Mann ward durch frühere Restitution, als wozu er sonst schuldig war, und wenn er gleich zu

strengere Vermögensstrafen gegeben habe, ob namentlich die ganze dos aberkannt werden konnte, ist zu ungewiß, und trägt für die Hauptsache zu wenig aus, als daß wir es hier weitläuftig untersuchen sollten. Wenn in dafür angeführten Stellen der Alten simpelhin von mulctare (Gellius N. A. X. 23) oder von dote mulctare (Plinius H. N. IV. 13) oder von dote spoliare (Valer. Maximus VIII. 2. §. 3) gesprochen wird, so kann dieß eben so gut auf theilweisen Verlust an der dos als auf Verlust des Ganzen bezogen werden; auch L. 38. D. solut. matr. nennt *dotem retinere* wegen repudium missum, und meint doch gewiß nur die Sexten, wovon Ulpian VI. 10. spricht. Haben nun Neuere aus diesen Stellen auf ein anderes früheres Recht mit Bestimmtheit Schlüsse gemacht, so ist es damit nicht besser als mit der actio malae tractationis, die man aus Quinctilian hergeleitet hat, Schulting ad Ulp. VI. 12 (Jurispr. antej.). Wahrscheinlich ist aber allerdings, daß sich das Recht der Sexten erst allmählig festgesetzt, vielleicht endlich durch eine eigene Lex, oder durch mehrere nach einander, deren Ulpian nur nicht erwähnt, festgesetzt hat; daher es auch früher in exorbitanten Fällen wohl vorkommen mochte, daß der Frau der Verlust der ganzen dos, oder dem Manne die Restitution der verdoppelten dos zuerkannt wurde, als Strafe frivoler oder durch grobes Vergehen veranlaßter Scheidung. Von einer Retentio pro liberis spricht schon Cicero (unten §. 51 in f.), die L. 19. D. d. V. O. cit. nennt poenas legum, und Justinian in L. 11 in f. C. de repudiis sagt von dem iudicium de moribus: « antea quidem *in antiqui legibus* positum erat, non autem frequentatur» d. h. zu seiner Zeit und schon früher. — Wächter, S. 163, vermuthet, das Gesetz sey die lex Papia Poppaea gewesen, was, wie mich dünkt, sich nur restituiren schuldig war, durch Berechnung eines fingirten Interusurii bestraft[257]) Ob überhaupt ein Vergehen vorhanden war, was eine solche Strafe verdiente, das hatte ohne Zweifel in jedem Falle, außer adulterium[258]), der Richter zu beurtheilen. Auf Bestrafung der Mores ging eine eigene Klage, wenn Retention nicht ausreichte, die jedoch als vindictam spirans nicht vererbte[259]).

§. 51.

Nun konnte aber auch die zweite Art der Bestrafung eintreten, indem gradezu die frivole Scheidung selbst mit Strafen belegt wurde. Zu Ulpian's Zeit fand aber in dieser Beziehung nichts Anderes Statt, als daß wenn die Frau oder ihr Vater, der sie in der Gewalt hatte, die Ehe ohne Grund aufkündigten und trennten, oder den Mann durch ihr Betragen in die Nothwendigkeit gesetzt hatten, sie von seiner Seite

nicht erweisen läßt, aber gar nicht unwahrscheinlich ist.

257) Ulpian VI. 13.

258) Bei diesem fand denn auch daneben noch eine Accusatio auf peinliche Strafe statt. Paulus R. S. II. 17. §. 14. Vergl. L. 11. §. 3. D. ad L. Jul. de adulter.

259) L. 5 pr. D. de pact. dotal. L. 1. C. Theodos de dotib. (3. 13) L. 15. §. 1. D. solut. matr. Daher bemerkt Ulpian, VI. 8. in f., in besonderer Beziehung auf die Sexten wegen des repudii: «in retentione sunt, non in petitione.»

aufzukündigen (»si culpa mulieris aut patris divortium factum sit«), und es waren Kinder aus dieser Ehe vorhanden, auf jedes Kind 1/6 der Dos retinirt ward. Nur höchstens drei Sexten konnten so retinirt werden, also die Strafe konnte nie mehr als die Hälfte der Dos betragen, und konnte auch niemals durch eine Klage verfolgt werden [260]). Daß der Mann bloß wegen ganz willkürlichen Repudii, ohne Rücksicht auf Mores, bestraft worden sey, findet sich nirgends, daher bei diesem Retentionsrecht auch der Fall gar nicht umgekehrt wird, weder bei Ulpian, noch bei Paulus. Dennoch ist es grade die Culpa viri, welche ihm hier eine reine Strafe zuziehen konnte, wenn auch der Form nach dieß nur negativ erscheint. Wurde der Mann zur Trennung genöthigt, so war nichts billiger, als daß die Kinder [261]) nun nicht allein dem Vater

260) Ulpian. VI. 10. Fragmentum Pauli Institutionum apud Schulting Iurispr. Antej. ed. Lips. pag. 536. Quinctil. l. c. — Es muß dieß als exceptio doli gedacht werden.

261) Nach römischer Vorstellung musten diese nothwendig bei dem Vater bleiben, denn entweder er hatte sie in der Gewalt, oder er hatte sie emancipirt und war ihr Patron: sie gehörten bei iustis nuptiis allein ihm und seinem Hause an. Unter Diocletian änderte sich freilich schon dieses Recht L. 1. C. divortio facto, aber die Constitution verräth selbst, daß es früher an-

zur Last fallen durften: dazu war ja die dos mit bestimmt. Es lag also auf Seiten der Frau oder ihres Vaters mehr eine billige Abfindung darin, als eine Strafe, wenn sie die Dos nicht ganz fordern konnten; eben daher fiel auch das ganze ius retentionis weg, wenn die Ehe kein iustum matrimonium war:

> *Cicero* Topica c. 4. verba: „Si mulier, cum fuisset nupta cum eo, quicum connubium non esset, nuntium remisit, quoniam qui nati sunt patrem non sequuntur, pro liberis manere nihil oportet.

Nöthigte dagegen der Mann zur Scheidung, so war es eine Strafe für ihn, wenn er nichts abziehen durfte, denn er muste nun die vielleicht sehr zahlreichen Kinder allein ernähren; er ward also im endlichen Effekt allerdings auch positiv dafür bestraft, wenn er zur Scheidung genöthigt hatte. Eine solche Nöthigung lag aber sowohl darin, wenn er selbst ohne hinreichenden Grund repudiirt, als wenn er durch sein Betragen, also auch wenn er durch

ders war. Die frühern Kaiser (Antonin, Marc Aurel, Sever) griffen nur in so weit ein, als sie aus ganz besondern Gründen („ex iustissima causa") die Kinder bei der Mutter ließen. (L. 1. §. 3 D. de liber. exhibend.

mores[262]) die Frau so weit gebracht hatte, ihn zu repudiiren.

Cicero Topia l. c. verba: Si *viri culpa* factum est divortium, *etsi mulier nuntium remisit*, tamen pro liberis manere nihil oportet.

§. 52.

Demnach hatte jedes dieser Rechtsmittel seinen besondern Charakter für sich, aber sie hatten doch mit einander gemein, daß man es so ansehen konnte, als wenn der Schuldige durch Vermögensverlust ein Uebel litt, was ihn ohne seine Schuld nicht würde betroffen haben, wenn auch das bei der Retention nicht immer vorwiegende Rücksicht war. Sodann ward bei beiden untersucht, ob causa divortii gegeben worden, nur in dem iudicium de moribus allein, ob dieses durch Mores geschehen war; wurden die Ehegatten gleich schuldig befunden, so ward com-

262) Keine eigentlichen Vergehungen des Mannes waren nöthig; es konnte ja seyn, z. B. daß er sich hart gegen sie betrug, sie Noth leiden ließ, sie wenigstens nicht, ungeachtet der reichen dos standesmäßig hielt u. s. w. Also es war nur zufällig, wenn beide Rechtsmittel dem faktischen Grunde nach zusammenfielen.

pensirt[263]). Bei beiden war daher auch von einem *culpa* mariti aut uxoris dirempto matrimonio die Rede[264]) Mithin paßt auf beide die Bestimmung der oben (S. 141. §. 41.) angeführten L. 19. D. de V. O., daß kein Vertrag die nach dem Gesetz eintretenden Strafen (Verlust an Vermögen) erhöhen konnte. Aber auch herabgesetzt konnten sie eben so wenig werden durch Vertrag, was ebenwohl im Ius publicum seinen Grund hatte[265]).

263) L. 39. D. solut. matrim. Papinian. L. 11. Quaest. Viro atque uxore *mores* invicem *accusantibus*, *causam repudii dedisse* utrumque, pronuntiatum est. Id ita accipi debet, ut ea lege, quam ambo contempserunt, neuter vindicetur, paria enim delicta mutua pensatione dissolvuntur. Der Grund ist so allgemein, daß er beide Iudicia unter eine Regel stellt.

264) Vergl. Ulpian. l. c. §. 10. L. 22. §. 7. D. solut. matr. L. 9. §. 3. D. d. minorib, mit L. 11. §. 3. §. ult. D. d. L. Iulia de adulter. L. 6. D. d. divort. L. 11 D. d. pactis dotal. L. 44. §. 1. L. 45. D. solut. matrim.

265) *Cuiacius* ad Tit. C. d. rei ux. act. (Opera T. IX. p. 498) widerspricht dem in Hinsicht der Retentio ob liberos, aber ohne einen Grund, der bestehen kann. Was die Erhöhung betrifft, so muß man nur den Vertrag wohl davon unterscheiden, wenn ausgemacht wurde, es solle, im Fall die Ehe aufgehoben würde, aber ohne Rücksicht auf Scheidung und Ursache derselben, ein größerer Theil der dos, oder diese ganz, wenn Kinder aus der Ehe vorhanden seyn würden (L. 2. D. d. pact. dot.), bei dem Manne bleiben: dieß war durchaus gültig.

L. 12. §. 1. *D. de pact. dotal. Paulus lib.* 35. *ad Edict.*

Ex pactis conventis, quae ante nuptias vel post nuptias interponi solent, alia ad voluntatem pertinent — — alia ad ius pertinent, veluti — — quemadmodum dos reddatur, in quibus non semper voluntas contrahentium servatur. — —

Paulus R. S. l. 1. §. 6.

Functio dotis pacto mutari non potest, quia privata conventio iuri publico nihil derogat.

L. 5. *pr. D. de pactis dotal. Paulus lib.* 7. *ad Sabinum.*

Illud convenire non potest, ne de moribus agatur, vel plus vel minus exigatur, ne publica coercitio privata pactione tollatur[266].

266) Bei Wächter a. a. O. S. 171. findet sich hierüber folgendes: »ob nicht die Strafe erhöht werden könne, ist zweifelhaft. Die L. 5. pr. rc. verneint es, nach der gewöhnlichen Lesart. Allein warum? läßt sich nicht einsehen.« — Mir scheint der Grund nun darin zu liegen, daß man die Gefahr des Iudicii de moribus nicht mehr verstärken sollte, als es das Gesetz selbst für dienlich erachtet hatte, immer berücksichtigend, daß auch indirekte Erschwerung der Ehescheidung nicht übertrieben wer-

Endlich standen sich die beiden Rechtsmittel selbst hinsichtlich des nächsten Zwecks den sie verfolgten:

den dürfe. Das darf man zugeben, daß »der angeführte Grund: ne publica — tollatur, hierauf nicht paßt«, allein es findet sich ja auch sonst, daß ein mangelhafter Grund für mehrere Behauptungen zusammen angeführt wird, indem dem Schriftsteller einige von diesen grade besonders lebhaft vor Augen standen, denen er daher seinen Grund allein anpaßte. — Wächter fährt fort: »Deswegen (?) lassen auch mehrere Handschriften die Worte vel plus exigatur, die wahrscheinlich von einem Abschreiber herrühren, der glaubte, auf ein vel minus gehöre nothwendig ein vel plus, aus; was auch sprachrichtiger ist, denn ne hätte wiederholt werden müssen, und das vel minus wäre ganz überflüssig«. — Die Handschriften, welche so lesen, hat Wächter nicht näher bezeichnet. So viel ich nun durch Vergleichung aller in Berlin befindlichen Handschriften und alten Drucke vom Digestum vetus (zwei Handschriften der Königlichen Bibliothek, außerdem: Venetiis sine anno. Norimb. ap. A. Koburg. 1482. Venet. 1484. Mediolani 1484. Venet. 1498. (de Tortis) 1501. 1506. Paris. 1509. 4. Lugduni — *Fradini* 1511. 1514. 1518. — Moylin 1515. — H. a Porta 1548. — Senneton. 1550. Paris. (Boucard) 1523. 4. Paris. 1527. 12. 1528. 1538. 4. (Guillard) 1548. 4.) und der auf hiesiger Bibliothek befindlichen wenigen Ausgaben (namentlich d. Tortis Venet. 1482) habe in Erfahrung bringen können, hat die Lectio Vulgata den ganzen Satz: ne de moribus — tollatur gar nicht, sondern liest in princ.: Convenire non potest, nec illa quidem pacta servanda sunt, ne ob res donatas vel amotas agatur u.s.w., läßt also die L. 5. gleich mit §. 1., die dann nichts sagenden Worte: convenire non potest abgerechnet, anfangen: womit auch die Brenkmann'schen Notizen zu dieser Lex in der Gebauerschen Note übereinstimmen. Wie dieß mit der Einklammerung des principii in dem Florentinischen Manuskripte zu-

Abzug von der Dos, was vermuthlich technisch functio dotis hieß, im allgemeinen gleich, wenn auch die Raten bei jedem besonders bestimmt waren.

zusammenhängt, möchte schwer zu errathen seyn. In späteren Fradin'schen Ausgaben, die ich oben nicht anführte: Lugd. 1527. (hier) und 1537. (Berlin Savigny'sche Bibliothek.) findet sich die Randbemerkung: in vict. exē altero legit conveni n̄ p̄t., ne de moribus agat, nec illa etc. Hier war also schon der Zusatz: ne de moribus agatur zu der vulgaris lectio hinzugekommen, und so mögen wohl noch andre Manuscripte mehr oder weniger von dem ursprünglichen Text haben. Daß aber solche Verschiedenheiten damaliger Zeit durch Conjectural-Critik sollten entstanden seyn, ist an sich unglaublich, und auch nach dem vorliegenden Zusammenhang der Sache unwahrscheinlich; denn darnach kann es kaum bezweifelt werden, daß die Codices, welche Zusätze zu der Lectio vulgaris enthalten, alle lediglich aus dem Florentinischen Manuscript geschöpft haben, vielleicht bloß, um dem Convenire non potest, womit jene Lectio anfängt, doch einen Sinn zu verleihen, und da mochte es ihnen denn gleichgültig scheinen, wie viel oder wenig sie einschoben, zumal da der ganze in der Vulgata ausgefallene Satz offenbar nicht praktisch war, vielleicht wurde er grade darum zuerst ausgelassen, weil dieß gleich in die Augen fiel, und so konnte es auch seyn, daß dieß die Einklammerung in der Pisana veranlaßte. Für die Richtigkeit der Florentinischen Lesart in ihrer Vollständigkeit sprechen entscheidend die Basiliken XIX. 5. 5. p. 687: Οὐκ ἐρρωμένως συμφωνοῦσι μὴ κινεῖσθαι περὶ κακοτροπίας ἢ πλέον, ἢ ἧττον ἀπαιτῆσαι. Ein Streit über die Sprachrichtigkeit würde daher auch überflüssig seyn, aber zum Verständniß gehört, daß nicht ne zu wiederholen, sondern ut zu ergänzen und aus dem vorhergehenden ne zu dem Ende herauszunehmen ist, eine Abkürzung, die wie mich dünkt, gar nicht so

Bei dieser Verwandschaft beider Rechtsmittel erklärt es sich leicht, wenn man sie nicht cumuliren durfte, so daß man erst durch das eine den verhältnißmäßigen Abzug bewirkte, und dann noch durch das andre wieder den ihm eigenthümlichen verhältnißmäßigen Abzug von dem Rest oder von dem Ganzen folgen ließe. Daher scheint es mir die natürlichste Erklärung zu seyn, wenn man die vielbesprochenen Worte im

> Ulpian. l. c. §. 11. Dos quae semel functa est, amplius fungi non potest, nisi aliud matrimonium sit,

in diesem Sinne versteht.[267]) Dann erklärt sich auch leicht die Stellung dieses Satzes zwischen §. 10. wo von der Retention der Sexten pro liberis und §. 11. wo vom Judicium morum die Rede ist. Denn waren Kinder da, so kam es fast nie zur Anklage, da durch die retentio pro liberis das Höchste er-

selten bei den Klassikern vorkommt, vel minus steht dann auch auf keine Weise überflüssig, denn weder daraus, daß ich durch Vertrag die Strafe erhöhen kann, folgt schon, daß ich sie nicht herabsetzen könne, noch daraus, daß die ganze Klage nicht durch Vertrag ausgeschlossen werden kann, daß ihre Verfolgung nicht dadurch gemildert werden könne.

267) S. Hugo Röm. Rechtsgesch. Aufl. 8. S. 682. Civil. Magaz. B. IV. S. 396.

langt werden konnte, was jemals durch die accusatio morum zu erreichen stand, und gewöhnlich noch mehr: schloß daher eine Functio dotis die andre aus, so konnte es zur Anklage fast nur kommen, wenn entweder keine Kinder vorhanden waren, oder, was schon ein seltener Fall seyn muste, wenn ohne Ausübung des Retentionsrechts die Dos herausgegeben war. Nur solche Mores konnten doch immer allein bestraft werden, welche Causa divortii gewesen waren, und Nöthigung zum Repudium war auch zur Retentio ob liberos allemal hinreichend, diese hatte nur einen Klaggrund mehr: ein Ehegatte, dem man keine Unsittlichkeit vorwerfen konnte, hatte ohne Grund dem andern die Ehe aufgekündigt. Selbst wenn man nur ein Kind hatte, warum sollte man das umständlichere Rechtsmittel dem bequemeren vorziehen? Auf die Weise ist es begreiflich, daß sich die Bemerkung des §. 11. an die Worte: in retentione sunt non in petitione anschließt; und nun das gleichsam subsidiäre Rechtsmittel der Morum accusatio nachfolgt.[268]

268) Man muß sich dabei nur gegenwärtig erhalten, daß Ulpian im ganzen Tit. 6 nicht von der actio ex stipulatu, sondern bloß von der rei uxoriae actio spricht, s. nur daselbst §. 7. —

§. 53.

Wie wenn nach gütlicher Vereinbarung[269]) die Scheidung geschehen war, fand dann kein Abzug Statt? eine accusatio morum war hier natürlich ausgeschlossen, aber pro liberis? Die Frage bekommt erst ein rechtes Interesse durch L. 6. D. de divortiis (Iulian. lib. 62. Dig.[270]): ist der Mann in Gefangenschaft gerathen, so ist es der Frau nicht gestattet, sich wieder zu verheirathen, obgleich die Ehe durch die Servitus aufgehoben ist, diese muß vielmehr nach seiner Auslösung und Rückkehr wieder erneut werden, wenn sie sich nicht dem Vorwurf »causam repudii se praestitisse« aussetzen will. Hat sie keine Nachricht von ihm, so soll sie fünf Jahre[271]) von

Wie es mit diesen Strafen bei strenger Ehe seyn mogte, darüber schon oben §. 44 in f.

269) Wie man über das Divortium bona gratia factum damals im Allgemeinen dachte, darüber s. L. 60. §. 1. L. 61. L. 62. pr. D. d. donat. int. V. et U. L. 14. §. 4. D. qui et a quibus manumissi.

270) Ich erinnere hier an das oben §. 48 über die Unzuverlässigkeit des Textes solcher Stellen Bemerkte.

271) Wächter, S. 160, in der Note bemerkt nach Cuiac. ad Nov. 22 und Heineccius ad Leg. Pap. Popp. II. 19. §. 2. p. 331, das quinquennium » sey eine Interpolation Tribonians, da erst durch Constantin in der L. 7. C. de repudiis vier Jahre, und durch Justinian in der Nov. 22. c. 7. fünf Jahre

Zeit der Gefangennehmung an warten, dann kann sie wieder heirathen, und nun wird die frühere Ehe als bona gratia geschieden angesehn,

»et unusquisque suum ius habeat imminutum«

heißt es. Dasselbe soll im umgekehrten Falle gelten, wenn die Frau in Gefangenschaft gerieth.

Sind die ausgestellten Worte (sie könnten fehlen, ohne daß der Zusammenhang dadurch litte) wirklich Worte Julians gewesen, so erregt ihre Auslegung Bedenken, wegen der Vergleichung des vorgelegten Falls mit dem Fall der gütlichen Trennung. War nämlich diese geschehen, so kann man leicht sich darin finden, daß kein Abzug, auch nicht pro liberis geschah, denn da hatte es ja in der Macht des Mannes gestanden, sich einen solchen Abzug auszudingen [272]) oder die Scheidung zu verweigern. Aber wenn nun die

eingeführt wurden. Aber wie konnte denn Tribunian in den Pandekten aus den Justinianischen Novellen interpoliren? Die L. 7. C. hat nichts, was der Vermuthung widerstände, daß Constantin den frühern längern Zeitraum in ein Quadriennium verwandelt habe; und Justinian kann dieß frühere Recht haben wiederherstellen wollen. In Nov. 117. c. 11. hob er bekanntlich dieß ganze Recht auf.

272) L. 2. 3. D. d. pactis dotal.

gütliche Scheidung bloß fingirt wurde wegen Zeitverlauf, und der Mann kam dann noch zurück, sollte er dann die Kinder allein versorgen? Hatte die Frau die Dos schon zurückbekommen, so war ihm freilich nicht zu helfen; aber wenn nun diese noch im Vermögen des Mannes enthalten war, blieb dann nichts ob liberos beim Manne? Dann wäre ja in der That sein ius imminutum gewesen, denn er war ja besser daran, wenn er selbst zugegen war. Es konnte ja auch seyn, daß er einen Vater zurückließ, der ihn in der Gewalt hatte, und aus dessen Vermögen daher die Dos zu restituiren war, oder daß ein negotiorum gestor für ihn auftrat, und ihn gegen Abforderung der ganzen dos vertheidigte. Oder, kehren wir den Fall um, wenn der Mann in dem Glauben, die in feindliche Gefangenschaft gerathene Frau sey umgekommen, sich wieder verheirathet hatte, muste er der rückkehrenden Frau, ungeachtet der vielen Kinder ihrer Ehe, die vielleicht sehr große Dos, indem er selbst sich in mäßigen oder gar ärmlichen Vermögensumständen befand, ganz herausgeben? Specielle Nachrichten haben wir hierüber nicht, aber wir dürfen vermuthen, daß im Iudicium de dote eine Ausgleichung durch einen billigen Abzug pro liberis möglich war, vorausgesetzt, daß die dos diesen tragen konnte, ohne die Frau noch dürftiger zu machen, und daß auch der Mann dessen bedurfte. Auf jeden Fall konnten aber die nach dem Recht eintretenden Abzüge als solche nicht angewandt werden.

§. 54.

Zu Justinians Zeit hatte sich dieß alles schon anders gestaltet. Gradezu gezwungen wurde zwar niemand, in der Ehe zu bleiben, jeder konnte es noch durchsetzen, die Ehe aufzuheben, allein wenn er dieß ohne gesetzlichen Grund that, so hatte es so üble Folgen für ihn, daß er es wohl unterlassen muste. Nach und nach nämlich wurden unter den christlichen Kaisern strengere Vermögensstrafen eingeführt, unter Justinian sogar Cölibat und ewige Einkerkerung im Kloster. Auch wurden die Vergehen, wodurch eine Scheidung motivirt war, mit neuen Strafen belegt. So hatte natürlich das alte Iudicium morum längst alle Bedeutung praktisch verloren, als Justinian es noch zum Ueberfluß gänzlich aufhob[273]). Das Verhältniß zwischen Eltern und Kindern war, nachdem die Patria Potestas die alte Strenge gänzlich ver-

273) L. 11. in f. C. de repudiis (v. J. 528).

loren hatte, ein andres geworden, und Justinian konnte mit einigem Recht in L. un. C. de rei uxor. act. §. 5. sagen:

»Sileat ob liberos retentio, cum ipse naturalis stimulus parentes ad liberorum suorum educationem hortetur.«

Das Nähere über diese neueren Veränderungen gehört aber noch nicht hieher. Wir brauchen hier dermalen nur das Resultat,

daß nach dem Recht der Pandektenschriftsteller die Scheidung so gut wie ganz frei war, indem die übeln Folgen der frivolen Scheidung in geringer Buße am Vermögen bestanden.

Kaum einmal war die Frau ein wenig mehr gebunden wie der Mann, und wenn sie es war, so lag es nur in dem natürlichen Verhältniß zu den Kindern — natürlich, weil es in ihrem Recht einmal so hergebracht war. — Waren keine Kinder da, so konnte jeder nuntium mittere nach Gefallen. Waren welche da, so kam es nur darauf an, ob der Mann seine Kinder ohne Beihülfe der Frau ernähren wollte, dann war er durch nichts gehindert, er durfte nur die Dos ganz zurückgeben; die Frau ihrer Seits konnte freikommen, wenn sie einen Theil ihrer Dos aufopfern wollte, was nie mehr als die Hälfte seyn durfte. Nur wenn Einer sich in der Ehe entschieden unsittlich betragen hatte, durfte er eine Klage fürchten, und auch hier war die Strafe nicht groß. Alles dieß durfte nicht einmal durch Verträge geändert werden, daher denn die Freiheit der Scheidung sagar durch *ius publicum* sanctionirt war.

Neuntes Capitel.

Von der Aufhebung der Ehe durch äußerlich nothwendiges Faktum oder juristische Nothwendigkeit insbesondre.

---

§. 55.

Ein unvermeidliches Faktum, wodurch die Ehe aufgehoben wird, ist der Tod. Aber auch darin lag eine faktische Nothwendigkeit, wenn in jener Zeit, als noch jedes Volk seine Gefangenen als Sklaven ansah, ein verheiratheter Römer oder eine verheirathete Römerin in Gefangenschaft gerieth[274]. Das Recht

274) L. 1. D. d. divortiis.

konnte diese Ehe nicht erhalten, da sie durch ein faktisches Hinderniß: aufgehobenes freies Wollen der persönlichen Vereinigung, zerstöhrt war. Daß ein Sklave in Rom nicht in einer Ehe leben konnte, davon lag der Grund zuletzt im Recht, daß der Sklave eines fremden feindlichen Volks nicht mit dem in Rom zurückgebliebenen Ehegatten die Ehe fortsetzen konnte, davon war der Grund, dieß in Beziehung auf römisches Recht gedacht, rein faktisch. Mithin half es auch nichts, daß die zurückgebliebene Frau in domo captivi verharrte mit dem Vorsatz, sie wolle seine Frau bleiben, auch war kein Postliminium möglich, so wenig als bei Possessio: »facti enim causae infactae nulla constitutione fieri possunt« [275]). Folglich muß die einmal zerstöhrte Ehe erst durch neuen Consens wieder hervorgebracht werden [276]). Will der Zurückgebliebene dieß nicht, ohne dazu eine causa probata aus dem Betragen des Andern zu haben, oder hat er sich das durch eine neue, hier schlechthin gültige, Ehe unmöglich gemacht, ohne dazu durch die Umstände oder durch Zeitverlauf potestivirt zu seyn, so tritt nun das ein, was schon oben gelegentlich (§. 53.) vorge-

275) L. 12. §. 4. vergl. mit L. 2. D. d. captivis. L. 8 eod.

276) L. 14. §. 1. eod.

kommen, es treffen ihn die Nachtheile verschuldeter Scheidung: dieß ist, als etwas rein Juristisches, hier möglich. In dieser juristischen Beziehung soll es so angesehen werden, als habe die Ehe noch fortgedauert [277]).

Bei einem servus privati effectus [278]) und einem servus poenae [279]) nahm dieß einen andern Charakter an. Allerdings war es aller Sklaverei gemein, daß sie die Ehe aufhob [280]), aber in den zuletzt erwähnten Fällen, war der endliche Grund, weswegen die Ehe wegfiel, allemal ein juristischer. Es war dieß dem Falle verwandt, da eine Frau, die sich wieder verheirathet hatte, wegen eines adulterii in priori matrimonio commissi verurtheilt worden war, und der Mann sie nun deswegen nach dem Gesetz nicht behalten durfte [281]). Natürlich konnte in solchen Fällen niemals der andre Ehegatte genöthigt werden, die Ehe zu erneuen, die durch die

277) L. 8. D. d. captivis. L. 6. D. d. divortiis. (§. 53.) Vergl. L. 7. C. d. repud. und Nov. 22. c. 7.

278) L. 32. §. 6. D. d. donat. inf. V. et U.

279) L. 24. C. eod. vergl. Nov. 22. c. 8, wo die Servitus poenae überhaupt und auch in dieser besondern Beziehung aufgehoben worden ist.

280) L. 1. D. d. divort.

281) L. 11. §. ult. D. ad L. Iul. d. adult.

von dem einen verschuldete rechtliche Nothwendigkeit getrennt worden war; vielmehr musten alle die Folgen eintreten, als hätte der letztere gradezu und unmittelbar die Scheidung durch seine Schuld hervorgebracht, also der Andere muste auch ob liberos retiniren können[282]).

§. 56.

Noch wieder eine andere Bewandtniß hatte es mit der Deportatio eines der Ehegatten. Durch Deportatio ging bekanntlich die Civität verloren, daher kann es keinen Zweifel leiden, daß in diesem Fall, wie in allen übrigen, wo die Civität verloren ging, die Conventio in manum, so gut wie die Patria potestas, mit allen ihren Folgen aufgelöst wurde[283]). Aber auch die freie Ehe, da sie iuris civilis war, muste dadurch aufhören, weil sie Connubium erforderte, und dieses ohne Frage durch Verlust der Civität zur Strafe, mit verloren ging. Dennoch war dadurch nicht, wie bei Gefangenschaft, alle Ehe, weder faktisch noch juristisch, unmöglich, da ja mit einem non civis ein matrimonium iuris

282) L. 11. §. ult. cit. ius patr. pot. und L. 1. §. 4.
283) Vergl. §. 1. quib mod. D. quando de pecul.

gentium seyn kann. Dennoch ist nichts begreiflicher, als daß der andre Ehegatte, der eine Civilehe geschlossen hatte, nun auf keine Weise genöthigt seyn konnte, ohne diese das Verhältniß fortzusetzen, und, wollte er sich scheiden, ohne Zweifel in Beziehung auf Vermögensverhältnisse omne ius suum imminutum behielt. Wollte er jedoch nicht heraustreten, so konnte er denn die Ehe fortsetzen; nur daß diese dann nicht die Wirkungen einer Civilehe haben durfte; mithin konnte diese Veränderung nicht ohne allen Einfluß auf die Dos und andre eheliche Vermögensrechte bleiben, worüber das Nähere unten [284].

§. 57.

Wieder davon unterschieden war der Fall, da in Mitte der Ehe durch ein rein juristisches Hinderniß, welches alle Ehe grade zwischen diesen Personen ausschloß, die Ehe aufhörte. Dieß läßt sich denken bei neu entstandener Standesungleichheit und

284) Die Stellen in unserer Compilation, die dieses Recht enthalten, sind L. 13. §. 1. D. d. donat int. V. et U. L. 56. D. solut. matr. L. 5. §. 1. D. d. bon. damnat. L. 24. C. d. donat. i. V. et U. L. 1. C. de repud. Conf. Nov. 22. c. 13.

zu naher Verwandtschaft. Die beiden Fälle dieser Art, die in den Gesetzen vorkommen, sind

1: der Freie, welcher eine Libertina geheirathet hat, wird Senator [285]). Die Lex Papia unter August hatte verordnet, daß kein Senator oder wer zu dessen Hause gehörte, mit einer freigelassenen Person in der Ehe leben solle. Dadurch war nicht etwas ganz Neues eingeführt, denn von Alters her hielt man das für keine recht sich ziemende Ehe, wenn ein Freigeborner sich mit einer Person verheirathete, die in der Sklaverei gelebt hatte. Daher mochte die Klausel des Papischen Gesetzes eher etwas Neues enthalten, daß jedem andern Freien die Ehe mit einer freigelassenen Person gestattet seyn solle [286]). Da sich nun die alte Vorstellung von Unwürdigkeit einer solchen Ehe nie ganz verlor, so mochte man kein Bedenken tragen, durch die später acquirirte Senatorische Würde die Ehe als aufgehoben anzusehen; doch

285) L. 28. C. de nuptiis. Vergl. Hugo R. G. 8te Ausg. S. 98. not. 4.
286) L. 23. D. de R. N. —

scheint dieß zu Ulpian's Zeit schon bestritten gewesen zu seyn [287].

2. Der Schwiegervater adoptirt den Schwiegersohn [288]. Dieß läßt sich nur begreifen bei völliger Freiheit der Scheidung, indem ja der Schwiegersohn sich aus freier Willkür adoptiren ließ. Daß man nun hier eine solche Scheidung durch freie That ohne die Form der Lex Iulia zuließ, rechtfertigt sich wohl dadurch, daß die Adoptio selbst ein Surrogat derselben war, indem sie unter Umständen vom Prätor verweigert werden konnte [289]. Zudem geschah gewöhnlich die Auflösung der Ehe hier bona gratia, da denn jene Form (§. 46 in f.) ohnehin nicht zur Frage kam, und war es einmal anders, widersprach die Frau, so konnte dieß Grund seyn, die Adoptio vorläufig zu verweigern.

287) S. darüber L. 28. C. cit. worin Justinian dieß ganz aufhob.

288) L. 67. §. 3. D. d. R. N.

289) L. 67. §. 3 cit.

Zweiter Abschnitt.

Von den Wirkungen der freien römischen Ehe auf das Vermögen (Ius Dotium).

Erstes Capitel.

Allgemeine Uebersicht.

§. 58.

In der Einleitung haben wir es zu entwickeln gesucht (§. 7. 8.), auf welche unterschiedliche Weise es sich denken lasse, daß die Ehe auf das Vermögen wirke. Wir sind dort davon ausgegangen, daß man das *faktische* Einwirken, welches niemals ausbleiben kann, von den *rechtlichen* Wirkungen, also von Wirkungen, die es im juristischen Verstande allein sind, wohl unterscheiden müsse. Ein gewisses Zusammenmischen und Zusammenwerfen der Güter, um das gemeinsame Leben auf eine gemeinsame Oekonomie zu gründen, wird sich immer von selbst einfinden, sobald nur Beide etwas Erkleckliches zu Eigen haben; allein es fragt sich nur, ob und wie das positive Recht sich hierin einmischt, oder aber dieß sich selbst überläßt, theils weil es sich eben in der That von selbst zurecht stellt, theils weil es nicht an Contrakten und sonstigen Rechtsgeschäften fehlt, die den Ehegatten mit allen andern Staatsbürgern gemein sind, wodurch aber auch sie ihre Vermögensverhältnisse unter sich regeln können. Es ist wohl keine zu kühne Vermuthung, daß die Römer zu Anfang ganz den zuletzt bezeichneten Weg gingen, nicht aus freier Reflection, sondern weil das Bedürfniß auf den andern Weg nicht führte: besondere Bestimmungen über die Einwirkung der Ehe als solcher auf das Vermögen gab es ursprünglich gar nicht. Ich erlaube mir eine kurze Wiederholung der Hauptmomente. Durch Confarreatio, durch Coemptio, durch Usus ward ein ganz besonderes Familienverhältniß zwischen Mann und Frau neben der Ehe, nämlich die Conventio in manum, oder vielmehr die aus ihr erzeugte Potestas bewirkt, diese Potestas wirkte auf das Vermögen, nicht die Ehe an sich: Alles was in dieser Hinsicht Rechtens war, ließ sich aus der Potestas, welche in manu esse hieß, ableiten. Nur das Schicksal des von der Frau eingebrachten oder zuerworbenen Vermögens, in dem Fall da die Ehe zu ihrer beider Lebzeiten war geschieden worden, konnte nach dieser Ratio iuris nicht gerichtet werden; aber Scheidungen gab es 500 Jahre lang in Rom wenig oder gar nicht, und wie sie sich zu zeigen anfingen, bereitete man sich für diesen Fall vor durch Stipulationen (Cautiones rei uxoriae), also durch Eheberedungen, die ganz den Charakter der allgemeinsten Contraktsform, und in dieser nichts Besonderes hatten (§. 43). Vielleicht gab es noch immer, auch für diesen Fall, keine rei uxoriae *actio*, eine Vermuthung, die durch Gellius N. A. IV. 3 (oben §. 43) nicht widerlegt, sondern bestätigt wird. Gellius sagt zu Anfang des Capitels bloß, man habe damals noch nichts von r. u. actiones und nichts von r. u. cautiones gewußt, daß diese damals beide gleich aufgekommen wären, sagt er nicht. Dann aber fügt er nach dem Zeugnisse des Servius Sulpicius [290]) hinzu, daß damals erst («tum primum») die rei uxoriae *cautiones* für nothwendig erachtet

290) Seine Schrift de dotibus wird auch angeführt von Neratius L. 8. D. d. condict. c. data.

worden. Wir haben schon früher (s. §. 43) angeführt, daß man dieß hinsichtlich der freien Ehe nicht zu buchstäblich nehmen müsse, und daß es sich nicht wohl begreifen lasse, wie bei dieser auf den Fall, daß der Mann zuerst verstarb, die Stipulationen hätten fehlen dürfen, zumal wenn es noch keine rei uxoriae *actio* gab, viel eher hätte diese fehlen können, wenn nur jene gebraucht wurden. Es ist hier nun der Ort, dieß genauer zu betrachten.

Es gibt nur eine Art, wie außerhalb innerer Gütergemeinschaft (§. 8) ohne alle Obligatio auf Restitution des Eingebrachten zurecht zu kommen ist, die ist, wenn die Güter gänzlich getrennt bleiben, der Mann behält das Seinige, und die Frau alles das Ihrige den Rechten nach für sich, Gesetz oder Faktum entscheidet darüber, wie viel oder wenig, oder ob Alles dem Manne zur Verfügung hingegeben werden soll; dann ist aber in so weit auch seine Verfügung ganz frei, er kann nicht durch ihm etwa zuständige oder nicht zuständige Veräußerung und Versplitterung verantwortlich werden. Dieß Recht finden wir in alter Zeit unter den Teutschen, aber solch ein Recht kann sich schon im verfeinerten Zustande nicht erhalten. Bei den Römern, so weit wir ihren Rechtszustand verfolgen können, ist dieß Recht wohl niemals möglich gewesen. Daß es bei Conventio in manum anders war, wissen wir, sie ist schon eine Art der innern Gütergemeinschaft; aber auch bei einer Ehe, bei der es Absicht war, daß sie durch Usurpatio von Jahr zu Jahr frei bleiben sollte, oder auch bei freier Ehe, ehe noch der Usus aufkam, kurz bei dauerhaft freier Ehe konnte es so nicht seyn. Das Hinderniß lag in der Patria Potestas und in der Tutela mulierum perpetua, welche wir als uraltes Römerrecht ansehen müssen, und welche durch die freie Ehe nicht aufgehoben wurden. In der väterlichen Gewalt hatte die Frau nichts Eignes, Emancipationen, zumal der Töchter, waren aber in der ersten Zeit gewiß sehr selten; lebte also der Vater, und gab der Tochter nur etwas so hin, damit sie es dem Manne zur Verfügung und zum Gebrauche für eheliche Zwecke gebe und hinreiche, aber bloß faktisch ohne Rechtshandlung, so war das ein Peculium, was der Frau in jedem Augenblick wieder genommen werden konnte, so fern nur nicht Creditoren dadurch unbillig verletzt wurden [291]. War der Vater todt,

291) Vergl. L. 24. D. de I. D.

so war die Frau in der Verfügung über ihr Vermögen durch die Tutela legitima gewiß ungemein beschränkt, und viel mehr als in späterer Zeit, wo sie nur res mancipi nicht sine tutore auctore veräußern konnte [292]), gebunden, vielleicht hatten anfangs die Agnaten sogar die Verwaltung in Händen; also war auch in diesem Falle keine rechtliche Mittheilung an den Mann durch die Ehe an sich vorhanden, und eine bloß faktische konnte ihm von keinem großen Nutzen seyn. Nun ist aber zwar nichts natürlicher, als daß dem Manne, als dem stärkern und zum Erwerb besonders ausgerüsteten Theile, zunächst die Sorge für die Kosten des Hauswesens obliegt, so daß es ihm Schande macht, wenn er sich dabei auf die Frau und ihr Gut allein verläßt, eine Schande, die die Frau im umgekehrten Fall nicht trifft; allein es ist nicht weniger natürlich, daß wenn die Frau selbst Vermögen hat, oder der Vater reich ist, der Mann einen verhältnißmäßigen Beitrag zu den Kosten des gemeinsamen Lebens verlangt, und daß ihm dieser Beitrag auch *völlig brauchbar und gesichert* seyn muß. Unter den eben angeführten Umständen konnte dieß aber nicht Statt finden, ohne daß noch

292) Gajus II. 80.

eine besondere Rechtshandlung in die Mitte trat, und war dieß nun nicht Conventio in manum, was wir ja voraussetzen, so muste es das seyn, was in der Folge sich als eigentliche Dos gestaltet, es muste ein Theil des Vermögens des Vaters der Frau, oder ein Theil ihres eignen Vermögens, oder dieses ganz, in das Vermögen des Mannes besonders übertragen werden, es musten die Eigenthums- oder andern Rechte, welche zu den Lasten der Ehe dienen sollten, durch gewöhnliche Uebertragung ganz die seinigen werden; das übrige Vermögen der Frau und ihr künftiger nicht gleichfalls übertragener Erwerb blieben dann rechtlich ganz abgesondert von der Ehe, und nur durch willkürliche Mittheilung des Einzelnen konnte dieß für eine Zeit lang mit den Bedürfnissen derselben in Verbindung gesetzt werden.

§. 59.

Durch eine solche gänzliche Uebertragung ward nun aber, auch abgesehen von aller Scheidung, das Bedürfniß einer Restitutions-Verbindlichkeit herbeigezogen: da römische Ehegatten sich nicht beerbten, muste diese auch im Todesfalle eintreten, und namentlich **wenn der Mann zuerst starb**, konnte dem Erben desselben am wenigsten die Restitution des dem Verstorbenen zum Eigenthum übertragenen Vermögens der Frau erlassen werden. Wollen wir nicht das Unwahrscheinlichste annehmen, daß auch die vom Vater geschenkte Mitgift niemals zurückgegeben wurde, daß die von der Frau selbst oder einem Dritten gegebene Beisteuer, nicht bloß immer dem Manne blieb, sondern auch seinem Erben; so müssen wir irgend eine Verbindlichkeit zur Rückübertragung als oft vorkommend gelten lassen. Gab es nun hiefür keine eigene Klage, was in der Folge eben die Rei uxoriae actio war, so konnte es an besondern Contrakten nicht fehlen, wodurch jene Verpflichtung hervorgebracht wurde, und so konnten Cautiones rei uxoriae nimmer fehlen.

Das Einzigste, was sich hier noch als die Cautiones vertretend denken ließe, wäre dieß, daß man nach getrennter Ehe eine gewöhnliche Condictio sine causa habe anstellen können. Dieß ist aber doch auch wieder gar nicht möglich, denn theils ist es gewiß, daß keine Klage von dem Erben der in der Ehe verstorbenen Frau gegen den Mann auf Restitution angestellt werden konnte [293]), hätte die Frau aber eine

293) Ulpian. VI. 5: « *Adventitia autem dos semper penes maritum remanet*, praeterquam si is, qui dedit, ut sibi red-

solche gewöhnliche Condictio gehabt, so hätte sie ihr Erbe auch haben müssen, von der rei uxoriae actio gilt kein Schluß, da diese mit besonderer Rücksicht auf die Ehe zu eignen Zwecken eingeführt war (unten §. 61); theils ist es kein müßiger Grundsatz, welcher dem Pandekten-Titel de iure dotium vorangestellt ist: »dotis causa perpetua est, et cum voto eius, qui dat, ita contrahitur, ut semper apud maritum sit«, und ist die causa perpetua, so kann man auch noch nach der Trennung nicht sagen, daß der Mann die dos sine causa habe [294]), wenn er sie auch unter Umständen nun wieder restituiren muß, die causa war für immer da, wenn die Ehe wirklich erfolgte. Daher wird in Beziehung auf Dos nirgends die Condictio sine causa erwähnt, wohl aber kommt die Condictio causa non secuta vor [295]), nämlich in dem Falle, wenn die Dos vor der Ehe gegeben wurde, und die Ehe gar nicht erfolgte; erfolgt sie, so

deretur stipulatus fuit», gewiß aus keinem andern Grunde, als weil keine Klage gegeben war, sie ihm abzufordern, denn ein Erbrecht hatte er nicht.

294) Auch das redire ad non iustam causam in L. 1. §. ult. D. d. cond. sine caus. paßt hier keineswegs.

295) Vergl. L. 1. §. 1. L. 4. D. d. condict. sine causa.

erlöscht in dem Augenblick die Condictio [296]). Mithin wäre man in dem oben gesetzten Fall, wenn keine Rückgabe stipulirt war, ohne Klage gewesen.

Nun könnte noch Bedenken erregen, wie man überhaupt hier habe bloß in casum *mortis*, und zwar in casum obitus *mariti* die Rückgabe der Dos stipuliren können, da bekanntlich nach altem Recht die Regel galt: obligatio ab heredibus incipere non potest [297]). Allein bei so entschiedenem Bedürfniß kann man sicher seyn, daß es hier eine Aushülfe gab, durch die Fassung der Stipulationsformel, durch Persona interposita, oder durch benigna interpretatio; wie man sich im umgekehrten Falle, da von dem Erben eine aktive Obligatio anfangen sollte, allgemein durch Adstipulatio [298]), und einzeln ebenswohl durch benigna interpretatio half [299]). Daß sich darüber in unsern Quellen nichts findet [300]), ist

296) L. 10. D. d. Sponsall. L. 7. §. 1. D. d. condict. causa data. L. ult §. 1. D. de condict. sine causa.

297) Gaius III. 100 conf. 176. vgl. L. 11. C. de contrah. stip. L. un. C. ut actiones et ab hered. und die sehr interpolirte L. 45. §. 3. C. de V. O.

298) Gaius ibid. 117.

299) S. z. B. L. 10. D. d. pact. dotal. (offenbar interpolirt) L. 33. D. d. pactis. L. 45. D. solut. matr. L. 7. C. d. pact. convent.

300) Die Schwierigkeit war gar nicht vorhanden, wenn der Mann zur Zeit der Stipulation

natürlich, da grade dieser Fall für Stipulation und Vertrag aufgehört hatte interessant zu seyn, weil hier die Rei uxoriae actio immer ins Mittel trat [301]).

§. 60.

Der Sache nach ist es nun gar nicht unwahrscheinlich, und des Servius Sulpicius Nachricht bei Gellius bestätigt es zum Theil, daß man sich mit den Stipulationen Anfangs behalf, sie aber, wie nun zur willkürlichen Scheidung ein Beispiel gegeben war, mit auf den Scheidungsfall zu richten anfing, daß aber erst später, wie nun wirklich die Scheidung anfing gemein zu werden, die rei uxoriae actio hinzukam. Will man sich nun den historischen Zusammenhang vollständig denken, so möchte Folgendes der Wahrheit am nächsten kommen. Die Natur der Verhältnisse und selbst das Beispiel der strengen Ehe — damals die vorherrschende — führten von selbst darauf, daß bei der Heirath der Vater einen Theil seines Vermögens, oder die Frau, die sui iuris war, einen Theil des ihrigen oder das Ganze in das Vermögen

noch in patria potestate war, und also der Vater die dos zu promittiren und zu restituiren hatte.

301) Er kommt daher grade umgekehrt in Beziehung auf außerordentliche Retentio dotis vor. L. 2. D. d. pact. dotal. L. 3. C. cod.

des Mannes hineinlegte, so daß, wie dort bei Conventio das Eingebrachte ipso iure das Seinige wurde, so hier jener Theil oder jenes Ganze wirklich nun auch Bestandtheil seines Vermögens wurde, nur aber allemal durch einen besondern Akt. Die Kosten der Ehe (onera matrimonii) ruhten nun nach wie vor allein auf dem so vermehrten Vermögen des Mannes; der Beitrag der Frau war in diesem aufgegangen. Im Uebrigen blieben die beiden Vermögen, das des Mannes, und das der Frau, die sui iuris war, ganz gesondert. Wenn sie auch ihr ganzes Vermögen so hingegeben hatte, so blieb ihr doch ihr künftiger Erwerb frei, falls sie nicht noch sich entschloß, auch diesen wieder hinzugeben, oder dieß voraus versprochen hatte. Was aber so hingegeben war, das war nun eben Dos. Stand der Mann noch in patria potestate, so war es Sache seines Vaters für die Kosten der Ehe zu sorgen, und so galt auch in Hinsicht der Dos immer dasselbe von ihm, was sonst vom Manne selbst galt. Gab nun der Vater der Frau die Dos, so mochte er sich zuweilen versprechen lassen, ut, quoquo modo finitum esset matrimonium, dos ei redderetur, wobei denn aber an den Fall einer Scheidung, als damals noch nicht herkömmlich, am wenigsten gedacht wurde. Oefters mochte er aber doch für den Fall, da die Frau in der Ehe starb, zumal wenn Kinder, die bei unverdorbenen Sitten und Mangel an Scheidungen einer Ehe selten fehlen, vorhanden waren, dem Manne die Dos lieber gönnen, und so ward das Versprechen bloß auf den Fall gerichtet, «si morte mariti finitum sit matrimonium«. Jenes mochte häufiger beliebt werden, wenn ein Extraneus, um der Frau zu schenken, die Dos gab. Gab sie die Frau, so wurde gewiß fast immer das Versprechen auf die zuletzt erwähnte Art beschränkt. So half man sich also in dieser Zeit der bis zum Tode dauernden Ehen durch Stipulationen aus.

§. 61.

Als nun aber Scheidungen aufkamen, so muste bei den Cautionen auf diese mit gerechnet werden, und wie nun erst jene und diese immer häufiger, die Auseinandersetzungen sich in Feindschaft trennender Ehegatten immer verwickelter, schwieriger, streitiger wurden: so ward das Bedürfniß einer allgemeinen und eignen Klage auf Rückgabe der Dos in eben dem Grade verstärkt, wie die Cautionen selbst wegen öftern Mangels an Bestimmtheit und Vollständgkeit unzureichend erschienen. Dieß Bedürfniß muste sich unter den Umständen als ein öffentliches kund geben, das Familienleben und somit der Staat selbst war dabei interessirt, daß dieß mehr gesichert und befestigt würde. Demnach muste ein Iudicium gebildet werden, welches, wie die rei uxoriae actio, oder, was nur in einem engern Sinn dasselbe sagt, die actio de dote alle Bestimmungen für den Nothbedarf in sich trug und in bonum et aequum conceptum war [302]). Das prätorische Edikt trat aber auch hier nur in so weit ins Mittel, als wirkliches Bedürfniß vorhanden war. Nöthig konnte es nur seyn für die Frau und etwa für den Vater, nöthig nicht für den Fremden, der eine dos hatte gewähren wollen, war es sein Wille, sie bei beendigter Ehe zurück zu haben, so mochte er dafür durch ein Versprechen sorgen; nöthig war es für den Fall der Scheidung und den da der Mann zuerst starb; auf den Fall, da der Frauen Tod die Ehe endigte, war es nur für den Vater nöthig, nachdem es gebräuchlicher geworden war, daß die Väter sich die von ihnen her-

302) L. 8. D. d. capite minutis. L. 36. D. de peculio.

rührende dos (dos profectitia) auch dann zurückgeben ließen, nöthig nicht für die Erben der Frau, da auch bis dahin diesen der Mann vorgezogen worden: wollte man es anders, so konnte man sich ja die dos auf jeden Fall zurückversprechen lassen, dann trat zwar im Uebrigen nicht die Rei uxoriae actio beim Tode der Frau ein, wohl aber die Actio ex stipulatu [303]). Endlich verstand es sich hiernach von selbst, daß die Garantie sich lediglich auf die Dos als Gegenstand einschränkte, und sich keineswegs über solche Güter der Frau erstreckte, die extra dotem waren, d. h. die nicht in das Vermögen des Mannes (oder doch nicht zu ehelichen Zwecken) übertragen worden waren, und bei denen also weder jene Stipulationen auf Rückgabe, noch die sie neuerdings ergänzende Rei uxoriae actio nothwendig waren, sey es auch, daß sie dem Manne anvertraut, oder faktisch für den Bedarf der Ehe mit benutzt wurden, sey es auch, daß der Mann die Frau ohne Dos geheirathet und sich auch späterhin keine von ihr hatte constituiren lassen: solche Verhältnisse bedurften keiner Gewehr, da dieß Vermögen der Frau noch gehörte, und also

303) Vergl. hiermit Ulpian VI. 4 – 7.

leicht den Händen des Mannes durch die gemeinen Rechtsmittel wieder entzogen werden konnte. Dieß ist Grundansicht in der Lehre von der Dos, und der Charakter und die Grenzen des Ius dotium werden durch jene Garantie bestimmt.

§. 62.

Was die Art und Weise betrifft, wie das Vermögen, das Dos werden sollte, in das Vermögen des Mannes ursprünglich übertragen zu werden pflegte, so ist es glaublich, daß dieß in jener Zeit, wo es noch keine Actio de dote gab, gewöhnlich dadurch geschah, daß man entweder baares Geld gab, da denn die gleiche Summe zurückgegeben werden muste, die Zinsen aber der Mann durante matrimonio einbehielt, als Beitrag zu den Kosten des gemeinsamen Lebens, oder man gab Mobilien nach einer Taxe, da denn dieß, so weit es sich mit den ehelichen Verhältnissen vertrug, als ein gewöhnlicher Kauf behandelt wurde, indem nun wieder das Pretium in dote war, der Mann mit den Mobilien ganz nach Gefallen gebahren konnte, die Zinsen aber wiederum einbehielt: in beiden Fällen war Alles dadurch sehr erleichtert, daß man sich eine zum Voraus bestimmte Geldquantität stipuliren, und dadurch eine Condictio certi erlangen konnte. Mobilien wurden wohl selten tradirt, indem man sich die Zurückgabe der Species versprechen ließ; nur etwa Sklaven und andere res mancipi mochten so in dotem gegeben werden, da denn aber, und vorzüglich bei Grundstücken, eine Mancipatio oder Cessio in iure geschah; dann aber wurde nicht stipulirt, sondern die Mancipation geschah cum fiducia, so daß am Ende der Ehe, wenn ein Fall der verabredeten Rückgabe eintrat, das gewöhnliche iudicium fiduciae auf Remancipation offen stand [304].

§. 63.

So lange es nun hierbei blieb, hatte die Dos noch gar keinen bestimmten juristischen Charakter; sie bestand in einem Vermögen, was dem Manne zu Eigen hingegeben war, um einen Theil der Kosten des ehelichen Lebens damit zu bestreiten; wie man sich ins künftige beim Schluß der Ehe erforderlichen Falls darüber auseinander finden würde, darum bekümmerte sich kein Gesetz, das blieb den Privatdispositionen überlassen, und waren keine gemacht, so behielt und ver-

304) Vergl. Gaius II. 63.

erbte der Mann, was er hatte, was sein Eigenthum geworden war, wie andres sein Gut. Dos hatte hier also noch eine eben so natürliche und vulgäre Bedeutung, al wenn zuweilen bei strenger Ehe das Wort gebraucht wird, wo denn immer nur das ganze Vermögen der Frau, was sie hat und hinzuerwirbt, damit gemeint seyn kann, denn dieß Alles bringt sie dem Manne dotis nomine zu, d. h. er erwirbt es nun Alles und kann es zu den ehelichen Zwecken verwenden.

> Cicero Topica c. 4: quum mulier viro in manum convenit, omnia quae mulieris fuerunt, viri fiunt dotis nomine.

Hier ist das Wort im Sprachgebrauch des gemeinen Lebens angewandt, und einen nicht weniger vulgären Sinn hatte es in jener ersten Zeit auch bei freier Ehe [305].

Von einer Dos im juristischen Verstande, und von einem wahrhaften Ius dotium konnte erst die Rede seyn, seitdem das Gesetz für das was die Frau

305) Wächter S. 113 in d. Not. bemerkt ganz richtig: « das Wort Dos (von διδόναι) wurde ohne Zweifel anfangs überhaupt für alles Vermögen gebraucht, das die Frau dem Manne zubrachte, und erst später erhielt es die eigentliche Kunstbedeutung als Heirathsgut.»

in gewisser Form dem Manne eingebracht, das heißt nun, durch einen eigenen Akt für eheliche Zwecke zu dem Seinigen gemacht hatte, die Gewehr übernahm, nämlich, wie gesagt, durch Einführung einer eigenen Klage auf Rückforderung. Nunmehr hatte schon das Wort Dos einen andern Sinn bei freier als bei strenger Ehe. Bei dieser trat Erwerb des Mannes per universitatem und zwar ipso iure ein; bei jener geschah nichts nach rechtlicher Nothwendigkeit, sondern Alles durch eigenen freien Akt, traditio, mancipatio, in iure cessio, also durch Singularsuccession. Dieß reicht aber kaum noch hin, den Begriff zu ändern, denn immer war das Vermögen, was so überging, zu ehelichen Zwecken eingebracht und hingegeben, mithin im gewöhnlichen Sinne Dos; kam nun aber bei freier Ehe noch hinzu, daß die Dos in utrumque casum (casum divortii et mortis, wenigstens mortis mariti) garantirt war, so schieden sich juristisch die Begriffe vollkommen, denn bei strenger Ehe konnte diese Garantie, wenigstens in dem Umfange gar nicht eintreten, da auf den Fall des Todes Alles, wie jene Universalsuccession, durch rechtlich nothwendige Folge bestimmt war.

§. 64.

Ob nun aber die Gewehr des Gesetzes auf die strenge Ehe für den Scheidungsfall ausgedehnt wurde, kann in Frage gestellt werden. Nach dem, was oben gesagt worden (§. 44), ist es sehr wahrscheinlich, daß man auch hier das Iudicium gab, und so dem möglichen Mangel an Stipulationen oder dem unzureichenden Buchstaben derselben zu Hülfe kam. Nicht weniger wahrscheinlich ist es denn aber auch, daß hier andre Regeln der Auseinandersetzung Statt fanden, die aber durch die höhere Regel des Iudicii: quod bonum et aequum est, oder wie es wörtlich hieß: quid aequius, melius [306]), gerechtfertigt wurden, z. B. ist es nicht zu glauben, daß die Verwaltung des Eingebrachten durch den Mann, während er juristisch pater mulieris war, und während sie Hoffnung und Anspruch auf künftige Erbschaft in dem gesammten Vermögen hatte, so rückwärts sollte angesehen und solcher Verantwortlichkeit

306) *Cicero de officiis. III.* 15. Reliquorum autem iudiciorum haec maxime excellunt, in arbitrio rei uxoriae *melius, aequius. Id. Topica.* c. 17: inprimis in arbitrio rei uxoriae, in quo est, *quid aequius, melius.*

unterworfen worden seyn, wie wir das bei freier Ehe finden: die Quellen freilich enthalten nichts darüber.

Das eigentliche Ius dotium und alle Dos im juristischen Sinne gehört folglich der freien Ehe allein an. Damit stimmen denn auch wieder die Benennungen überein. Es erklärt sich daraus, weswegen die Pandektisten nur von einer Actio *de dote* sprechen, wenn sie grade die bonae fidei actio meinen [307]). Die *rei uxoriae* actio war das Genus, welches bei strenger und freier Ehe, die *de dote* actio die Species, welche grade nur bei freier Ehe und wahrer dos Statt fand. Wenn dagegen bei Gellius l. c. rei uxoriae actio genannt wird, so ist dieß ganz natürlich, da er die strenge Ehe vorzüglich vor Augen hatte oder doch beide. Justinian in L. un. de rei uxor. act. hatte freilich die strenge Ehe nicht vor Augen; aber ihm kam es darauf an, die gesetzliche Klage mit der Contractsklage auszugleichen, und so war nichts natürlicher,

307) S. z. B. nur L. 8. D. de cap. minut. — de dote actio; quia in bonum et aequum concepta est. — In L. 36 D. d. peculio wird die Actio de dote unter die bonae fidei contractus gestellt. S. auch §. 29. I. de act.

als daß er jene in diesem Gegensatze rei uxoriae actio nannte, denn auch jene Actio de dote war der Actio ex stipulatu grade darum entgegengesetzt, weil sie eine gesetzliche, also eben eine rei uxoriae actio war [308].

§. 65.

Was nun so über das ursprüngliche Güterrecht frei verbundener Ehegatten und über die erste Entstehung der Dos und ihres Rechts gesagt, und aus der natürlich nothwendigen Ansicht der Verhältnisse, wie sie unter und mit solchen Ehegatten Statt finden musten, von uns hergeleitet worden ist, wird durch das Ius dotium, wie es sich bei unsern Klassikern findet, auf alle Weise bestätigt, und es läßt sich dieses in seinem Wesen nicht begreifen, wenn man jenen historischen Gesichtspunkt aus dem Auge verloren hat. Die weitere Darstellung des Dotal-

308) In einem laxeren Sinn kann auch die actio ex stipulatu, indem sie auf wahre Dos geht, actio de dote heißen, dann sagt dieß nichts weiter als repetitio dotis, actio qua dos repetitur, z. B. L. 13. D. de iure dot. Si mulier, antequam ex stipulatu de dote agat — — Paulus schrieb in den Sententiis, de dotibus, in den Responsis, de re uxoria, s. die wesigothische Interpretatio zu L. 2. C. Theod. de dotibus,

rechts wird also nichts seyn können, als eine Fortführung und Entwickelung dieser Grundansicht und ihre Anwendung auf das Einzelne. Ehe wir aber dazu übergehn können, müssen wir uns noch bei einer allgemeineren Reflexion etwas verweilen, damit die Uebersicht vorher vollständiger gewonnen werde.

Ein solches Ius dotium, wie nun theils durch Privat-Rechtsgebrauch, theils durch Einführung eines eigenen Iudicium de dote gewonnen war, muste in der Folge vorzüglich in zwei Punkten die schwache Seite zeigen:

1) daß außer dem Dotal-Beitrag, welcher nach Gefallen groß und klein seyn konnte, die Vermögen der Ehegatten gegen die Natur der Ehe, welche verlangt, daß Alles den Ehegatten gemeinsam seyn soll, gänzlich auseinander gehalten wurden. Zwar liegt hierin an und für sich kein Fehler, denn das Dotalrecht sagt ja weiter nichts als dieß: die einzige Form der Mittheilung, welche das Gesetz besonders garantirt, ist die der Dos; bloß faktische Mittheilung, so wie Mittheilung durch irgend ein gemeines Rechtsgeschäft, steht Jedem frei und wird nicht ausbleiben, wenn die rechte Gesinnung, worauf am Ende doch Alles ankommt, nur vorhanden ist;

was dem Einen gehöre und was dem Andern, oder ob sie schon etwas nach dem Recht gemeinsam haben (bei Dotalrecht haben sie juristisch nichts gemeinsam, da die Dos dem Manne ganz und gar gehört bis zur Restitution), das ist ganz gleichgültig, da es nur darauf ankommt, daß so wie ein Bedürfniß entsteht, der Eine dem Andern nichts vorenthalte. Jedoch aber darf das Recht nicht *positiv* so einwirken, daß die äußere Absonderung auch eine innere werde, daß das, was juristisch negativ anerkannt ist, nicht auch in facto positiv befördert werde: jegliche Anerkennung des Gesetzes wird aber leicht in die Vorstellung, als gehöre sich das so, hinübergeleitet. Vornämlich zeigt sich das an einem Punkt, den wir hier daher etwas genauer ins Auge fassen müssen. Wenn die Ehegatten sich unehelich gegen einander benehmen, so ist das den guten Sitten zuwider, auch wenn es äußerlich nur in Hinsicht des Vermögens hervortritt; nun lassen sich zwar gute Sitten nicht durchaus erzwingen, da sie auf freier Gesinnung beruhen; allein nichts ist doch auch natürlicher, als daß bei Rechtsgeschäften, da wo sie den guten Sitten zuwiderlaufen, das Gesetz seinen Schutz versagt, den es im Allgemeinen diesen Rechtsgeschäften angedeihen läßt. Nun gibt es aber ein Rechtsgeschäft, bei welchem die Trennung der Güter recht grell hervortritt, das ist die Schenkung, ein Geschäft, was den Einen ärmer macht, indem es den Andern bereichern soll [309]. Wird die Dos während der Ehe vermehrt, so muß das dem Manne freilich sehr willkommen seyn, aber hier wird sein Vermögen nur zu dem Ende vergrößert, damit die Frau einen erhöheten Beitrag liefere; schenkt sie ihm aber, oder schenkt er ihr, so ist Vergrößerung des Vermögens in der andern Person Endzweck. Geschieht dieß jedoch nur mortis causa, d. h. auf den Fall, daß der schenkende Ehegatte zuerst sterben wird, also nur deshalb weil der Schenker dieß Gut

309) Mit der Intercession der Frau für den Mann hat es eine ganz andere Bewandniß, Theilnahme an den Schulden des Mannes ist gewissermaßen Theilnahme an seinem Schicksal, aber wenn sich ihr durch unverschuldetes Gut ein günstigeres Schicksal erhält, so kann sie dieses mit dem Manne theilen und seine Noth lindern; daher soll nach röm. Recht nicht die Schwäche der Frau zu einem unabwendlichen Schaden für sie benutzt werden können, worin eine gültige Intercession sie mit dem Manne stürzen würde. Demnach war denn auch die Intercession des Mannes, dem man im Allgemeinen keine solche Schwäche zutrauen darf, für die Frau ganz gültig, so weit nur keine Schenkung darin lag.

seinem Gatten lieber als seinem Erben gönnt, so ist die Absonderung für eine Zeit anerkannt, wo keine Ehe mehr ist, und dieß Geschenk ist der Gesammtheit des Lebens eher gemäß als entgegen. Dasselbe konnte ein Römer ja durch Testament erreichen. Geht aber die Absicht dahin, daß, wie bei gewöhnlicher Schenkung unter Lebenden, der Eine sofort und für seine Person auf Kosten des Andern begüterter werden soll, so ist das Egoismus auf Seiten des Empfängers, und dieser soll der Ehe fremd seyn [310]. Bei Dotalrecht findet es sich daher leicht von selbst

310) Plutarch (Edit. Reiskii T. VI. p. 540) äußert sich vollkommen in diesem Sinne, nachdem die oben §. 1. in der Note 1. angeführten Worte vorhergegangen: etenim Romanus Legislator, fährt er fort, lege cavit, ne coniugum alter alteri donaret quicquam, non ut nullius rei participes fierent, sed ut omnia communia iudicarent (οὐχ ἵνα μηδενὸς μεταλαμβάνωσιν, ἀλλ' ἵνα πάντα κοινὰ νομίζωσιν), eine Stelle, die sich gar nicht verstehen läßt, wenn man nicht den im Text entwickelten Gedanken vorher gefaßt hat. An einer andern Stelle (Quaest. rom. ibid. T. VII. p. 78) kommt er der Sache näher. Nachdem er einige Vermuthungen über den Grund des Verbots der Schenkungen angeführt hat, fährt er fort: An haec est verior ratio, quod mariti et uxoris omnia debent esse communia? Qui enim accipit, quod datur, is discit pro alieno putare, quod datum non est, itaque pauca invicem dantes reliqua omnia adimunt.

sein [311]), daß um nicht schlechte Sitten und Niederträchtigkeiten zu begünstigen, die Rechtswirkung, welche der Schenkung im Allgemeinen beigelegt worden, der Schenkung unter Ehegatten insbesondre entzogen wird. Bei einem Verbot in diesem Verstande muß aber wieder Vorsicht angewandt werden, daß es nicht den Zweck zerstöhre, den es befördern will, denn manche Schenkungen gehen ihrer besondern Natur nach eben aus der Innigkeit des ehelichen Verhältnisses hervor, im Gegensatz der gewöhnlichen Schenkungen, welche Kaltsinn und Erwerbsucht auf Seiten des beschenkten, Schwäche auf Seiten des schenkenden Ehegatten, auf beiden Seiten aber eine unsittliche Verleugnung der ehelichen Gesammtheit voraussetzen: es soll nur das, was das Recht auch im Allgemeinen gelten läßt (Trennung

311) Wollte es sich bei den Teutschen nicht einfinden, so lag dieß eben darin, daß sie wahres Dotalrecht nie hatten. Bei den Teutschen war das Gut immer, wenn auch nur durch die Hand des Mannes, schon nach dem Recht gesammet; es konnte daher die Schenkung fast nur wie donatio mortis causa, und so wirken, daß den Erben des Schenkenden dadurch etwas entzogen wurde. So lange man daher, und soweit man diese schützen wollte, verbot man Schenkungen unter Ehegatten, wie diese Rücksicht wegfiel, ließ man sie gelten.

der Güter) sich nicht auf eine empörende Weise hervordrängen. Daher nun regelmäßig Nichtigkeit der Schenkungen unter Ehegatten, aber auch zugleich die vielen Ausnahmen von dieser Regel im Römischen Recht.

§. 66.

2) Wenn das Gesetz nur die Form des Beitrags zu den Ehekosten garantirt hat, da etwas zu Vermögen des Mannes gemacht wird, was vorher nicht das Seinige war, so wird natürlich diese Form fast immer beliebt werden, und wenn die Frau nicht außerordentlich reich ist, so wird sich die Dos über den größern Theil ihres Vermögens, wenn nicht über Alles, erstrecken. Da nun aber so der Mann Eigenthümer wird, so erhält er augenblicklich dadurch volle Verfügung; er kann diese Rechte, die nun die seinigen geworden, auch an Dritte übertragen, und in der Ausübung hat er dermalen freie Hand. Bindet ihn aber auch eine vielleicht bevorstehende Verpflichtung zur Rückgabe, so kommt es doch noch immer darauf an, in wie weit er diese Gefahr, die vielleicht erst seine Erben trifft, achten will; durch die allgemeine Gewehrung der Dos vermittelst einer Actio und

Obligatio ist also die Frau gegen Beschädigung und Vergeudung ihrer Dos nicht gesichert genug, ist der Mann, wenn der Fall der Rückforderung eintritt, insolvent, so ist ihr mit einer Klage wenig geholfen. Wo Scheidungen häufig werden, muß dieser Uebelstand bald recht sehr hervortreten. Nun läßt sich dem aber auf mehrerlei Weise abhelfen:

1) so daß die Verfügungsfähigkeit des Mannes innerlich beschränkt wird, z. B. er darf gewisse wichtigere Sachen gar nicht veräußern, ungeachtet er sonst Eigenthümer ist: seine Veräußerung ist nichtig.

2) wenn sich schlechte Verwaltung zeigt, so kann gerichtliche Hülfe implorirt werden, damit dem Einhalt geschehe.

3) die Frau kann bei sichtlich bevorstehender Gefahr des Verlustes durch Insolvenz des Mannes, die Dos schon in der Ehe zurückfordern.

4) die Rückforderungsklage wird mit besondern Privilegien ausgerüstet.

5) im Zustande der Insolvenz kann der Mann auch solche Sachen nicht mehr gültig veräußern, die er, ehe ein solcher Zustand ent-

schieden eintrat, allerdings zu veräußern ermächtigt war.

Das zweite dieser Auskunftsmittel ist das schlechteste, da es die Macht der Gerichte in die Ehe zu sehr hineinzieht, und die Familienverhältnisse selbst während ihrer Dauer vor das äußere Forum stellt. Nur erst in späterer Zeit finden wir hiezu eine Annäherung in römischen Gesetzen. Das erste Hülfsmittel muß immer in engen Grenzen bleiben, wenn der Charakter des ius dotium nicht untergraben werden soll; bei den Römern finden wir es vor August gar nicht, dann aber nur bei Grundstücken angewandt. Ueber die nächsten Gründe der Augustischen Verfügung unten. Das dritte Mittel finden wir in den Pandekten in einer Stelle von Ulpian [312]). Das vierte Mittel ward schon frühe, und wohl sehr bald nach Einführung der rei uxoriae actio angewandt, dann aber gesteigert, von einem simpeln Privilegium exigendi herauf bis zu Justinians enormen Prärogativen, der dieser Idee zu Gefallen nahe daran war, das ganze Ius dotium in seinem Wesen zu verändern und zu zerstören. Die letzte Aushülfe hat

312) L. 24. pr. D. solut matrim.

eine gewisse Milde, und ist auch im Römischen Recht angewandt worden.

§. 67.

Auf der andern Seite hat nun aber auch das Ius dotium den großen Vorzug vor ähnlichen Instituten, daß dabei ein reines System möglich ist. Erinnern wir uns dessen, was in der Einleitung (§. 7. 8.) über die möglichen Arten, wie das Vermögen der Ehegatten rechtlich angesehen werden kann, und deren Verbindung und Vermischung gesagt worden ist, so haben wir nun im positiven Römischen Recht grade die beiden Extreme, bei denen die größeste Consequenz möglich ist, und wirklich consequent durchgeführt. Einmal die innere Gütergemeinschaft und zwar die strengste Art, welche dort unter 2. a. bezeichnet ist, da der Mann Eigenthümer des ursprünglich beiderseitigen Vermögens als einer Universitas wird ipso iure, — bei strenger Ehe; sodann das zweite, das Dotal-System, wie es dort sub. 1) bemerkt ist, und zwar wieder in einer besonders strengen Gestalt: gänzliche Trennung der Güter, freiwilliger Beitrag durch das Vermögen des Mannes, auf welchem die Last der Ehe allein ruht, garantirt durch das Gesetz — bei freier Ehe. Dagegen die Mittelrechte finden sich im Römischen Rechtsganzen, dieses historisch genommen, gar nicht; im Justinianischen Rechtskörper ist nur noch das letzte System, aber freilich schon in einem Schwanken begriffen, anzutreffen.

§. 68.

Diese Folgerechtigkeit hatte denn auch vortheilhaften Einfluß auf andre Materien des Rechts, in denen dadurch eine gleiche Consequenz möglich wurde. Ueberhaupt, wie wir hier wohl allgemein bemerken dürfen, hatten die Römischen Juristen darin ganz eigenes Glück und Geschick, daß sie nicht bloß consequent waren, wo es sich thun ließ, sondern daß sich auch in ihrer einheimischen Rechtsbildung ihnen allenthalben die Consequenz wie von selbst in die Hände spielte. Doch mochte dieß zum Theil auch darin liegen, daß sie als in strenger Schule gebildete Juristen immer so viel thätigen Einfluß auf die Entwickelung des Rechts behielten, so daß sie das Recht wie zur Consequenz erziehen konnten. Das zeigt sich nun auch hier, wenn wir das Dotalrecht mit verwandten Materien vergleichen. Hätten die Römer dem Manne an den Sachen, die die Frau ihm zubrachte, schon nach dem Recht allgemein, oder wenn sie ihm dieselben besonders hingab, einen Nießbrauch gegeben, der denn nur durch das Ende der Ehe mit beendigt worden wäre, wie das bei uns so oft der Fall ist, so hätten sie nun einen usus fructus gehabt als gemeine Servitut, besonders häufig durch Legat constituirt, wo sich denn Proprietar und Usufructuar als Extranei mit ganz gesondertem Recht und Interesse gegenüber stehen, nothdürftig verknüpft durch eine einseitige Obligatio des Usufructuars (Cautio usufructaria), keinesweges eine ihr correspondirende des Proprietars, berechnet auf alle Auseinandersetzungsfälle, was auch diesem Verhältnisse ganz angemessen ist; dagegen hätten sie auch einen Usus-fructus gehabt, auf ein Familienverhältniß gegründet, wie er so oft im teutschen Recht vorkommt, also mit ganz andern Requisiten und rechtlichen Folgen, insbesondere mit dem unumgänglichen Bedürfniß einer reciproken Obligatio, wie sie auf gewisse Weise auch im Dotalrecht vorkommt, und auf alle Restitutionsfälle berechnet ist, dieß zeigt sich z. B. bei den Impensen und bei der Theilung der Früchte des letzten Jahres, etwas das der Servitus usus fructus ganz fremd ist und seyn soll. Nun wurden aber nach ihrem Rechtsgebrauch die Dotalsachen fast immer der Form nach in das Eigenthum des Mannes übertragen, er ward dominus dotis, wie er öfters genannt wird; der Fall war sehr selten, wie man offenbar sieht, da einmal die dos dadurch bestellt wurde, daß man dem Mann einen usus fructus an einer einzelnen Sache — nur ein fundus wird als Gegenstand erwähnt — dotis causa bestellte, daher man denn, eben der Seltenheit wegen, auch alle Eigenheiten des ususfructus anwenden, und sich so die Schwierigkeiten gefallen lassen konnte, die dieß bei der Restitution leicht hervorbringen muste [313]. So konnte man nun auch, da vor dem peculium adventitium alle Fälle eines solchen Familien-Nießbrauchs fehlten, das ius ususfructus ganz consequent durchführen. Justinian hatte folglich schon allein aus diesem Grunde unrecht, wenn er die römischen Juristen darum tadelt, daß sie sich so sehr formalisirten [314]; sie entgingen wenigstens so der Gefahr, bei einem gemisch-

313) L. 7. §. 2. D. d. iure dot. L. 66. eod (vergl. Gaius II. 30). L. 78. eod. L. 4. D. d. pact. dotalib. L. 57. D. soluto matr.

314) L. 30. C. de iure dot.

ten Ius ususfructus den Servitut-Nießbrauch durch den Familien-Nießbrauch; und diesen wiederum durch jenen zu verwirren und zu verderben, eine Gefahr, der die neuern Gesetzgebungen nicht entgangen sind.

Zweites Capitel.

Erfordernisse der Dos überhaupt.

---

§. 69.

Das erste Erforderniß aller eigentlichen Dos ist, daß das Vermögen des Mannes vermehrt werde, und zwar grade zu dem Zweck, um zu den Kosten der Ehe beizutragen. Deshalb wenn Sachen dotal werden sollen, müssen sie in das Eigenthum des Mannes übertragen werden, und werden sie an ihn übertragen, um dos zu seyn, so gehen sie in sein Eigenthum über [315]. Dieß könnte nicht so seyn,

315) L. 7. §. 3. D. de iure dot.: — — Fiunt res mariti, si constante matrimonio in dote(m) dentur. L. 75. eod. Quamvis in bonis mariti dos sit — — quamvis apud maritum dominium sit. — —

wenn das bloße Hingeben zum Gebrauch und zur Verwaltung schon die Garantie des Gesetzes, welche die dos erst zur dos macht, herbeizöge, oder wenn gar das Gesetz selbst ein solches Ueberlassen an den Mann zur rechtlichen Nothwendigkeit machte, da denn die Garantie von selbst nachfolgen würde: den historischen Grund, weshalb keines von beiden sich im römischen Recht findet, haben wir oben anzugeben gesucht.

Nun konnten aber doch res mancipi durch bloße Tradition nicht ins civile Eigenthum des Mannes übergehn; eben darum wurden denn aber auch

L. 21. §. 4. D. ad municipalem. (Paulus) respondit, constante matrimonio dotem in bonis mariti esse.

L. 23. C. de iure dot. (Dioclet. et Maxim.) Si praedium uxor tua dotale venundedit — — rei tibi quaesitae dominium auferre nolenti minime (potuit)

L. ult. C. de servo pignori. (Gordianus.) Sive *cum nupsisses mancipia in dotem dedisti*, sive post datam dotem de pecunia dotis maritus tuus quaedam comparavit, *iustis rationibus dominia eorum ad eum pervenerunt*, ideoque frustra quaestionem super statu manumissorum conaris inferre, *qui eius facti*, qui comparavit, vel *in dotem accepit*, ab eo iure potuerunt manumitti. L. 47. §. 6. D. d. peculio. Quae diximus in emptore et venditore, eadem sunt, et si *alio quovis genere dominium mutatum sit*, ut legato, *dotis datione*.

diese an ihn mancipirt, oder in iure cedirt [316]). War dieses jedoch unterlassen, die Tradition aber geschehen, oder hatte die Frau selbst das civile Eigenthum nicht, so war es nun freilich auch nach dem Edikt, welches die Garantie des rei uxoriae iudicii gewährte, hinreichend, wenn prätorisches Eigenthum auf den Mann übertragen wurde, da er denn erst durch Usucapion, bei welcher ihm die Zeit des Besitzes der Frau und gewiß auch des Vaters [317]) angerechnet wurde, das civile Eigenthum erwarb [318]).

Hat die Frau, oder wer sonst die dos constituirte, kein prätorisches Eigenthum übertragen können, weil sie es selbst nicht hatte, so entsteht gar keine dos, das heißt keine vom Gesetz gewehrte Rückforderung, wenn der Tradent die Sache mala fide an sich

316) Gaius II. 63. — Dotale praedium maritus — prohibetur alienare, quamvis ipsius sit, vel *mancipatum* ei dotis causa, vel *in iure cessum*, vel usucaptum.

317) Ob des Extraneus?

318) Gaius l. c. verb. vel usucaptum.

L. 7. §. 3. D. de I. D. Si res in dote(m) dentur, puto in bonis mariti fieri, accessionemque temporis marito ex persona mulieris concedendam. L. 1. §. 3. D. pro dote. Constante — matrimonio pro dote usucapio iater eos locum habet, inter quos est matrimonium. L. 5. D. solut. matrim. — — quo primum dotale praedium constitutum est, id est *tradita possessione*.

gebracht hatte; war er dagegen in bona fide, so wird zwar nicht die Sache dotal, aber die bonae fidei possessio mit allen ihren rechtlichen Folgen wird auf den Mann übertragen, und so sein Vermögen vermehrt, da denn auch die Restitutio in eben dem Sinne der Frau und ihrem Vater für die Folge gewehrt wird [319]). Nirgends aber findet sich an bloße detentio und Besitz des Mannes im Namen der Frau oder eines Dritten (naturalis possessio) die Repetitio dotis von den Gesetzen geknüpft.

Aus dem eben angeführten Beispiel zeigt sich schon, daß es nicht grade nöthig, wenn gleich das Gewöhnlichste und Regelmäßige war, daß Sachen, das ist Eigenthum an Körpern, übertragen wurden, vielmehr konnte, um eine Dos zu constituiren, das

319) L. 12. pr. D. d. Publ. r. act. Cum sponsus sponsae servum donasset, eumque in dotem accepisset ante usucapionem; rescriptum est a Divo Pio, divortio facto restituendum esse servum, nam valuisse donationem inter sponsum et sponsam. Dabitur ergo et possidenti exceptio, et amissa possessione Publiciana, sive extraneus, sive donator possideat.

L. 6. §. 1. D. d. I. D. Si pater alienum fundum *bona fide emptum* in dotem dedit; ab ipso profectus intelligitur:

Vermögen des Mannes durch Uebertragung von dinglichen und persönlichen Rechten aller Art, in so fern diese nur überhaupt übertragbar waren, vermehrt werden: in dem Augenblick da dieß geschieht, entsteht eine Dos, nur nicht die Sache, sondern dieß Recht wird dotal. Das Nähere im folgenden Capitel.

§. 70.

Auf der andern Seite macht es aber auch die Uebertragung in das Eigenthum des Mannes allein nicht aus, sondern es muß eine Ehe da seyn, zu deren Zwecken sie wirklich bestimmt ist, und nunmehr verwandt werden kann: ohne Ehe keine dos [320]). Dieß ist durchaus juristisch zu nehmen, daher eine widergesetzliche Ehe sich mit keiner Dos verträgt, wenn auch faktisch Dos und Ehe existiren mögen, es findet keine dotis actio Statt [321]). War in einem solchen

320) L. 76 in f. D. de I. D. (Tryphoninus) — nisi matrimonii oneribus serviat, dos nulla est. L. 20. C. d. donat. ante nupt. (Iustinianus) — Dos propter nuptias fit, et sine nuptiis quidem nulla dos intelligitur.

321) L. 3. D. de I. D. Dotis appellatio non refertur ad ea matrimonia *quae consistere non possunt*, neque enim dos sine matrimonio esse potest. Ubicunque igitur matrimonium non est, nec dos est. L. 1. §. 3. D. pro dote. — Si cesset ma-

Fall eine Dos gegeben, so konnte sie durch eine Condictio (sine causa) zurückgefordert werden, denn es war nulla causa und nulla dos vorhanden [322]). Wurden von der beabsichtigten gültigen Ehe dem Bräutigam Sachen gegeben, die zur dos bestimmt sind, so gehen diese zwar regelmäßig gleich in sein Eigenthum über, sie können aber nicht zurückgefordert werden, ehe sich entschieden hat, daß die Ehe nicht erfolge, aber dos sind sie nicht, wenn sie auch im gemeinen Leben schon so heißen mögen; entscheidet

trimonium, Cassius ait, cessare usucapionem, quia ei dos nulla sit. L. 39. §. 1. D. de I. D. — in eo, qui castratus non est, quia est matrimonium, et dos *et dotis actio* est. L. 59. §. 2. L. 67. eod.

322) L. 5. D. de condict. sine causa (Papinianus lib. 11. Quaest). Avunculo nuptura pecuniam in dotem dedit, neque nupsit, an eandem repetere possit, quaesitum est. Dixi, cum ob turpem causam dantis et accipientis pecunia numerata sit, cessare condictionem, et in delicto pari potiorem esse possessorem; quam rationem fortassis aliquem secutum respondere, non habituram mulierem condictionem. Sed recte defendi, non tam turpem causam in proposito *quam nullam* fuisse, cum pecunia, quae daretur, *dotem converti nequiret*, non enim stupri sed matrimonii gratia datam esse. §. 1. Noverca privigno, nurus socero pecuniam dotis nomine dedit, neque nupsit. Cessare condictio prima farie videtur quoniam iure gentium incestum committitur; atquin magis in ea specie *nulla causa dotis dandae fuit*. Condictio igitur competit.

sich dieß nun aber, und es kommt, wegen der bei aller dotis constitutio sich von selbst verstehenden Bedingung, si nuptiae fuerint secutae, die hier nun eben cessirte, zur Zurückforderung, so kann auf keinen Fall die Actio de dote angestellt werden. Sollte im vorliegenden Fall erweislich das Eigenthum nicht gleich durch die Tradition übergehn, so steht der Frau die rei vindicatio, sonst aber, und natürlich immer auch wenn der Mann die Sachen schon consumirt hatte, eine Condictio (ob causam datorum, causa non secuta) zu. Der offenbaren Billigkeit wegen aber wurde dieses Rückforderungsrecht ähnlich wie die dos garantirt: zwar nicht die Actio de dote kann gegeben werden, aber es wird das dieser beigelegte Privilegium exigendi herübergezogen, und der Condictio ebenfalls beigelegt [323]). Durch diese Condictio können dann auch alle in der Zwischenzeit gezogenen Früchte eingeklagt werden [324]).

Kam die Ehe zu Stande, und wurden Sachen

323) L. 7. §. 3. L. 8. L. 59. §. 2. D. d. I. D. L. 1. §. 2. D. pro dote. L. 10. D. de sponsal. L. 7. pr. D. d. condict. causa data. L. 74. D. d. I. D. L. 17. §. 1. L. 18. L. 19. pr. D. de reb. auct. iud.

324) L. 38. §. 1. D. d. usuris.

während derſelben ins Eigenthum des Mannes übertragen, aber indem ſie nicht als Beitrag zu den Koſten der Ehe eigentlich und fortwährend beſtimmt waren, ſo war dieß nicht Dos, und es konnte alſo auch die Gewehr des Geſetzes nicht eintreten [325]). Davon das Nähere unten.

§. 71

Endlich es war nicht genug, damit Dos ſey, daß überhaupt eine Ehe vorhanden war, ſondern da die Garantie der Dos dem eigentlich römiſchen Recht angehörte, iuris civilis war, ſo muſte auch die Ehe eine Civilehe ſeyn. Es iſt natürlich, daß auch bei Matrimonium iuris gentium eine Dos in nicht juriſtiſchem Verſtande vorkommen muſte, und ſo verhielt ſich im Weſentlichen hier die Sache fortwährend, wie anfänglich auch bei freier Ehe, man muſte ſich privatim die Dos gewehren durch die Stipulationen, welche nach Ius gentium [326]) möglich waren; ächte Dos war niemals möglich. Dieß geht ganz klar hervor aus der Art, wie die Sache behandelt wird, wenn die Civilehe durch Deportatio in ein Matri-

325) L. 9. §. 3, D. de I. D. 326) Gaius III. 93.

monium iuris gentium übergeht, wovon im Allgemeinen schon oben (§. 56) die Rede war. Es läßt sich vermuthen, daß die Juristen sich nicht immer ganz einig darüber waren, was hier aus der Dos werden sollte, welche während der Dauer der freien Civilehe gewesen war. Aber in den beiden Gesetzstellen, die davon handeln: L. 5. §. 1. D. de bonis damnator. [327]) und L. 1. C. de repudiis [328]) wird nach der Meinung des Marcellus entschieden, der sich wohl ganz richtig und zweckmäßig die Sache so dachte: die Ehe bleibt, wenn Beide wollen, aber die

327) Ulpian. lib. 33 ad Edict. Quodsi deportata sit filiafamilias, Marcellus ait, quae sententia vera est, *non utique* deportatione dissolvi matrimonium, nam cum libera mulier remaneat, nihil prohibet, et virum mariti affectionem, et mulierem uxoris animum retinere. Si igitur eo animo mulier fuerit, ut discedere a marito velit, ait Marcellus, *tunc* patrem *de dote acturum*, sed si materfamilias sit, et interim constante matrimonio fuerit deportata, dotem penes maritum remanere, postea vero dissoluto matrimonio, posse eam agere, *quasi humanitatis intuitu hodie nata actione*.

328) Alexander A. Abutinianae. Matrimonium quidem deportatione vel aquae et igni interdictione non solvitur, si casus, in quem maritus incidit, non mutet uxoris adfectionem. Ideoque *dotis exactio ipso iure non competit*, sed *indotatam eam esse*, cuius laudandum propositum est, nec ratio aequitatis, nec exempla permittunt.

Dos kann nicht bleiben; da nun aber bei fortgesetzter Ehe ihr Inhalt in dem Vermögen des Mannes bleibt und bleiben muß, also auch wegen eines ganz neuen Rechtsverhältnisses zurückbehalten wird, so könnte nun nach der Strenge auch niemals eine Actio de dote entstehen, denn wird die Ehe in der Folge aufgehoben, so ist es nicht mehr die, zu welcher die Dos als solche gehörte. Da nun aber auf diese Weise die anfängliche Dos gar nicht der Frau vom Gesetz gewehrt seyn würde (sie würde indotata seyn, sagt L. 1.), ihr aber nicht zugerechnet werden kann, daß sie sich nicht, wie bei einer ursprünglichen Ehe des ius gentium, durch Cautionen vorgesehen, indem sie auf den Schutz des Gesetzes hatte rechnen dürfen, so kann man der Strenge nicht nachgehen, sondern es muß, wenn die Ehe später getrennt wird, in dieser Beziehung so angesehen werden, als sey sie bis diesen Augenblick eine Civilehe gewesen, und die Actio de dote erst in diesem Augenblick entstanden. Ward vor getrennter Ehe dem Deportirten die Civität restituirt, so versteht sich von selbst, daß auch wieder Civilehe entstand, und Dos wieder Dos wurde.

Die Ansicht nun, daß ehmals auch bei freier

Civilehe der Beitrag der Frau zu den Kosten der Ehe, nicht garantirt war, kann hierdurch nur an Wahrscheinlichkeit gewinnen, zugleich ist aber dadurch erwiesen, daß in dieser Garantie allein der Charakter der Dos zu suchen ist.

Drittes Capitel.

Von der Art wie die Vermögensvermehrung hier geschehen kann.

---

§. 72.

Die Art ist gleichgültig. Jede ist hinreichend, wodurch man ein Recht aus einem Vermögen in das andre überträgt, ja wenn man einen Anspruch aufgibt, und so das Vermögen des Andern erweitert, indem er nun ein Recht mehr oder eine Schuld weniger hat, so ist das zureichend. Also:

I. das Gewöhnlichste ist das, wovon wir schon geredet haben, Sachen d. h. Körper sollen dotal werden. Wie dieß zu verstehen sey, und wie es sich denn verhalte, wenn kein Eigenthum in der Person des Uebertragenden vorhanden war, ist schon entwickelt worden. Die Idee ist immer, Eigenthum soll übergehn, unmittelbar durch Tradition, oder bei res mancipi durch Mancipation und Cession, oder mittelbar durch Ersitzung. Ueber diese letztere noch unten.

II. Es kann aber auch durch Uebertragung andrer dinglicher Rechte geschehen. Genannt findet sich, so viel ich habe bemerken können, kein andrer Fall als der des Ususfructus, aber nur weil andre dingliche Rechte als Gegenstand einer Dos in der Erfahrung nicht so häufig vorkamen, oder dabei nichts Besondres zu bemerken war [329]). Vom Ususfructus handeln die römischen Juristen nur in zwei Beziehungen:

329) Warum sollte nicht auch ein praedium vectigale oder superficiarium (vergl. L. 10. D. famil. hercisc.) in dotem haben gegeben werden können, aber hier hatte die Restitution gar keine Schwierigkeit. Vollends muste das mit Provincialgrundstücken oft geschehen, aber das war so gut wie in bonis, und von einem fundus in dotem datus im Wesentlichen nicht unterschieden; wegen des Veräußerungsverbots der Lex Iulia in dieser Hinsicht unten.

a) um den Fall, da der Usus fructus selbst, das Ius ususfructus, d. h. diese Servitut in dotem gegeben wurde, von dem ganz verschiedenen Fall zu sondern, da die Früchte als neu entstehende fungible Sachen zum voraus in dotem gegeben werden, oder so, daß die dafür gelöste Aestimatio in dote seyn soll. In diesem letzten Fall ist die fruchttragende Sache gar nicht in dote, aber auch nicht der Ususfructus daran, sondern eine Dos entsteht nicht eher, bis die Früchte percipirt oder das Pretium gelöst ist. Im Zweifel wird aber angenommen, daß die Servitut in dote sey [330];

330) L. 7. §. 2. D. d. iure dot. (Ulpian.) Si *ususfructus* in dotem datus sit, videamus, utrum fructus reddendi sunt, nec ne? Et Celsus lib. 10 Dig. ait, interesse quid acti sit; et nisi appareat aliud actum, putare se, *ius ipsum* in dote esse, non etiam fructus, qui percipiuntur.

L. 4. D. de pact. dotal. (Ulpian.) Quodsi convenisset, — —, ut in dote essent fructus, quosquos percepisset, et fundus vel ususfructus in hoc traditus esset, non ut fundus vel fructus fieret dotalis, sed ut *fructus* perciperet *dotis futuros*, *cogendum de dote actione fructus reddere*. Erunt igitur in dote fructus, et fruetur iste usuris, quae ex fructibus collectis et in sortem redactis percipi possunt.

b) um die Schwierigkeiten zu heben, welche im Fall der Restitution des Ususfructus durch die eigenthümliche personale Natur dieser Servitut entstehen [331]. Das Ausführliche hierüber gehört noch nicht hieher, wir wollen nur so viel vorausnehmen, die Fälle, die hier aufgerechnet werden, sind nur diese:

1) da die Frau dem Manne einen Ususfructus, den sie an seinem Fundus hatte, dotis causa zurückcedirt, (si cum haberet mulier fructum, viro, cuius erat proprietas fundi, usumfructum cessit«);

2) wenn sie ihm einen Ususfructus an ihrem Grundstück constituirt («quodsi fundi sui fructum mulier viro cessit«); endlich

3) wenn ein Dritter dem Manne nomine uxoris d. h. dotis causa einen Ususfructus an dem ihm eignen Grundstück bestellt, («si ususfructus fundi, cuius proprietatem mulier non habebat, dotis

331) L. 66. D d. I. D. L. 57. D. S. M. L. 78. §. 2. D. d. I. D.

nomine mihi (marito) a domino proprietatis detur« — « si aliquis fundi sui usumfructum mulieris iussu viro eius dederit in dotem «).

Leicht können hier nun Fälle vorkommen, wo die Restitution des Ususfructus selbst juristisch nicht möglich ist, und da wird denn eine faktische Restitution durch Ueberlassung der Vortheile, unterstützt von mancherlei Rechtsgeschäften, die, indem sie ebenwohl inter extraneos vorkommen können, hier nur noch auch durch die Actio de dote erzwungen werden können, vorgeschlagen: man solle, durch eine auf das frui pati gerichtete Stipulation helfen [332]), oder dadurch, daß der Mann den Ususfructus vermiethe an die Frau, oder vielmehr da dieß nicht bloß formell (dicis causa — nummo uno) geschehen durfte, da es sonst nur Precarium war [333]), durch einen Scheinkauf [334]), was denn aber materiell nicht mehr wirken sollte, wie eben jene Miethe. Dessen unge-

332) Restitui potest vel cautionibus interpositis, ut sicut potest vir iure suo cedat, fruique eam patiatur. L. 57. med. cit.

333) L. 46. D. locati L. 10. §. 2. D. de A. v. A. P.

334) Vel vendat nummo uno. L. 66. d. I. D. cit.

achtet wird hier nun nirgends erwähnt, daß auch umgekehrt zu Anfang die Bestellung einer solchen Dos dadurch geschehen könne, daß man, statt dem Manne ein Ius ususfructus zu cediren, was ohne Zweifel in iure geschehen muste [335]), ihm den Ususfructus oder vielmehr die Sache selbst nur faktisch hingab, wenn auch unter dem Schutz jener gemeinen Rechtsgeschäfte; und doch hätte dieß, wenn es nur überhaupt eine Actio de dote hätte erzeugen können, wie es diese umgekehrt zuweilen erzeugte, viel Bequemlichkeit gewährt, namentlich wäre die Verlegenheit, von der in L. 78. §. 2. die Rede ist, daß der Mann sich die Restitution durch non usus unmöglich machen könne, ganz umgangen worden. Dadurch zeigt sich denn aber wieder deutlich, daß ein zunächst faktisches Ueberlassen der Früchte und des Gebrauchs vom Eingebrachten der Frau, ohne ein wirkliches Uebertragen aus einem Vermögen in das andre, schlechthin nicht zureichte, ein Dotalrecht hervorzubringen.

III. Die Vermögensvermehrung kann schon darin bestehen, daß man ein dingliches Recht, was man

335) Gaius II. 30.

selbst an der Sache des Andern hat, aufgibt. Das interessanteste Beispiel ist hier wieder der Ususfructus: die Frau hat einen Ususfructus an dem Fundus des Mannes, sie cedirt ihm denselben zurück [336]). Hier bekommt freilich nicht der Mann das Ius ususfructus, welches die Frau bis dahin hatte, der Form nach, wohl aber dem Stoff und dem Werth nach, indem die Proprietas, zu welcher der Ususfructus zurückkehrt, dadurch soviel an Werth gewinnt [337]).

IV. Eine Forderung kann dazu angewandt werden: obligatio dotis nomine constituta, nomen in dotem datum: es wird das Vermögen durch eine Forderung vermehrt. Da Obligationes nach röm. Recht auf keine Weise eigentlich übertragen werden können [338]), hier aber der Consequenz nach die Forderung Theil des zu vermehrenden Vermögens werden muß, so ist hier genau genommen nur Obligatio noviter

336) «Si, cum haberet mulier fructum, viro, cuius erat proprietas fundi, usumfructum cessit scil. in iure», oben b. 1.

337) Vergl. L. 78. §. 3. D. solut. matrim.

338) Gaius II. 38.

constituta zu denken. Wollte daher z. B. die Frau ihren Debitor delegiren, so muste eine Novatio geschehen, durch Expromissio oder Dictio [339]) dieses Debitor, nur durch Litis contestatio konnte man unter Umständen dasselbe bewirken [340]); daher handeln fast alle Stellen, welche von einer in dotem gegebenen Obligatio reden, zugleich von einer Novatio: an die Stelle der alten tritt eine Obligatio gleiches Inhalts durch Stipulation des Mannes [341]). Wie aber im Verlauf der Praxis für verpfändete und verkaufte Forderungen eine Actio utilis eingeführt wurde, so ward es nun eher möglich, ein Nomen simpelhin, ohne Novatio, und auch ohne Litis contestatio, in dotem zu geben, indem man vor Zeugen dieß bloß erklärte, oder den Schuldschein in diesem Sinn tradirte, obgleich die actio utilis sich im Wesentlichen von einer mandata actio nicht unterschied: die actio utilis war nun in dotem gegeben. Jedoch auch abgesehen hiervon, bei

339) S. unt. unter Form der Bestellung. §. 84.

340) Gaius III. 180.

341) L. 78. §. 5. L. 80. L. 83. D. d. I. D. L. 56. pr. L. 36 init. eod.

mandata actio (Cession) konnte man sagen, wenn er auch die Forderung nicht in eigenem Namen hat, so behält er doch das Geld, durch den Verzicht auf die sonst sofort nach der Einhebung anzustellende Actio mandati ist eine Dos constituirt. Der Bequemlichkeit wegen ließ man dieß gelten [342].

V. Kann es seyn Verzicht auf eine Forderung gegen den, der die Dos empfangen soll: Liberatio dotis causa facta. Hier wird Obligatio sublata, wie im vorigen Fall Obligatio constituta in dotem gegeben. Die Schuld vermindert das Vermögen, weggenommen vermehrt sie es [343]. Ordentlicher Weise muß dieß nun so geschehen, daß die Obligatio wirklich zerstört wird, also z. B. bei Verbalobligation durch Acceptilatio [344]. Auch ein Dritter

342) Vergl. L. 49. D. S. M. mit L. 2. C. de obligat. und L. 7. C. de heredid. vendit.

343) « Species adquirendi est, liberare dominum obligatione » L. 11 pr. D. d. acceptil. « Si quis obligatione liberatus it, potest videri cepisse ». L. 115 pr. D. de R. I. — Liberatio obligationis potius quam res ipsa ad maritum pervenisse videtur. L. 58. §. 1. D. d. I. D.

344) L. 43 pr. L. 41. §. 2. D. d. I. D.

kann so eine Dos constituiren [345]). Man ließ aber auch hier eine indirekte Befreiung durch pactum liberatorium zu, da denn die Exceptio doli oder pacti das Vermögen vermehrte [346]). Endlich

VI. kann man eine Dos auch schon dadurch hervorbringen, daß man den bloß möglich gewordenen Erwerb eines Rechts, ein nur deferirtes Recht dergestalt aufgibt, daß dem andern dadurch derselbe Erwerb möglich wird.

L. 14. §. 3. D. de fundo dotali (Paulus). Si fundum legatum tibi dotis causa mulier repudiaverit, vel etiam substituto viro omiserit hereditatem vel legatum, erit fundus dotalis.

Es ist also nicht strenge nöthig, daß aus dem einen Vermögen etwas eigentlich herausgenommen wurde, um es in das andere hineinzulegen; es ist hinreichend, wenn nur in jenes nicht hineinkam, was hineingekommen wäre, wenn nicht dieses dadurch hätte vermehrt werden sollen. Ja auch für das letz-

345) L. 43. §. 1. eod. S. unt. unter Form der Bestellung.

346) L. 12. §. 2. eodem.

tere muß es hinreichend seyn, wenn seinem Eigenthümer nur die Möglichkeit eröffnet wurde, zu gewinnen, wenn er auch absichtlich oder aus Nachlässigkeit es unterließ. Beim Legat läßt sich noch sagen: post aditam hereditatem, indem es ausgeschlagen wird, wird die Forderung gegen den Maritus heres aufgegeben, beim Legatum vindicationis sogar, es wird der Erwerb des Eigenthums rückgängig gemacht; ante aditam hereditatem, es wird der a die mortis transmissible Anspruch aufgegeben. Bei der Hereditas omissa, z. B. die Frau war Testamentserbin, der Mann Intestaterbe oder Substitut, wird nicht einmal ein transmissibles Recht aufgegeben, und läßt nun z. B. der substituirte Mann den Termin der Cretio ungenutzt verlaufen, so muß de dote gegen ihn geklagt werden können. Versteht sich, daß hier immer ein eigener Akt der Erklärung, man wolle dotis nomine dem andern den Erwerb überlassen, und der Acceptation auf Seiten des andern erforderlich ist, sodann aber auch noch, daß die Erbschaft zahlen kann, und noch etwas übrig bleibt, was in dote seyn kann, indem dadurch endlich das Vermögen des Mannes vermehrt wird.

Viertes Capitel.

Von der Form der Bestellung einer Dos.

---

§. 73.

Die allgemeine Form ist, wie schon das Vorige zeigt, irgend ein positiver Akt, wodurch das Vermögen dessen, der die Dos haben soll, vermehrt wird. Ulpian (Fragm. VI. 1.) löst diese allgemeine Form in drei Hauptarten auf: «Dos aut datur, aut dicitur, aut promittitur». Die Dictio und Promissio dotis ist für sich betrachtet im Ganzen längstens schon richtig bestimmt worden. Die hauptsächlichsten Irrthümer, nach meiner Ansicht, rühren hier davon her, daß man sich die Datio dotis nicht genau dachte, vermuthlich weil man diese für etwas so ganz Natürliches ansah, was sich von selbst begreife. Allein die Datio ist in jener Distinction des Ulpian ein technischer Begriff. Wäre es nämlich eins zu sagen, dos datur und dos numeratur s. solvitur, so würde Ulpian entweder gar nichts Juristisches aufstellen, sondern eine bloß das Faktische betreffende Bemerkung machen, (die Dos wird entweder gleich gezahlt oder sie wird erst versprochen durch Dictio oder Stipulatio), was bei der sonst so prägnanten Darstellung im sechsten Titel der Fragmente und überhaupt in dieser Schrift von Ulpian, noch dazu an der Spitze der ganzen Abhandlung, schon voraus sehr unwahrscheinlich ist; oder aber er würde logisch gefehlt haben, denn die Numeratio kommt ja ebenwohl bei dicirter oder promittirter Dos vor. Dieselbe Unterscheidung finden wir aber auch in L. 3. C. Theod. de incestis nuptiis:

— « dos, si qua forte *solemniter* aut data, aut dicta, aut promissa fuerit « —

und hier wird, wie unten (§. 86.) näher gezeigt werden soll, offenbar alles Gewicht darauf gelegt, daß auf eine der drei Arten die Dos schon constituirt worden sey, und eben so wird in Ulpians Fragmenten XI. 20. durch den Ausdruck: « ad dotem dandam, dicendam, promittendamve « die durch den Vormund auszurichtende Bestellung der Dos in drei formelle Bestandtheile aufgelöst, und es soll nicht bloß zwischen Versprechen und Erfüllung unterschieden werden. In der That sind aber auch Datio dotis und Numeratio seu Solutio dotis juristisch sehr verschieden, wenn die Worte auch zuweilen in einem Zusammenhang, wo es weniger auf einen technischen Ausdruck ankommt, verwechselt werden [347]. Wenn die Frau dem Manne ihre Forderung an einen Dritten, wie oben (Nro. 4) vorgekommen, bloß cedirte aber dotis causa, so ist das weder dos dicta noch dos promissa, es ist aber dos data, es ist Datio nominis in dotem.

347) Um hier gleich ein Beispiel anzuführen: wenn in L. 1. C. de iure dot. von der Eviction solcher Sachen die Rede ist, die der Mann in dote hatte, so ist es ganz natürlich von einer Dos zu reden, die aut intercedente pollicitatione (dictione) vel promissione, aut non intercedente data est, da werden denn aber dos data und dos dicta s. promissa gar nicht auseinander gestellt. — Man achte nur darauf: auch der Begriff dos constituta wird zuweilen weniger streng und dann auch wieder ganz juristisch genommen. In L. 43 D. eod. ist von einer dos per acceptilationem constituta, auf die bald eine Ehe folgt und bald keine folgt, die Rede, es würde eitler Zwang seyn, wenn man sich diese Art zu reden versagen wollte, wenn gleich aus derselben Stelle deutlich erhellt, daß bei ausbleibender Ehe gar keine Dos constituirt war, wie allgemein, so auch hier nicht. Namentlich geht dieß daraus hervor, daß wenn der Dritte schenken wollte, die Frau, wenn die Ehe geschlossen oder getrennt wurde, die exactio dotis erhält, wenn sie aber gar nicht geschlossen wurde, die Condictio (ob causam datorum), indem nun fingirt wird, der Mann sey Schuldner der Frau gewesen, und sie habe ihm selbst acceptoferirt, caeterum mulieri per liberam personam condictio adquiri non potest. Vgl. L. 36 eod unt. §. 78.

L. 2. C. de O. et A. *Nominibus in dotem datis*, quamvis nec delegatio praecesserit nec litiscontestatio subsecuta sit, utilem tamen. — — —

Und doch ist hier am allerwenigsten eine Numeratio oder Solutio geschehen. Wenn dotis causa eine Acceptilation geschah, so ist das wiederum weder Dos promissa noch dicta, aber es ist dos data, nämlich, wie oben (Nro. V.) gezeigt worden, es ist Liberatio in dotem gegeben [348]), und doch ist keine eigentliche Zahlung geschehen [349]). Am allerwenigsten

348) Wenn auch der Ausdruck Acceptilatio s. liberatio in dotem data in den wenigen Stellen nicht vorkommt, so liegt daran nichts, da es hier nur auf den Begriff ankommt, und diesemnach gehört dos per acceptilationem constituta zur dos data, da sie weder dos dicta noch dos permissa ist.

349) Daß hier keineswegs ein Hin- und Herzahlen, eine doppelte Traditio brevi manu facta angenommen wurde, ist aus L. 58. §. 1. und L. 43. §. 1. D. d. I. D. leicht zu ersehen. In der letzten Stelle geht das brevi manu acceptum a muliere darauf, daß bei der Schenkung des Dritten es so angesehen wird, als habe der Dritte erst die Forderung auf die Frau übertragen, und dann diese den Mann liberirt. Nur wenn bei der Acceptilatio einer Species debita der Mann diese Sache hatte, so wird es so angesehn, als sey das Eigenthum derselben ihm damals in dotem übertragen worden, was denn die nahe Verwandtschaft einer res in dotem data mit einer Acceptilatio dotis nomine facta grade beweist.

geschieht eine Zahlung, wenn (Nro. VI.) eine Hereditas oder ein Legatum aufgegeben wurde. Der Unterschied muß also in etwas Anderem liegen. Auch darin kann er nicht liegen, daß der Mann auf der Stelle befriedigt wird, und also nun auf jeden Fall die Dos, so wie er sie haben sollte, auch wieder schuldig wird (« actio de dote omnimodo competitura est »), denn wenn dieß gleich bei res in dotem data eintritt, so ist es doch schon öftrer bei Acceptilation nicht so, z. B. nicht, wenn das Debitum eine Conditio oder einen Dies hat [350], am allerwenigsten ist es aber bei Nomen in dotem datum der Fall, bei diesem kommt es vielmehr noch darauf an, ob der Schuldner zur Zeit der Bestellung, oder wenn es eine bedingte Forderung war, zur Zeit der erfüllten Bedingung solvent war [351]). Bei aufgegebenen Beerbungsvortheilen endlich kommt es noch, wie schon (§. 72) erwähnt worden, auf den reinen Gehalt der Erbschaft an.

Wir werden in der Folge (§. 84. a.) sehen, daß auch umgekehrt eine Dos dicta, und wenigstens

350) L. 43 in f. D. d. I. D. L. 49. pr. D. solut. matrimon.
351) L. 41. §. 3. D. d. I. D. S. unt.

nach dem Ausdruck, den Tribonian gewählt hat, auch eine Dos promissa vorkommen kann, welche augenblicklich volle Befriedigung gewährt.

§. 74.

Es sind hier also drei verschiedene Formen der Constitutio dotis gemeint, und dos data ist immer vorhanden, wenn eine Dos ohne Dictio oder Promissio bestellt worden ist. Daß ungeachtet dieses negativen Begriffs die Datio zuerst genannt wird, ist zufällig oder mag auch immer daher rühren, weil sie in ihrer Hauptspecies, der res oder pecunia in dotem data, die augenblicklich vollständigste Wirkung hatte, obgleich ihr dieß nicht wesentlich war [352]. Daß dieß aber drei unterschiedliche Species der Dos constituta, und nur nicht der Dos numerata waren, läßt sich auf alle Weise darthun.

I. Das innere Merkmal aller Constitutio dotis war, wenn das Vermögen dessen, der die

352) Es findet sich ja auch bei zweigliedrigen Eintheilungen, daß der negative Begriff voran steht, z. B. wenn in §. 1. I. de act. alle Klagen in actiones in rem und actiones in personam eingetheilt werden, da doch der wahre Begriff der actio in rem der ist, wenn die Klage keine ursprüngliche Obligatio voraussetzt, also keine Actio in personam ist.

Kosten der Ehe trägt, um einen Beitrag zu diesem zu liefern, vermehrt worden ist. Dieses trifft nun zu bei jeder Datio dotis, mag Res, mag Ususfructus, mag Obligatio in dotem gegeben seyn; es trifft aber auch ein bei jeder Dos dicta oder promissa, denn immer ist hier durch Dictio oder Promissio das Vermögen dessen, der die Dos empfangen soll, um eine Forderung vermehrt, versteht sich, wenn ihm dicirt oder promittirt worden ist, denn ist dieß der Frau oder ihrem Vater geschehen, so ist die Dictio gar nichts, und die Promissio hat einen ganz andern Sinn; ließ die Frau dann denjenigen, der ihr versprochen hatte, eine Dos zu bestellen, dem Manne expromittiren, so geschah erst in diesem Augenblick die Constitutio dotis, indem nun erst dem Vermögen desselben eine Forderung zuwuchs. Also ist hier immer zu denken, daß die Dictio oder Promissio dem geschah, der die Lasten der Ehe tragen soll. Dem innern Wesen nach ist dieß also von dem Fall gar nicht unterschieden, da ein Nomen in dotem datum erat, und abgesehen von Form laufen hier die Grenzen von Dos data und Dos promissa oder dicta in einander. Auch wenn ein Schuldner der Frau, der es ex mutuo ist, auf ihr Geheiß dem Mann dicirt oder promittirt, ist ein Nomen in dotem gegeben, und doch ist es Dos dicta aut promissa, der Schuldner der Frau wird ja gerade unter den Personen aufgerechnet, die so eine Dos diciren können [353]). Ein materieller Unterschied kann hier also gar nicht seyn. Daher hat denn auch Dos dicta oder promissa es mit jeglicher Dos data, mag nun Sache oder Forderung, oder was sonst gegeben seyn, gemein, daß dabei, wenn die Ehe nicht schon vorhanden ist, die Bedingung «si nuptiae fuerint secutae« sich von selbst versteht. Von Res in dotem datae ist dieß schon oben erwiesen worden, es gilt aber von jeglicher Constitutio dotis [354]).

II. Eben so das entscheidende äußere Merkmal der Constitutio dotis, daß die besondre Ge-

353) Ulpian. VI. 2.

354) L. 43. D. d. I. D. L. 36. 68 80 83. eod. L. 21. eod. L. 4. §. 2. D. d. pactis. L. 48. pr. D. d. I. D.

wehr des Gesetzes, die Actio dotis erfolgt, tritt auch bei dos dicta s. promissa so gut wie bei Dos data ein. Es kann hier nicht gemeint seyn die Klage, welche aus der Dictio oder Promissio angestellt werden kann, sondern nur die Klage, welche auf Restitution der Dos geht. Dieß scheint nun auf den ersten Blick bei einer bloß versprochenen Dos nicht möglich zu seyn; es ist aber genauer angesehn nicht bloß in Hinsicht der Obligatio, wodurch das Vermögen des Ehemanns augenblicklich vermehrt wurde, sondern sogar hinsichtlich des Gegenstandes, welcher vermöge des Versprechens definitiv in dote seyn sollte, allerdings möglich. Daß dieß nun aber eine juristische Bedeutung habe, zu zeigen, darauf kommt hier Alles an, gelingt es aber damit, so ist dadurch rückwärts die Behauptung von Neuem gerechtfertigt, daß das Wesen der Dos sich von jener gesetzlichen Gewehr nicht trennen lasse.

War nun nämlich die Dos versprochen, und die Ehe noch nicht erfolgt, so konnte allerdings noch nicht wahrhaft dos constituta seyn, für jetzt wirkte dieß nur soviel, daß pendente conditione nichts geschehen durfte, was der übernommenen Verbindlichkeit zuwider war, und blieb die Ehe aus, so war nun nie eine Dos constituirt gewesen. Erfolgte aber die Ehe, so war von diesem Augenblicke an auch Dos constituirt, abgesehen von aller Numeratio, und existirte zur Zeit der Dictio oder Promissio schon eine Ehe, so war auch schon gleich Dos constituirt, und in eventum die Actio de dote begründet. Wie nun aber das?

§. 75.

Wir wollen mit dem Vater den Anfang machen, der die Dos promittirte. Die Gesetze enthalten in dieser Beziehung namentlich zwei Fälle.

1) Die Ehe war geschlossen, aber durch Divortium schon wieder aufgehoben worden, der Vater, der dieß nicht weiß, zahlt die promittirte Dos. War hier durch die Promissio nicht schon eine Dos constituirt, so konnte unmöglich die Actio de dote auf Rückgabe angestellt werden, denn die Numeratio konnte keine Dos hervorbringen, da sie zu einer Zeit geschah, wo keine Ehe mehr existirte, also alle Constitutio

dotis unmöglich geworden war [355]), es hätte also die Condictio indebiti gegeben werden müssen. Wie entscheidet nun Papinian in L. 41. D. solut. matr. diesen Fall?

« Si pater ignorans filiam divortisse, dotem ex causa promissionis numeravit, non per indebiti condictionem, sed *de dote actione* pecunia petetur. «

2) Der Vater stirbt, wie die Ehe schon geschieden ist, aber ehe er die promittirte Dos auszahlte, und hat andere Erben, nicht die Tochter, der die Dos zukommen sollte, oder diese doch nur theilweise eingesetzt. Der Vater hatte sich gleich ausbedungen, daß bei seinen Lebzeiten die Dos nicht sollte gefordert werden können, so daß

355) Grundfalsch würde die Vorstellung seyn, daß eine Dos nicht constituirt zu seyn brauche, um die Actio de dote anzustellen, wenn es nur an dem Mann lag, daß die Bestellung unterblieb; daraus würde folgen, daß wenn der Vater oder ein Dritter sich bereitwillig zeigten, dem Mann eine Dos zu versprechen, oder sie ihm auch gleich herauszugeben, und dieser sie ausschlug, die Frau ihn deshalb mit der Dotalklage belangen könne. Nein, wie auch immer, Bestellung ist nöthig, damit der Mann de dote hafte, nur Datio ist nicht erforderlich, und wo Bestellung ist, da ist auch immer Actio de dote, sobald irgend eine Restitution Bedürfniß wird.

also auf keinen Fall dem Manne etwas zu imputiren war, daß er sie nicht früher gefordert hatte, auf durch verspätete Zahlung verlorne Fructus konnte er hiernach aber auch keinen Anspruch machen. Die Scheidung war durch des Mannes Schuld geschehen, mithin hatte er für seine Person keinen Anspruch darauf, auch nur einen Theil der Dos zu behalten. Wollte er also für sich die bloß versprochene Dos einklagen, so fehlte es ihm an aller Causa. Es fragt sich, kann er es für die Frau, d. h. um der Frau zu restituiren? Diese Frage hängt wieder davon ab, ob er ihr schon zu einer Restitutio obligirt ist, das Können hängt hier vom Müssen ab; die Frau kann keine Forderung haben gegen die Erben ihres Vaters, der Mann hat es nur, wenn er ihr zur Restitution verpflichtet ist, dieß kann aber nur seyn, wenn schon durch das bloße Versprechen eine Dos und eine Actio de dote für die Frau constituirt war. Paulus in L. 44. §. 1. D. solut. matr. entscheidet diesen Fall so:

« *Cum filia*, aliis a patre heredibus

institutis, *actionem de dote sua recuperanda habere coeperit*, necesse habebit maritus aut exactam dotem aut actiones ei praestare, nec ullam exceptionem habebunt soceri heredes adversus eum. — — Sed etsi ex parte filia heres patri suo extiterit, debebit maritus coheredes eius pro parte virili exigere et mulieri reddere, aut actiones ei praestare.

Dazu konnte er immer durch die Actio de dote gezwungen werden. Daß es hier mit der dicirten Dos keine andere Bewandniß haben konnte, als mit der promittirten, leuchtet von selbst ein. Hier war nun aber freilich zunächst die Actio de dote auf die Forderung gerichtet, die dem Manne ertheilt war; war indeß der Fall etwas anders geartet, hatte der Mann eine Mora in accipiendo begangen, hatte er accepto-liberirt, hatte er sich irgend etwas hinsichtlich der Einforderung der Dos zu Schulden kommen lassen, so hat die Frau jene Klage auch ohne Zweifel gradezu auf Zahlung der durch Versprechen constituirten Dos gegen den Mann, obgleich nie eine Numeratio geschehen war [356]. Damit hängt denn

356) L. 33. 49. D. d. I. D.

auch als natürliche Folge zusammen, daß auch eine Dos promissa bei der väterlichen Erbschaft (durch liberatio pro parte) conferirt werden muß, da die Tochter wirklich dadurch schon dotata ist. Nur wenn die Promission unter einer Bedingung geschah, wird sie erst wenn diese eingetreten, als entschieden dotirt angesehen, daher sie hier erst vorläufig durch Caution conferirt [357]). Enthält sie sich der Erbschaft, so fällt die Collation weg, und die Dos kann gefordert werden [358]).

§. 76.

Gleicher Weise wenn irgend ein Dritter die Dos versprach, in der Absicht, der Frau die Dos schlechthin zu schenken, oder indem er als ihr Debitor handelte, so wird allemal Dos constituirt durch die dem Manne zugewachsene Obligatio, und der Frau wird die Dotis actio ertheilt auf den Fall, daß der Mann absichtlich oder aus Versehen, diese Forderung nicht realisirte, da er es konnte. Hatte er es noch nicht können, wie die Scheidung schon erfolgte, so

357) L. 1. §. 1. in f. §. 7. 8. D. d. collat. dot.

358) L. ult. D. d. collat. dot.

kann nun freilich nicht auf den Gegenstand der Obligatio, aber doch ohne Zweifel auf Cession der Klage gedrungen werden, und zwar eben durch die Actio de dote [359]).

§. 77.

Endlich wenn nun die Frau selbst die Dos dicirte oder promittirte, wie kann sie hier nun jemals die Actio de dote gewinnen, ohne daß sie auch wirklich zahlt? Allerdings daß sie auf den Gegenstand, der definitiv in dote seyn soll, klagen könne, ist ganz unmöglich (L. 33. cit.). Allein sie erhält die Klage, nach geschiedener Ehe, gegen den Mann auf Acceptilation: es ist hier nicht die Condictio sine causa, — wie bei vor der Ehe geschehener Promissio, wenn diese nicht erfolgt, — welche sie auf Liberatio anzustellen hat, sondern wiederum die Actio de dote [360]).

359) L. 33. 49. d. I. D. citat.

360) Vergl. L. 3. D. de condict. sine caus. mit L. 81. D. pro socio, von welcher letztern Stelle unten noch näher die Rede seyn wird.

§. 78.

Es beruht also auf einem bloßen Mißverständniß, wenn Cujaz [361]) und viele nach ihm, es als einen Rechtssatz aufstellen oder stillschweigends gelten lassen: «in iure semper constituitur dos traditione, non verbis«, oder wie er dieß kurz vorher ausdrückt, um alle Constitutio dotis durch Dictio oder Stipulatio auszuschließen: «Dos non verbis, sed re constituitur«. Um diesen Satz zu retten, muß er den Text der L. 5. D. solut. matrim. ändern, um ihn aber zu beweisen, beruft er sich seltsam genug auf die schon angeführte L. 81. D. pro socio, welche gleich im Anfang das Gegentheil ausweist. Man pflegt sich aber auch noch deshalb auf L. 1. C. de dote cauta non numerata zu berufen. Wir wollen diese drei Gesetzstellen nach einander beurtheilen, wenn wir vorher eine vierte, welche buchstäblich beweist, daß eine Dos ohne Traditio, bloß und allein verbis constituirt werden könne, nebst einigen andern damit in Verbindung stehenden, angeführt haben. Es ist

361) Comment. in Lib. XI. Quaest. Papin. ad L. 7. D. sol. matr.

L. 36. *D. de I. D. Ulpian. lib.* 48. *ad Sabinum.* Debitor mulieris, iussu eius, pecuniam viro expromisit, deinde vir acceptam eam iussu mulieris fecit: res mulieri perit. Hoc quomodo accipimus? utrum dotis nomine, an et si alia ex causa? Et videtur de eo debitore dictum, qui dotis nomine promisit. Illud adhuc subest, utrum ante nuptias, an post nuptias id factum sit, multum enim interesse videtur. nam si secutis nuptiis id factum est, *dote iam constituta* maritus accepto ferendo *perdit dotem;* si autem antequam nuptiae sequerentur, *nihil videtur doti constitutum esse.*

Wenn der Schuldner der Frau die ihr schuldige Summe dem Manne vor der Ehe als Dos expromittirt, so ist das Novatio; allein die Novatio kann nicht eher wirken, bis die Ehe erfolgt ist, denn durch den Eintritt dieser ist, wie wir gesehen haben, die Expromissio dotis bedingt [362]. Geschah nun auch

362) L. 14. D. d. novat. Quotiens quod pure debetur, novandi causa sub conditione promittitur, non statim fit novatio, sed tunc demum cum conditio extiterit. S. ob. §. 74. I. in f.

schon wieder vor der Ehe eine Acceptilation, so war dadurch keine Dos, sondern nur die Hoffnung auf eine Dos aufgegeben, denn in dem Augenblick, wo die Verbalobligation eine Dos hätte werden können, wirkte auch schon die Acceptilation, und hinderte ihre Entstehung [363]). Der Mann verlor eine Dos nicht, die er nie gehabt hatte, wenn auch später die Ehe erfolgte; im Gegentheil verlor er sie wirklich, wenn die Acceptilation nach der Ehe geschah, mochte die Expromissio dem Bräutigam oder dem schon verheiratheten Manne geschehen seyn, denn hier war allemal schon dos constituta zur Zeit der Acceptilation. Diesem muß im Wesentlichen gleich stehen, wenn die Frau selbst promittirte, oder dicirte, und der Mann hierauf acceptoferirte, «quid enim interest«, sagt Ulpian in L. 8. §. 5. D. de novat., «ipsa an alius quilibet promittat«? auch hier verliert offenbar der Mann nur dann eine Dos, wenn durch die Acceptilation die mit dem Anfange der Ehe schon dotal gewordene Obligatio später wie-

363) L. 12. D. de acceptilat. Quod sub conditione debetur, acceptilatione tolli potest, sed ita id factum apparebit, si conditio stipulationis extiterit.

der aufgehoben wurde, und er verliert keine, wenn die Acceptilation vorher geschah, sondern er hat nun nur eine Ehe ohne alle Dos geschlossen.

§. 79.

Welchen Unterschied hat dieß denn aber in den rechtlichen Wirkungen? Wir wollen hier die möglichen Fälle zusammenfassen.

Geschah Promissio oder Dictio und Acceptilatio vor der beabsichtigten Ehe, und diese erfolgt nun gar nicht, so geht beiden nicht, nicht dem Mann und nicht der Frau, etwas verloren, denn Dos kann nicht seyn, und auch Novatio nicht, folglich bleibt das alte Debitum

L. 37. D. eod. Paulus lib. 12. ad Sabin. Non enim alias perit mulieri actio, quam si nuptiae secutae fuerint; nam si secutae non sunt, manet debitor mulieri obligatus.

Erfolgt nun aber die Ehe, so gab der Mann keine Dos auf, er hat nur den Nachtheil, daß er eine undotirte Frau bekommen. Geschah nun aber in diesem Fall die Acceptilation nach dem Anfang der Ehe, und der Mann ließ die Frau, welche selbst promittirte, frei, so ist das Rückgabe der Dos während der Ehe, und steht unter den allgemeinen Regeln dieser: regelmäßig ist es unerlaubte Schenkung, und nur nicht immer, wie wir unten sehen werden. Ließ er den *Debitor extraneus* fahren, und zwar von freien Stücken, so ist nun die Summe der Schuld in dote, denn es ist nun so gut als wenn er sie empfangen hätte: er verliert also allein dabei (« res marito perit »). That er es aber auf Geheiß der Frau, so ist sie ex mandato verpflichtet, ihm die durch die Acceptilation verloren gegangene schon constituirte Dos zu erstatten, und diese Obligatio ist es nun, welche er statt jener in dote hat, also wieder eine von der Frau selbst übernommene Verbindlichkeit, eine Dos zu zahlen, die schon selbst Dos ist. Hatte sie diese noch nicht erfüllt, ehe die Ehe getrennt wurde, so hat sie nun natürlich an den Mann kein Geld zu fordern, mithin verliert sie hier immer allein (« res mulieri perit »).

L. 38. *D. eod. Ulpian. lib.* 48 *ad Sabinum.* Sane videndum est, an marito mulier, quae iussit accepto ferri, obligetur? Et putem obligari mandati actione, *et hoc ipsum in dotem converti*, quod mulier mandati iudicio obligata est. Et quod dicitur, rem mulieri perire, consequens est, nam si coeperit velle de dote agere, ipsa secum debebit compensare iussum suum.

Ein solches Surrogiren einer Obligatio für die andre, welche schon eine constituta dos ausmacht, läßt sich noch auf mehrerlei Weise denken, z. B. wenn ein Debitor der Frau expromittirte, so kann wieder ein Debitor dieses Debitor expromittiren dotis nomine, die Frau kann auch selbst durch novirende Promissio an die Stelle desselben treten, oder umgekehrt, erst selbst promittiren, und dann ihren Schuldner dotis causa expromittiren lassen, da denn ein doppeltes Debitum durch die neueste Constitutio dotis novirt wird. Oder endlich Frau und Debitor oder irgend sonst ein Dritter können als Schuldner des Mannes propter dotem neben einander treten als Correi debendi, da denn beide Obligationes gesammt vorerst die Dos ausmachen, welche durch eine doppelte Promissio nunmehr constituirt ist.

L. 8. §. 5. D. de novat. Ulpian. lib. 46 ad Sabin.

Si ab alio promissam sibi dotem maritus ab uxore dotis nomine stipulatus sit, non duplari dotem, sed fieri novationem placet, si hoc actum est; quid enim interest, ipsa an alius quilibet promittat? quod enim ego debeo, si alius promittat, liberare me potest, si novationis causa fiet. Si autem non novandi animo hoc intervenit, uterque quidem tenetur, sed altero solvente alter liberatur.

Es ist kein Widerspruch, daß eine Dos nur noch promittirt und doch schon constituirt seyn könne, der gemeine, mehr auf das Faktische zielende Begrif der Dos ist zwar: das was dem Manne unmittelbar hingegeben ist, um es zu ehelichen Zwecken zu gebrauchen; der juristische ist dagegen die Vermögensvermehrung an und für sich, wenn sie auch erst jene Anwendung vermitteln soll, denn dieses gilt ja von jeder in dotem gegebenen Forderung, wenn sie nicht als eisernes Capital behandelt werden soll, was im römischen Dotalrecht unerhört ist [364]).

364) Ein Beweis liegt auch noch darin, daß gleichwie bei dos data, wenn die Ehe geschieden aber wieder erneut wird, wenn nur keine Ehe mit einem Dritten dazwischen liegt, die durch Promissio geschehene Constitutio dotis als erneut angesehen wird. L. 68 in f. D. de I. D., unten §. 136.

§. 80.

Wir wollen jetzt die hauptsächlich dagegen angeführten Gesetze beurtheilen.

1) *L.* 81. *D. pro socio Papinian. Lib.* 9. *Quaest.*

> Si socius pro filia dotem promisit, et prius quam solveret, herede ea relicta decessit, quae postea [365]) cum marito *de exigenda dote egit*, accepto liberata est; quaesitum est, an si pro socio ageret, dotis quantitatem praecipere deberet, si forte convenisset inter socios, *ut de communi dos constitueretur.* Dixi, pactum non esse iniquum, utique si non de alterius tantum filia convenit; nam si commune hoc pactum fuit, non interesse, quod alter solus filiam habuit. Caeterum si numeratam dotem pater, defuncta in matrimonio filia, recuperasset, reddi pecuniam societati debuisse, pactum ex aequitate sic nobis interpretantibus. Quodsi salva societate divortio matrimonium so-

365) Hal. *posteaquam*

lutum foret, cum sua causa dotem recuperari, scilicet ut ea vel alii marito dari possit, nec, si prior maritus facere non posset, denuo de societate constituendam dotem, nisi nominatim ita convenisset. Verum in proposito large interesse [366]) videbatur, *dos numerata esset*, *an vero promissa.* Nam si filia *datam* dotem, posteaquam patri heres extitit, iure suo recepisset, non esse referendam pecuniam societati, quam mulier habitura fuit, etsi alius heres extitisset; quodsi accepto a marito liberata esset, nequaquam imputari posse societati, non solutam pecuniam.

In dem Fall dieses Gesetzes wird zu Anfang vorausgesetzt, daß gegen den Mann die Actio de dote angestellt worden war, und den Effekt gehabt hatte, daß der Mann der Frau, als Erbin ihres Vaters, der die Dos promittirte, aber nicht zahlte, hatte acceptoferiren müssen. Daraus geht unwidersprechlich hervor, daß ungeachtet der fehlenden Numeratio, doch schon constituta dos, wenn auch unter den vor-

366) So liest statt des offenbar unrichtigen *largiter esse* Haloander.

iegenden Umständen nur der Form nach vorhanden war, denn eben dieser Form muste die Acceptilation genügen, und auf diese ging die Dotalklage. Damit war aber auch das Dotalverhältniß geschlossen, und was weiter gefragt wird, hängt lediglich von dem Societätsverhältniß und der Auslegung des unter den Sociis geschlossenen Vertrages ab. Dieser wird nun ganz richtig so ausgelegt. Die Socii übernehmen unter einander gemeinsam das Risico [367]), wenn einer von ihnen seine Tochter auszusteuern haben sollte; dann sollte die Dos aus gemeinsamer Kasse constituirt werden. Nun war im Vorliegenden die Bestellung zwar durch die Promissio des Vaters geschehen, aber die Ehe war schon wieder aufgehoben worden, ehe noch die Auszahlung hatte geschehen können. So wenig als der Vater, wenn er auch noch gelebt hätte, und die Societät aufgelöst gewesen wäre, die Auszahlung der Dos als Praecipuum aus der Societät hätte erlangen können, so wenig kann es die Tochter, nachdem

367) So darf ich es immer nennen, da eine jede möglicher Weise aber nicht gewiß der Societät bevorstehende Ausgabe ein Risico derselben ist. Will man es Gewehr oder Garantie nennen, so ist es dasselbe.

die Auflösung der Societät durch seinen Tod geschehen ist, nicht deswegen weil überall noch keine Dos constituirt war, sondern deswegen weil das wechselseitig übernommene Risico weggefallen ist, denn dieses tritt nach dem Sinne des Vertrages nur ein, wenn eine Dos wirklich numerirt (sey es nun als Vorschuß oder gleich aus der gemeinen Kasse), nicht wenn sie von einem der Socii nur noch promittirt worden. Data dos wird hier allerdings der numerata dos gleich gestellt, allein das Wort ist hier nicht juristisch, sondern im vulgären Sinn gebraucht für endliches Hingeben, *recipere* dotem suam hätte man von der Frau auch bei der Acceptilation des Mannes sagen können. Zufällig würde aber auch in der gegenwärtigen Beziehung, die, wie gesagt, keiu Dotalverhältniß ist, jegliche juristisch verstandene Datio dotis der Numeratio dotis gleich stehen, z. B. wenn um die Dos zu constituiren, dem Manne eine Schuld desselben gegen die Societät acceptoferirt, oder ihm eine Societätsforderung an einen Dritten cedirt worden war; ja es würde sogar alsdann eine Dos promissa der Numeratio gleich stehen, wenn ein Societätsschuldner dotis causa dem Manne durch Expromission delegirt worden war. Denn im Fall jener Dos per acceptilationem constituta muste der Mann zahlen an die Frau [368]), im Fall der Cession oder Delegation aber konnte er nicht weniger thun, als für die Frau einklagen oder actionem mandiren, und davon hatte die Frau eben so wenig der Societät etwas zu berechnen, als wenn sie die ausgezahlte Geldsumme vom Manne zurückerhielt. Daß hier Alles auf das wirklich eingetretene Risico einer zu dotirenden Tochter gestellt ist, sieht man daraus, daß wenn der Vater selbst durch den Tod der Tochter die wirklich ausgezahlte Dos vom Manne zurückerhielt, er sie wieder in die Societät legen soll, und daß davon der Fall, da die Ehe bei Lebzeiten des Vaters und bei fortdauernder Societät durch Divortium getrennt wird, nur dadurch unterscheiden wird, daß die Dos in die Societätskasse cum sua causa zurückkehrt, nämlich mit dem erneuten Risico, die Tochter könne wieder verheirathet werden, und dann abermals eine Dos nöthig haben. Ging die Dos durch Insolvenz des Mannes in diesem Falle verloren, so ist nun freilich das Risico schon gleich unwiederbringlich eingetreten, und es ist damit so gut, als wenn die Frau nach

368) L. 43. m. D. de I. D.

beendigter Societät ihre Dos einmal hinweg hat. Nur eine zweite Dos zu constituiren, nachdem die erste verloren gegangen, lag regelmäßig außer den Grenzen der übernommenen Last. Wie wenn aber in jenem andern Falle der dem Manne delegirte Societätsschuldner ohne dessen Schuld insolvent geworden war, ehe er zahlte, z. B. dieser hatte bloß bedingt expromittirt, vor erfüllter Bedingung war aber die Insolvenz eingetreten? Die Societät hatte freilich den Worten nach nur die Constituirung einer Dos übernommen, aber im Sinne des Vertrages lag, daß sie die wirkliche Versorgung der Tochter in die Ehe für einmal übernehmen wollte, und das war durch die Delegation dieses Debitor nicht ausgeführt worden.

Ich bin hier über den Inhalt des Fragments ein wenig hinausgegangen, aber nur um deutlicher zu zeigen, daß die Entscheidung desselben mit den Regeln über Constitutio und Numeratio dotis in gar keinem unmittelbaren Zusammenhang steht.

2) *L. 1. C. de dote cauta non numerata. Impp. Severus et Antoninus.*

Dotem numeratio, non scriptura dotalis instrumenti facit, et ideo non ignoras, ita demum te ad petitionem dotis admitti posse, si dotem a te *re ipsa datam* probaturus es.

Die Stelle spricht gar nicht von Dos constituta und Actio de dote im Allgemeinen, sondern, wie auch L. 3. desselben Titels, von der Dos ihrem endlichen reellen Inhalte nach, dieser sey nicht eher vorhanden, und könne daher auch nicht eher mit Effekt gefordert werden, bis an den Mann wirklich gezahlt worden, gesetzt auch, daß das Instrumentum dotale schon den Empfang bescheinige. Auch ein Nomen in dotem datum würde hier nicht hinreichend seyn, sondern es muß seyn dos *re ipsa* data, d. h. es muß der endliche Gegenstand der Dos an den Mann gekommen seyn. In Wahrheit sind hier gar nicht Dos promissione constituta und Dos datione constituta im juristischen Sinne entgegengesetzt, sondern Dos cauta, d. h. eine Dos, die als numerirt in der Contracts-Schrift angeführt worden, und Dos numerata, d. h. eine solche die wirklich entrichtet worden, stehen sich gegenüber. Aber freilich auch den materiellen Unterschied einer Dos data und einer Dos dicta s. promissa in den mehrsten Fällen wird niemand bezweifeln wollen. Allein die ganze Eintheilung der Dos in data, dicta et promissa betrifft bloß die Form der dotis constitutio.

3) *L. 6. D. solut. matr. Ulpian lib. 30 ad Sabinum.*

De divisione anni eius, quo divortium factum est, quaeritur, ex die matrimonii, an ex die traditi marito fundi maritus sibi computet tempus? Et utique in fructibus a viro retinendis neque dies *dotis constitutae*, neque nuptiarum observabitur; sed quo primum *dotale praedium constitutum est*, id est, tradita possessione.

Cujaz a. a. O. meint, es komme hier der Ausdruck «dos constituta« zweimal vor, und jedesmal in einem verschiedenen Sinn, wolle man daher einen fehlerfreien Ausdruck, so müsse man annehmen, Ulpian habe das erstemal «dotis dictae« gesagt, und Tribonian dafür «dotis constitutae« substituirt. Allein das ist schon an sich sehr unwahrscheinlich, da wir sonst zwar oft für dos *dicta*, dos *promissa* substituirt finden, wovon unten Beispiele vorkommen werden, aber niemals dos *constituta*; wäre hier indeß eine solche Interpolation geschehen, so wäre sie für uns beweisend. Allein sie anzunehmen ist auch ganz unnöthig, denn Ulpian unterscheidet den Tag, da die Dos constituirt, d. h. promittirt oder dicirt wurde, also höchstens die Obligatio dotal ward, von dem Tage, da der *fundus* als dotal constituirt wurde, was natürlich der Zweck der constituirten Obligatio war, und nicht anders zu erreichen stand, als durch Uebertragung des Eigenthums, also zum mindesten nur durch Tradition, wie oben (§. 69) schon dargethan worden.

§. 81.

Also unsre Eintheilung [369]) ist Eintheilung der Form, wie eine Dos bestellt werden konnte, ganz

369) Hätte Ulpian, was ich doch glaube, sich das bei seinen Worten: « dos aut datur, aut dicitur, aut promittitur «, nicht gedacht, so müßte diese Darstellung der Sache erst erfunden werden, da sie in den Dingen begründet, und zu unsern scientifischen Zwecken unentbehrlich ist. Man gewinnt sonst keine klare Uebersicht davon, wie und auf was Art eine Dos und ein Dotalrecht entstehen kann. Wir hätten dann die Wissenschaft, aber freilich, wie wir aus den immer richtigen Anwendungen der römischen Juristen ersehen, nur in so fern weiter gebracht, als unsre Abstraktionen weiter hinauf gingen, was unleugbar oft nothwendig ist, weil die Sachen uns so fern liegen, und unserm einheimischen Rechtsleben in der

noch abgesehen von den verschiedenen endlichen Wirkungen auf die Restitution. Wir haben nun noch von der eigenthümlichen Natur dieser Formen weiter zu reden.

I. *Dotis promissio.*

Ueber diese Form können wir uns kurz fassen, da sie die allgemeine klagbarer Versprechen ist. Es ist damit nämlich eine stipulirte Dos gemeint, und unter Promissio sind hier alle Stipulationsformen, so weit diese nicht der Bürgschaft eigenthümlich waren, auch die der allein civilen Sponsio, mitbegriffen [370]. In dieser Form konnte daher ein jeder, der eine Dos geben wollte, dieselbe constituiren [371], und die erste Folge war immer die, daß eine Verbalobligation entstand, welche durch die gewöhnliche Klage aus der Stipulation von dem Creditor verfolgt werden konnte. Da es dabei nun überall auf

That fremd sind, viel fremder, als man sich oft zu glauben entschließen mag.

370) Vergl. Gaius III. 92. 93. mit Plautus Trinumm. V. 2. v. 33. 34. Lys. Sponden'ergo tuam gnatam uxorem mihi? Ch. Spondeo et mille auri Philippum dotis. und L. 48. pr. D. d. I. D.

371) Ulpian. VI. 2. in f. L. 41. pr. D. de I. D.

die gebrauchten Worte ankam, so läßt sich nicht bezweifeln, daß auch der individuelle Zweck, weswegen hier grade die Promissio geschah, nämlich daß das Versprochene dotal werden solle, deutlich und in hergebrachter Formel (« verbis usu probatis «) ausgedrückt seyn muste, wenn überhaupt eine Constitutio dotis, und nicht vielmehr eine Promissio des Gegenstandes ohne diese angenommen werden sollte. Doch davon noch unter dotis datio (§. 85). Außerdem war hier der allgemeine Inhalt die Vermögensvermehrung, doch muste diese natürlich jedesmal speciell bestimmt seyn [372]), konnte aber sowohl in Uebertragung von Eigenthum, als in Bestellung eines Ususfructus oder sonst eines Rechts, welches dem Vermögen hinzukam, bestehen. In wie fern Liberatio so hervorgebracht werden konnte, darüber unter Dictio. Ueber die dadurch zu bewirkende Novatio und Delegatio schon oben §. 72, IV.

§. 82.

II. *Dotis dictio.*

Ueber diese besitzen wir nur sehr dürftige Quellen; im Justinianischen Corpus iuris ist sie gestrichen.

372) L. 1. C. de dot. promiss. Davon noch unten §. 105.

Ulpian nennt sie nur und die Personen, denen sie möglich war. Die Hauptstelle ist noch immer im Westgothischen Gaius II. 9. §. 3., der ächte Gajus hat dieß nicht. Daß dieses jedoch in dem Breviarium nicht ex ingenio hinzugefügt worden, sondern daß irgend eine klassische Quelle zum Grunde gelegen habe, läßt sich kaum bezweifeln. Die Einschaltung hatte in der Ueberarbeitung der Institutionen des Gaius um so weniger Bedenken, da Gaius überhaupt nur Beispiele anführt, und z. B. auch unter den Realcontracten nur das Mutuum namhaft macht. Daher wurden hier nach der Idee des Verfassers Beispiele von Verbalcontracten, außer der Stipulatio, Dotis dictio und Iusiurandum liberti de dono, munere, operis angehängt. Daß wirklich auch durch die Dictio eine Obligatio, verbis entstand, ist längstens behauptet worden [373]), und unterliegt keinem Zweifel. So viel darf man mit Gewißheit annehmen, die Dictio war Versprechen einer Dos in Form einer Ankündigung [374]), die in bestimmten

373) Nota ap. Schulting. I. A. I. ad h. l. Heineccius Antiquit. II. 8. §. 6.

374) Eben weil das Wort dicere hier an und für sich nichts weiter hieß als ankündigen, vorher ansagen und bestimmen, so konnte Plautus Aulular.

hergebrachten Wort-Formeln (probatis verbis) mündlich geschah, in Gegenwart beider Parteien. Der welcher die Dos empfangen sollte, erklärte auf diese Ankündigung, daß er sie annehme. Man kann nicht eigentlich sagen, daß dieß eine umgekehrte Stipulation gewesen, aber freilich wurde hier nicht gefragt, d. h. die Frage, wenn sie auch vorkam [375]), gehörte nicht zu den solennibus verbis, und der, welcher leisten sollte, sprach in der Formel zuerst. Im Uebrigen darf man sich dieß so wenig als die Stipulation wie eine besonders schwierige Feierlichkeit denken, es war hier Alles sehr einfach, und die Sache hatte sich auf ganz natürlichem Wege, unter den Römern,

Act. 2, Scen. 2. v. 78 seinen Euclio sagen lassen: «illis legibus, cum illâ dôte, quam tibi dixi», nachdem er vorher v. 61 gesagt hatte: »at *nihil* est dotis quod dem.«

375) Daß sie dabei vorkommen konnte, wer wird es bezweifeln? Auf die Frage in Martial. Epigr. X. 24. (eine Stelle, die man freilich sehr irrig gradezu als Beispiel einer dotis dictio anführen würde): «decies mihi dotis in auro sponsa dabis?« konnte die Sila freilich mit einem Dabo antworten, da denn Stipulation und dos promissa war (Gaius III. 92. init.), aber sie konnte auch unterhandeln wollen, oder gleich generos eine größere Dos bieten, und beides konnte sie dann in einer Dictionsformel thun: «doti — — tibi erunt.« So hatte die Frage gar nichts zu bedeuten, und nur das «Accipio«, welches erfolgte oder nicht erfolgte, machte es aus.

welche erhebliche entscheidende Geschäfte in bestimmten Terminis vorzunehmen pflegten, durch Gebrauch von selbst gemacht. Daß der Vater der Braut, oder sie selbst, oder ihr Tutor, öfters unaufgefordert die Dos, welche sie geben wollten, indem man sich grade über die Heirath vereinigte, festsetzten und ankündigten, und daß der Bräutigam dann dieß annahm, ist ganz in der natürlichen Ordnung, und sehr begreiflich, daß wenn ein solcher Wortwechsel vorgefallen war, man nachher secutis nuptiis ein eignes Iudicium damit verband, indem dieß keine Stipulation, ein bloßer Vertrag aber nicht klagbar war; und da dieß gewiß uralt war, und auf Wortform beruhte, so läßt sich kaum zweifeln, daß es ein Iudicium civile und stricti iuris war. Eine Formel der Dictio steht bei Terentius Andria Act. 5. Scen. 4. v. 48. 49., wo sie durch ein ungebundenes Gespräch vorbereitet wird, und dann in gebundener Wechselrede so lautet:

> *Chremes* (pater): dos, Pamphile, est decem talenta. *Pamphilus* (sponsus): accipio [376]).

376) Conf. Donatus ad h. l. ille nisi dixisset «accipio», dos non esset, datio enim ob acceptum confirmatur, wo ein-

Hiermit stimmen mehrere Fragmente in dem Tit. P. de iure dotium und sonst überein, welche ursprünglich von einer Dictio redeten, und welche wir unten kennen lernen werden. Also das Allereinfachste von der Welt war hier gebräuchlich. Ob hier noch andre Formeln möglich waren, steht dahin, aber es ist kaum zu glauben, eben weil dieß so simpel war. Außer dem Vater, den väterlichen Ascendenten männlichen Geschlechts, und der Frau selbst, konnte noch der Debitor der Frau auf ihr Geheiß eine Dos durch Dictio versprechen, so daß es volle Rechtswirkung hatte. So weit stimmt die Stelle im Breviarium mit Ulp. VI. 2. überein; wäre aber auch an diesem letztern Ort das Wort «institutus« nicht insofern doch etwas besser denn eine Lücke des Manuskripts, als es sich leicht in iustus tutor umändern läßt [377]), so würde man doch vermuthen dürfen, daß ein Tutor als solcher auch für sich allein diciren durfte [378]), und dieß im Breviarium nur

mal *datio* dotis im Sinne von *constitutio* (scil. per dictionem) dotis steht.

377) Conf. Schulting ad h. l.: «non displicet, quod ad marginem edit. Paris. 1586. legitur: iustus tut

378) Conf. Plinius Epist. II. 4. «quumque vivente eo nubenti tibi in dotem centum

deswegen weggelassen wurde, weil es wegen der damals fehlenden Tutela perpetua der Weiber selten oder gar nicht vorkommen mochte. Die andre Stelle in Ulp. XI. 20, wo von einem Tutor die Rede ist, der nach der Lex Iulia eigends bestellt wurde ad dotem dandam, *dicendam*, promittendamve könnte an sich gar wohl auf die bloße Mitwirkung des Tutor zur Bestellung der Dos bezogen werden, denn daß diese von der Frau nur tutore legitimo auctore vollführt werden konnte, steht grade in Beziehung auf Dictio in zwei Stellen des Cicero [379], und folgt auch schon aus der allgemeinen Regel des alten Rechts, daß eine Frau sich nicht ohne Auctoritas tutoris durch Vertrag verpflichten könne [380].

§. 83.

Diese Dictio konnte hiernach ohne Zweifel auch bei einer Ehe mit Conventio in manum vorkom-

millia contulerim, praeter eam summam, quam pater tuus *quasi de meo dixit*, erat enim solvenda de meo« — So hier: de facultatibus pupillae dicit tutor, indem er sich aber selbst verpflichtet.

379) Pro Flacco c. 35. Pro Caecina c. 25 in f.

380) Conf. Gaius III. 108. 91. — Alieniren konnte sie, die res mancipi ausgenommen Gaius II. 80.

men, denn warum sollten hier nicht Parens und Tutor für ihre Person haben diciren können? Nur konnte dieß kein eigentliches Ius dotium hervorbringen, wie oben (§. 63.) gezeigt worden ist. Auch war freilich eine Dictio des Schuldners der Frau gemeiniglich überflüssig, und ihr eignes Diciren wirkungslos, wenn die Conventio in manum wirklich geschah. Allein man konnte ja zur Zeit der Dictio unentschieden darüber seyn, ob die Ehe mit Conventio geschlossen werden sollte oder ohne diese, in so weit aber einig seyn, daß das ganze Vermögen der Frau in das Vermögen des Mannes übergehen sollte, da denn hinsichtlich der Succession nur der Unterschied entstand, daß, erfolgte die Conventio, der Uebergang der Universitas ipso iure eintrat, erfolgte sie nicht, Alles in Einzelnheiten übertragen werden muste. So begreife ich die Verbindung in Cicero pro Flacco c. 34. 35. Der Gegner hatte gesagt: die Frau hatte ihr ganzes Vermögen dicirt («doti Valeria pecuniam omnem suam dixerat»), diesem Versprechen hätte sie genügen können und müssen auch ohne Conventio i. m., nun hatte sie aber durch Conventio i. m., die sie sich gefallen ließ, auf einem kürzeren Wege dem Versprechen genügt: hier hatte sich der Uebergang des ganzen Vermögens von selbst gemacht. So nach der Behauptung des Gegners. Cicero widerspricht hier zuerst in c. 34 der Behauptung einer Conventio i. m. als dem viel erheblichern Argument, dann in c. 35 der Dictio totius pecuniae, beides freilich am Ende aus demselben alles niederschlagenden Grunde, weil dieß beides nicht sine omnium tutorum auctoritate hätte geschehen können, Flaccus aber selbst ihr tutor legitimus derzeit gewesen war. So braucht man die Dictio dort weder gradezu auf eine freie noch gradezu auf eine strenge Ehe zu beziehen. Freilich aber nur bei der ersteren allein hat die Dictio dotis den strengen juristischen Sinn.

§. 84.

Ist nun aber die Dictio ein Formalcontract, so folgt schon von selbst, daß eine Novatio dadurch geschehen konnte, da ihre Form jedem obligatorischen Stoff gerecht war. Man konnte dadurch die Verpflichtung, Eigenthum an Sachen aller Art, wie andre dingliche Rechte an denselben, namentlich einen Ususfructus, in dotem zu geben, neuerdings übernehmen, man konnte aber auch schon vorhandene

Verpflichtungen der Art, oder Geldschulden u. w. dgl. in die neue Verbalobligation aufnehmen, und darin absorbiren. Im westgothischen Gajus a. a. O. heißt es: «quod tam de mobilibus rebus, quam de fundis fieri potest.» In L. 46. §. 1. D. de iure dot. kommt die Dictionsformel alternativ von einem Debitum und einem Fundus vor («Quod mihi debes, aut fundus Sempronianus doti tibi erit«), in L. 58. §. 1. eod. von einer andern res mancipi, einer Sklavin, die der Mann der Frau vorher schuldig war («mulier ancillam Pamphilam a Titio stipulata, deinde ei nuptura, *quod is sibi debebat*, doti habere permisit«). *Galvanus* de usufructu c. 15. §. 4 schließt aus der von ihm gemachten Bemerkung, daß ein Ususfructus immer habe in dotem gegeben werden können, so viel, es habe ein dotalis ususfructus auch durch Dictio constituirt werden können, ein verwegener Schluß, allein weshalb sollte man zweifeln, daß seine Bestellung durch Cessio in iure zum voraus in einer Dictions-Formel habe versprochen werden können? Ohne Zweifel konnte auch, wo das zufällig praktisches Bedürfniß war, dadurch angelobt werden, ein bestimmtes Nomen in dotem zu geben.

§. 84. *a.*

Interessanter ist aber, da es viel praktischer seyn muste, daß ein Debitor durch Dictio so gut wie durch Promissio dotis nomine von der Frau liberirt werden konnte, indem er sich dem Manne dagegen obligirte. Hiervon finden wir eine Spur in

L. 31. §. 1. D. de novat. Venuleius lib. 3. Stipulationum. Si duo rei stipulandi sint, an alter ius novandi habeat, quaeritur, et quid iuris unusquisque sibi adquisierit? fere autem convenit, et uni recte solvi, et unum iudicium petentem totam rem in litem deducere, item unius acceptilatione perimi utriusque obligationem; ex quibus colligitur, unumquemque perinde sibi adquisiisse, ac si solus stipulatus esset, excepto eo, quod etiam facto eius, cum quo commune ius stipulantis est, amittere debitorem potest. Secundum quae si unus ab aliquo stipuletur, *novatione quoque liberare eum ab altero potest*, cum hoc specialiter agit, eo magis cum eam stipulationem similem esse solutioni existimemus; alioquin quid dicemus, si unus delegaverit creditori suo communem debitorem, isque ab eo stipulatus fuerit? aut mulier fundum iusserit doti promittere viro, *vel nuptura ipsi doti eum promiserit?* nam debitor ab utroque liberabitur.

Die Erklärung dieser Stelle unterliegt mancherlei Schwierigkeiten. Wir schicken die Bemerkung voraus, daß Tribonian allenthalben in den Pandektenstellen, die die Dictionsformel haben, für das Wort dicere das Wort promittere substituirt hat. Dieß war um so leichter geschehen, da das letztere Wort in einem vulgären und mehr generellen Sinn genommen, das dicere der Sache nach eine Species des promittere ist. So z. B. spricht Apulejus in der bekannten Stelle der Apologie von einer dos tantummodo promissa im Gegensatz einer dos data, beides im vulgären Sinn genommen, dann gegen das Ende der Apologie, wo er Alles noch einmal zusammenfaßt, sagt er von derselben Dos und ihrer Angelobung durch die Frau:

« uti dotem mihi modicam potius quam amplam *diceret.* »

Auf ähnliche Weise scheint *Cicero* pro Caecina c. 25. cit. den Rechtssatz: «(non) deberi viro dotem, quam mulier nullo auctore *dixisset*«, unter die eben vorher ausgesprochene generelle Regel: «quod mulier sine tutore auctore *promiserit* (non) deberi« zu bringen, um beide als gleich unabhängig von richterlicher Willkür darzustellen. Auch in L. 3. C. Theod. de dotibus ist bloß von dos data und dos promissa die Rede, so daß unter der letzteren die dos dicta begriffen seyn muß, da zu der Zeit noch dotis dictio vorkam (vergl. L. 4. eod.). Nonius Marcellus IV. 122. erklärt sogar dem Wort nach «dicere« in dieser Verbindung für promittere da es hier doch vielmehr der von ihm eben vorher angegebenen Bedeutung destinare, zum voraus ankündigen, festsetzen, bestimmen (was in dote seyn solle), näher kommt, worin denn nur aber der Sache nach auch ein promittere sich anheischig machen, daß es so seyn werde («doti tibi erit«) liegt. Dabei ist es nun aber sehr auffallend, daß grade in den Stellen des Pandektentitels de iure dotium, wo jene Interpolation geschehen ist, nur allein die Bedeutung des Ankündigens und nicht die des Versprechens, auch der Sache nach, zulässig ist.

Es sind folgende:

L. 44. §. 1. L. 45. pr. L. 57. L. 77. D. de I. D. [381]).

Die Fälle haben das mit einander gemein, daß der Mann der Frau etwas schuldig war, und nun durch die Dictio bewirkt werden soll, daß er diese Summe in dote habe. Die Meinung ist hier gar nicht, daß die Frau etwas verspricht, das könnte nur Befreiung von der alten Schuld, etwa durch Acceptilation, seyn, allein es soll hier vielmehr eine Art von Befreiung auf der Stelle bewirkt werden, daher «(mulier) *non obligatur*«, sagt L. 44. §. 1. cit. ausdrücklich. Durch Stipulation konnte dieß schon gar nicht füglich bewirkt werden, denn die Formeln derselben wären hier widersinnig gewesen, eben weil nichts versprochen, sondern Alles augenblicklich bestimmt werden, und der Mann auch sofort gänzlich befriedigt werden sollte, indem seine Schuld nun nicht erst hin und zurückbezahlt werden durfte, sondern sofort zur Dos wurde. Es mochte seyn, daß wenn man sich hier einmal aus Unbehülflichkeit der Stipulationsformel bedient hatte, dieß als Vertrag mit ungefährer Wir-

381) Vergl. L. 125. D. d. V. S.

kung der Dictio, da ja hier nichts einzuklagen war, behandelt werden mochte, aber in keinem der Fragmente kann hieran gedacht worden seyn, da sie alle die Dictionsformel haben. Vergleichen wir nun aber diese Stellen mit der obigen L. 51 de novat. und ferner mit L. 12. §. 2. und L. 25. D. de I. D., so entstehen mehrere Schwierigkeiten.

In L. 51 wird die unter den römischen Juristen streitige [382]) Frage erörtert, ob ein Correus credendi ohne den andern noviren könne, und um dieß zu bejahen, werden am Ende drei Fälle angeführt, wo man nicht ohne Absurdität umhin könne, dergleichen zuzugeben:

a. der Fall, da der Correus den gemeinsamen Schuldner s e i n e m Creditor delegirte.

b. da eine Frau als Correa den Gemeinschuldner

382) L. 2. D. d. pactis. Paulus lib. 3. ad Edict. Si unus ex argentariis sociis cum debitore pactus sit, an etiam alteri noceat exceptio? Neratius, Atilicinus, Proculus, nec si in rem pactus sit, alteri nocere, tantum enim constitutum, ut solidum alter petere possit. Idem Labeo, *nam nec novare alium posse*, quamvis ei recte solvatur, sic enim et his, qui in nostra potestate sunt, recte solvi, quod crediderint, licet novare non possint: quod est verum. *Idemque in duobus reis stipulandi dicendum est.*

ihrem Manne «iusserit doti promittere«; hier konnte immer noch promittere stehen, aber ohne Zweifel auch dicere, und beides muste gleiche Wirkung haben, nämlich eine Novatio: die alte Schuld ging unter in dem dem Manne durch Stipulatio oder Dictio geleisteten Versprechen.

c. der Fall, da die Frau dem Gemeinschuldner selbst, indem sie ihn heirathete, seine Schuld (hier ein Fundus) doti — promiserit? Hier stand ohne Zweifel *dixerit*, und so denn auch wahrscheinlich in dem vorigen Fall: iusserit doti *dicere* viro.

Da entsteht nun die Frage: lag denn in dem letzten doti dicere; wodurch der Mann seine eigne Schuld in dotem erhielt, eine Novatio?. Unmöglich, denn aus der Dictio an sich kann ja nur eine Obligatio der Frau entstehen, und wie könnte diese an die Stelle einer Obligatio ihres Schuldners treten? wirklich wird sie auch nach dem Obigen hier gar nicht obligirt; es ist von ihrer Seite ein bloßes doti habere permittere (L. 58. §. 1. D. d. I. D. cit.), welches mit der Acceptation des Mannes zusammen eine Dos des gleichen Inhalts hervorbringt. Die Verpflichtung des Mannes zur Restitution der Summe, oder wie hier des Grundstücks, entsteht nicht aus dem Contract der Dictio, sondern daraus, daß er dieß nun wirklich in dote besitzt, durch die Dictio wirklich eine Dos empfangen hat. Allerdings tritt aber doch diese Restitutions-Verbindlichkeit, oder was dasselbe sagt, die Actio dotis, nach der Absicht der Dictio an die Stelle seiner alten Schuld, nur im ächt-römischen Sinn Novatio kann dieß nicht seyn. Daher sich denn die verschiedenen Juristen, über die Art der Befreiung, die hier geschieht, so verschieden äußern. Ulpius Marcellus zum Julian in L. 44. §. 1. cit. gibt dem Vater, dem dicirt war «quod mihi debes vel quod mihi filius tuus debet, doti tibi erunt« nur eine Exceptio pacti conventi gegen die Actio de peculio, und so auch dem Sohne gegen die alte Forderung [383]), als hätte sie, wie in L. 45 pr. cit., «actionem duntaxat de peculio« dicirt, und wäre dadurch bloß eine Ex-

383) Vergl. Cuiacius ad L. XIV. Dig. Iuliani h. l. Ob der Vater oder der Sohn der Maritus war, ist in dem Fragment unbestimmt gelassen, da in beiden Fällen dem Vater, der die Gewalt hatte, ordentlicher Weise die Dos zu bestellen war (unt. §. 107), und die Wirkungen, worauf es ankam, auch dieselben waren.

ceptio gegen diese Klage in dotem. gegeben, etwa bloß pacti de non petendo? Aber wie reimte sich das mit dem Argument in L. 31, da es so sehr in der Natur der Sache liegt, daß ein bloßes pactum de non petendo den andern Correus stipulandi nicht hindern kann, seine Forderung einzuklagen. Dennoch stimmt damit überein Ulpian in L. 12. §. 2. cit:

> « Si cum marito debitore mulier pacta sit, *ut id quod debeat in dotem habeat*, dotis actione scilicet eam agere posse existimo. Licet enim ipso iure priore debito liberatus non sit, tamen [384]) exceptionem habere potest.

Freilich darf man hier annehmen, daß die Dictionsformel nicht gebraucht worden war, jedoch aber wirkte auch diese hier wie Conventio; in L. 25 cit. wird sie so angesehen, und doch lauten die Worte in einem wesentlich gleichen, nur etwas zusammengesetzteren Falle ganz anders. Paulus sagt dort:

> « Si ei nuptura mulier, qui Stichum debebat, ita cum eo pacta est [385]): *pro*

384) Flor. sed tamen.

385) Es ist möglich, daß ursprünglich stand: *ita dixit*, aber nicht nothwendig.

> *Sticho quem mihi debes, decem tibi doti erunt*, secundum id quod placuit rem pro re solvi posse, *et liberatio contingit*, et decem in dote erunt, quia et permutatio dotium conventione fieri potest.

Der Jurist will sagen, die Conventio, welche in der Dictio liegt, bewirkt hier auf einmal ein Doppeltes, einmal die Befreiung von der alten Schuld, indem diese in die Dos hinübergezogen wird, und denn auch zugleich eine Verwandlung des Gegenstandes der Dos: statt des Sklaven eine Geldsumme.

Endlich Tryphoninus in L. 77 cit. behandelt die Liberatio contingens vollends einer Novatio gleich:

> « Si mulier debitori suo, qui sub usuris debebat, nuptura dotem promisisset (*dixisset*), *quod is sibi deberet*, post contractas nuptias secuti temporis usuras non esse dotales, *quia illa obligatio tota tolleretur*, perinde ac si *solutum* debitum mulieri in dotem ab ea datum esset. «

Dadurch wird dieß nahe an die Behandlung der Sache von Venulejus in L. 31. cit. hinangerückt, und wir begreifen nur noch nicht, wie dieser dieß gradezu für eine Novatio erklären konnte. Es löst sich dieß so: darüber konnte kein Streit seyn, daß hier keine Novatio geschah, aber auch darüber nicht, daß in effectu hier der Debitor völlig befreit werden muste, auch, wo dieß in Betracht kam, in Beziehung auf einen Correus credendi, denn sonst wäre die dotis dictio hier gar nicht möglich gewesen, was doch sehr praktisch war. Also konnte man hier lediglich streiten über die prozessualische Form, und selbst die Exceptio pacti conventi, welche Einige annahmen, muste einen ganz andern Effekt haben, als eine bloße Exceptio pacti de non petendo. Tryphonin in L. 31. behauptet nun auch keinesweges, daß dieß eine Novatio sey, sondern er schließt von diesem Fall auf die Möglichkeit überhaupt, ohne eigentliche Solutio den Gemeinschuldner nach allen Seiten hin zu befreien. Es gebe nämlich Fälle, in denen zwar nicht gezahlt würde, die aber in ihren Wirkungen, auch in Beziehung auf den Correus, ohne Ungereimtheit nicht anders als der Zahlung gleich geachtet werden könnten; als Beispiele führt er dann zwei Fälle wahrer Novatio (oben *a.* und *b.*), und einen dritten Fall (oben *c.*) an, der zwar weder Solutio noch

Novatio«, aber doch für »solutioni omni modo similis« zu halten ist.

§. 85.

III. *Dotis datio.*

Man darf nun immer diese ein Hingeben nennen, welches seinen Anfangspunkt und seine Quelle nicht in einem Versprechen hat, nur muß man dabei nicht schlechthin an ein endliches Befriedigen denken, wenn gleich dieß oft zutrifft, und noch öfterer im ältesten Recht zutraf, wo ein Ususfructus in dotem datus eben so unerhört seyn mochte, als ein Nomen in dotem datum ohne Delegatio; eine Bestellung der Dos durch Acceptilatio muß wohl immer praktisch gewesen seyn, kann aber doch nie sehr häufig vorkommen. Der häufigste Fall ist immer Res in dotem data. Hier geschieht Uebertragung des Eigenthums in einem für sich bestehenden, eignen Sinn. Wie bei gemeiner Traditio kommt hier allemal ein Vertrag vor, der aber gar nicht obligatorisch ist, sondern ein Rechtsverhältniß zur Sache bewirken soll, woraus jedoch Obligationes sich erzeugen können. Das Ganze ist hier überhaupt mehr complicirt. Der

Empfänger soll Eigenthum haben, aber er soll es in dote haben, mit diesem Wort ist das ganze Rechtsverhältniß ausgesprochen. In vielen Fällen ist dieß Eigenthum nur wie ein anvertrautes Pfand, er kann dazu kommen, daß er es unversehrt wieder herausgeben muß. Bei Ususfructus in dotem datus ist es nicht anders, auch nicht bei Acceptilatio u. s. w. Dieser Sinn muß nun durch den ausgesprochenen Vertrag in die Uebertragung hineingelegt werden, es ist dieß ein besonders durch die Gesetze, oft zum Nachtheil dritter Personen, die sich nur auf gemeine Rechtsgeschäfte berufen können, garantirtes Verhältniß, nichts ist also natürlicher, als daß eine solche Meinung, da sie sich ja nicht von selbst versteht, klar und deutlich ausgesprochen werden müsse. Da nun eine solche Klarheit und Sicherheit immer, wo es thunlich war, im alten Recht durch übliche Formeln, und nicht anders, hervorgebracht wurde, — sollen Formeln Sicherheit gewähren, so müssen sie eben so nothwendig als natürlich seyn —; so läßt sich schon zum voraus annehmen, daß es bei der Datio dotis so gut wie bei der Dictio und Promissio gebräuchliche Formeln, solennia verba gab, die man nicht vernachlässigen durfte, wenn man seinen Zweck erreichen wollte. In diesen muste dann eben so klar die Uebertragung in das Vermögen als, die Bestimmung wozu? vor Augen gelegt werden. Das konnte dann aber wieder in wenigen einfachen Worten, nach Gestalt des Gegenstandes und der Uebertragungsart, geschehen, so daß hier wieder die Künstlichkeit und wenn man will Feierlichkeit, statt zu hemmen, den Rechtszwecken förderlich war und Alles erleichterte. Auf Seiten des Empfängers der Dos, kann man sich denken, war eine solche Formel nicht durchaus nöthig; es war hinreichend, wenn der Empfang auch nur faktisch geschah, nachdem von der andern Seite eine bestimmte Erklärung geschehen war, da denn der Empfang im Sinne dieser genommen ward. Dieser Zustand der Dinge konnte aber nur so lange Bestand haben, als die lateinischen Worte, welche zu Formeln dienten, volksthümlich blieben. So wie dieß aufhörte und wo dieß aufhörte, musten die Formeln beschwerend statt erleichternd wirken, und es muste dahin kommen, daß in Ermangelung passender Formeln jede deutliche Erklärung genügte.

§. 86.

Wir besitzen nun über die alten Formeln der Datio dotis keine direkte Nachricht, was sich aus der Aermlichkeit der Quellen, welche das alte Ius dotium rein enthalten, leicht erklärt. Daß sie aber da gewesen, und zur Constitutio dotis auch hier ehmals nothwendig waren, ergibt sich aus

> *L. 3. C. Theod. de incestis nuptiis Arcad. et Honor.* (a. 396.) — — Dos, si qua forte *solemniter aut data*, aut dicta, aut promissa fuerit, iuxta ius antiquum fisci nostri commodis cedat. — —

Es pflegt übersehen zu werden, daß das Wort solemniter hier zunächst auf data, und dann auch auf dicta und promissa geht. Ueber die alten Formeln der Dictio ist viel geredet und gestritten worden, aber über die der Datio schweigen Alle. Man führt wohl an [386]) mit Berufung auf Suetonius in Claudio c. 26. und Iuvenal. Sat. X. v. 333., daß es gebräuchlich gewesen, die Dos den Tag vor der

386) S. *Schulting* I. A. I. ad *Heineccii* Antiq. Roman. II. 8. Gaii Inst. II. 9. §. 3. not. 38. §. 4.

Hochzeit bei den Auspices zu deponiren, und sie dann unter Begehung der Hochzeitsfeier dem Manne zu überreichen — was denn ohne feierliche Worte gewiß nicht geschah —; allein dieß kann in der L. 3. nicht gemeint seyn, sonst wäre ganz unbegreiflich die Caducität der Dos wegen Incestuosität der Ehe an den Ritus nuptialis gebunden gewesen, und das doch wieder nur bei der Dos *data*. Die ganze Klausel kann durchaus nichts anderes heißen, als die Dos solle nach der Lex Iulia caduc seyn, sobald eine solche wirklich constituirt worden, was denn aber nur an den solennen Worten, d. h. an den gebräuchlichen Formeln zu erkennen war. War daher auf eine unverbindliche Weise die Dos versprochen oder angelobt worden, hatte die Frau zwar Eigenthum auf den Mann übertragen, es war aber nicht auf rechte Art ausgesprochen worden, daß dieß geschehe, damit eine Dos sey, oder hatte sie ihm Sachen hingegeben zu ehelichen Zwecken, aber ohne sie auf gehörige Weise in sein Eigenthum zu übertragen, oder ihm andre Rechte daran dotis causa zu constituiren, kurz war keine Dos förmlich bestellt worden, so sollte auch keine Confiscation ex causa caduci geschehen.

Daß im Jahre 428 von Theodos II. die Nothwendigkeit der Formeln aufgehoben wurde, bloß für die Promissio im weitern Sinn, und nicht für die Datio, beweist nicht, daß es nicht dreißig Jahre früher noch eine Nothwendigkeit auch für die letztere gegeben habe. Die L. 4. C. Theod. de dotibus [387]) war, darf man annehmen, grade durch solche Fälle veranlaßt worden, in denen die Auszahlung der Dos wegen Unförmlichkeit des Versprechens verweigert worden war. Die Formen der Datio konnten wegen ihrer größeren Mannigfaltigkeit unbeachtet bleiben, und selbst diese Mannigfaltigkeit erleichterte es, sie durch non usus, nachdem sie aufgehört hatten, volksthümlich zu seyn, außer Cours zu setzen: da bedurfte es dann keines Gesetzes.

§. 87.

Wie aber noch Formeln galten, da wurde gewiß fast immer das Wort dos gebraucht, da dieses Wort schon einen bestimmten vielumfassenden Begrif hatte:

387) Impp. Theod. et Valent. Ad exactionem dot's, quam semel praestari placuit, qualiacunque sufficere verba consemus, etiamsi dictio vel stipulatio in pollicitatione rerum dotalium minime fuerit subsecuta.

von der Dictio und Promissio wird es niemand bezweifeln, bei der Datio konnte es aber nicht anders seyn, indeß war dieß vermuthlich wenigstens zur Zeit unsrer Klassiker, nicht durchaus nöthig, z. B. war es vermuthlich hinreichend, wenn der Vater sagte: fundum tibi *filiae meae nomine* trado, eine Formel, die wir in einem Legat in L. 48. §. 1. D. de I. D. wiederfinden, wogegen in andern Stellen [388]), die dasselbe Legat enthalten, sich ein Zusatz mit den Worten dos findet: davon noch unten [389]). Wäre der Text in L. 23. D. de iure dot. zuverlässig, so stände es wörtlich da, daß nur nicht das Wort dos nöthig sey bei Datio wie bei Stipulatio. Man hat diese Stelle oft für die behauptete Dos praesumta oder tacite constituta angeführt, welches jedem unbegreiflich seyn muß, der bedenkt, daß die ganze Frage nach der Unentbehrlichkeit des einzelnen Wortes *dos* gar nicht entstehen konnte, wenn nicht *verba expressa*, ja *solennia* anerkannt nothwendig waren; es

388) L. 71. §. 3. D. de condit. L. 77. §. 9. D. de legat. II. L. 69 §. 2 D. d. legat. I. Vergl. L. 11. §. 22. D. de legat III.

389) Cap. 5. §, 88. 89.

wird aber erst dadurch wieder begreiflich, daß man gewahr wird, wie sich einmal die Vorstellung von präsumtiver Dos festgewurzelt hatte, wozu äußere Gründe mitwirkten, von denen hier noch der Ort nicht ist zu reden. Wir dürften also unbedenklich diese Stelle für unsere Ansicht anführen, wenn nicht der Text selbst so zweifelhaft wäre. Er lautet, so viel ich weiß, in allen Manuskripten fast mit wörtlicher Uebereinstimmung [390]) so: nachdem in L. 21 mit **Ulpians** (lib. 35. ad Sabinum) Worten gesagt worden, daß die Stipulation, wodurch eine Dos bestellt werde, die Bedingung: si nuptiae fuerint secutae, stillschweigends enthalte [391]), und dann ein Fragment aus **Paulus** (lib. 7. ad Edictum) eingeschoben worden, welche die nähere Bestimmung enthält, daß wenn diese tacita conditio einmal durch Aufkündigung des Verlöbnisses cessirte, nachmalige Heirath derselben Personen die Stipulation nicht wieder herstelle, wird in unserer L. 23 wieder mit

390) Nur zuweilen steht donatio für datio, was aber auch sonst gleichbedeutend ist L. 46 pr. (L. 9. §. 1 ?) eod.

391) «habere in se conditionem» — «magis enim», heißt es in L. 41. §. 1. eod., «res quam verba intuenda sunt».

Ulpians Worten aus derselben Abtheilung derselben Schrift (lib. 56 ad Sabinum) fortgefahren:

> « Quia autem in stipulatione non est necessaria dotis adiectio, etiam in datione tantundem ducimus. «

Wie unwillkürlich wird man hier versucht, das Wort dotis zu stipulatione hinaufzuziehen, da denn nur *conditionis* bei adiectio zu suppliren seyn würde, ganz ungezwungen, denn davon war ja eben die Rede [392]). Die gewöhnliche Art, dieß zu verstehen, hat einmal gegen sich, daß das Fragment dadurch dem gegenwärtigen Zusammenhange, in den es doch durch die ganze Stellung und durch die verbindenden Worte: quia autem, hineingepaßt zu seyn scheint, herausgerückt wird, und dann daß es gezwungen ist,

392) Die Versetzung wird jedoch, so viel ich durch Vergleichung von Handschriften und gedruckten Ausgaben habe in Erfahrung bringen können, durch keine varia lectio gerechtfertigt. Es könnte aber doch seyn, daß die Codices vulgati dieß nur aus der Florentina, einstimmig aufnahmen; die Basiliken geben den Sinn so, wie ihn die Versetzung mit sich bringen würde. Uebrigens ist diese schon von Cuiacius ad Iuliani libr. XVI. Digestor. L. 7. D. d. iure dot. med. vorgeschlagen worden.

vor dotis, *verbi* zu supliren (non est necessaria *verbi* dotis adiectio). Wir enthalten uns daher dieses Arguments, dessen es auch nicht bedarf.

Fünftes Capitel.

Von Bestellung einer Dos durch Vermächtniß.

§. 88.

Ist dieß eine eigne vierte Art, eine Dos zu constituiren? Ulpian a. a. O. spricht nur von jenen drei Arten, es könnte aber seyn, daß er nur die Form der Bestellung unter Lebenden eintheilen wollte; doch kann man schon zum voraus nicht geneigt seyn, dieß anzunehmen. Wird denn die Dos selbst schon wirklich bestellt durch das Vermächtniß, oder wird dadurch nur erst dem Erben, oder wer sonst der Oneratus ist, aufgelegt, die Dos demnächst zu bestellen? Ist bloß der Frau auf den Fall, daß sie heirathen würde, oder indem sie geheirathet hat, die Dos vermacht, so mag dieß in welcher Form geschehen seyn, wie es will, es ist dem, der die Dos eigentlich haben soll, kein Recht gegeben, mithin ist auch noch gar keine Bestellung geschehen, denn nicht der Frau, sondern nur für sie kann bestellt werden: nach dem Legat muß nun entweder der Belastete dem Manne die Dos constituiren, oder er muß das Vermachte der Frau herausgeben, damit diese es dem Manne in dotem gebe. Ein solches Vermächtniß kommt vor in Form eines Fideicommisses in

> *L.* 77. §. 9. *D. de legat. II. Papinian. lib.* 8. *Respons.* Pater certam pecuniam exheredatae filiae verbis fideicommissi reliquit, eamque nupturae dotis nomine dari voluit, *filio dotem stipulante.* — —

Die Absicht war hier, daß der Erbe die Dos dem künftigen Manne der Tochter constituiren sollte, wie man daraus sieht, daß ihm frei gelassen war, sie sich zurück zu stipuliren; die Tochter hatte darauf eine Klage aus dem Fideicommiß, daß dieß wirklich geschah, und die Bestellung erfolgte hier also erst durch Datio in dotem des Erben.

§. 89.

Anders gestaltet sich die Sache, wenn einem bestimmten Manne, als gegenwärtigem oder künftigem Ehmanne der bestimmten Frau, aber dotis nomine, etwas vermacht wird. Hier liegt schon in dem Vermächtniß selbst die Bestellung. Aber welche ist dieß? War es durch ein Legatum per vindicationem vollzogen, so ist das offenbar Datio in dotem, und zwar Datio rei, unmittelbar aus dem Testament, der Mann bekommt hier vom Erblasser gleich das Recht, was er endlich haben soll, und nur etwa noch der Besitz ist herbeizuziehen, daß dieß nun auch, nach vollendetem System der Legate, durch eine Actio personalis ex testamento geschehen kann, so wie daß, nach dem was gleich folgen wird, auch die Frau eine solche persönliche Klage hier neben der des Mannes hat, ist unwesentlich, daher diese merkwürdige Concurrenz auch immer an einem Legatum per damnationem demonstrirt wird. Durch dieses nämlich ist wirklich sofort schon dos constituta, indem die Forderung auf das Legat dem Manne in dotem gegeben ist, diese Actio de dote, wodurch die Dos zuerst einzuklagen ist, ist selbst dotal, der Mann ist der Frau wegen Anstellung derselben verantwortlich, und nach der Trennung stellt sie ihre Actio de dote, d. h. de dote reddenda s. recuperanda darauf an, daß er ihr jene cedire, oder wenn er durch Versäumniß geschadet hat, den Schaden erstatte. Wird das Legat aber an den Mann bezahlt, so ist nun allerdings, statt der Forderung, die Sache selbst in dote, und als solche der Frau garantirt. Dieses Recht ist enthalten in

L. 48. §. 1. *D. de iure dot. Iulian. lib.* 2 *ad Urseium Ferocem.*

> Socer genero suo sic legaverat: « Lucio Titio filiae meae nomine centum heres meus damnas esto dare. « Hanc pecuniam generum petere debere, exactam acceptam legatis referri [394]; sed divortio facto de dote actionem mulieri reddendam, *Proculus* respondit, *et nihilominus dotis esse factam. Iulianus* notat: imo nec filiae, si voluerit, deneganda est huiusmodi actio.

394) *Hal.* et *omnes* REFERRE Br. Flor. *referri.*

Der Zusatz des Julian enthält die Meinung, daß von Anfang an, nicht erst nach der Scheidung, wenn dann noch nicht gezahlt worden, der Frau jene Klage auf Herausgabe der Dos (huiusmodi actio, d. h. die actio de dote, wovon im Anfange die Rede war) aus dem Legat zustehe, wenn sie sich derselben bedienen wolle (« si voluerit »), denn sonst kann sie das auch ganz dem Manne überlassen, und sich deshalb an ihn halten. Ueber diese Concurrenz der Klagen war man sich nicht einig. Es ist möglich, daß die beiden Schulen hierüber auseinander gingen, Proculus scheint nach der eben angeführten Gesetzstelle zu Anfang allein dem Manne die Klage auf Datio dotis, das heißt hier Numeratio dotis haben zugestehen zu wollen, Julianus, ein Sabinianer[395]), war andrer Meinung. Aber ob Sabinus schon so gedacht habe, ist aus L. 71. §. 3. D. de condit. et demonstrat, wo etwas von ihm, was sich auf diese Sache bezieht, vorkommt, nicht zu ersehen; Gajus aber, bekanntlich auch ein Sabinianer, war sogar der Meinung, daß die Frau allein, und nicht der Mann, die Klage habe, da denn freilich wieder zu

395) L. 2. in f. D. d. O. I.

behaupten wäre, daß in dem Legat gar keine iam constituta dos enthalten wäre, sondern die Bestellung erst durch die Frau erzwungen werden müsse, wenn sie nicht gutwillig vom Erben geschah:

L. 69. §. 2. *D. de legat. I. Gaius lib.* 2. *de legatis ad Edict. Praetor.*

> Si testator quosdam ex heredibus iusserit aes alienum solvere, non creditores habebunt adversus eos actionem, sed cohaeredes, quorum interest hoc fieri. Nec solum hoc casu alius habet actionem, quam cui testator dari iussit, sed alio quoque, veluti si filiae nomine genero aut sponso dotem dari iusserit, *non enim* gener aut sponsus, sed filia habet actionem, cuius maxime interest [395]).

Vielleicht also schloß man sich, wie überhaupt, so auch hier in der ältern Zeit genauer an die Worte an, und gab dem die Klage allein, der nach der Formel Legatar war. Der von Gajus angeführte Fall, da bestimmte Erben die Creditoren allein bezahlen sollten, war hier keine Analogie, da es be-

395) H. et V. addunt: *indotatam non esse.*

kanntlich ein nothwendiges Recht war: die Schuld ist ipso iure unter den Erben getheilt. In unserm Fall war gar keine solche Rechtsnothwendigkeit im Wege, dem namhaft gemachten Legatar, dem Manne oder Bräutigam die Klage zu geben. Aber in späterer Zeit legte man mehr Gewicht darauf: «cui volet prospectum, cuiusque contemplatione testator fecerit« [396]). Die Meinung des Julianus war demnach schon eine Mittelmeinung, der, wie wir gleich sehn werden, auch Papinian beitrat, ohne Zweifel ist sie auch diejenige, welche wir als die im Justinianischen Recht bestätigte ansehen dürfen, da die des Gajus nur beispielsweise in L. 69. cit. vorkommt, und das Argument genau besehen dieselbe Stärke behält, wenn man dem Sponsus auch noch neben der Frau die Klage zugesteht, denn ist nur einmal erst gewiß, daß einer der nicht im Legat als derjenige aufgeführt ist, dem prästirt werden soll, die Klage bekommen kann, wenn ihm doch eigentlich der Vortheil zugedacht war, so ist damit für den von Gajus zu entscheidenden Fall Alles bewiesen, denn daß die Creditoren nicht so klagen können, ist

396) Ulpian in L. 11. §. 22. D. de legatis III.

ohnehin gewiß. Dagegen ist die Julianische Meinung in L. 48 recht eigentlich der Entscheidung des dort aufgestellten Falles angepaßt, und in L. 71. §. 3. de condit. wird sie noch genauer entwickelt. In der That ist sie auch bei weitem die verständigste, Legat und Dotalrecht wirken hier in einander, ganz einig sind sie, in wie fern das Legat dem Manne die Klage gibt, mit der zuerst eine Dos entsteht, sie trennen sich, indem die Frau aus dem Legat eine Klage erhält, was aus dos dicta aut promissa im eigentlichen Sinne nicht möglich ist, aber die verschiedenen Richtungen wirken doch wieder auf einen Punkt, indem auch die Klage der Frau dem Erben die Herausgabe der Dos abnöthigt, was denn die Dotation vollendet, indem nun Res oder Pecunia in dote ist, statt vorher nur Obligatio. Ganz entzweien sie sich aber in so fern, als eine versprochene Dos niemals vor Abschließung der Ehe gefordert werden kann [397]), hier aber das Legat ein Legatum purum seyn kann, da denn der Sponsus sofort die Klage erhält. Dieß und Anderes gibt nun Schwierigkeiten und Verwicklungen,

397) L. 48. pr. D. de I. D.

welche in dem erwähnten Fragment so aufgelöst werden:

L. 71. §. 3. D. de condit. et demonstrat. Papianus libro 17. Quaestion.

«Titio genero meo heres meus dotis Seiae filiae meae nomine centum dato«

Text.	Umschreibung.
Legati quidem emolumentum ad Seiam, *quae dotem habere incipit*, pertinebit; sed quia non tantum mulieri sed Titio quoque, *cui pecuniam legavit*, consultum videtur, prope est, ut ipse legatarius intelligatur, et legatum petere *debeat*.	Der Vortheil, der unmittelbar hier aus dem Legat hervorgeht, gehört der Seja zu, denn sie erhält dadurch sofort eine Dos; allein auch für den Titius, dem hier namentlich das Geld vermacht ist, ist dadurch gesorgt, mithin ist er selbst der Legatar, und er kann und muß das Legat einfordern.
Si post divortium genero pecuniam haeres solverit, aeque liberabitur,	Zahlt diesem Schwiegersohn nach der Scheidung der Erbe das Geld aus,

quoniam *in dotem solutio convertitur.* Constante autem matrimonio, etiam prohibente muliere, Titio recte solvetur, hoc enim et mulieris interest, *ut incipiat esse dotata.* nam et si quis *ipsam quoque petitionem habere* responderit, eaque pecuniam petat, neque dotis fieri velit, non dubie doli summovebitur exceptione.

so wird der Erbe frei, denn er hat zugleich die Frau mit befriedigt, da nun der Anspruch dieser auf eine Dos erfüllt ist, das gezahlte Geld ist nun Dos geworden. Ja während die Ehe besteht, kann die Frau dieß nicht einmal hindern, dem Titius wird, auch wenn sie es verbietet, recht gezahlt, da sie nicht mehr verlangen kann, als nunmehr vollends dotirt zu seyn. Denn will man ihr auch selbst eine Forderung gegen den Erben zugestehn, so kann diese doch auf nichts weiter gerichtet seyn, als daß eine Dos für sie gezahlt werde, und wollte sie das Geld ohne dieß, ohne daß es Dos würde verlangen, so würde sie mit der Exceptio doli zurückzuweisen seyn.

Ante nuptias vero Titio vel muliere defunctis, legatum apud heredem manet.

Starb die Frau oder starb der Titius vor der Hochzeit, so bleibt das Legat beim Erben [399]).

Quodsi nolit eam uxorem ducere, causae [398]) legati, quod ad mulieris personam attinet, satisfactum intelligetur, sed Titio legatum petenti nocebit exceptio doli.

Will er sie nicht heirathen, so ist von ihrer Seite dem Legat genug gethan, und ihre Forderung daraus ist begründet; dagegen steht dem Titius, wenn er noch klagen wollte, die Exceptio doli entgegen.

398) Flor. *causa*.

399) Sehr natürlich, denn wenn hier auch die Bedingung, si nuptiae fuerint secutae, nicht subintelligirt wurde, so war doch das, was das Legat eigentlich bezweckte, Bestellung der Dos an den Titius durch einen äußern Zufall unmöglich geworden.

Sabinus autem existimabat, nupta muliere Titio, sine cautione legatum deberi, *quoniam pecunia dotis efficeretur*; sed cum ante nuptias, *quia purum legatum est*, peti potest, cautio, mulieri pecuniam reddi, necessaria erit.

Hinsichtlich der Frage, ob bei der Zahlung an den Titius, von diesem zu caviren sey, meinte Sabinus, wenn diese nach der Hochzeit geschehe, so bedürfe es keiner Cautio, da ja das Geld von selbst zur Dos würde, und mithin dem Iudicium de dote für die Folge unterworfen würde; allein es kann auch seyn, daß der Titius das Geld vor geschlossener Ehe einfordert, was er kann, da das Vermächtniß an und für sich ein Legatum purum ist, und da muß denn allerdings cavirt werden, daß in eventum der Frau die Dos herausgegeben werden solle.

Quodsi maritus *vitio suo* causa ceciderit, *neque solvendo sit*, num quid adversus heredem mulieri, quae nihil deliquit, succurri debeat ob eam pecuniam, quae doti fuerat destinata? *Sed quoniam ambo legati petitionem habuerunt*, salvam habebit, non soluta pecunia viro, mulier actionem.

Klagte der Ehmann und verlor durch seine Schuld den Prozeß, und er ist insolvent, so daß die Actio dotis vergeblich seyn würde, wie kann hier der Frau geholfen werden? oder soll sie, die nichts versah, durch die Schuld des Mannes leiden? Muß sie hier nicht noch das Geld, welches ihr einmal zur Dos bestimmt war, einklagen können? Die Sache ist einfach: die Frau hatte hier von Anfang an, so gut wie der Mann, eine Klage, nur freilich ging ihre Klage so gut wie die seinige nur darauf, daß die Forderung auf eine durch das Legat ihr bestimmte Dos realisirt werde. Da nun durch die Klage des Mannes die Dos nicht realisirt ist, so so blieb ihre Klage unversehrt.

Der Grund, weswegen die Cautio promissoria in dem erstgenannten Falle nicht, wohl aber in dem letztern verlangt wird, ist offenbar der, weil, wenn es nun durch Schuld des Bräutigams, der das Legat schon empfangen hatte, nicht zur Ehe kam, die Actio dotis nicht gegen ihn angestellt werden konnte, die Condictio aber auch nicht, von der Frau schon deswegen nicht, weil er das Geld nicht von ihr empfangen hatte. Um hier eine reine Consequenz zu gewinnen, hätte man annehmen müssen, daß die mit dem Legat verbundene Dotalforderung die Conditio, si nuptiae fuerint secutae, in dasselbe hineintrüge, das muste aber zu gewaltsam scheinen, und man mochte auch glauben, daß dieß nicht so nothwendig im Sinne eines solchen Legats liege, als im Sinne einer Promissio oder Dictio dotis. Man wählte also lieber einen Umweg, um dasselbe durch Vereittelung einer Stipulation doch zu erreichen.

Aber wie wenn nun der Bräutigam, der das Geld schon empfangen hat, vor der Hochzeit stirbt, kann hier die Frau aus der Caution klagen, oder hat der Erbe eine Condictio auf Rückzahlung? Wohl gewiß das letztere, denn es muß rückwärts so betrachtet werden, als sei die Erfüllung des Legats unmöglich geworden, es gehört also hier zum Arbitrium iudicis die Caution gleich so einzurichten.

Was aber uns hier vornämlich interessirt, ist, daß wenn der Mann sich aus Versehen um das Legat brachte, während, den umgekehrten Fall angenommen, der Erbe insolvent geworden ist, die Actio dotis gegen den ersteren angestellt werden kann, denn schon die Forderung war in dote (« nihilominus dotis esse factum « L. 48. §. 1. cit.) und sie klagt nur, wenn sie will (« si voluerit « L. 48 ibid.), sie kann auch dem Manne vertrauen, und seine Schuldigkeit ist es, die legirte Dos einzuklagen. Ist der Erbe noch solvent, und der Mann, der den Prozeß durch seine Schuld verloren hat, ist es auch, so kann der Mann allerdings von der Frau auf die Dos belangt werden, aber er kann Cession ihrer Klage gegen Zahlung verlangen. Jedoch entsteht die Schuldigkeit des Mannes, die Dos einzuklagen, natürlich erst in dem Augenblick, da er das Legat acceptirt, denn ihm kann so wenig ein Legat als eine Dos aufgenöthigt werden. Nur, scheint es, muß hier die Frau so gut die Auszahlung des Legats an sie selbst verlangen können, als sie es kann, wenn der Titius sie nicht heirathen will.

Sechstes Capitel.

Von den Personen, welche die Dos bestellen.

---

§. 90.

Ein Jeder kann eine Dos bestellen, so weit er überhaupt zur Veräußerung aus seinem Vermögen befugt ist, nur kann es freilich nach dem Obigen nicht Jeder in jeglicher Form. Außer der eignen Form aber nimmt die Bestellung noch in Beziehung auf bestimmte Personen eine besondre Natur an

I. in Beziehung auf Rückforderungsrecht, und

II. in Beziehung auf nach dem Recht schon vorhandene Verbindlichkeit, die Dos zu bestellen.

ad 1.

Die Garantie nämlich, welche das Gesetz der Dos beigelegt hatte, war zunächst zum Vortheile der Frau eingeführt; sie konnte vermöge dieser zurückfordern, wenn die Ehe geschieden wurde, und kein dritter Geber sie sich zurückstipulirt hatte. Wie dieß durch die Patria Potestas, wenn sie noch dieser unterworfen war, modificirt wurde, gehört nicht hieher, sondern in das Capitel von der Restitutio dotis. Starb die Frau aber in der Ehe, so war nun regelmäßig niemand da, dem die gesetzliche Gewehr zustand, und die Dos blieb im Vermögen des Mannes. Davon gibt es jedoch die höchst billige Ausnahme: der Vater ist schon durch natürliche Liebe, und durch das ganze Verhältniß, worin die Tochter zu ihm steht, zumal dann, und nur nicht dann allein, wenn sie sich noch in seiner Gewalt befindet, und also (nach altem Recht) nichts Eignes haben kann, bewogen und getrieben, seiner Tochter durch Dotation eine Ehe möglich und angenehm zu machen, da wäre es nun, wenn einmal Garantie seyn soll, hart und inconsequent, ihm diese nicht auch, wenn die Tochter vor ihm stirbt, zugestehen zu wollen, sobald die Dos von ihm herrührte. Es hieß das bekanntlich dos profectitia im Gegensatz von adventitia, welche nicht vom Vater, sondern von einem Andern herrührte. Da dieß aber gegen die Regel war, so erscheint diese Garantie zumal als ein ius singulare, was seine bestimmten Grenzen hatte. «Iure succursum est patri«, sagt Pomponius in L. 6. pr. D. de I. D., ut filia amissa solatii loco cederet, si redderetur ei dos ab ipso profecta, ne et filiae amissae et pecuniae damnum sentiret.« Es ist das beschränkt auf den Vater und außer ihm auf den Ascendenten, zu dessen Familie nach römischen Begriffen die Frau gehörte, d. h. den väterlichen Ascendenten, also grade denjenigen, welcher diciren konnte, was nach dem, was hier und oben (§. 82) gesagt worden ist, mit einander in natürlichem Zusammenhang steht.[400]). Dem Gegenstande nach ist es gebunden an das Requisit, daß die Dos wirklich

400) Vergl. L. 5. pr. D. d. lat. bon. mit Ulpian. VI. 2 I. D. und L. 6. D. d. col- und 3.

aus seinem Vermögen von ihm selbst, oder einem, der in seinem Namen handelte, gegeben wurde [401]). Nicht einmal hinreichend ist es, wenn der Vater dem Manne zum Vortheil einen Erwerb, den er noch nicht definitiv gemacht hatte, der aber in seiner Gewalt stand, aufgab, z. B. eine noch nicht angetretene Erbschaft, ein noch nicht angenommenes Legat ward vom Vater ausgeschlagen: dieß ist nicht dos profectitia, da es dem Vermögen des Vaters im strengsten Sinne nicht entnommen wurde; er macht es nur durch sein Heraustreten möglich, daß der Mann die Erbschaft als Intestaterbe nach dem Gesetz oder als Substitut nach dem Testament antreten, das Legat als Substitut aus dem letzten Willen erwerben kann [402]). Indeß ist doch die Absicht des Vaters, eine Dos zu bestellen, hier keinesweges unwirksam [403]), nimmt der Mann in diesem Sinne den Verzicht des Vaters an, so wird er de dote obligirt, aber nur der Frau, nicht dem Vatr unmittelbar auf den Fall ihres Todes, es sey denn, daß er sich die Restitution promittiren ließ, es ist

401) L. 5. pr. §. 1. D. d. I. D.

402) §. 5. eiusd. Leg.

403) Arg. L. 14. §. 3. D. d. fundo dot. S. oben §. 72. Nro. VI.

dos adventitia, niemals profectitia, d. h. dem Vater ist die gesetzliche Garantie für diesen Fall nicht gegeben.

§. 91.

Bei dieser Strenge wäre es sehr auffallend, wenn, wie Manche behaupten, allemal eine Dos profectitia anzunehmen wäre, sobald irgend ein Dritter um des Vaters willen (propter patrem) eine Dos gab. Nimmt man dieses nämlich, wie gewöhnlich, so, daß es hinreicht, wenn der Dritte durch Zuneigung zu dem Vater sich bewegen ließ, die Tochter zu dotiren, weil er sein Freund war, wollte er seiner Tochter eine Wohlthat erzeigen, so ist der Satz in dieser Allgemeinheit nirgends durch die Gesetze begründet. In §. 2 desselben Fragments heißt es zwar:

«quodsi quis patri donaturus dedit»,

das heißt aber, wenn er in der bestimmten Absicht die Dos bestellte, daß dem Vater auf den Todesfall die Rückforderungsklage, die der Dritte sich hätte stipuliren können, geschenkt seyn solle. Dann soll nicht nöthig seyn, daß er den Vater sich die Dos stipuliren läßt, sondern die Garantie soll ohnehin eintreten und demnach Dos profectitia seyn, so gut als hätte er die Dos an den Vater erst simpelhin geschenkt und ausgezahlt, und dieser sie dann selbst gegeben. Diese Absicht muß aber klar vorliegen, und nur ein Fall kommt vor, wo sie präsumirt wird. Hat nämlich ein väterlicher Großvater die Dos gegeben, so ist dieß Dos profectitia zunächst in Beziehung auf ihn selbst. Stirbt also seine Enkelin vor ihm in der Ehe, so fordert er die Dos zurück, ohne Stipulation. Stirbt sie aber nun nach ihm und zwar ebenfalls während der Ehe, so würde regelmäßig der Mann die Dos behalten. Ist hier jedoch der Vater noch am Leben, so wird so interpretirt, als habe der Großvater die Dos propter filium gegeben, und zwar in dem ganz eignen Sinne, wie gleich hinzugefügt wird, als habe jener die Pflicht des letztern für ihn erfüllen wollen, weil dieser nicht konnte, (man denke nur an den Fall, da er in seiner Gewalt stand, also nichts hatte, worauf das jedoch nicht zu beschränken ist), oder ihm dieses doch erspart werden sollte, der Großvater hielt es für seine Pflicht, die Pflicht des Sohns zu erfüllen (»officium avi circa neptem ex officio patris erga filium pendet«), er wollte ihm also schenken; mithin, nachdem der Großvater herausgetreten ist, wird es so angesehn, als komme vom Vater die Dos her, und ihm wird die Actio dotis gegeben. Dieß ist der vollständige Sinn der L. 6. D. de collat. bonor. Auch die Exheredation des Sohnes soll dieß nicht ändern, da immer noch die Absicht vermuthet werden muß, sein Vater (der Großvater der Frau) habe ihm grade dieß gewähren wollen (« nec intolerabilis sententia est, ut hoc saltem habeat ex paternis, quod propter illum datum est »). Man sieht also deutlich, es lag hier allein an der bestimmten Absicht des Gebers, der Vater solle die Rückforderungsklage haben, die sich keineswegs von selbst verstand.

Ein solcher Sinn liegt auch keineswegs schon darin, daß der Dritte dem Vater den Gegenstand der Dos, wohl zu unterscheiden von der Dos selbst, schenkte mit der Auflage, daß dieser damit eine Dos für die Tochter bestelle, obgleich hier die von dem Dritten abzuleitende Dos doch wohl gewöhnlich mit Rücksicht auf den Vater gegeben wurde. Der Vater ist hier nur formell der Besteller, und aus seinen Gütern ist dieß nicht in das Vermögen des Schwiegersohnes übergegangen, da die Uebertragung in jene gleich anfangs sub eo modo geschah. Hier ist nur meistens so viel zu ersehen, daß der Dritte den Vater der Nothwendigkeit habe überheben wollen, selbst eine Dos zu geben, oder wenn eine solche Nothwendigkeit nicht vorhanden war, er seiner Tochter mit um seinetwillen habe schenken wollen, nicht aber daß er recht eigentlich für ihn habe dotiren und in eventum mit der Dotalklage ihm habe ein Geschenk machen wollen. Eben daher wird hier auch, wenn die Mutter dieß that, gar keine Schenkung an den Mann und Vater angenommen, sondern es wird dieß so interpretirt, als habe sie sich seiner bloß als Vermittlers bedient, um selbst dem Kinde zu dessen Gunsten eine Dos zu bestellen. In allen diesen Fällen ist daher immer Dos adventitia [404]).

Im übrigen ist es nun Regel: gab nicht der Vater oder sein Stellvertreter aus dessen Vermögen die Dos, so hat er die gesetzliche Klage nicht. Stellvertreter ist aber nicht bloß ein Mandatar oder ein Negotiorum gestor, dessen Bestellung der Dos nachmals gebilligt wurde, sondern auch ein Curator desselben, der mit Befugniß handelte, z. B.

404) L. 5. §. 9. D. d. I. D.

Furiosi oder Prodigi. Ja es steht dem gleich, wenn die Obrigkeit für einen Abwesenden, der in Gefangenschaft bei Feinden oder Räubern gerathen war, die Tochter aus dessen Gütern dotirt. Hier würde eine Ratihabition eben so unwirksam als unnöthig seyn, aber doch wird es für Dos profectitia erachtet [405]). Um so mehr muß es in dem oben entwickelten Verhältniß zwischen Vater und Sohn als Dos profectitia des ersteren und in eventum des letztern angesehen werden, wenn der Sohn in Abwesenheit des Vaters aus dessen Gütern eine Dos für seine Tochter bestellte, die dieser anwesend auch würde bestellt haben [406]).

§. 92.

Sehr wohl zu unterscheiden ist auch hier zwischen Dotis numeratio, und Dotis datio als Constitutions-Akt, der Vater muß als der eigentliche Constituent angesehen werden können, darauf kommt Alles an, ob er zahlte oder ein andrer, daran

405) L. 5. §. 1. 3. 4. D. d. I. D. L. 7. §. 2. D. d. SCto Macedon. L. 7. §. 5. — L. 9. D. d. in rem verso.

406) L. 5. §. 8. D. d. I. D.

liegt gar nichts. Folglich wenn er als Bürge zahlte für einen andern, der die Dos promittirte, so ist das Dos adventitia; promittirte dagegen der Vater, und ein Dritter zahlte als Bürge desselben, so ist es Dos profectitia. Versprachen beide, der Vater und ein Andrer die Dos in solidum, und der Correus zahlte, so kommt es nun doch noch wieder darauf an, wie das Verhältniß zwischen diesen Correis ist. Sollte der Correus der Sache nach nur Bürge seyn (« si pater reum pro se dedit »), so daß er den vollen Regreß gegen den Vater hat, so ist dieser vollaus der eigentliche Constituent, und die ganze Dos ist profectitia, wollten sie contribuiren, es findet also der Regreß pro parte Statt, so ist sie auch pro parte profectitia; war auch dieß nicht die Absicht, was sich gar wohl denken läßt, so ist durchaus Dos adventitia. Delegirte der Vater einen Dritten, mogte dieser nun als Schuldner desselben oder als Patri donaturus sich dazu verstehen, und dieser zahlte, so ist wieder Dos profectitia [407]).

407) L. 5. §. 6. 7. 8. D. d. I. D.

§. 93.

Keineswegs ist aber erforderlich, daß die Frau im Sinne des Civilrechts noch in diesem Augenblick zur Familie des Vaters gehöre, er sie also in der Gewalt habe, es ist hinreichend, wenn sie nur im Sinne des prätorischen Rechts dahin gehört, also auch für die emancipirte Tochter kann der natürliche Vater eine Dos profectitia bestellen, ein Adoptivvater aber, versteht sich, nur so lange dieß Verhältniß dauert, weil hier durch Emancipation aller Nexus aufgehoben wird (»pater esse desinit«) [408]. Ist der natürliche Vater zugleich Curator des Mädgens, so wird, wenn er eine Dos bestellt, präsumirt, daß er sie als Vater, nicht als Curator habe bestellen wollen, mithin daß sie aus seinen Gütern hergenommen, und also Dos profectitia ist [409].

408) L. 5. §. 11. 13. D. d. I. D L. 10. in f. pr. D. solut. matr.

409) L. 5. §. 12. D. d. I. D. Diese Präsumtion, wofür hier von Ulpian die Auctorität des Papinian angeführt wird, gränzt nahe an eine Präsumtion, die in Beziehung auf späteres Peculienrecht durch L. 7. C. d. I. D. (von Justinian) eingeführt wurde. Davon im Justinian. Dotalrecht. S. auch gleich unten S. 349. not. 411.

§. 94.

Wer also als Extraneus die Dos gab, dem war diese nicht garantirt, was man auch so ausdrücken kann, die Dos adventitia war allein der Frau selbst garantirt. Wollte sie also der Geber nach beendigter Ehe zurückhaben, so muste er sich dieß besonders stipuliren. Dieß nannte man Dos receptitia, wie wir aus Ulpian. VI. 5. in f. und L. 31. §. 2. D. de m. c. donat. ersehen. Beide Stellen sprechen von einer Dos, die sich der Fremde auf den Fall des Todes der Frau stipulirte, aber es kann keinen Zweifel leiden, daß es möglich, und dann auch Dos receptitia war, wenn er sich in casum mortis et divortii die Rückgabe stipulirt hatte [410], nur war dann juristisch fast so gut wie gar keine Dos vorhanden, da hier keinem vom Gesetz die Dos garantirt war, auch der Frau nicht wegen der Stipulation. Allein es kann doch seyn, daß der Extraneus oder sein Erbe ihr Recht aus der Stipulation aufgeben, dann tritt auch sofort die Garantie für die Frau ein; ja, wie wir sehn wer-

410) L. 29. §. 1. D. de pact. dotal. L. 20. §. 1. eod.

den, diese Garantie betrifft auch den Fall der Verarmung des Mannes und noch einen Fall mehr bei fortdauernder Ehe.

Das Nähere über die Restitution der Dos unten in einem eignen Capitel.

§. 95.

ad II.

Regelmäßig ist die Bestellung einer Dos eine freie Handlung, wozu kein Recht nöthigt. Indeß gibt es hier Ausnahmen im Römischen Recht, welche aus einer Zeit herrühren, in welcher man Ehen und Erzeugung ehelicher Kinder auf alle Weise zu befördern trachtete. Als erste Quelle solcher Vorschriften dürfen wir die Lex Iulia de maritandis ordinibus ansehen, obgleich dieß durch die Gesetze der folgenden Kaiser genauer bestimmt wurde.

L. 19. *D. de ritu nuptiar. Marcianus lib.* 16. *Instit.*

> Capite trigesimo quinto Legis Iuliae, qui liberos, quos habent in potestate, *prohibuerint* ducere uxores vel nubere, vel *qui dotem dare non volunt*, ex Constitutione Divorum Severi et Antonini, per

Proconsules Praesidesque provinciarum coguntur in matrimonium collocare *et dotare. Prohibere autem videtur et qui conditionem non quaerit.*

Aus den Endworten sieht man, daß man den Ausdruck prohibere der Lex Iulia schon so interpretirte, daß es ein Conditionem quaerere voraussetzt, zum Conditionem quaerere gehört aber auch wieder dotare, und so enthielten die spätern speciellen Vorschriften hierüber keinen reinen Zusatz. Die L. 19 spricht nur von dem Fall, da die Kinder unter der Gewalt standen, und hier war denn auch unstreitig das erste Bedürfniß und der erste Anfang dieses Zwanges. Das Kind hatte nichts Eignes, wollte daher der Vater dem Sohne die Unterstützung zum Unterhalt einer Familie versagen, wollte er ihm sein Peculium entreißen, wollte er der Tochter keine Dos geben, so war ihnen regelmäßig gar keine Ehe möglich, denn die Möglichkeit, eine reich dotirte Frau, oder einen Mann, der keine Dos verlangte, zu heirathen, war doch immer der seltnere Fall. Hatte sich das Kind hierüber zu beschweren, so konnte es freilich keine eigentliche Klage hierauf anstellen, aber es wurde auf seinen Antrag vom Magistratus extra ordinem darüber erkannt. Was vom Vater, galt natürlich auch vom Großvater, der den Enkel in der Gewalt hatte, und so weiter hinauf, nur daß es in einer Beziehung, von der schon oben (§. 91) die Rede war, so angesehen wurde, als habe der Großvater diese Pflicht um des Sohnes willen, dem sie zunächst obliegt. Man kann aber leicht vermuthen, daß man hiebei nicht stehen blieb, nachdem die Ansicht des Ius Gentium durch das Edikt längstens herrschend geworden, nach welcher das Band zwischen Vater und Kind durch Emancipation nicht aufgehoben wurde, nur musten hier natürlich die Fälle seltner seyn, da eine Nothwendigkeit für den Parens eintrat, eine Dos zu geben. Denn hatte dieser der Tochter oder Enkelin bei der Emancipation ihr Peculium gelassen oder sie grade dermalen besonders ausgestattet, oder hatte sie nach der Emancipation ein Vermögen erworben durch Erbschaft oder wie sonst, so fiel jenes ursprüngliche Bedürfniß, welches dieß Ius singulare erzeugte, in so weit als das eigne Vermögen der Frau hinreichte, hinweg. Beide Behauptungen werden rückwärts bestätigt durch Justinians L. ult. C. de dotis promiss., denn

1) wird darin bezeugt:

»neque enim leges incognitae sunt, quibus cautum est, *omnino* paternum esse officium, dotem vel ante nuptias donationem pro sua dare progenie.«

Welche Leges hier aber gemeint sind, ist nicht bekannt.

2) konnte die dort erwähnte Streitfrage im ältern Recht [411]) gar nicht entstehen, wie Justinian doch

411) Der dieser Streitfrage zum Grunde liegende Fall, wie er im ältern Recht vorkommen konnte, ist in L. 5. §. 12. D. de I. D. (Ulpian lib. 31. ad Sab.) enthalten: Papin. lib. 10. Quaest. ait, "cum pater curator suae filiae *iuris sui effectae* dotem pro ea constituisset, magis eum quasi patrem id, quam quasi curatorem fecisse videri. Vinnius (Quaest. Sel. II. 14.) schließt aus dieser Stelle, daß der Vater gar nicht verpflichtet gewesen sey, die emancipirte Tochter zu dotiren, allein das ist viel zu viel geschlossen, da hier ja ein Fall ist, worin die Tochter freies Vermögen hatte, aus dem sie dotirt werden konnte, und daß überhaupt nur die arme Tochter, d. h. diejenige, welcher keine zu einer ihr anständigen Heirath hinreichende Dos aus eignem Vermögen bestellt werden kann, vom Vater zu dotiren sey, hat er selbst am Ende derselben Abhandlung gezeigt. Noch weniger kann dieß die von ihm angeführte L. 51. D. d. I. D. beweisen, wie schon *Voet* ad Tit. d. I. D. §. 12 bemerkt hat, denn daß wenn der Vater der Tochter bei der Emancipation oder nach derselben etwas schenkte, und er dann später dieß auf Verlangen der Tochter ihrem Manne in dotem gab, dieß nicht dos profectitia seyn könne, muß allemal wahr seyn; immer ist hier auch wieder eine

erzählt, wenn es ohne Rücksicht auf eignes Vermögen der Tochter Pflicht des Vaters war, sie zu dotiren. Die Tochter hat eignes Vermögen, was sich aber in den Händen des Vaters befindet (nach dem neuern Peculienrecht konnte dieß nur leichter der Fall seyn), nun hatte er der Tochter eine Dos bestellt, ohne sich irgend zu erklären, ob er diese aus seinem oder dem Vermögen der Tochter hergeben wolle (einer der in dem Gesetz enthaltenen Fälle); war er hier nun rechtlich verpflichtet zur Dotation, so muste ja nothwendig präsumirt werden, daß er diese Schuld habe abtragen, und keinesweges, daß er das in seiner Gewahrsam

begüterte Tochter. Vinnius gibt am Ende auch zu: «plane si filia emancipata sit paupercula, *et absque dote conditionem invenire nequeat*, tentari potest officio magistratus patrem cogi posse, ut dotem det.» Das ist aber auch Alles was man von der filia familias nach seinen eigenen Grundsätzen behaupten kann. Wenn er dann aber auch beinahe dasselbe von der Concubinentochter (filia naturalis) behauptet, (nur den ehelichen Kindern dürfe dieß nicht zu nachtheilig werden), so ist das nach römischem Recht, auch nach dem neuesten, nicht richtig. Die L. 4. §. 11. D. de legat. III. kann freilich nicht das Gegentheil beweisen, denn sie spricht abermals von einer durch das Fideicommiß begüterten naturalis filia; allein im neuern Recht wurde nur in bestimmten Beziehungen bei Concubinenkindern certa paternitas angenommen, und unter diesen Beziehungen findet sich die Pflicht des Vaters zu dotiren keinesweges.

befindliche Gut der Tochter habe vermindern wollen. Die eigentliche Interpretation dieser Justinianischen Constitution gehört aber nicht hieher, sondern in den zweiten Theil.

Die Pflicht eine filia emancipata zu dotiren, konnte sich aber auch nicht auf den Vater beschränken, die väterlichen Ascendenten höher hinauf musten ebenwohl dazu verpflichtet seyn, obgleich L. 6. C. de dot. collat. dieß an sich noch nicht streng beweist, denn diese kann allenfalls von einer unter der Gewalt des Großvaters zur Zeit der Dotation mit dem Vater befindlichen Tochter verstanden werden. Allein es liegt dieß schon in der Natur der damaligen Verhältnisse, denn es konnte ja seyn, daß die Tochter emancipirt, der Vater aber noch in der Gewalt zurückgeblieben war; dann hatte dieser letztere nichts, womit er sie dotiren konnte, der Großvater muste also statt seiner die Pflicht haben, wenn überhaupt bei einer Emancipata dergleichen Statt fand.

§. 96.

Diese Pflicht ist nun natürlich ganz an die Person gebunden, sie beruht auf einem eigenen persönlichen Verhältniß, und ist nur in diesem vom Gesetz anerkannt und garantirt, so wie die Pflicht sein Kind zu alimentiren, daher kann sie auch nicht wie eine gemeine Obligatio auf die Erben übergehn. Erst wenn der Vater die Dos durch Promissio oder Dictio schon bestellt, also jene Pflicht erfüllt hat, geht nun die so entstandene Forderung des Mannes auch gegen die Erben, und da kann es denn auch überall nichts ausmachen, daß der Vater ante nuptias starb, oder die Frau ante nuptias noch vom Vater emancipirt wurde [412].

§. 97.

In Hinsicht des Umfangs dieser Pflicht entsteht nun die Frage, welcher Maaßstab ist hier zum Grunde zu legen? In specieller Beziehung auf die Verbindlichkeit des Vaters ist dieß nicht bestimmt, aber es bestimmt sich leicht nach der Natur der Verhältnisse, und sehr ähnliche Fälle sind in den Gesetzen bestimmt, die eine untrügliche Analogie gewähren. Diese sind in

L. 43. D. de legat. III. L. 60. L. 69. §. 4. 5. D. d. I. D. [413]).

412) L. 44. pr. D. d. I. D. Lib. XVI. Dig. L. 44. cit. Vergl. Cuiacius ad Iuliani

413) (Celsus.) Si filiae pa-

enthalten. In allen diesen Fällen ist es Arbitratus boni viri, wodurch die Dos zu bestimmen ist, mag es ein Tutor oder ein Arbiter seyn, welcher dieß zu untersuchen und zu bestimmen hat, und kein andres Urtheil kann es seyn, was in unserm Fall den Maaßstab gibt, mithin ist die Regel immer dieselbe. Diese gebietet nun aber auf zweierlei namentlich Rücksicht zu nehmen:

ter dotem arbitratu tutorum, dari iussisset, Tubero, perinde hoc habendum, ait, ac si viri boni arbitratu legatum sit. Labeo quaerit, quemadmodum apparet, quantam dotem cuiusque filiae boni viri arbitratu constitui oportet? ait, id non esse difficile *ex dignitate, ex facultatibus, ex numero liberarum testamentum facientis* aestimare.

(Idem) Quaero, quantae pecuniae dotem promittenti adultae mulieri curator consensum accomodare debeat? Respondit: modus *ex facultatibus et dignitate mulieris maritique* statuendus est, quousque ratio patitur.

(Papinianus) Gener a socero dotem, arbitratu soceri certo die dari, non demonstrata re vel quantitate, stipulatus fuerat, *arbitrio quoque detracto*; stipulationem valere placuit. Nec videri simile, quod fundo non demonstrato nullum esse legatum vel stipulationem fundi constaret, cum inter modum constituendae dotis et corpus ignotum differentia magna sit; dotis enim quantitas *pro modo facultatium patris et dignitate mariti constitui potest.*

§. 5. Nuptiis ex voluntate patris puellae cum fili tutoris iure contractis, dos *pro modo facultatium et dignitate natalium* recte per tutorem constitui potest.

1) auf das Vermögen dessen, der die Dos bestellt, wie viel er vermag (« facultates patris »), ohne sein eignes Hauswesen zu sehr zu schwächen, ohne auch ungerecht zu seyn gegen seine übrigen Kinder, also « ex numero liberorum « ist dieß auch zu beurtheilen.

2) auf das Bedürfniß der Ehe, für welche die Dos bestellt werden soll. Dieses richtet sich denn natürlich nach dem Stande der beiden Ehegatten (« modus ex dignitate mulieris maritique statuendus est «), denn anständig sollen beide leben; aber allerdings soll das ganze Bedürfniß nicht damit ausgemessen werden, da es vielmehr nur ein verhältnißmäßiger Beitrag seyn soll. Daher aber auch auf der andern Seite, macht der Reichthum des Mannes keinen Unterschied aus, denn wenn er gleich zunächst für die Frau zu sorgen hat, so soll doch auch nach Billigkeit von ihrer Seite etwas geleistet werden. In Beziehung auf den Vater ist denn aber, wie schon erwähnt worden, überhaupt nur ein Bedürfniß in so weit vorhanden, als das

eigne Vermögen der Tochter nicht zu diesem Zweck ausreicht.

§. 98.

Eine so aus besondrer gesetzlicher Nothwendigkeit bestellte Dos kann man nun füglich mit den Neueren Dos *necessaria* nennen. Bei den bisher genannten Personen ist dieselbe denn auch immer zugleich eine profectitia, aber freilich darf man dieß nicht umkehren. Ein Vater kann als Vater eine Dos aus seinem Vermögen bestellen, ohne dazu überhaupt oder doch in dem Grade verpflichtet zu seyn, wie er sie gab. Auch darf man sich unter Dos necessaria nicht eine Dos denken, die aus irgend einem Rechtsgrunde, etwa auch vermöge eines Contrakts, einer Stipulatio, einer Dictio zu geben war; zum Begrif derselben gehört, daß die *Constitutio* dotis schon nothwendig war nach dem besondern Gesetz, dos ist aber, wie oben gezeigt worden, schon constituta, wenn das Versprechen geschehen ist, durch dieses konnte sich daher der Vater von seiner gesetzlichen Schuldigkeit befreien, da denn von nun an die Numeratio dotis vermöge des Contrakts geschieht und geschehen muß, er konnte aber allerdings auch gleich die Bestellung durch Datio beschaffen. In beiden Fällen ist Dos necessaria vorhanden, nicht aber wenn Promissio oder Datio ganz freiwillig geschah.

§. 99.

Auf die genannten Personen beschränkt sich nun auch lediglich die *necessaria* dos, diese Nothwendigkeit als Regel gedacht, welche contra rationem iuris ein ius singulare bildet. Nur auf den Vater und den väterlichen Ascendenten männlichen Geschlechts (« parens mulieris virilis sexus per virilem sexum cognatione iunctus « — grade die Personen, welche außer der Frau und ihrem oben bezeichneten Stellvertreter diciren konnten) geht diese Regel, nicht auf die Mutter und mütterlichen Ascendenten. Selbst nach prätorischem Recht stand das Kind mit diesen bekanntlich in keinem eigentlichen Familiennexus.

L. 14. *C. de iure dot. Dioclet. et Maxim. Basilissae.* (*a.* 278.)

Neque mater pro filia dotem dare cogitur, nisi ex magna et probabili causa, vel lege specialiter expressa, neque pater de bonis uxoris suae invitae ullam dandi habet facultatem.

Nur also gegen die Regel, wegen außerordentlicher Umstände, die entweder ein specielles Gesetz bestimmt hatte, oder die sich in dem einzelnen Fall als vorzüglich bewegend hervorthaten, durfte der Magistratus eine Mutter dazu nöthigen. Die Beurtheilung war hier dem Magistratus überlassen, eine näher bestimmte Norm, wonach er sich dabei zu richten hatte, findet sich in unsern Quellen nicht, auch keine Beispiele sind vorhanden, und nur eine einzige viel spätere Constitution Justinians v. J. 530, die in dieser Hinsicht als Lex specialiter expressa gelten kann, ist da, wonach eine ketzerische Mutter so gut wie ein ketzerischer Vater den orthodoxen Kindern eine Dos bestellen soll [414]. Aus diesem einzigen Beispiel in der Compilation darf man aber schon schließen, daß es mit der magna et probabilis causa sehr genau genommen wurde, und gewiß Reichthum der Mutter und große Bedürftigkeit der Tochter an sich nicht entscheiden konnte.

414) L. 19. §. 1. C. de haereticis.

Auf keinen Fall war dieß aber Dos profectitia.

§. 100.

Auch Collateralen, selbst wenn sie im juristischen Sinne zu Einer Familie gehörten, waren keinesweges verpflichtet, sich unter einander zu dotiren. Man hat hiervon den ersten Grad der Agnation ausnehmen wollen. Diese Meinung stützt sich allein auf

L. 12. §. 3. *D. de administrat. tutor. Paulus lib.* 38 *ad Edictum.*

> Cum tutor non rebus duntaxat, sed etiam moribus pupilli praeponatur — —, solennia munera parentibus cognatisque mittet. Sed non dabit dotem sorori *alio patre natae*, etiamsi aliter ea nubere non potuit, nam etsi honeste, *ex liberalitate* tamen fit, quae servanda arbitrio pupilli est.

Es schien ein zulässiger Schluß: nur der Soror alio patre nata, also der Uterina, wird ex liberalitate eine Dos gegeben, und darum darf dieser der Tutor keine solche geben; folglich wenn die Schwester *eodem* patre nata also Consanguinea ist, wird nicht ex liberalitate, mithin ex necessitate vom Bruder eine Dos bestellt. Dennoch wird diese Schlußfolge (in unserer Kunstsprache ein Argumentum a contrario) durch mehrere Gründe sehr bedenklich.

1) ist es äußerst auffallend, daß eine so erhebliche, wirklich enorme Bestimmung eines besondern Rechts nirgends in der Compilation mit seiner Quelle, welche doch nur ein eigentliches Gesetz hätte seyn können, ja nirgends einmal direkt, sondern nur dieß einzige Mal ganz indirekt und wie von ferne und gelegentlich angedeutet finden sollte.

2) Spricht auch dagegen, daß wenn Consanguinei dazu gehalten waren, es sich nicht begreifen läßt, wie diese nicht auch unter den Personen, welche die Dos diciren können, vorkommen, da doch nichts natürlicher ist, als daß diese leichtere und simplere Form bei den Personen vorkommen muste, denen das in matrimonium collocare mulierem zukam, was auch bei den entschieden verpflichteten Personen, wie oben bemerkt worden, zutrifft.

3) Das « *alio patre natae* « läßt sich wohl noch auf andre Weise erklären. Wer von einer

praktischen Ansicht ausgeht, dem muß sich hier am leichtesten der Fall vor Augen stellen, da die beiden Geschwister verschiedne Väter haben, wovon der eine Vermögen hinterließ, der andre nicht, wo daher die zu dotirende Schwester von Hause aus arm, der Bruder von Hause aus reich ist, leichter als der doch immer seltnere Fall, da beide von Hause aus als Kinder eines Vaters arm waren, der Bruder aber Reichthümer später, aber noch während der Impubertät, durch Glücksfälle erwarb, denn durch eigne Kräfte ist kaum denkbar. Trat dieser letztere Fall aber doch, bei gänzlicher Armuth der Soror *germana* ein, oder verlor sie allein durch späteres Unglück ihren Antheil vom Vermögen des gemeinsamen Vaters, so mochte es nun auch eine solche Schande für den reichen Bruder seyn, grade die Soror *eodem* patre nata ganz undotirt zu lassen, daß wenn er auch durch keine Persecutio dazu selbst hätte genöthigt werden können, der Tutor doch verpflichtet und daher berechtigt seyn konnte, den Schimpf auf seinen Pupillen nicht kommen zu lassen, es war das in diesem Verhältniß keine reine Liberalität mehr, sondern so gut, wie bei den in L. 12 erwähnten festlichen Geschenken, die Unterlassung contra bonos mores, wenn auch keine erzwingbare Pflicht, so nöthigte doch die Furcht vor der Schande dazu. Der ganze Schluß von der Befugniß des Tutors auf eine Zwangspflicht des Pupillen möchte hier demnach falsch seyn, wenigstens ist er unsicher, auch bei den « Munera solennia « gab es keinen Rechtszwang [415]. Mit dieser Ansicht stimmt nun eine Stelle im *Plautus* (Trinummus Act. 5. Scen. 2.), der hier wohl am wenigsten bloß griechisches Costüm befolgte, überein. Es kommt da ein edler Wettstreit vor: der Eine will die Schwester des Andern ohne Dos nehmen, der Bruder will sie ihm nicht anders als mit einer Dos geben. Dieser sagt gradezu, er würde eine Infamie auf sich laden, und sich die allgemeine Verachtung der Menschen zuziehn, wenn er ihm *germanam* suam sororem ohne Dos gebe, um sie mehr wie eine

415) Coccii ius contr. tit. de I. D. qu. 4.

Concubine, denn wie eine Frau zu haben. Die Uebertreibung, den Eigensinn, die ihm der Andere vorwirft, setzt dieser nicht darin, daß das Volk hierüber nicht so zu denken pflege, sondern darin, daß der Bruder selbst kaum so viel habe, daß er leben könne, er müsse davon gehn, wenn er dieß der Schwester aufopfere, und sodann darin, daß er, der Bräutigam, die Dos ja selbst nicht wolle, und sie unter solchen Umständen ohne seine Schande nicht nehmen könne. Der Bruder beruft sich auch gar nicht, obgleich er dringende Veranlassung dazu hat (er spricht ja als Ueberredender) auf ein Gesetz oder einen Rechtsgebrauch, sondern lediglich auf den Vorwurf entschiedener Niederträchtigkeit, der ihn treffen würde.

Aus diesen Gegengründen ergibt sich wenigstens so viel, daß die Sache sehr zweifelhaft ist, und wenn es auf Rechtsanwendung ankommt, darf ein ius singulare niemals ohne vollständige Gewißheit und bestimmte Vorschrift angenommen werden.

§. 101.

Endlich muß es bei allen diesen Ausdehnungen

jenes besondern Rechts, sey es auf Mutter, mütterliche Ascendenten oder Geschwister, noch besonders bedenklich machen, daß hier kein Gesetz die Rechte einer Dos *profectitia* gewährt hat, daß mithin für solche Personen, die doch, wenigstens nach Römischer Ansicht, im natürlichen Verhältniß keinen so starken Beweggrund haben zu dotiren, wie der Vater, die größeste Inäquität entstehen muß, wenn sie wie der Vater dotiren müssen, und nicht so wie der Vater die Dos, ohne specielle Stipulation, zurückfordern können. Wo die Obrigkeit z. B. dem Bruder die Dotation auflegt, da kann er sich in eventum caviren lassen de dote restituenda; aber wie wenn der Bruder, unter Voraussetzung seiner Rechtspflicht, die Dos gab, ohne Rückversprechen, er beachtete das nicht, da er reich war, und er nun nachmals arm wird, die Schwester aber in der Ehe stirbt, nachdem sich ihr Vermögen sehr vergrößert hat? hier kann ihm kein Richter helfen, da ihm die Gewehr des Gesetzes fehlt, die doch dem Vater zu Theil wurde.

§. 102.

Ist denn die Frau nicht selbst verpflichtet, wenn sie des Vermögens ist, dem Manne eine Dos zu bestellen? 416)

416) Burchardi Grundzüge rc. Seite 145 Not. 251 sagt hierüber: «man könnte glauben, daß in Folge dieser Grundsätze (wornach aus publicistischen Gründen «eine dos zu constituiren ist, wo diese Pflicht einigermaßen schicklich aufgebürdet werden kann») der Frau zunächst die Pflicht auferlegt werden müsse, eine dos zu bestellen, allein da die dos den Zweck hat, zur Unterhaltung der Frau zu dienen, so wäre es offenbar lächerlich, von der Frau zu verlangen, daß sie dem Manne das zu ihrer Unterhaltung gebe, was ihr ohnehin zu Gebote steht.» Ich fürchte, den Verfasser hier nicht zu verstehen, denn mit der supponirten Lächerlichkeit wage ich hier nicht die Gegner zurückzuweisen. Es fragt sich hier ja nicht, ob die Frau sich selbst einen rechten Gefallen thun soll, sondern ob der Mann schon nach dem Recht soll darauf rechnen können, daß die Frau, welche reich ist oder es wird, ihm eine Dos zu bestellen hat; sonst wäre es ja auch lächerlich, wenn die Frau durch eine Promissio dotis gebunden würde; ja durch die Promissio dotis selbst würde die Frau sich ein Ridicule geben. Die Sache aber rein politisch betrachtet, sehe ich doch wirklich nicht ein, wenn man einmal alles einigermaßen Schickliche thun will, die Zahl der Ehen zu vermehren, sie also auch zu erhalten, wo sie einmal sind, warum man es da nicht auch dem Manne in die Hand geben könnte, die Frau, die es kann und nicht will, rechtlich zu nöthigen, ihn die Kosten der Ehe nicht allein tragen zu lassen. Fragt man dann aber weiter, weshalb die römischen Gesetzgeber dieß noch nicht thaten, so ist die Antwort wie auf jede solche Frage bei einem ius singulare, sie wollten das ius publicum in das Privatrecht und die Privatverhältnisse nicht weiter einwirken lassen, als sie grade für unumgänglich nöthig hielten. Diese Antwort paßt denn freilich nicht in das System des Verfassers.

Die einzige Stelle, welche uns hierüber direkt Auskunft geben kann, ist

L. 32. §. 2. D. de condict. indeb. Iulianus lib. 10. Digestor.

> Mulier si in ea opinione sit, ut credat se pro dote obligatam, quicquid dotis nomine dederit, non repetit; sublata enim falsa opinione *relinquitur pietatis causa*, ex qua solutum repeti non potest.

Man hat an dem Ausdruck « pietatis causa « Anstoß genommen, als passe er nicht auf das Verhältniß der Frau zum Manne, und daher für mulier lieber mater lesen wollen, aber pietas paßt auf jedes Familienverhältniß, was auf Liebe beruht, mag diese mehr frei erscheinen, oder schon von Geburt an durch die Natur geboten seyn. Daß hier den Irrthum aber causa pietatis und nicht causa des Gesetzes, welches überhaupt Bestellung einer Dos durch die Frau vorschrieb, unwirksam machen soll in besondrer Beziehung auf Condictio indebiti, zeigt für sich klar, daß keine Causa Legis vorhanden ist, indem diese sonst an die Stelle der vermißten Causa Contractus getreten seyn würde. Causa pietatis ist aber nicht wahrhaft obligatorische Causa, so daß damit

Klage und eigentlicher Rechtszwang verbunden seyn könnte, nur in Beziehung auf Wiederforderung dessen, was man sine causa (ohne Rechtsgrund) gab, kann sie gleichsam obligatorisch wirken: was ohne Gesetz gute Sitte und Wohlwollen gebot, sollte zwar nicht erzwungen werden können, aber der Richter sollte auch nicht gehalten seyn, den Andern zur Rückgabe dessen zu zwingen, was unwürdig war zu verweigern. Das war bekanntlich ziemlich allgemein der Charakter einer so genannten naturalis obligatio [417]).

§. 103.

Zweifelhaft ist, ob, wenn die Frau eine Dos dem Manne dicirte oder promittirte, indem sie sich irrig für seinen Schuldner hielt, aus diesem Versprechen eine Klage zusteht. Vom Vater, der versprach, wird dieß bejaht in L. 46 §. 2. D. de I. D. [418]) Bei diesem kann es auch nicht zweifelhaft seyn, da hier eine gesetzliche Causa der Stipulation zum Grunde liegt: allein auch das Versprechen der Frau ist nicht

417) Z. B. L. 26. §. 12. D. d. condict. indeb.

418) Pater, etiamsi falso existimans se filiae suae debitorem esse, dotem promisisset, obligabitur.

sine causa, und daher kann auch gegen sie geklagt werden, zwar nicht unmittelbar aus der Causa pietatis, sondern aus der Stipulation oder Diction, und nur die Exceptio, daß die Promissio sine causa sey, muß zurückgewiesen werden. Sonst müßte hier auch von der Frau die Condictio sine causa auf Acceptilation angestellt werden können [419].

§. 104.

Wo auch von einer gesetzlichen Pflicht des Vaters und so weiter hinauf die Rede ist, da wird dieß immer in Beziehung auf die Frau, als diejenige Person gesagt, welcher dieß gebührt, dem Manne aber wird nirgends eine Forderung gegen den Vater für seine Person zugestanden, wenn dieser ihm nicht schon promittirt hatte, also die vom Gesetz zur Pflicht gemachte Bestellung schon geschehen war. Wir dürfen also auch annehmen, daß die Frau ihm nicht rechtlich verbunden war, ihren Vater dazu anzuhalten, und er nicht gegen ihren Willen diesen aus ihrer Person darauf belangen durfte.

419) L. 3. D. de condict. s. c.

§. 105.

In der That war auch wegen Leichtigkeit der Scheidung gar kein Bedürfniß vorhanden, ein solches besondres Recht dem Manne gegen die Frau zuzugestehen, und wir werden nur durch unser einheimisches Eherecht leicht darauf geführt, ein solches Zwangsrecht als natürlich anzusehen; doch darauf werden wir noch in der Folge zurückkommen.

Allein es läßt sich auch noch auf indirekte Weise aus den Quellen darthun, daß keine Rechtspflicht der Frau angenommen wurde. Wir müssen hier davon ausgehen: wenn von irgend Jemandem eine Dos ohne nähere Bestimmung als die, daß die Ausrichtung ex arbitrio boni viri geschehen sollte, versprochen worden, so kann die Gültigkeit keinen Zweifel leiden, die Person mochte nun schon durch das Gesetz dazu verpflichtet seyn oder nicht, es kommt nur darauf an, daß sich für einen Arbiter irgend ein vernünftiger Maaßstab finden läßt, was doch wohl meistens der Fall seyn wird, beim Vater und der Frau aber gewiß immer der Fall ist; auch bei der Frau kommt es darauf an, wie viel sie hergeben kann, und wie viel die Ehe bedarf [420]). Ging nun aber das Versprechen dahin, daß die Ausrichtung suo arbitrio, d. h. dessen, der die Dos zu bestellen hatte, geschehen solle, so war man geneigt, wie bekanntlich auch in andern Fällen [421]), dieß doch so zu interpretiren, als sey ein Arbitrium boni viri gemeint. Vom Versprechen, was für die Frau geschah, sagt dieß ausdrücklich und allgemein

L. 3. C. de dotis promissione. Imp. Gordianus.

> Si, quum ea, quae tibi matrimonio copulata est, nuberet, is cuius meministi dotem tibi non addita quantitate, sed *quodcunque arbitratus fuisset* pro ea daturum se rite promisit, et interpositae stipulationis fidem non exhibet; competentibus actionibus usus, ad repromissi emolumentum iure iudiciorum pervenies. *Videtur enim boni viri arbitrium stipulationi insertum esse.*

420) S. oben L. 60. L. 69. §. 5. d. I. D. L. 43. d. legat. III.

421) S. z. B. L. 24 pr. D. locati. L. 76 — 80. D. pro socio. L. 43. D. d. V. O. L. 7. pr. D. d. contr. emt. vergl. mit L. 25. D. locati Gaius III. 140.

Von einem Versprechen der Frau selbst, kann aber unmöglich ein Andres gelten. War aber dagegen ohne alle nähere Bestimmung nur schlechthin eine Dos versprochen, ohne Gegenstand und Inhalt näher zu bezeichnen, so nahm man gar nicht an, daß der Versprecher sich habe binden wollen, es wurde dieß wie ein in die **reine Willkür** des Versprechenden gestelltes Angelöbniß betrachtet, wenn auch dieß nicht ausdrücklich gesagt war, es stand ganz in seiner Macht, wie viel oder wie wenig, und also ob er überhaupt etwas geben wollte, folglich war stipulatio inutilis. Diese Auslegung war aber natürlich nur alsdann zulässig, wenn nicht schon ohnehin eine im Recht anerkannte Verbindlichkeit, für die Person der Frau eine Dos zu bestellen, vorhanden war. In dieser Beziehung werden nun die beiden Fälle, einmal da die Frau für sich selbst, und dann da der Vater für sie eine Dos zu bestellen versprochen hat, in ganz entgegengesetztem Sinne genommen.

L. 1. *C. eod. Imp. Alexander* (pro Claudiae l. Claudio) Frustra existimas, actionem tibi competere, quasi promissa dos tibi nec praestita sit, cum neque species ulla, neque quantitas promissa sit, sed hactenus nuptiali instrumento adscriptum, *quod ea, quae nubebat, dotem dare promiserit.*

L. 69. §. 4. *D. de iure dot. Papinian. lib.* 4. *Respons.*

Gener a socero dotem *arbitratu soceri* certo die dari, non demonstrata re vel quantitate stipulatus fuerat: *arbitrio quoque detracto* stipulationem valere placuit, nec videri simile, quod fundo non demonstrato nullum esse legatum vel stipulationem fundi constaret, cum inter modum constituendae dotis et corpus ignotum differentia magna sit; dotis etenim quantitas pro modo facultatium patris et dignitate mariti constitui potest.

Der Jurist will sagen: wenn man auch von dem Zusatz « arbitratu soceri «, und dessen Auslegung als arbitrium boni viri, ganz absieht, so kann man doch nicht sagen, daß es der Dos an allem bestimmten Gegenstande fehle, da diese ja nur nach dem Vermögen des Vaters und dem Stande des Mannes geschätzt werden darf. Wir fügen hinzu: dieß nun aber hier als die wahre Meinung dem Vertrage unterzulegen, konnte man, wenn es auch an aller nähern Bestimmung ermangelte, gar kein Bedenken haben, da ja der Vater ohnehin dazu verbunden war, die Dos, sey es durch Promissio oder Datio, so zu bestellen. Nur ist dieses freilich nicht so zu nehmen, als habe der Vater eine gesetzliche Verbindlichkeit gegen den Mann in eine contraktsmäßige verwandeln und so noviren wollen, sondern er hatte vielmehr nur offenbar seiner Schuldigkeit gegen die Tochter und Frau genügen wollen, mithin ging hier von selbst sein Versprechen, das heißt eben die Constitutio dotis mulieri debita, so weit als seine Schuldigkeit ging, und diese konnte des ausdrücklichen: arbitrio suo oder arbitrio boni viri entbehren, da dasselbe schon im Sinne des Gesetzes enthalten war.

§. 106.

Sehen wir noch einmal zurück auf die gesetzliche Pflicht der Dotirung in den nun festgestellten Grenzen, so kann man nun sagen, seitdem eine solche Pflicht existirt, hat das eigentliche Ius dotium in der Garantie für die Frau, eine Dos bestellt zu bekommen, seinen Anfang, und an diese schließt sich die Garantie der Restitution an, unterschieden aber sind sie dadurch, daß jene gegen den Vater u. s. w., diese gegen den Mann geht, jene als ein ius singulare erscheint, wogegen diese aus einer Ratio iuris hervorgegangen ist, jene weiter kein Privilegium in den Gesetzen erhalten hat, diese dagegen, wie weiter unten sich ergeben wird, durch eigne Privilegien verstärkt worden ist.

Siebentes Capitel.

Von den Personen welchen die Dos bestellt wird.

---

§. 107.

Die Dos wird immer für die Frau bestellt, d. h. es wird für sie ein Beitrag zu den Kosten der Ehe gegeben, von ihr selbst oder von einem Andern, eben daher aber auch geschieht nicht ihr die Bestellung, sondern dem, welcher jene Kosten zu tragen hat [422]). Dieser ist nun nach natürlicher Ansicht immer der Mann, nach der Ansicht des ältern römischen Rechts ist er es nur alsdann durchaus, wenn er sui iuris ist; steht er noch unter väterlicher Gewalt, so hat er kein Vermögen, kann also auch die Kosten des ehelichen Zusammenlebens nicht hergeben. Daher wird auch die Dos dem Vater, der die Gewalt hat, promittirt oder dicirt, würde sie dem Sohne versprochen, so würde der Vater doch sofort die Forderung daraus erwerben [423]) Wird dem Sohne statt des Vaters die Dos durch Datio bestellt, so ist dieß freilich an sich gültig, auch erwirbt der Vater durch den Sohn die Res dotales, aber er wird nur peculiotenus verpflichtet, es sey denn daß eine Versio in rem oder ein Dolus des Vaters, — was aber nicht der Dos eigenthümlich ist —, eine Aenderung macht [424]).

Eben wegen dieser beschränkten Verbindlichkeit des Vaters, wenn er die Dos nicht selbst empfing, ist es denn nun auch sehr billig, daß die Frau, so

422) L. 56. §. 1. D. d. I. D. Ibi dos esse debet, ubi onera matrimonii sunt.

423) L. 44. §. 1. L. 57. D. d. I. D.

424) L. 36. L. 52. §. 1. D. de peculio. L. 20. §. 2. in f. D. famil. hercisc.

lange als der Vater nicht ratihabirt hat, und vollends wenn er die Ratihabition verweigert, die Dos, mag sie nun data oder bloß promissa seyn, condiciren kann, selbst durante matrimonio. Dieß ist aber kein Fall einer erzwingbaren Restitutio dotis durante matrimonio im eigentlichen Sinne, sondern es wird nur wegen Mangels in der Acceptation die Bestellung der Dos rückgängig gemacht, und es ist damit nicht anders als wenn der Sohn für die Ehe seines Vaters oder ein Sklave für den Herrn sich eine Dos bestellen läßt [425]). Eine solche Condictio hatte denn auch wohl unstreitig dasselbe Privilegium, was der Actio dotis beigelegt war [426]), nur war wohl immer vorauszusetzen, daß nicht etwa die Frau sich erweislich mit der Verpflichtung des

425) L. 46. pr. D. d. I. D. Diese Stelle spricht allerdings zunächst von dem Fall, da der Filiusfamilias für die Ehe seines Vaters oder der Sklave für die seines Herrn sich eine Dos bestellen läßt, aber unser Fall hat mit diesen Fällen den Grund gemein, daß Dos periculo mulieris est: »igitur, heißt es, hanc dotem periculo mulieris esse dico, quamdiu dominus vel pater ratam promissionem vel donationem habuerit, *ideoque* etiam manente matrimonio res quas tradiderit condictione repetituram, item incerti condictione consecuturam, ut promissione liberetur.« — Vergl. Cuiacius ad h. L. in Comm ad Iulian. L. XVI. Digest.

426) Argum. L. 74. D. d. I. D.

Mannes in solidum, und der peculiarischen des Vaters hatte **begnügen wollen.**

§. 108.

So ist also allerdings hier der Vater die Person, der ordentlicher Weise die Bestellung geschieht. Allein da die Dos dem Vater nur aus einem Grunde des Familienverhältnisses angehörte, so muste dieß auch wieder von Veränderungen des Familienverhältnisses abhängig seyn. Sobald der Vater stirbt, werden nun die Kosten der Ehe eine Last des Sohnes, welcher der Ehmann ist, die Pflicht sie zu tragen konnte sich nicht mit dem Vermögen vererben. Eben daher kann denn aber auch die Dos gar nicht durchaus als Theil der Erbschaft betrachtet werden, der Ehmann muß sie vielmehr, wenn außer ihm mehrere oder überhaupt andre Erben vorhanden sind, für sich allein herausnehmen, und sie wird ihm in seinen Erbtheil gar nicht hineingerechnet, und damit geht denn auch, so wie die Sorge für seinen Hausstand, so auch die **gesetzlich garantirte** Verbindlichkeit zur eventuellen Restitution der Dos auf ihn über. Schwierigkeit machte es, wenn die Restitution der Dos vom

Vater promittirt worden ist, denn die Klage aus dem Contrakt geht auf seine Erben über; und dem abzuhelfen, muß denn aber der Mann bei dem Empfang der Dos caviren, «defensum iri heredes», d. h. daß er den Erben die Klage von der Hand halten will, dadurch daß er die in der Stipulation enthaltene Verbindlichkeit für sie erfüllt [427]).

Wie wenn aber der Vater, der die Dos empfing, den Sohn emancipirte? Da die Gesetze bloß von dem Fall, da der Vater starb, sprechen, so wurde vermuthlich angenommen, daß die Obliegenheit, wenigstens so weit die Dos reichte, zu den Kosten der Ehe zu contribuiren, in seiner Person fortdaure, was um so unbedenklicher war, da hier, wie wir sehen werden, keine eigentliche Obligatio überhaupt nicht vorhanden war. Gab aber der Vater dem Sohn die Dos bei oder nach der Emancipation heraus, oder ließ sie ihm, indem dieser sie schon vorher als Pekulium verwaltet hatte, so gingen nun auch die Onera matrimonii auf ihn über. Wenn jedoch die Frau einen abgesonderten ganz unabhängigen Hausstand für sich und ihren Mann

427) L. 20 §. 2. L. 51. D. famil. herci

wünschte, so, scheint es, konnte sie immer durch Aufkündigung der Ehe, den Vater nöthigen, ihm die Dos herauszugeben, und da dieß, nach einmal geschehener Emancipation, ein sehr natürliches Verlangen war, so konnte man nicht sagen, daß Culpa mulieris die Scheidung bewirkt worden war. Vielleicht eben darum, weil sich dieß immer von selbst machte, schweigen die Gesetze davon. Natürlich konnte denn auch der Vater, sollte er herausgeben, verlangen, daß ihn die Frau von aller Verbindlichkeit zur Restitution, die ihm etwa nach einem Contract auflag, befreite.

Hat der Sohn ein Peculium castrense, so kann er natürlich mit Beziehung auf dieses auch in Hinsicht der Dos sich als Paterfamilias geriren, und da er allemal, wenn er eine Dos für sich selbst empfängt, in solidum verpflichtet ist, so haftet er nun mit dem Peculium castrense für die Restitution ganz, und es liegt ihm ob, aus diesem die Onera matrimonii zu bestreiten, der Vater haftet dann aber auch noch subsidiarisch mit dem Peculium filio concessum, wenn ein solches vorhanden ist.

Durch das neuere Pekulium muste freilich dieses

Recht in mehrern Stücken verändert worden, wovon im folgenden Theile.

Achtes Capitel.

Von dem Charakter der Succession, welche durch die Bestellung der Dos bewirkt wird.

---

§. 109.

I. Es ist allemal eine Singular-, niemals eine Universal-Succession. Was bei diesem Unterschiede im Allgemeinen zu denken sey, habe ich an einem andern Orte gezeigt [428]). Die einzelnen Sachen werden hier immer als Einzelnheiten, als ganze Zahlen übertragen; es muß, wie schon erwähnt wor-

428) Archiv f. d. civilistische Praxis, herausg. von Thibaut, v. Löhr, Mittermaier. 5ten Bandes 1es Heft. Abh. 1. Von der bei der Dos vorkommenden Succession und der Frage, in wie fern die Dos eine Universitas iuris sey, ist auch dort S. 16 ꝛc. S. 34 ꝛc. die Rede, vgl. auch S. 39 Note 58.

den, eine Res mancipi entweder mancipirt, oder in iure cedirt [429]), andre Sachen müssen tradirt werden. Unkörperliche Sachen, im Sinne der Römer, müssen so übertragen werden, wie das angeht, z. B. ein Ususfructus durch Cessio in iure, Obligationes sind auf die oben (§. 74. Nro. IV.) erwähnte Art indirekt zu übertragen.

Im Recht ist kein Hinderniß, daß die Frau nicht alle Güter dem Manne zur Dos sollte bestellen können [430]), und faktisch ist das bei einer weniger bemittelten Frau natürlich, man kann dieß auch vorher versprechen [431]), und dann ist das Vermögen als juristisches Ganze (universitas) Gegenstand dieses Versprechens und der daraus hervorgehenden Obligatio; allein es ist unmöglich, dasselbe als Universitas zu übertragen, es müssen vielmehr nur alle dahin gehörige Einzelnheiten, wenn auch etwa, so weit das angeht, auf einmal (»pariter universa«, wie es in L. 1. §. 1. D. pro dote heißt) übertragen werden. Dadurch bekommen auch die Creditoren keine Forderung gegen den Mann, und er gegen sie nicht,

429) Gaius II. 63. S. oben §. 69.

430) L. 4. C. d. I. D.

431) Cicero pro Flacco c. 35. S. oben §. 83.

in wie fern nicht die einzelnen Obligationes cedirt, oder durch Delegation übermacht worden sind; allerdings versteht sich aber von selbst, daß das so zur Dos bestellte Vermögen als reines Vermögen zu verstehen ist, die Frau ist nur obligirt herauszugeben, so weit Geld oder Sachen nicht angewandt werden müssen, ihre Schulden zu bezahlen, eben in diesem Sinn ist das Vermögen als Universitas Gegenstand der Obligatio, und hat sie schon mehr herausgegeben, so kann sie verlangen, daß der Mann ihr das zu diesem Zweck Genügende herausgebe [432]). Auch eine Erbschaft, welche die Frau schon angetreten hat, oder noch anzutreten gedenkt, kann als solche, mithin als Universitas zur Dos bestellt werden; aber damit war es in Beziehung auf Successio nicht anders als mit Emptio oder Donatio hereditatis, und wenn gleich gegen den Mann hier eine Petitio hereditatis utilis ging [433]), so stand ihm doch keine aus seiner eignen Person zu, und er kann an sich so wenig die Erbschafts-Creditoren, als sie ihn belangen; nur kann er natürlich nicht mehr verlangen, als nach Abzug der Schulden übrig bleibt, gehen diese über

432) L. 72. pr. D. d. I. D. 433) L. 13. §. 10. D. d. H. P.

den Güter-Nachlaß hinaus, so haftet er freilich nicht für das Amplius, aber er bekommt auch nichts, und so auch wenn sie auch nur das positive Vermögen absorbiren, es sey denn, daß ihm dabei ein bestimmter Werth als Minimum versprochen wurde, oder die Frau in dolo war, — eben wie bei der Datio omnium bonorum in dotem. Ein Andres ist freilich, wenn, wie oben (§. 72. N. VI.) vorgekommen, die Dos dadurch bestellt wurde, daß man auf eine Erbschaft zum Vortheile des Mannes verzichtete; dann aber geschieht auch gar keine Singular- oder Universal-Succession zwischen dem alten und dem neuen Erben, d. h. keine Succession im Vermögen, sondern eine bloße Successio in locum, der eine, dem deferirt worden, der aber noch nicht erwarb, weicht dem andern, der nun zur ersten Hand antritt, und auf dessen Gefahr nun die Erbschaft steht, wenn nicht etwa der Besteller der Dos diese noch eigends übernommen hat; aber freilich immer darf der Mann künftighin nicht mehr restituiren, als er positiv bekommen hat.

§. 110.

II. Liegt in dieser Succession eine Schenkung?

Soll in dieser Succession eine Schenkung enthalten seyn, und nicht bloß eine dabei vorkommen, so muß der Mann dadurch immer beschenkt werden, die Dos mag von der Frau herrühren oder von einem Dritten. Die Frage ist also eigentlich eins mit der: wird dem Manne die Dos, indem sie bestellt wird, geschenkt? Da aber die Frage, ob die Frau dadurch beschenkt wird, so nahe damit in Verbindung steht, so wollen wir beide Fragen hier mit einander beantworten. Schon deshalb bedarf dieß einer genauern Untersuchung, weil Justinian einmal [434]) anführt, die »antiqui iuris conditores« hätten die Bestellung der Dos zur Schenkung gerechnet, und zwar um dadurch seinen Satz zu rechtfertigen, daß auch umgekehrt die Schenkung von Seiten des Mannes an die Frau als Gegenlage der Dos während der Ehe gültig müsse geschehen können. Sein

434) L. ult. pr. C. d. donat. ante nupt. — — »ideo enim et antiqui iuris conditores inter donationes etiam dotes connumerant.«

Gedanke war also, daß die Constitutio dotis eine Schenkung an den Mann sey, nur eine donatio propter nuptias so gut wie die, welche von Seiten des Mannes der Frau gegeben wird, und für welchen er eigentlich diesen Namen bestimmte, also im Gegensatz einer Donatio simplex [435]).

Diese ganze Sache ist Sache des Begrifs, und wenn selbst Justinians « antiqui iuris conditores « hierüber verkehrte Gedanken gehabt haben sollten, so könnte uns das nicht irren, und nur in so fern als sie aus Irrthümern bestimmte Rechtssätze als Folgerungen abgeleitet hätten, so müsten wir diese gelten lassen, was sie als Theile des Justinianischen Rechtskörpers gelten könnten. Ueber unsre Frage müssen wir aufs Reine kommen können, wenn wir den Begrif der Dos mit dem Begrif der Donatio vergleichen; soll die Dos als Species zum Genus: Donatio gehören, so muß das Wesentliche des Genus-

435) Ibid: « Sicut enim dos propter nuptias fit, et sine nuptiis quidem nulla dos intelligitur, sine dote autem nuptiae possunt celebrari, ita et in donationibus, *quas mariti faciunt*, vel pro his alii, debet esse aperta licentia et constante matrimonio talem donationem facere, quia quasi antipherna haec possunt intelligi et non simplex donatio. «

Begrifs gänzlich auf sie passen, es kann nicht hinreichend seyn, wenn einzelne Merkmale, die zu diesem Wesen gehören, sich in der Dos wiederfinden, aber nicht alle.

§. 111.

Donatio war ein Begrif des gemeinen Lebens, der in der Sprache desselben einen sehr weiten Umfang hatte, und daher leicht etwas Schwankendes annehmen muste. Mit dem teutschen Wort Schenkung ist es gar nicht anders. Auch als juristischer Begrif ist er kein so bestimmtes rein abzugrenzendes Erzeugniß, wie der Begrif Dos nach dem was wir oben gesehn haben, im Recht kann man nur den Begrif aus dem Usus loquendi auffassen, und ihn, wie man ihn da gefunden, fixiren, indem man ihm durch Entfernung des Abusus das Schwankende und Unbestimmte zu nehmen sucht, und dann etwa noch mit einer gewissen juristischen Willkür dem Wort in dieser oder jener besondern Relation einen weitern oder engern Sinn beilegen: so haben es auch die römischen Juristen gemacht, was hier freilich nicht der Ort ist in allen Verzweigungen darzuthun. Im Allgemeinen können uns ihre Aeußerungen nur als

Zeugnisse über den Sprachgebrauch interessiren, im Einzelnen interessirt es uns freilich eben so sehr, das juristische Bedürfniß, den Begrif so oder so zu modeln, gewahr zu werden. Wir können hier aber immer das teutsche und das lateinische Wort promiscue gebrauchen, da wirklich im Wesentlichen der Begrif derselbe ist, und eine Sache bezeichnet, die in der That ihren Begrif und ihr Wort immer für sich verlangt. Ganz anders ist es mit dem Wort dos, wofür sich mit Glück kein teutsches an die Stelle setzen läßt.

Das Wesentliche nun aller Schenkung, was nie fehlen darf, wo Schenkung seyn soll, ist das was der Römer *liberalitas* nennt, und was sich etwa durch Erzeigung einer freien Gunst vertauschen läßt [436]. In dieser Liberalitas sind aber wieder mehrere Merkmale enthalten, wie sich schon an der Umschreibung erkennen läßt. Faktisch sind aber die verschiedenartigsten Fälle darunter begriffen, z. B. der Hauptfall ist zwar immer, wo ich Jemandem eine Sache d. h. einen Körper hingebe, aus bloßer Gunst ohne Vergeltung, mein Eigenthum

436) S. nur gleich L. 1. D. de donat.

daran auf ihn übertrage, aber es kann schon eine Liberalität, mithin eine Schenkung darin liegen, daß ich Jemanden ohne Miethe in meinem Hause wohnen lasse, oder darin, daß ich meinem Schuldner einen spätern Termin setze, indem er früher zu zahlen genöthigt werden konnte [437]).

§. 112.

Wir wollen nun die einzelnen Merkmale durchgehn, indem wir gleich Dos mit Donatio vergleichen, und nur noch die allgemeine Bemerkung voranschicken, daß sich die Liberalität in irgend einer Art auf Vermögen beziehen müsse, denn eine andre Schenkung könnte wenigstens im Recht keinen Sinn haben, in der That aber würde auch in gewöhnlicher aber geordneter Sprache ein weiterer Begrif zu lax seyn. Also

1. Zur Liberalitas gehört eine Aufopferung, es muß dem Einen dadurch etwas an Vermögen gewonnen werden, daß der Andre etwas verliert. In dem eben angeführten Beispiel der freien Wohnung lag dieß schon darin, daß der Eine die

437) L. 9. pr. eod.

Miethe nicht zahlte, die der Andre sonst hätte bekommen können. Es ist hiebei auch nicht durchaus erforderlich, daß der Schenkende das, was er aufgab, wirklich schon erworben hatte, sey es auch nur in Gestalt einer Obligatio, so daß es also schon Theil seines Vermögens müste geworden seyn, es ist genug, wenn der Erwerb augenblicklich, sobald man wollte, bevorstand, und nun der Andre erwirbt, indem wir den Erwerb ausschlagen, z. B. eine deferirte Erbschaft zum Vortheil des Substituten. Dieß ist Schenkung, wenn die übrigen Merkmale einer Liberalität zutreffen, — z. B. es würde keine seyn, wenn man der Erbschaft nicht traute, und lieber sah, daß der Andre sich dem Periculum damnosae hereditatis aussetzte, — und wenn die römischen Juristen dieß in der Theorie der Donationes inter virum et uxorem nicht für Donatio gelten lassen, wie unten vorkommen wird, so ist das Verengung des Begrifs in einer einzelnen juristischen Relation, und der gemeine selbst gebildete Sprachgebrauch war damit wohl niemals einverstanden.

Dieses Merkmal paßt nun ganz vollkommen auf die Bestellung einer Dos, vor allen Dingen in Beziehung auf den Mann. Wie wir gesehn haben, wird immer dadurch irgend ein Recht in sein Vermögen hineingelegt und zu dem seinigen gemacht, und auf der andern Seite wird auch immer, damit diese Vermögensvermehrung geschehen könne, etwas aufgegeben, sey es auch nur eine deferirte Erbschaft; regelmäßig wird sogar aus dem Vermögen dessen, der die Dos bestellt, etwas herausgenommen, und dieses in das Vermögen des Mannes hinübergetragen: schon in jeder Constitutio dotis liegt etwas der Art, vollends in dem Effekt derselben, der Numeratio dotis.

Aber auch die Frau erhält einen unausbleiblichen Vortheil durch die Dos, die Bestellung mag geschehen wie sie will, sobald die Dos realisirt wird, lebt sie mit davon, denn die Kosten des Zusammenlebens werden mit davon bestritten. Dieß ist allgemein; beschränkter ist schon, daß wenn der Dritte, der die Dos gab, selbst auf den Fall, daß die Ehe bei Lebzeiten der Frau beendigt wurde, die Rückgabe für sich rechtlich stipuliren konnte, was nach Pandektenrecht keine Ausnahme leidet, — ein Vortheil für die Frau darin liegen kann, daß ihr nun garantirt ist, worauf der Dritte durch Unterlassung der Stipulation verzichtete.

Damit stimmt auch noch zusammen, daß so wie eine Donatio niemandem aufgedrungen wird [438]), so auch nirgends, wie wir schon erwähnt haben, eine Spur ist, daß der Mann auch nur indirekt (z. B. durch Verantwortlichkeit gegen die Frau) genöthigt werden könne, die Bestellung einer Dos anzunehmen: Gewinn und Vermögensvermehrung hängt doch wohl von dem ab, dem dieß zu Theil werden soll, gesetzt auch daß ein Dritter beiläufig darunter leidet, wenn er es ausschlägt.

§. 113.

2. Der Liberalität widerspricht es durchaus, wenn man rechtlich zu der Aufopferung gezwungen werden konnte: es muß ein freies Opfer seyn.

L. 29. *pr. D. de donat. Papinianus lib.* 12. *Respons.*

> Donari videtur, quod nullo iure cogente conceditur.

Dieses Merkmal paßt noch auf die Dos. Freilich wer eine Dos promittirt oder dicirt hat, handelt

438) L. 19. §. 2. D. d. donat. »non potest liberalitas *nolenti* acquiri.«

nicht mehr nullo iure cogente, er handelte aber frei wie er promittirte oder dicirte, und in diesem Akt liegt, wie wir gesehn haben, die eigentliche Bestellung der Dos, es sey denn, daß eine Datio dotis geschah. Bei der Donatio ist dieß aber auch nicht anders; wer eine Freigebigkeit promittirt, der schenkt schon in diesem Augenblick, es ist Obligatio donata; wenn er nachher erfüllt, so ist das nicht mehr Schenkung, sondern *solvitur* obligatio iure cogente: im gemeinen Leben heißt das wohl noch schenken, es ist das aber nicht genau oder doch nicht juristisch geredet, es ist das nur der endliche Effekt, den die Schenkung beabsichtigte; allerdings kann aber auch das Schenken in einem bloßen Hingeben von Anfang an bestehen, da denn nur der Vertrag [439]) nicht obli-

439) Er besteht lediglich in der Vereinbarung, Eigenthum donationis causa zu übertragen, wo denn weder von der einen, noch von der andern Seite eine Obligatio entsteht. L. 3. §. 1. D. d O. et A.: « si quis pecuniam suam donandi causa dederit mihi, quanquam et donantis fuerit et mea fit, tamen non obligabor ei, quia non hoc inter nos actum est, conf. L. 18. §. 3. D. d. donat. Bei einem förmlichen Versprechen tritt an die Stelle der Eigenthumsübertragung die Constituirung der Obligatio, wiederum donandi causa, « qui ex donatione se obligavit «, sagt Ulpian in L. 12. D. d. donat., und so verhält sich dieß zu einander wie Datio dotis zur Dic-

gatorisch ist: ein formloses Versprechen zu schenken hat juristisch nur einen Sinn, so lange ein solches Versprechen nicht klagbar ist, was es allerdings nach dem vorjustinianischen Recht nicht war. Könnte also eine Schenkung an den Mann durch die Dos bewirkt werden, so müßte diese schon in der Dictio und Promissio oder in der Datio s. str. enthalten seyn, in der bloßen Numeratio dotis kann sie es nicht, da diese immer ex necessitate geschieht. Nun hat allerdings, wie schon bemerkt worden, der Mann aus seiner Person keine Forderung weder gegen den Vater, noch gegen die Frau, ihm eine Dos zu versprechen oder zu geben. Dagegen kann aber die Frau ihren Vater rc. nöthigen, ihrem Manne für sie eine Dos zu bestellen, und in so fern fällt hier schon dieses Merkmal aus. Indeß kann hier doch nach altem Recht in Beziehung auf die Frau eine freie Gabe vorkommen, indem darnach der Vater sich immer zu Anfang die Dos zurückstipuliren

tio und Promissio dotis. Auch ein andres dingliches Recht, z. B. der Ususfructus, kann wie zur Dos bestellt, so auch donandi causa constituirt werden. L. 38. D. de usufr. Ueberhaupt laufen hier Dos und Donatio parallel, z. B. kann auch so acceptoferirt werden L. 17. D. d. donat. u. s. w.

kann, und wenn er dieß nun unterläßt, die Frau dadurch ein Anrecht auf die Dos für den Fall der Restitution erhält. Ganz fällt das Merkmal aus, wenn der Schuldner der Frau auf ihr Geheiß die Dos bestellt, denn hier ist eine indirekte Nöthigung immer vorhanden, will er von der Forderung der Frau befreit werden, so muß er an den Mann bezahlen, oder ihm versprechen. Es kann hierin sogar umgekehrt eine Schenkung an den Schuldner liegen, wenn ihm bei der Gelegenheit ein neuer Aufschub gewährt wird.

§. 114.

3. Es liegt aber auch noch ein Erforderniß in Zweck und Absicht der freien Gabe, und es ist mit dieser allein nicht gethan; zur Schenkung gehört eine freie Gunst, die Absicht muß in der Hauptsache auf nichts anders gerichtet seyn, als darauf, sich gegen den Beschenkten gütig zu bezeigen. Daß man Güte durch Güte gewinnen will, ist zwar eben so wenig gegen den Begrif der Schenkung, als wenn man dadurch Güte mit Güte vergilt (Donatio remuneratoria), wenn gleich das letztere in einzelnen juristischen Beziehungen nicht ganz als Schenkung

behandelt wird; nur immer muß zunächst und hauptsächlich die Erzeigung einer Gunst beabsichtigt seyn. Es liegt also schon auf der äußersten Grenze, wenn unter einer Resolutivbedingung geschenkt wurde, die Schenkung soll zurückgehn, wenn sich etwas nicht ereignet, z. B. unter Brautleuten, wenn die Ehe nicht erfolgt, denn hier ist es leicht das Ereigniß selbst was man beabsichtigte. Ist unter einer Suspensivbedingung geschenkt worden, so ist es wenigstens erst recht Schenkung, wenn die Bedingung erfüllt ist [440]. Wo aber eine solche der Liberalität fremde Causa (der Zweck ist Beweggrund zugleich) recht eigentlich hervortritt, da ist gar keine Schenkung in keinem Verstande.

L. 19. §. 5. 6. *D. de donat. Ulpian. lib.* 76 *ad Edict.*

Sed et hae stipulationes, quae ob causam fiunt, non habent donationem. § 6. Denique (dem zufolge) Pegasus putabat, si tibi centum spopondero hac conditione, si iurasses te nomen meum laturum, non

440) L. 1. D. de donat.

esse donationem, quia ob rem facta est, re non secuta.

§. 1. *Ibid.* Labeo scribit, extra causam donationum esse talium officiorum mercedes, utputa si tibi adfuero, si satis pro te dedero, si qualibet in re opera vel gratia mea usus fueris.

Die Stipulation enthielt hier keine Donatio, da in der Bedingung offenbar etwas Eigensüchtiges lag, was man erreichen wollte, der Andre sollte uns erst etwas leisten, wofür wir ihm denn die so benannte Schenkung als Vergeltung zudachten. Am mehrsten widerspricht es freilich der Schenkung, wenn eine solche Prästation als obligatorische Gegenleistung erscheint, aber es ist dieß, wie das eben vorgekommene Beispiel zeigt, nicht nothwendig, und das Widerstrebende liegt hier schon in dem ob rem, ob causam facere, mag das, warum gegeben wird, schon vorangegangen seyn oder erst nachfolgen.

L. 8. D. de donat. Paulus lib. 15. ad Sabinum.

Quae liberti imposita libertatis causa praestant, ea non donantur, *res enim pro his intercessit.*

Ferner auch wenn der Beschenkte sich verpflichtete, das Geschenkte auf eine Art zu verwenden (Donatio sub modo), die ihm nicht allein vortheilhaft ist, sondern vielleicht einem Dritten, so ist, in so weit diese Zweckbestimmung reicht, gar keine Liberalität und mithin keine Schenkung vorhanden, zu dieser ist durchaus erforderlich, daß der Beschenkte einen freien Vortheil aus dem Geschäft zieht, den er der freien Gunst des Andern verdankt, und mit diesem ist die Schenkung ausgemessen, die Gabe ist nicht donatio, wenn sie auch nulla iuris necessitate geschah, sondern es kommt nur eine Schenkung dabei vor, *inest* aliqua donatio, mixtum est donatione negotium.

L. 18. *pr.* §. 1. *D. de donat. Ulpian. lib.* 71. *ad Edict.*

> Aristo ait, cum mixtum sit negotium cum donatione, obligationem non contrahi eo casu, quo donatio est, et ita et Pomponius eum existimare refert. §. 1. Denique refert, Aristonem putare, si servum tibi tradidero ad hoc, ut eum post quinquennium manumittas, non posse ante quinquennium agi, *quia donatio aliqua inesse videtur.* Aliter atque, inquit, si ob hoc

tibi tradidissem, *ut continuo manumittas*, hic enim *nec donationi locum esse*, *et ideo esse obligationem*. Sed et superiore casu, quid acti sit, inspiciendum Pomponius ait, *potest enim quinquennium non ad hoc esse positum*, *ut aliquid donetur*. Nach diesen letzten Worten kommt es also auf die Absicht an, die man mit dem Hingeben verband.

Vergleicht man nun dieß Erforderniß mit dem Zweck jeder Dos, so kann man, ungeachtet die übrigen Merkmale einer Schenkung ziemlich zutreffen, doch nicht zweifelhaft seyn, daß durch die Bestellung derselben dem Manne oder seinem Vater nichts geschenkt werde, zugleich aber erklärt sich mit daher, daß der Name zuweilen davon vorkommt, und wie Justinian bei dunkeln und verworrenen Begriffen, die er überhaupt in dieser Materie verräth, dazu kommen konnte, den « antiqui iuris conditoribus « zuzuschreiben, sie hätten die Dos als Species unter das Genus Donatio gestellt. Der Zweck aller Dos ist, wie anerkannt, einen Beitrag zu den Kosten des ehelichen Zusammenlebens zu geben; das ist nun aber ein Zweck, der der Liberalität, und also dem Wesen der Schenkung ganz fremd ist.

Sehen wir noch einmal das ganze Verhältniß seiner Natur nach an. Zunächst ruht die Last der Sorge für Alles, was das durch die Ehe neu entstandene Haus bedarf, auf den Schultern des Mannes, aber es ist auch eben so natürliche Pflicht der Frau, ihm nach Kräften diese Sorge zu erleichtern, wohin auch gehört, daß sie ihn mit ihrem Vermögen unterstütze; wo sie es nicht selbst kann, da schickt es sich für ihre nächsten Angehörigen ins Mittel zu treten. Begreiflich ist aber auch, das der Mann, der doch nicht Alles für die Zukunft auf den guten Willen ankommen lassen kann, sich eine solche verhältnißmäßige Unterstützung zu sichern suche, wir haben nun aber oben (§. 58. pr. fin.) gesehn, daß bei freier römischer Ehe dieß allein oder doch am zweckmäßigsten durch Bestellung einer eigentlichen Dos geschehen konnte: dieß war daher entschiedener Gebrauch. Wenn daher der Mann bei Eingehung der Ehe oder auch später — denn er konnte sie ja aufrufen — eine Dos forderte und empfing, oder die dargebotene annahm, so konnte niemand daran denken, daß er sich eine Freigebigkeit erweisen ließ, er nahm vielmehr ob rem, ob causam, denn er nahm, was ihm gebührte, um eines Zwecks willen, der den Andern so gut wie ihn interessiren muste: beide wollen den Bestand der Ehe, dieser kann nicht seyn ohne Dos; « res igitur intercessit «. Viel eher noch könnte es als eine Liberalität angesehen werden, wenn der Mann heirathete ohne Dos, und die Lasten der Ehe ohne Gegenlage übernahm.

§. 115.

Gewiß jedoch ist dieß nicht so zu verstehn, als sey die Dos wie das Pretium zu betrachten, wofür die Frau eine Forderung gegen den Mann gekauft habe, sie und ihre Bedienung nun auch mit zu ernähren, obgleich diese Dinge allerdings auch juristisch mit einander in Connex stehen. Nahm der Mann die Frau ohne Dos, so ist er darum nicht weniger verpflichtet, für ihre Bedürfnisse zu sorgen, und ließ er sich eine Dos bestellen, so geht daraus doch für ihn keine wahre Obligatio hervor (natura tantum debet onera ferre matrimonii); ich halte es für entschieden irrig, wenn man diese Familienpflicht wie eine klagbare Verbindlichkeit betrachtet. Wir finden es nirgends als Regel im Römischen Recht, daß der Frau eine Klage auf Alimente gegen den Mann gegeben war. Dieß wäre ganz gegen die

Grundmaxime der Römer, die sich allenthalben kund gibt, gewesen, die Familienverhältnisse nur wo es unumgänglich nöthig ist, vor das äußere Forum zu ziehn. Da nun aber die Scheidung gänzlich frei war, die Gesinnung des Mannes aber, welche sich dadurch verrieth, daß er es der Frau muthwillig an dem Nöthigen gebrechen ließ, schon eigentlich innerlich die Ehe von seiner Seite aufgehoben hatte, so konnte es weder nöthig noch zweckmäßig seyn, von Rechts wegen einzugreifen; wollte die Frau sich dieß nicht gefallen lassen, so konnte sie die Ehe aufkündigen, da denn eo ipso nun auch äußerlich die Scheidung erfolgt war. Natürlich konnten dann aber die Vermögensnachtheile einer verschuldeten Scheidung nur den Mann und nicht die Frau treffen, und sie konnte ihre Dos nun sofort und vollaus von ihm zurückfordern, da es ja an ihm lag, daß sie nicht ferner mit ihm leben konnte.

Daher finden wir nur einen Fall in den Gesetzen, worin dem Mann die Alimentation der Frau aufgelegt wird, und das ist grade ein Fall, worin ihr die Aufrufung der Ehe durch eine Naturnothwendigkeit unmöglich geworden war. Die Stelle, wo dieß vorkommt, ist L. 22. §. 7. 8. D. soluto matrim. [441]) Es wird in §. 7. die Frage aufgeworfen: wenn einer der Ehegatten wahnsinnig wird, was

441) Si maritus vel uxor constante matrimonio furere coeperint, quid faciendum sit tractamus. et illud quidem dubio procul observatur, eam personam, quae furore detenta est, quia sensum non habet, nuntium mittere non posse. An autem illa repudianda sit (Fl. est), considerandum est. Et si quidem intervallum furor habet (Fl. habeat), vel perpetuus quidem morbus est, tamen ferendus his, qui circa eam sunt, tunc nullo modo oportet dirimi matrimonium, sciente ea persona, quae cum compos mentis esset, (et) ita furenti, quemadmodum diximus, nuntium miserit, culpa sua nuptias esse diremptas. Quid enim tam humanum est, quam ut fortuitis casibus mulieris maritum, vel uxorem viri participem esse. Sin autem tantus furor est, ita ferox, ita perniciosus, ut sanitatis nulla spes supersit, circa ministros terribilis, et forsitan altera persona vel propter saevitiam furoris, vel quia liberos non habet, procreandae subolis cupidine tenta est, licentia erit compoti mentis personae, furenti nuntium mittere, ut nullius culpa videatur esse matrimonium dissolutum, neque in damnum alterutra pars incidat. §. 8. Sin autem in saevissimo furore muliere constituta, maritus dirimere quidem matrimonium calliditate non vult, spernit autem infelicitatem uxoris, et non ad eam flectitur, nullamque ei competentem curam inferre manifestissimus est, sed abutitur dote (Fl. dotem); tunc licentiam habeat vel curator furiosae, vel cognati, adire iudicem competentem, quatenus *necessitas imponatur marito, talem mulieris sustentationem sufferre, et alimenta praestare, et medicinae eius succurere, et nihil praetermittere, quae maritum uxori adferre decet, secundum dotis quantitatem*. Sin vero dotem ita dissipaturus, ita manifestus est, ut non hominem frugi

ist da Rechtens? Die einfachste Antwort wäre die gewesen: der wahnsinnige Theil kann selbst nicht die Ehe aufkündigen, denn dazu gehört Entschluß und zu diesem Verstand. Der gesunde Theil kann es zwar, ob er es aber sine culpa kann, das kommt auf die Natur des Wahnsinns an, läßt sich Heilung hoffen, und läßt sich mit dem Unglücklichen überhaupt noch leben, so würde mit culpa die Scheidung vorgenommen werden, sonst sine culpa. Diese einfache Antwort gab vielleicht Ulpian, der im Anfang des §. 7. noch redet; von dem Wort: «et siquidem intervallum« wird der Text verdächtig, und die warnenden Worte: «sciente ea persona« verrathen offenbar schon Justinians Hand. Vermuthlich schienen Ulpians Bestimmungen nicht scharf und nachdrücklich genug, und es wurde bis §. 9. alles umgearbeitet, und wenigstens in einen neuen Styl, wie er einer Constitution geziemt hätte, gebracht. Dieß letztere

oportet, *tunc dotem sequestrari, quatenus ex ea mulier competens habeat solatium una cum sua familia*, pactis videlicet dotalibus, quae inter eos ab initio nuptiarum inita fuerint, in suo statu durantibus, et alterius expectantibus sanitatem et mortis eventum. §. 9. Item pater furiosae utiliter intendere, sibi filiaeve suae reddi dotem, potest, quamvis enim furiosa nuntium mittere non possit, patrem tamen eius posse certum est.

scheint die einzige Veränderung zu seyn, die mit §. 8. vorgenommen worden ist, denn der Inhalt verträgt sich mit dem klassischen Recht ganz wohl. Nämlich es konnte der Fall vorkommen, daß der gesunde Ehegatte den wahnsinnigen Noth leiden ließ, sich aber auch auf keinen Fall von ihm scheiden wollte, um nicht seines Vermögens zu entbehren. Dieß war indeß nur möglich, wenn die Frau wahnsinnig geworden. Es muß der Fall unterlegt werden, da der Mann die Dos zurückhält, der wahnsinnigen Frau aber es an Pflege fehlen läßt, um es sich nichts kosten zu lassen, denn umgekehrt läßt sich dieß ja nicht denken: den wahnsinnigen Mann hätte ja sein Curator aus dessen Vermögen unterhalten. Daher ist in §. 8 nur noch von der wahnsinnigen Frau die Rede. Der einzige Grund der gerichtlichen Einmischung ist hier der, daß die Frau, weil sie sich nicht scheiden konnte, der Willkür des Mannes gänzlich hingegeben war. Daher wird auch in §. 8. der Fall vorausgesetzt, da die Frau nicht in patria potestate ist, denn ist dieß, so kann der Vater, wie gleich in §. 9. hinzugefügt wird, die Scheidung bewerkstelligen, und die Dos namens seiner und der

Tochter zurückfordern [442]). Also in Ermangelung eines Vaters in sensu iuris, können die Verwandten, wohin auch der Vater, welcher emancipirte, und die Mutter gehört (cognati), und der Curator furiosae zwar keine Scheidung bewirken, aber sie können vor den Magistratus (der hier im Constitutionen-Sinn Iudex genannt wird) treten, und ihn auffordern, extra ordinem iudiciorum etwas festzusetzen, was der Mann nach Maaßgabe der ihm gegebenen Dos für die Frau verwenden soll, und dazu soll er denn durch Zwang angehalten werden können. Wirthschaftet der Mann mit der Dos so, daß die Frau dadurch gefährdet wird, so soll die Dos sequestrirt und daraus der Frau der nöthige Unterhalt für sich und ihre Sklaven (« familia ») und die nöthige Pflege gereicht werden. Der Fall, da die Frau keine Dos oder keine zu ihrer Pflege hinreichende hatte, der Mann aber die Frau zwar behielt, aber sie Noth leiden ließ, wird als ein höchst seltener nicht erwähnt; in früherer Zeit mochte auch wohl der Magistratus da Bedenken gehabt haben, in das Innere des Hau-

442) Vergleiche oben §. 46., vorzüglich L. 4. D. de divortiis. L. 2. pr. fin. D. S. M. und

ses einzugreifen, seitdem aber in der Kaiserzeit dieß auch sonst gebräuchlicher, auch bei sehr verdorbenen Sitten nöthiger geworden war, hätte man gewiß auch den Mann zur Unterstützung angehalten, nur daß außerordentlicher Aufwand zur Heilung, ohne daß die Dos den Fond dazu herlieh, ihm niemals zugemuthet werden konnte. Denken wir uns nun gar voraus die Zeit Justinians, so ist freilich unbegreiflich, daß bei so großer Erschwerung der Ehescheidungen, dieß nicht generalisirt worden ist, wie in unsrer Praxis dieß aus guten Gründen geschehen ist, doch ohne Unterstützung des ächten Römischen Rechts. Man könnte jedoch denken, daß die Entscheidung in L. 42. §. 2. [443]) in f. D. solut. matrim. auf eine solche allgemeine Obligatio, die Frau zu alimentiren, hinführe. Der Fall ist dieser: ein Theil der Dos war vom Schwiegervater dem Manne gezahlt, und sollte nach durch den Tod der Tochter getrennter Ehe zu-

443) Papinianus lib. 4. Responsor. Usuras *numeratae* dotis ex stipulatu pater, in matrimonio defuncta filia, si petat, gener qui *residuae dotis promissae* foenus stipulatus est, ita demum ad finem vice mutua debitae quantitatis compensationem opponere iuste videtur, *si propriis sumptibus uxorem suam exhibuit*, alioquin si patris sumptibus exhibita sit, *inanis usurarum stipulatio compensationi non proderit.*

rückgezahlt werden: der Vater hat sich vom Manne Zinsen stipulirt. Ein Theil der vom Vater promittirten Dos war gar nicht bezahlt, und der Schwiegersohn hatte sich Zinsen stipulirt: kann dieser sie gegen jene in Compensation bringen? Dann nicht, heißt es, wenn nicht er die Frau ernährte während der Ehe, sondern ihr Vater. Man braucht hier gar nicht einmal Hülfe zu nehmen von einer Obligatio naturalis, die allerdings beim Compensationsrecht den Ausschlag geben kann; es ist hinreichend zu bemerken, daß der Vater hier Negotia mariti gerirte, wie es jeder Extraneus gethan haben würde, der etwa in Abwesenheit des Mannes seine Frau mit dem Nothwendigen versehen hätte, denn wer wird leugnen, daß dieß faktisch dem Manne obliegt, bei dem ja eben Onera matrimonii sind, und daß das sein Geschäft ist, wozu er, wenn auch nicht direkt, doch so leicht indirekt genöthigt werden kann, wenn er die Dos nicht missen will. So ist hier eine doppelte Forderung des Vaters, und der Forderung, mit der der Schwiegersohn hier compensiren will, ist ihr Inhalt schon durch die eine der beiden geraubt, so daß sie den Dienst versagt (*inanis* usurarum stipulatio compensationi non proderit).

Einige haben die angenommene Forderung der Frau auf Alimente gegen den Mann mit dem wechselseitigen Beneficium competentiae unter Ehegatten in Verbindung bringen wollen; allein dieses beruht keinesweges darauf, sondern auf einem ganz andern Grunde, wie wir an seinem Ort zeigen werden.

§. 116.

Dieser Mangel an einer Gegenforderung und einer nach dem Recht einzutreibenden Vergeltung, und dann jene Aehnlichkeit, indem die wesentlichen Merkmale bis auf eines zutrafen, mochten nun bei unreinen Begriffen verleiten, sich die Bestellung der Dos auch in Beziehung auf den Mann als so eine Art von Donatio zu denken, Justinian scheint sie der simplex Donatio als eine andere Unterart entgegenzustellen. Allein dieß beruht lediglich auf Verwirrung der Begriffe, denn die Constitutio dotis ist auch nicht einmal bis auf einen gewissen Punkt eine Schenkung, was doch die Donatio mixta oder die so genannte Donatio sub modo ist; sie ist vielmehr rein oneros. Wäre das nicht, so würde eine Frau ihrem Manne während der Ehe keine Dos durchaus und unbedingt gültig bestellen können, was sie doch kann. Wir wollen die Stelle, welche dieß am deutlichsten enthält, ganz hieher stellen, da sie zugleich aufs klarste und vollständigste unsre ganze Darstellung dieser Sache rechtfertigt.

L. 21. §. 1. D. solut. matrim. Ulpianus lib. 32. ad Sabinum.

> Si uxor viro dotem promiserit et dotis usuras; sine dubio dicendum est, peti usuras posse, *quia non est istà donatio cum pro oneribus matrimonii petantur*. Quid tamen si maritus uxori petitionem earum remiserit? Eadem erit quaestio, an donatio sit illicita; et Iulianus hoc dixerat, quod verum est. Plane si convenerat, uti se mulier pasceret suosque homines, idcirco passus est eam dote sua frui, ut se suosque aleret, expeditum erit, puto enim non posse ab ea peti quasi donatum, quod compensatum est.

Zur Verwechslung mochte aber auch noch beitragen, daß zwar wenn die Frau aus ihrem eignen Vermögen die Dos bestellt, oder sie ihren Schuldner bestellen läßt, gar keine Schenkung geschieht, aber doch wenn es ein Andrer thut, ihr allerdings geschenkt wird, denn auch das letzte Merkmal, daß eine Gunst erzeigt seyn müsse, paßt auf sie, da ihr ja gar kein Onus auch nur faktisch aufgelegt wird, indem ihr, wie oben bemerkt worden, wenigstens der Mitgenuß der Früchte während der Ehe, oft auch die Zurückforderung geschenkt wird. Allein dieß beides muß man gänzlich auseinander halten, die Bestellung der Dos an den Mann, und die damit verbundene Schenkung an die Frau, es sind zwei Geschäfte, die nur uno actu vollzogen werden. Dieß sieht man z. B. daraus, daß die Constitutio dotis bedingt, die Schenkung an die Frau aber dennoch unbedingt seyn kann, daß jene wegen wegfallender Bedingung zu Grunde geht, diese aber dem ungeachtet bleiben kann; dieß tritt regelmäßig ein, wenn ein Extraneus (non debitor mulieris) die Dos bestellte, ohne sich die Rückgabe zu stipuliren, und dieß vor Eingehung der Ehe geschah, diese aber nicht erfolgte. Hier steht der Frau die Condictio ob causam datorum zu, ungeachtet die Bedingung der Constitutio dotis weggefallen ist, denn die Schenkung war unbedingt [444]).

444) *L. 7. pr. D. de condict. causa data (Iulianus).* Qui se debere pecuniam mulieri putabat, iussu eius do-

Endlich gewährt noch Uebersicht und Beweis des Gesagten L. 25. §. 1. 2. D. quae in fraud. cred.

Venuleius. Lib. 6. *Interdict.*

Si a socero fraudatore *sciens* gener accepit dotem, tenebitur hac actione, et si restituerit eam, desinit dotem habere, nec quicquam emancipatae divortio facto restituturum, Labeo ait, quia haec actio rei restituendae gratia, non poenae nomine daretur, ideoque absolvi solet reus, si restituerit. Sed si prius quàm creditores cum eo experirentur, reddiderit filiae dotem iudicio dotis nomine conventus, nihilominus eum hac actione teneri, Labeo

tis nomine promisit sponso, et solvit; nuptiae non intercesserunt, quaesitum est, utrum ipse potest repetere eam pecuniam, qui dedisset, an mulier? Nerva et Atilicinus responderunt, quoniam putasset quidem debere pecuniam, sed exceptione doli mali tueri se potuisset, ipsum repetiturum. *Sed si cum sciret se nihil mulieri debere, promisisset, mulieris esse actionem, quoniam pecunia ad eam pertineret.* Si autem vere debitor fuisset, et ante nuptias solvisset, et nuptiae secutae non fuissent, ipse possit condicere, causa debiti integra mulieri ad hoc solum manente, ut ad nihil aliud debitor compellatur, quam ut cedat ei condictitia actione. — L. 9. pr. vergl. mit L. 59. §. 2. D. d. I. D.

ait, nec ullum regressum habiturum ad mulierem. Sin vero sine iudice, videndum, an ulla repetitio competat ei? Quod si is ignoraverit, filia autem scierit, tenebitur filia; si vero uterque scierit, uterque tenebitur; at si neuter scierit, quidam existimant, nihilominus in filiam dandam actionem, *quia intelligitur quasi ex donatione aliquid ad eam pervenisse*, aut certe cavere eam debere, quod consecuta fuerit, se restituturam. *In maritum* autem, qui ignoraverit, non dandam actionem, *non magis quam in creditorem, qui a fraudatore quod ei deberetur acceperit, cum is indotatam uxorem ducturus non fuerit*. §. 2. Item si extraneus filiae familias nomine fraudandi causa dotem dederit, tenebitur maritus, *si scierit*; aeque mulier, nec minus et pater, si non ignoraverit, ita ut caveat, si ad se dos pervenerit, restitui eam.

Neuntes Capitel.

Gibt es eine präsumtive Bestellung der Dos (tacita dotis constitutio) nach Römischem Recht?

§. 117.

Man sollte kaum denken, daß diese Frage bei einer ganz unbefangenen Betrachtung der römischen Rechtsquellen hätte entstehen können, und doch ist Jahrhunderte hindurch darüber gestritten worden [445],

445) Gegen die Meinung, welche sich von Bartolus bis zu den sächsischen Praktikern (*Leyser* Spec. 302. m. 5. 6. *Schilter* Exercit. 36. §. 80. 81. *Carpzov* P. I. c. 28. def. 87. *Berger* Oecon. for. I. 3. §. 10.) fortgepflanzt hat, daß wenigstens von den Gütern, welche die Frau bei Eingehung der Ehe dem Manne zubringe, präsumirt werden müsse, daß sie Dos geworden, hat sich auch Grupen in seiner bekannten Schrift: von der teutschen Frau, Gött. 1748, erklärt; aber leider! geht durch die ganze Schrift der Irrthum hindurch, daß, wenn überall keine Dos ausdrücklich und speciell bestellt worden, eine stillschweigende Bestellung des Eingebrachten zur Dos anzunehmen sey, «ne, sagt er, «quod indignissimum est, uxor existimetur indotata», indem er diese Worte aus L. 11. D. de pact. dotal. entlehnt. Was hier die Praxis aber entschuldigen, ja wenn man von der Quelle, aus der sie ihre Regeln ableitete, hinwegsieht, rechtfertigen kann, wird erst in einem folgenden

und wirklich ist sie der Mittelpunkt, von dem die gründliche Erkenntniß des römischen Dotalrechts und seines wahren Verhältnisses zum einheimischen Recht ausgeht und wohin sie immer wieder zurückkehrt. Allein so leicht die Beantwortung im Grunde ist, — ja man kann sagen, Frage wie Antwort sind ganz überflüssig für den, der nicht schon auf Abwege gerathen ist, oder vor Abwegen zu warnen hat —, so ist sie auf der Oberfläche schon allein dadurch sehr erschwert, daß die Frage selbst vieldeutig ist. Unser erstes Geschäft muß also seyn, die Möglichkeiten zu erschöpfen, wie dieß genommen und verstanden werden kann.

Es kann dieß nämlich

I. so gemeint seyn, daß das Gesetz selbst vorschreibt, ein gewisser Theil des Vermögens der Frau oder ihres Vaters, oder gar das ganze Vermögen der ersteren, solle Dos seyn, entweder nach absoluter Nothwendigkeit, oder indem es den Ehegatten, wenigstens gleich bei Eingehung der Ehe freigestellt

Theile sich zeigen lassen. — Neuere Schriften sind: *Bauer* D. bona uxoris paraphernalia esse praesumenda Lips. 1762. *Meister* de bonis uxor. ex iur. Rom. praesumt. non paraphernalib. sed dotal. Gött. 1769. von Ende jurist. Abh. Th. 1. no. 13. *Walch* ius contr. ed. 3. pag. 52, auch *Müller* ad Leys. obs. 532. etc.

würde, durch Vertrag dieß ausdrücklich, ganz oder zum Theil zu ändern. Dann würde es in Beziehung auf diese ipso iure eintretende, und sich, wenigstens in Ermangelung eines entgegenstehenden ausdrücklichen Vertrages, allemal von selbst erzeugende Dos, schlechterdings keines besondern Akts der Bestellung bedürfen, und nur wenn man über die Grenze der schon durch das Gesetz bestellten Dos hinausgehen wollte, würde dieses Bedürfniß eintreten. Dieß würde eine Dos tacita in dem Sinne seyn, wie es eine Hypotheca tacita im Römischen Recht in mehrern Fällen gibt; aber von einer solchen Dos ist im Römischen Recht auch keine Spur zu finden, und gradezu ist diese auch von keinem Neueren darin behauptet worden.

§. 118.

II. Kann die Frage so gestellt werden, ob Worte zur Bestellung erforderlich waren, eigentliche Formeln, oder wenn das nicht, doch irgend eine wörtliche Erklärung, man wolle eine Dos hervorbringen, wenn auch in Umschreibung, aber doch unumwunden, deutlich und vollständig, etwa in der Art, wie Justinian in L. ult. C. de novat. eine wörtliche Erklärung des Animus novandi verlangte; oder aber ob es hinreichend war, wenn irgend ein positives Verhalten, ein Akt, unter Umständen, welche mit Gewißheit auf die Absicht zu dotiren schließen lassen, vorgenommen worden. Ein solcher Akt konnte, das ist nach dem Obigen (§. 69. rc.) vorauszusetzen, kein andrer seyn, als irgend ein rechtlicher Modus, das Vermögen des Empfängers der Dos zu vermehren, denn ohne ein solches Uebertragen in sein Vermögen waren, nach Allem was wir im römischen Recht finden, auch keine Worte, weder Formeln noch simple Worterklärung hinreichend, eine Dos zu constituiren. Nach dem alten Recht muß nun auch die Frage, in dieser Art gestellt, ihrer letzten Hälfte nach verneinend beantwortet werden, wie aus dem, was wir über die Formeln der Dictio, Promissio und Datio oben (§. 81, 82, 85, 86) gesagt haben, von selbst hervorgeht. Für das neuere Recht muß sich freilich das entgegengesetzte Resultat ergeben, denn sobald keine Formeln erforderlich waren, sobald auch nur die Datio ohne anerkannte Wortformel geschehen konnte, so war es natürlich, überhaupt nicht auf Worten schlechthin zu bestehen, sondern eine Dos gelten zu lassen, sobald nur gewiß war, daß der Akt der Vermögensvermehrung in der Absicht geschehen war, eine Dos wirklich zu bestellen, wodurch auch immer im vorliegenden Falle die Gewißheit zu erlangen seyn mochte. Ueber die größere oder mindere Leichtigkeit dieser Gewißheit bei Gelegenheit der folgenden Frage. Strenge genommen könnte dieß wohl dos tacita aber nicht dos praesumta heißen. So lange dagegen noch Formeln absolut nothwendig waren, konnte unsre Frage gar nicht aufgeworfen werden, und nur die umgekehrte Frage konnte entstehen, wenn eine für dotis constitutio gebräuchliche Formel vorgekommen war, ist dann noch der Beweis zulässig, daß man doch keine Dos gewollt habe, muß dieß ausdrücklich gesagt seyn? Vornämlich konnte diese Frage entstehen, wenn eine Formel gebraucht worden war, die das Wort Dos nicht enthielt, aber selbst wo dieß vorgekommen, war es doch möglich, daß dieß bloß in einem unjuristischen Sinne genommen worden. War nun ein solcher Beweis, wo man nicht ausdrücklich dabei gesagt, man wolle nicht dotiren, und also nicht Worte durch Worte aufgehoben hatte, unzulässig, so konnte eine dos praesumta entstehen, die sich nicht füglich dos tacita nennen ließ, denn sie geht dann vermöge des

Worts, aber sogar contra voluntatem non expressam. Ein darauf hindeutendes Beispiel finden wir in L. 31. §. 1. D. de mort. c. donat., welches unten noch wieder vorkommen wird, und wo der Fall erörtert wird, da die Mutter *filiae nomine* (eine gewöhnliche Formel der dotis constitutio, s. oben §. 89.) dem Manne Sachen tradirt, sich aber ausdrücklich von diesem hatte versichern lassen, daß er die Tradition als extra dotem lediglich zur Benutzung der Tochter geschehen, ansehen werde.

§. 119.

III. Die Frage kann auch heißen: unter Voraussetzung daß ein positiver Akt an sich hinreichend ist, reicht denn auch Wahrscheinlichkeit hin, eine Constitutio dotis nach stillschweigender Absicht anzunehmen, und ist, wenn die Umstände des vorliegenden Falles nichts Besonderes ergeben, also durchweg und im Zweifel die Absicht eine Dos zu bestellen, oder vielmehr irgend ein andres Geschäft anzunehmen? Dieß würde im Bejahungsfall wahre Dos tacita und praesumta seyn. Nehmen wir es als entschieden an, daß zur Zeit der Klassiker noch Verba solennia auch bei der Datio dotis unumgänglich nothwendig waren, so fällt die Frage mit der vorigen, und nur um so mehr, für diese Zeit weg, und es gehört also ihre Beantwortung gar noch nicht hieher. Um indeß hier keinem Zweifel Raum zu geben, und Alles hier gleich möglichst zu erschöpfen, wollen wir einmal ganz von dem Requisit der Formeln absehen, und vorläufig annehmen, ein Akt ohne Worte sey hinreichend gewesen; da fragt es sich denn, kann man geneigt seyn, eine Constitutio dotis anzunehmen? Ohne sich die verschiedenen Fälle zu vergegenwärtigen, die hier möglicher Weise vorkommen können, läßt sich aber im Allgemeinen vorausnehmen, daß wo auch nur, wie in der ganzen Zeit des klassischen Rechts zum wenigsten Formeln gewöhnlich waren, es schon große Zweifel gegen den Animus dotem constituendi erregen muste, wenn man sich keiner derselben bedient hatte, denn was konnte dazu bewogen haben, wenn man wirklich eine Dos hervorbringen wollte? Aber auch davon abgesehen, und es läßt sich über eine Präsumtion nichts ganz Durchgreifendes bestimmen. Aber leugnen läßt sich im Allgemeinen nicht, daß Fälle müssen vorkommen können, wo wegen überwiegender Wahrscheinlichkeit eine Dos anzunehmen ist. Wir nehmen an, bei Eingehung der Ehe wurden dem Manne Sachen tradirt [446]. Die Tradition ist eine Art, wie Eigenthum übertragen werden kann, und so ist es auf diese Weise allerdings möglich, daß dadurch eine Dos in Beziehung auf diese Ehe constituirt werden sollte; aber es ist nicht nothwendig, daß die Tradition Eigenthum übertragen sollte; sie kann auch viel andern Sinn haben, es konnte auch die Meinung seyn, bloß Possessio oder nur Custodia zu übertragen, dann ist nicht denkbar, daß die Sachen dotal werden (§. 69.); vorausgesetzt, daß Eigenthum übertragen werden sollte, so folgt noch gar nicht, daß dieß Eigenthum in dote seyn sollte; es konnte ja eine Absicht zum Grunde liegen, die mit dem ehelichen Verhältniß, obgleich der Anfang dieses mit der Uebertragung in einen Zeitpunkt fiel, gar nichts zu thun hatte, z. B. es wird ein Kauf, ein Tausch, ohne alle Beziehung auf die Ehe, mit dem Manne geschlossen, ihm wird geschenkt, die Frau war ihm schuldig, wegen dieser

446) Wir nehmen dieß Wort hier in der allgemeinen Bedeutung, worin tradere auch zuweilen bei römischen Juristen vorkommt, und wonach es Uebertragen der bloßen Detention mitbegreift. S. z. B. L. 20. D. commod. L. 31. D. locati. L. 9. §. 5. D. d. A. R. D.

Schuld wird ein Pfand durch Fiducia bestellt; aber angenommen, es hatte die Tradition irgend eine Verbindung mit dem ehelichen Verhältniß, so läßt sich dieß doch ohne alle Absicht, eine Dos zu bestellen, denken: gesetzt es geschah gleich nach Abschluß der Ehe durch Consensus, noch unter den Hochzeitsfeierlichkeiten, oder doch grade wie man eben zusammengetreten war zum ehelichen Verein, auch hier ist noch die Absicht dem Manne zu schenken möglich, wenn gleich dann das ganze Geschäft ungültig seyn würde (§. 34.), aber wenn das nicht, so konnte doch seyn, daß man dem Manne die Sachen bloß anvertrauen wollte, indem sie zu den Paraphernen der Frau gehören sollten; dieß läßt sich sogar mit Uebertragung in das Eigenthum des Mannes verbunden denken [447]), obgleich es nicht leicht vorkommen wird; ja es läßt sich auch denken, daß eine Verwendung zu gemeinsamen ehelichen Zwecken, nicht bloß zum besondern Nutzen der Frau, gestattet und verabredet wurde, ohne daß darum eine Dos entstand, diese würde nämlich allemal nicht entstehen, wenn entweder keine Uebertragung in das Vermögen

447) Vergl. z. B. Gaius II. 60.

des Mannes geschah, oder dieß nur zu temporären, wenn auch ehelichen Zwecken geschah, vielleicht gar so, daß nur ein precäres Behalten und Benutzen dem Manne eingeräumt worden, denn dann fehlt es an der perpetua causa, die zu jeglicher Dos gehört (§. 59. med.), nirgends kommt es vor, daß eine Dos nur ad tempus bestellt werden könne oder zu einzelnen vorübergehenden Zwecken, die Dos muß ihrer Natur nach den oneribus matrimonii überhaupt dienstbar seyn, und auf die ganze Dauer der Ehe, sonst existirt im juristischen Verstande gar keine Dos.

§. 120.

Wir haben das Wort Paraphernen genannt, und es möchte daher hier der Ort seyn, den Begrif desselben näher zu bestimmen. In den römischen Quellen wird mehrmals [448]) erwähnt, das Wort sey griechisch, und dadurch zu verstehen gegeben, die Römer hätten für den Begrif kein einzelnes Wort, einmal [449]) wird bemerkt, die Gallier nennten es

448) L. 9. §. 3. D. d. I. D. pact. convent. (unten §. 122.) L. 8. C. d. 449) L. 9. §. 3. cit.

Peculium, und da dieß ein römisches von den Galliern recipirtes Wort ist, so wird dadurch zugleich bemerklich gemacht, daß dieß nicht im juristischen Sinne, wenigstens nicht für das Römische Recht zu nehmen sey, denn in einem mehr das Faktische bezeichnenden Sinne wird das Wort hier auch von Papinian in L. 31. §. 1. d. mort. c. donat. (unten §. 125) gebraucht. Wo daher die Sache römisch bezeichnet wird, da wird sie umschrieben. Eine Umschreibung, die den Begrif gleich vollkommen festsetzt, findet sich in L. 8. C. de pactis conventis [450]), «*res quas extra dotem mulier habet*», d. h. ein Vermögen, was einer Ehefrau gehört, indem sie es ihrem Manne nicht in dotem gegeben hat. Dieß extra dotem, so wie das in andern Stellen vorkommende praeter dotem, bezieht sich nicht auf eine dabei zugleich Statt findende Dos,

450) Theodos. et Valentin. Hac lege decernimus, ut vir in his rebus, quas extra dotem mulier habet, quas Graeci paraphernа dicunt, nullam uxore prohibente habeat communionem. Quamvis enim bonum erat, mulierem, quae se ipsum marito committit, res etiam eiusdem pati arbitrio gubernari, attamen quoniam conditores legum aequitatis convenit esse fautores, nullo modo, ut dictum est, muliere prohibente virum in paraphernis se volumus immiscere.

also was man nennen kann eine Dos in concreto, wozu es sich etwa wie eine Ausnahme zur Regel verhielte, denn es kann ja seyn, daß eine Frau gar keine Dos noch bestellt hat, und doch Vermögen hat, sondern es bezieht sich auf Dos in abstracto, es heißt ganz einfach so viel als, ein Vermögen der Frau was nicht Dos ist [451]). In L. 8. wird gleich hinzugefügt: «*quas Graeci parapherna dicunt*«, also Paraphernen ist ein rein negativer Begrif, der die Nicht-Dos bezeichnet, mag nun die Frau noch außer derselben eine Dos haben oder nicht. Zu verwechseln ist dieß nicht mit *res quae in parapherna data sunt*, denn durch diesen Ausdruck wird der Begrif verengt, wie sich unten (§. 123.) ergeben wird. Unsre Frage kann also allerdings auch so lauten: streitet die Präsumtion für die Dos oder für die Paraphernen?

§. 121.

Wir gehen nun die einzelnen faktischen Möglichkeiten durch. Die Verschiedenheiten bilden sich nach

451) Z. B. in L 8. D. de dot. collat. heißt was anfangs mit res praeter dotem bezeichnet wird, nachher res non in dotem datae.

den verschiedenen Personen, welche den Akt vornehmen, welcher seiner Natur nach eine Vermögensvermehrung enthalten kann:

1) die Frau selbst tradirt oder mancipirt Sachen an den Mann. Denken wir uns dieß gleich in Beziehung auf eheliches Verhältniß, — denn wo dieß nicht einmal klar ist, da kann um so weniger Dos angenommen werden —, so ist hier namentlich dreierlei möglich, ein Anvertrauen, Schenkung, Dos. So lange nun hier nicht aus den Umständen klar erhellt, daß kein bloßes Anvertrauen, sey es in welcher Form oder zu welchen Zwecken es wolle, in der Absicht lag, so muß für dieses, und also gegen die Schenkung sowohl als gegen die Dos präsumirt werden, und es ist gleich viel, ob die Uebertragung vor, bei oder nach der Hochzeit geschah. Bei der Mancipation indeß, wenn ihr kein pactum fiduciae, und keine Clausel, welche den Modus bestimmte und darüber Auskunft gab, wie dieß zu nehmen sey, hinzugefügt worden, mochte es leicht entschieden seyn, daß kein bloßes Anvertrauen, sondern entweder Schenkung oder Dos beabsichtigt wurde; bei einer simplen Tradition dagegen wird, wegen ihrer Vieldeutigkeit, die Absicht des Anvertrauens nicht so leicht zu ent-

fernen seyn. Warum nun aber diese im Zweifel annehmen? Daß hier keine Schenkung und damit Entfernung der Sachen aus dem Vermögen der Frau absolut und für immer präsumirt werden dürfe, wird ein jeder gleich zugeben, aber mit der Dos ist es wenig anders, denn dadurch werden die Sachen aus dem Vermögen der Frau auch gänzlich entfernt, nämlich für die ganze Dauer der Ehe unwiderruflich, und auf den Fall, daß die Frau in der Ehe stirbt, wirklich für immer (§. 61). Wird zugleich anderweitig eine Dos ausdrücklich bestellt, so kann es fast nicht in Frage kommen, wie jenes zu nehmen sey; denn daß man hier anders verfuhr, zeigt fast immer unwidersprechlich, daß man auch Anderes wollte. War aber auch früher eine Dos schon namentlich bestellt, so kann um so weniger Bedenken seyn, die Präsumtion für das Anvertrauen eintreten zu lassen. Aber auch wenn gar keine Dos sonst bestellt war, noch wurde, darf diese nicht in wahrem Zweifel angenommen werden. Man hat gemeint, eine große Wahrscheinlichkeit für den Animus dotis constituendae liege schon darin, daß es dem ehelichen Verhältniß so natürlich und angemessen seyn, daß die Frau auch ihr Vermögen den gemeinsamen ehelichen Zwecken dienstbar mache. Der Vordersatz ist hier ganz richtig, aber der Schluß doch falsch, denn die Constitution einer Dos ist nicht die einzige Art, wie die Frau ihr Vermögen dem gemeinsamen Leben widmen kann. Es liegt hier ein Irrthum zum Grunde, der in unsrer Materie von vorne herein Alles verwirrt hat, man hat das Faktische mit dem Juristischen verwechselt. Die Frau kann ihr ganzes Vermögen zur Disposition des Mannes stellen zu ehelichen Zwecken, ohne daß eine Dos entsteht; es kann dieß durch Rechtsgeschäfte, wie sie mit jedem Extraneus eben so gut eingegangen werden können, geschehen, durch Commodat, Mandat, sie kann ihm ihre Sachen bloß zur precären Benutzung überlassen, so daß sie dieß jeden Augenblick widerrufen darf, wenn sie will, und so können beide Vermögen bloß faktisch vermischt werden, wie es dem höchsten Zweck der Ehe gemäß ist (§. 7.), ohne daß ein so charakteristisch-juridischer Akt, wie der einer Constitutio dotis, mit so eigenthümlichen Folgen dazwischen treten darf. Man hat gesagt, es sey etwas Unwürdiges für eine Frau, sich, wenn sie es könne, keine Dos zu bestellen, und das Unwürdige dürfe man nicht präsumiren; aber ist es denn unwürdig, wenn der Mann sich durch den guten Willen der Frau gesichert genug glaubte, und auch sie der Meinung war, sie verdiene dieses Zutrauen; nachmalige Zwistigkeit kann doch wohl dieser gegenseitigen Gesinnung rückwärts nicht die Ehre nehmen? Allerdings ist es wahr, daß unter Römischen Ehegatten die Bestellung einer Dos zu Anfang einer Ehe gewöhnlich war, — wäre das nicht gewesen, so würde bei verdorbenen Sitten das Gesetz ins Mittel getreten seyn, — ja es mag seyn, daß es zuweilen als Zeichen der fehlenden affectio maritalis und des Concubinats (aber doch nur bei einer Libertina, §. 35.) betrachtet werden konnte, wenn sie unterlassen worden; aber daraus allein entsteht noch keine Zuverlässigkeit, daß man in einem einzelnen Falle nicht anders dachte, niemals konnte es die Frau entehren oder zu einer Concubine machen, wenn der Mann, indem er den Animus mariti auf andre Art unverkennbar an den Tag legte, die Sicherheit nicht wollte, welche die Dos gewährt (§. 151). Wollte aber der Mann diese Sicherheit, wie kam er dazu, ein wichtiges Rechtsgeschäft mit so leichtsinniger Zweideutigkeit zu behandeln? Es ist doch leicht begreiflich, daß wenn man einen Akt vollführen will, der aus einem Vermögen etwas in das

Vermögen des andern auf lange Dauer übertragen soll, die Causa deutlich anzugeben ist, vollends wenn die Umstände nicht an sich volle Klarheit gewährten, hat der Mann Nachtheil davon, daß er dieß unterlassen hat, so ist das besser, als daß derjenige verliere, dem aus seinem Vermögen auf die Weise, vielleicht wider seinen Willen, etwas entnommen seyn soll; wahrscheinlich ist es aber auf keinen Fall, daß dieß aus bloßer Fahrlässigkeit geschehen ist. Mithin ist hier in der That gar kein Grund vorhanden, im Allgemeinen eine Abalienatio zu präsumiren. Dennoch können in concretio besondre Umstände vorliegen, die mit der Häufigkeit und Natürlichkeit der Sache zusammengehalten, auf eine überwiegende Wahrscheinlichkeit führen, daß ein solcher an sich zweideutiger Akt in der bestimmten Absicht vorgenommen worden, eine Dos zu constituiren, z. B. der Frau waren von einem Dritten Sachen gegeben worden, um sie ihrem Manne in dotem zu geben; dadurch werden die Sachen noch an sich nicht dotal, sondern sie gehen zunächst in das Eigenthum der Frau über [452]; tradirt sie nun aber diese selbigen

452) L. 9. pr. D. de I. D.

Sachen dem Manne, so ist zu vermuthen, daß sie sie in dotem geben wollte, wenn sie es auch nicht gradezu sagte, und diese Wahrscheinlichkeit kann sich dann auch mit über andre Sachen erstrecken, die sie mit jenen bei der Uebergabe verband; indeß können auch hier wieder andre Umstände die Präsumtion wieder aufheben, z. B. sie wußte, indem sie tradirte, daß der Mann insolvent war, und wollte deswegen vielleicht lieber bloß eine precäre Gestattung des Gebrauchs, indem sie für sich oder für den Dritten sorgte, der nun entweder geneigt seyn konnte, ihr die Sachen ohnehin zu lassen, oder sie ihr wieder abfordern konnte, da der Modus nicht erfüllt war: immer kamen diese Sachen nicht in den Concurs des Mannes, sondern konnten vorerst von ihr vindicirt werden.

Das Resultat ist also dieses: So lange ein bloßes Anvertrauen, sey es zu welchem Zweck es wolle, nicht ganz unwahrscheinlich ist, streitet die Präsumtion gegen die Veräußerung, und also auch gegen die Dos.

§. 122.

Wenn wir die ganze Frage über Präsumtion

einer Dos in den Pandekten nicht entwickelt, und nicht wie sonst an mehrern praktischen Fällen demonstrirt finden, so erklärt sich dieß am leichtesten, wenn man das Requisit einer förmlichen Bestellung für jene Zeit voraussetzt, aber auch ohne dieß läßt es sich davon herleiten, daß der eigentliche Begrif des Dotalrechts noch zu fest haftete, als daß man dieß sehr zweifelhaft hätte finden können. Hinsichtlich des von uns vorgelegten Falls finden wir daher auch keine direkte Entscheidung über Vermuthung und Nichtvermuthung; indeß ist doch in einer Hauptstelle, die der Paraphernen erwähnt, auf mehrere Weise das Richtige angedeutet. Es ist

L. 9. §. 2. 3. D. de iure dot. Ulpian. lib. 31. ad Sabin.

> *Dotis autem causa data accipere debemus ea quae in dotem dantur*; caeterum si res dentur in ea, quae Graeci παραφερνα dicunt, quaeque Galli peculium appellant, videamus, an statim efficiantur mariti? Et putem, si sic dentur, ut fiant, effici mariti, et cum distractum fuerit matrimonium, non vindicari oportet, sed condici, *nec dotis actione peti*, ut D. Marcus

et Imperator Noster cum Patre rescripserunt. Plane, si rerum libellus marito detur, ut Romae vulgo fieri videmus, — nam mulier res, quas solet *in usu* habere in domo mariti, *neque in dotem dat*, in libellum solet conferre, eumque libellum marito offerre, ut is subscribat, quasi res acceperit, et velut Chirographum eius uxor retinet, res, quae libello continentur, *in domum eius se intulisse*, — hae igitur res an mariti fiant, videamus. Et non puto, non quod non ei traduntur, quid enim interest, inferantur volente eo in domum eius, an ei tradantur? Sed quia *non puto, hoc agi* inter virum et uxorem, *ut dominium ad eum transferatur*, sed magis ut certum sit in domum eius illata, ne si quandoque separatio fiat negetur, et plerumque custodiam eorum maritus repromittit, *nisi mulieri commissae sint.* Videbimus harum rerum nomine, si non reddantur, utrum rerum amotarum, an depositi, an mandati mulier agere possit? Et si custodia marito committitur, depositi vel mandati agere poterit, si minus, agetur rerum amotarum, si animo amoventis maritus eas retineat, aut ad exhibendum, si non ámovere eas connisus est.

Gradezu wird hier nicht die Frage aufgeworfen, was zu präsumiren sey: Dos oder Paraphernen; es lassen sich also nur beiläufig vorkommende Aeußerungen in Beziehung hierauf herausheben. Vorher ist von L. 7. §. 3., die auch aus derselben Abtheilung derselben Schrift (Ulpian. lib. 31. ad Sabinum) hergenommen ist, an, mit geringer Unterbrechung durch die kurze L. 8 aus des Callistratus Quästionen, die aber dasselbe Thema behandelt, immer die Frage an mehrern Beispielen erörtert worden, ob, wenn Sachen zur Dos bestimmt übergeben würden, und wann und in wie fern sie ins Eigenthum übergingen, etwa bloß der Frau, wenn sie dieser nur noch tradirt worden, oder auch des Mannes, wenn dieser sie selbst erhalten, und so wirklich dotal würden. Dann folgen die merkwürdigen Worte des §. 2., womit sich unser Excerpt anfängt: bei dieser ganzen bisherigen Erörterung, will Ulpian sagen, sey vorausgesetzt worden, daß die entschiedene Absicht vorhanden gewesen sey, durch die Tradition gleich oder für die Folge eine Dos hervorzubringen, fehlte es daran, so träten nun ganz andere Rücksichten ein, und diese werden nun in §. 3. von « caeterum « an entwickelt. So erscheint gleich hier das in dotem dare und dotis causa dare als das eigentlich positive Requisit, als ein besonders ausgeprägter Akt, worohne die vorangegangenen Sätze nicht bestehen können. Dagegen erscheint nun das Folgende als etwas Negatives und Unbestimmtes, denn wenn dieß gleich positiv ausgedrückt wird: dare in parapherna, so liegt das Positive hier doch nicht in dem parapherna, da dieß nichts weiter heißt als praeter oder extra dotem, was nachher im Paragraphen selbst mit: res, quas, — — *neque in dotem dat* (mulier), bezeichnet wird, sondern in dem dare oder tradere, denn, wie wir in unserer bisherigen Erörterung, setzt der Jurist hier einen positiven Akt voraus, der aber nur unbestimmt ist, und nicht durch die entschiedene Aeußerung, man wolle eine Dos constituiren, charakterisirt ist. Ungeachtet er nun offenbar einen Fall vor Augen hatte, wo die Sachen der Frau in das Haus des Mannes hineingebracht wurden, ohne daß etwas darüber bestimmt geäußert worden, in welcher Meinung das geschehe, weswegen? und wozu? ungeachtet er annimmt, daß in dem Hineinbringen ins Haus, wenn es mit Wissen des Mannes geschehe, eine Uebertragung des Besitzes, und somit des Eigenthums, wenn man das wolle, liegen könne; ungeachtet er an eine Bestimmung dieser Sachen zu gemeinsamem Gebrauch (»in usu habere in domo mariti«) zunächst denkt, da er nachher erst den Fall absondert, da die Frau selbst, z. B. ihren Putz, bewahren sollte (»nisi mulieri commissae sint«); wenn er gleich noch den besondern Akt hinzufügt, daß die Frau dem Manne bei der Zuführung der Sachen ein Verzeichniß derselben übergab, das er ihr mit seiner Unterschrift zurückgeben mußte, ein Akt, der sich mit einer tacita dotis constitutio trefflich vertragen hätte, wenn den Römern nur überhaupt diese wäre geläufig gewesen: so denkt Ulpian hier doch so wenig an eine Praesumtio dotis, daß er auch die Absicht, das Eigenthum zu übertragen, welche doch, wie noch erst §. 1. unsers Fragments deutlich an den Tag gelegt hatte, zu dieser Dos unentbehrlich war, ohne deutlichen Beweis als selten und unwahrscheinlich nicht annehmen will, sondern vielmehr eine auf bloße Detention des Mannes gerichtete Absicht nebst den damit verbundenen Rechtsmitteln [453]) vorzieht. Er erfordert zu dieser seiner Präsumtion nichts weiter, als daß nur die Frau diese Sachen « non in dotem dat », und wenn er sich hierbei auf das Gebräuchliche bezieht, so beweist eben dieser Gebrauch, daß die Römer in ihrem Familienleben mit der Idee einer dos *tacite* constituta in keinem Sinne vertraut waren. Dann sieht man aber freilich auch aus dieser Stelle, daß selbst Eigenthumsübertragung an den Mann in Beziehung auf eheliches Verhältniß möglich war, ohne daß darum auf Constitutio dotis geschlossen werden konnte, die Repetition solcher Sachen muste auch am Schluß der Ehe in Form einer Condictio geschehen,

453) Daß die dort genannten Contraktsklagen (actio depositi, mandati) nicht für einzig möglich sollten ausgegeben werden, kann man mit Zuverlässigkeit annehmen, man sieht es allein schon daraus, daß Ulpian im Anfang zugibt, es könne Absicht gewesen seyn, Eigenthum zu übertragen, und für diesen Fall eine Condictio gestattet. Warum sollte es auch nicht Commodat seyn können, wenn die Frau dem Manne Sachen zu seinem alleinigen Gebrauch hingab, und warum sollte nicht eine Mittheilung des Gebrauchs oder des Eigenthums in Form einer Societas haben Statt finden können? S. L. 65. §. ult. D. pro socio L. 32. §. 24. D. de donat. int. V. et U. L. 10. §. ult. D. d aliment. legat. Es läßt sich ja füglich Vermischung beider Vermögen durch Societas omnium bonorum ohne alle Dos denken.

und genoß nicht des Privilegii dotis („nec dotis actione peti").

§. 123.

Was die Wortbedeutung betrifft, so ist nun klar, daß res in parapherna datae solche Sachen sind, die dem Manne von der Frau oder für dieselbe übergeben worden sind, ohne daß sie Dos seyn sollen, und davon sind denn noch andre Paraphernen unterschieden, welche dem Manne nicht eingehändigt werden, sondern die die Frau selbst entweder im Hause des Mannes oder außer demselben inne hat, denn daß dieß auch Parapherna sind, kann nicht bezweifelt werden, da es ja Sachen sind, „quas extra dotem mulier habet" [454]). Wir konnten daher unsre dermalige Frage auch so fassen: streitet die Präsumtion für die Dos oder für die Res in parapherna datae?

§. 124.

Ist jedoch in concreto entschieden, daß keine Paraphernen beabsichtigt wurden, so kann noch die

454) L. 8. C. de pactis conventis cit. S. oben §. 120.

Frage entstehen, hat die Frau Dos oder Donatio gegen den Mann gewollt? Vorausgesetzt, daß die Umstände nicht, wie es doch in einem solchen Falle gewöhnlich zutreffen wird, hierüber Gewißheit gewähren, so muß man natürlich geneigter seyn, Dos als Schenkung anzunehmen, in der Ehe schon deswegen, weil sonst das Geschäft gar nicht bestehen würde, vor der Ehe, in so fern doch in Beziehung auf dieselbe contrahirt würde, deswegen, weil in der Schenkung die größere Entäußerung liegt, und weil Dotation aus dem Verhältniß leichter und häufiger hervorgeht, als jene.

§. 125.

2) Ein naher Verwandter der Frau, der durch das Gesetz oder durch natürliche Pietät verpflichtet ist, die Frau zu dotiren, übergibt dem Manne Sachen in Beziehung auf die Ehe.

Wäre hier eine Forderung des Mannes vorhanden, die Dotation zu fordern, so würde man schon aus diesem Grunde, abgesehen von dem Requisit der Formeln, geneigt seyn müssen, die Dos und daß der andre sich von seiner rechtlichen Verbindlichkeit habe befreien wollen, zu präsumiren;

vorausgesetzt, daß er nicht schon ohnehin eine Dos bestellte; allein es ist oben (§. 104.) gezeigt worden, daß selbst gegen den Vater nur die Frau eine Forderung hat auf Dotation, und wollte nun der Vater ihr das Gegebene praeter dotem schenken, als Paraphernum, so ist er dadurch befreit; es steht ja in ihrem Belieben, ob sie es selbst in dotem geben will, und da kann sie dann keine weitern Ansprüche machen. Diese letztere Absicht muß daher auch hier überhaupt im Zweifel vermuthet werden. Dagegen spricht nicht sowohl als dafür:

L. 51. §. 1. *D. de mort. causa donat. Papinian. lib.* 12. *respons.*

> Species *extra dotem* a matre *filiae nomine* viro traditas, filiae, quae praesens fuit, donatas et ab ea viro traditas videri, respondi, nec matrem offensam repetitionem habere, vel eas recte vindicare, quod vir *cavisset*, extra dotem usibus puellae sibi traditas, cum ea significatione non modus donationis declaretur, nec ab usu proprietas separetur, sed *peculium* a dote puellae separetur, iudicem tamen aestimaturum, si mater iure contra filiam offensa eas re-

vocare velit, et verecundiae maternae congruum bonique viri arbitrio competentem ferre sententiam.

In dem vorgelegten Falle war es allerdings klar, daß die Mutter keine Constitutio dotis gewollt hatte, denn sie hatte sich ausdrücklich caviren lassen, daß dieß als parapherin (extra dotem) dem besondern Gebrauch der Tochter vom Manne überlassen werden solle, dieß besondre Versprechen wurde jedoch nicht deswegen nöthig befunden, weil man sonst eine Dos mit Recht hätte präsumiren können, sondern entweder aus größerer Vorsicht, zumal da, wie es scheint, die Dotationsformel: filiae nomine gebraucht worden war, oder nur allein um zu bewirken, daß der Mann nicht anderweitig über das Paraphernum verfügte, sondern es wirklich dem alleinigen Gebrauch der Frau hingab. Der Fall ward überhaupt nicht vorgelegt, um etwas über die Vermuthung oder Nichtvermuthung der Dos zu bestimmen, sondern es sollte nur die Unwiderruflichkeit der Schenkung zur Frage gestellt werden; man sieht aber dabei, daß eine solche Traditio extra dotem an den Mann als Schenkung an die Frau angesehen wurde. Zugleich erfährt man, in welchem, offenbar nicht juristischem

Sinne man auch römisch ein Paraphernum Peculium nennen konnte, nämlich in so fern als dadurch die *faktische* Absonderung von dem Vermögen des Mannes angedeutet werden sollte, statt daß die Bedeutung, welche die Gallier dem Wort unterlegten, eine juristische scheint gewesen zu seyn.

Daß bei einer solchen Tradition eines mit der Frau nahe Verbundenen eine Schenkung an den Mann am wenigsten vermuthet werden kann, ist für sich klar.

§. 126.

3) Ein *Fremder* gibt dem Manne Sachen in Beziehung auf die Ehe.

Ist es hier erst einmal entschieden, daß dieß für die Frau und um der Frauen willen geschah, so ist, wie im vorigen Fall, Schenkung an diese und zwar als Paraphernum, zu vermuthen, wenn nicht die Umstände eine überwiegende Wahrscheinlichkeit enthalten, daß der Dritte dotiren wollte. Ist dieß aber nicht entschieden, so ist zu vermuthen, daß er dem schenken wollte, dem er hingab, nämlich dem Manne, denn dieß läßt sich auch in Beziehung auf die Ehe denken, indem er nämlich den unverheiratheten Freund in den Stand setzen wollte, die Kosten seiner Haushaltung auf eine gentile Art zu bestreiten.

§. 127.

4) Es kann auch noch gefragt werden, ob auch ein bloß negatives Verhalten eine Dotis constitutio mit sich führen könne; was wir nun auch so ausdrücken können: wo so viel gewiß ist, daß weder eine Datio in dotem noch eine Datio in paripherna, und überall gar kein positiver Akt weder des Versprechens noch der Uebergabe geschehen ist, kann da jemals eine Dos angenommen werden?

Diese Frage muß für das Römische Recht [455]) allgemein und absolut verneint werden, es ist das juristisch unmöglich. Dictio, Promissio, Datio dotis waren eigends ausgeprägte Akte, nimmt man auch bei der letzteren die solennen Worte hinweg, so

455) Welchen Unterschied es macht, wenn in unserm praktischen Recht man davon ausgehen muß, daß nach ursprünglich einheimischem Gesetz ipso iure alles Vermögen der Frau in die Hand des Mannes kam, was nachher nur Beschränkungen und Modifikationen erlitten, wie dadurch die ganze Sache sich anders gestaltet, wird in einem folgenden Theile gezeigt werden.

ist dabei doch unleugbar ein positives Verhalten zu denken, wie auch bei Legatum dotis, man mag sich dieses als eine vierte Art der Constitutio dotis, was irrig seyn würde (§. 88. ꝛc.) oder nicht denken. Sodann wie ließe sich eine Uebertragung in das Vermögen des Mannes, welche das Römische Recht zur Dos absolut erfordert (§. 69. ꝛc.) nur irgend denken bei einem bloß negativen Verhalten? An einen Extraneus ist hierbei natürlich gar nicht zu denken, sondern höchstens nur an die Frau oder den Vater derselben. Die Frau hat Vermögen bei Eingehung der Ehe, oder sie erwirbt es während derselben, kann hier jemals, ohne daß das Gesetz unmittelbar und von vorne herein die Dos constituirt, was im Römischen Recht nun einmal nicht geschieht, bloß nach tacita voluntas ein Uebergang in das Vermögen des Mannes, ohne allen Uebertragungsakt, jemals angenommen werden? Sachen (res corporales) können so schlechterdings nicht dotal werden, sonst müßte hier durch bloßen Vertrag Eigenthum übertragen werden können, was im römischen Recht unerhört ist, bekanntlich kann dieß selbst nicht durch Conventio expressis verbis, auch nicht einmal durch Stipulatio, vielweniger durch Pactum tacitum geschehen. Aber auch zur Bestellung eines Ususfructus war nach altem Civilrecht in iure cessio (in einem einzelnen Fall Mancipatio), nach prätorischem Recht Traditio (i. e. patientia alterum uti frui) schlechthin erforderlich, nur beim ager provincialis oder vectigalis war pactio oder stipulatio möglich, aber auch in dieser letzten Beschränkung wird niemand glauben wollen, daß ein Pactum tacitum hinreichte [456]). Dann bleiben fast nur noch die Forderungsrechte übrig, deren Uebergang durch Singularsuccession (S. oben §. 72. No. IV. und §. 109.) doch wohl niemand ohne positiven Akt wird annehmen wollen. Also ein negatives Verhalten kann aus juristischen Gründen nie hinreichen; da denn nur noch die Frage entstehen kann, ob, wenn die Frau Sachen in das Haus des Mannes hineinbringt, dieß in

456) Daß das vom alten Recht Gesagte sich wirklich so verhalten habe, kann nicht bezweifelt werden, wenn man Gaius II. 19. 28. 30 — 33. mit L. 43. §. 1. D. de A. R. D. L. ult. D. de servitut. L. 11. §. 1. D. de Publ. in rem act. Ulpian. Fragm. XIX. 1. und 11. L. 1. pr. D. quib. mod. ususfruct. L. 3. D. de usufructu (ursprünglich statt *omnium* praediorum, praediorum *provincialium*). L. 16. D. si servit. vindicet. L. 1. §. 1. si servit. praed. rust. L. 22. §. ult. D. de usufr. (ursprünglich statt vel stipulationem, vel in iure cessionem.) §. ult. I. de servitut. §. 1. I. de usufr. u. s. w. vergleicht.

dieser Beziehung im Zweifel als ein negatives Verhalten oder als ein positiver Akt der Uebertragung, wie er auch zum Uebergang des Eigenthums geeignet ist, anzusehen sey: nach der Natur der Dinge kann auch hier die Absicht, Possessio (juristischen Besitz) zu übertragen, nicht präsumirt werden, was auch Ulpian in der oben entwickelten L. 9. §. 8. D. de I. D. (S. 327.) deutlich anerkennt, selbst wenn dem Manne ein Verzeichniß zur Anerkennung und Unterschrift übergeben worden, sey bloß die Absicht, Detention und Custodia zu übertragen, zu präsumiren.

§. 128.

Neuere Juristen haben sich durch die Idee, es gezieme sich für die Frau, ihr Vermögen dem Manne zu gemeinsamer Last und Freude mitzutheilen, oder doch es sey höchst unwürdig, ihm gar keine Dos zu geben, so weit führen lassen, auch ohne allen positiven Akt, entweder schlechthin bei negativem Verhalten, wenn nur nicht klar sey, daß sie Sachen sich vorbehalten habe, oder doch wenn sonst keine Dos ausdrücklich bestellt worden, das Vermögen der Frau als Dos zu behandeln, und zwar, wie es dann nicht anders seyn kann, das ganze Vermögen der Frau, was sie zur Zeit der Eingehung der Ehe hatte [457]). So hat man für dieses ganze Vermögen etwas präsumirt, was juristisch gar nicht möglich ist. Man hat sich dabei auf Stellen des Römischen Rechts berufen, die nichts weniger als dieß rechtfertigen. Die oben (§. 88.) erläuterte L. 48. §. 1. D. de I. D. soll eine Dos *tacite* constituta überhaupt beweisen, da doch dieses Fragment von einer ausdrücklich durch Legat bestellten Dos spricht, nur daß das Wort dos dabei nicht gebraucht worden, die Bestellung aber doch in einer ganz gewöhnlichen Formel « filiae meae nomine «, geschehen war, so daß also sogar von einer formellen Bestellung die Rede ist, daher denn auch dort, wie wir gezeigt haben, ganz etwas Anderes zur Frage gestellt wird, als ob eine Dos präsumirt, oder stillschweigend angenommen werden könne. Sodann hat man besonders L. 11. D. de. pact. dotalib. [458]) in Anspruch genommen,

457) Aber wie wenn sie zur Zeit der Eingehung der Ehe noch gar kein Vermögen hatte, oder sehr wenig, nachher aber hinzu erwirbt, soll nur der erste Erwerb oder auch der folgende dotal werden, und wo hat dieß einen Anfang, und wo ein Ende?

458) Ulpian. lib. 34. ad Edic-

aber in dem Fall derselben war wieder ausdrücklich und förmlich eine Dos durch Promissio bestellt worden, nur war durch eine hinzugefügte Clausel, wenn man diese wörtlich verstand, die Bestellung materiell wieder aufgehoben worden, und das konnte allerdings nicht ohne Unwürdigkeit, vollends vom Vater der Frau so gemeint seyn, denn buchstäblich verstanden konnte nur Dummheit oder Arglist zum Grunde liegen; daher interpretirte man so, daß das förmlich constituirte Geschäft auch dem Inhalt nach bestehen konnte, und hier konnte dieß durch die Aeußerung gerechtfertigt werden, daß es (unter diesen Umständen) ja höchst unwürdig (indignissimum) seyn würde, wenn die Tochter nun gar keine Dos am

tum. Cum pater dotem pollicitus sit et paciscatur:
ivo petatur, neve constante matrimonio dos petatur, « ita pactum interpretandum *Divus Severus* constituit, quasi adiectum esset: « se vivo «, hoc enim ita accipiendum esse contemplatione *paternae pietatis et contrahentium voluntatis*, ut posterior quoque pars conventionis ad vitam patris relata videatur, *ne diversa sententia fru tum dotis ab oneribus matrimonii separet, quodque indignissimum est inducat, ut no habuisse dotem existimetur.* Quo rescripto hoc effectum est, ut si quidem vivo patre decesserit filia, aut sine culpa sua divorterit, omnimodo dos peti non posset, constante autem matrimonio mortuo patre peti posset.

Ende gehabt hätte, ohne daß wir berechtigt sind, uns hieraus eine Art von Princip (ratio iuris) für Fälle zu bilden, wo gar keine Dos ausdrücklich constituirt worden ist [459]. Endlich hat man mit unsrer Frage überhaupt die Frage vermischt, ob, wenn einmal eine Dos für die Ehe entschieden constituirt worden, die **Wiederholung** dieser Constitution für die zweite Ehe unter denselben Personen tacite angenommen werden könne, welche Frage demnächst in einem eignen Abschnitt abgehandelt werden soll, da sich denn die eigenthümliche Natur derselben leicht ergeben wird.

§. 129.

Wir fügen noch zur Beantwortung unsrer letzten Frage hinzu: wenn auch der Frau vom Vater Sachen gegeben worden sind, damit sie diese dem Manne

459) Die Natur der Verhältnisse rechtfertigt dieß gar nicht. « Multi », sagt Seneca Controv. Lib. 1. Contr. 6, nachdem er die Gefahr geschildert hat, eine reiche Frau zu heirathen, » duxere sine dotibus uxores, quidam dictas non accepere dotes. « Auch in Apuleii Apologia kommt eine « mulieris locuplatissimae modica dos, neque ea data, sed tantummodo promissa « vor. Vergl. eben §. 100.

in dotem gebe, so werden die Sachen dadurch noch allein nicht dotal, sondern sie müssen erst dem Manne übertragen werden, da nicht der Frau, sondern dem Manne die Constitutio dotis geschieht, und nach Römischem Gesetz die Eingehung der Ehe an sich keinesweges eine Unterwerfung der Sachen der Frau unter die Hand des Mannes involvirt [460]); jedoch kann nach dem, was wir oben gesagt haben, unter diesen Umständen jede Einhändigung an den Mann, auch das bloße Hineinbringen in sein Haus, was dann dießmal als Besitzübertragung erscheint, eine Präsumtion für die Constitutio dotis erzeugen.

§. 130.

Fassen wir nun Alles zusammen, so ist das allgemeine Resultat dieses: Die Bestellung einer Dos kann niemals ohne einen speciellen Akt der Uebertragung, und wegen dieses, in Ermangelung nothwendiger Formeln, doch nur dann angenommen werden, wenn entweder die Absicht, eine Dos hervorzubringen, deutlich ausgesprochen worden ist, oder aus den in concreto vorhandenen Umständen die Gewiß-

460) §. 117. I.

heit oder durch überwiegende Wahrscheinlichkeit einer solchen Absicht deutlich hervorgeht. Im übrigen bleibt das Vermögen der Frau, mag es ihr von ihren Verwandten mitgegeben worden seyn, oder mag es ihr sonst gehören, von dem Vermögen ihres Mannes getrennt, und es bedarf keinesweges eines besondern Vorbehalts, damit es diesem Vermögen nicht einverleibt oder dotal werde.

Gegen den letzten Theil dieses Satzes könnte noch Gellius N. A. XVII. 6., wo bekanntlich von einem servus receptitius, und einer pecunia receptitia, die Rede ist, angeführt werden, wenn gleich auf keinen Fall die Auctorität des Gellius etwas gegen eine ausgemachte juristische Wahrheit vermögen würde. Allein die in diesem Capitel enthaltene Erörterung hätte auch nicht einmal zu der Eintheilung in bona dotalia, parapherna und receptitia Veranlassung geben sollen, da dieß gar keine römische Terminologie ist, und auch Gellius hat das Wort receptitium, was zu seiner Zeit in diesem Sinne schon veraltet war, gar nicht so gedacht, als bezeichne es einen besondern Vorbehalt, oder ein gänzliches Entfernthalten von der Verfügung und Benutzung des Mannes, obgleich das mit dem Sklaven zufällig sich so verhielt. Einen solchen Schein könnte nur der Vergleich erzeugen, der in der Mitte des Capitels vorkömmt, nämlich der Vergleich mit der « particula, quae post eas aedes erat «, es war bei dem Kauf eines Hauses ein accessorisches Hintergebäude (« posticulum «) besonders angenommen, das hatte Plautus ausgedrückt: « posticulum *recepit* «. Allein das Tertium comparationis liegt hier gar nicht in dem ausdrücklichen Vorbehalt, der allerdings bei jenem Hintergebäude gemeint war, sondern in dem Vorbehalt überhaupt, der beim Kauf in Beziehung auf das Accessorium allerdings speciell geschehen muste, bei der Dos aber sich von selbst versteht; der Vergleich liegt in dem: in venditionibus recipiuntur, quae non veneunt, wie bei der Dos: receperat pecuniam, quam non dederat doti, sed retinuerat: so wie dort recipiuntur, quae excipiuntur, so hier recipiuntur, quae retinentur i. e. non in dotem dantur. Schon in den zu Anfang aus dem Vortrag des Cato im Senat angeführten Worten zeigt sich dieß: es werden sich entgegengesetzt: « magnam dotem attulit «, und: « magnam pecuniam recepit, quam in viri potestatem *non* committit «. Wahrhaft in die Potestas des Mannes kommt auch nur was dotal wird, also nichts was paraphern bleibt. Das Geld (pecunia receptitia) ward dem Manne geliehen, ward also sogar sein Eigenthum, aber die Summe ward freilich auf nahe Rückgabe gestellt, im Gegensatz der perpetua causa der Dos, der Sklave (servus receptitius) ward freilich, wie es scheint, auch nicht temporär zu seiner Verfügung gestellt; allein dieß lag grade in der Natur des einzelnen Falls, der zufällig mit diesen Worten erzählt worden. Dann lassen auch die gegen das Ende des Capitels gebrauchten Worte und Erklärungen «pecuniam recipit, hoc est retinet«, servum receperat, neque dederat doti; sed retinuerat« keinen Zweifel übrig. So kann also diese Stelle auf keinerlei Weise die Terminologie der Neueren rechtfertigen, wer sich aber einmal an diese gewöhnt hat, und unter paraphernis sens. str., res quae in parapherna data sunt, oder wie es einmal Justinian in ungefähr gleichem Sinne nennt, res, quae mulier marito dederat, ut loco paraphernorum apud maritum maneant [461]), unter receptitiis aber die übrigen Paraphernen, das heißt

461) L. ult. init. C. d. pactis convent.

Vermögen der Frau, was sie dem Manne weder in dotem, noch in parapherna gegeben hat, verstehen mag, den kann man gradezu nicht tadeln, wenn er nur dabei den rechten Grundbegrif der Paraphernen in genere, daß sie Nicht-Dos sind, festhält.

Zehntes Capitel.

Kann eine Wiederholung der für die erste Ehe geschehenen Constitutio dotis für eine unter denselben Personen geschlossene zweite Ehe tacite angenommen werden?

---

§. 131.

Wollte hier ein Gesetzgeber aus eigner Macht, in der Art wie unter I) des vorigen Capitels bemerklich gemacht worden, eine Dos unmittelbar durch Gesetz anordnen, so würde er an die Distinctionen und Modificationen, welche die Römischen Juristen in Beziehung auf diese Frage machen, gar nicht nothwendig gebunden seyn, er könnte befehlen, daß, wenn eine Frau selbst, oder irgend ein Andrer für sie, einmal für eine Ehe eine Dos bestellt hätte, dieselbe Dos auch für eine zweite, dritte, vierte Ehe derselben Frau gelten solle, falls sie nur nicht in der früheren rein verloren gegangen wäre, möchte die folgende Ehe nun wiederum mit demselben Manne geschlossen werden, oder mit einem andern, möchte die Dos nur noch promittirt oder wirklich gezahlt seyn, ja selbst für den Fall, da nur noch bloße Sponsalien geschlossen gewesen, wie die Dos gegeben oder promittirt wurde, könnte das Gesetz doch verfügen, daß wenn diese Sponsalien nun auch nachher aufgerufen würden, später aber doch die Ehe unter denselben Personen noch zu Stande käme, oder auch nur dieselbe Frau sich mit einem andern Manne verbände, die Dos als für diese Ehe constituirt angesehen werden könne. Es wäre dieß eine durchgreifende Bestimmung, ähnlich der, wenn ein Gesetz vorschriebe: hat ein Vater einer von seinen Töchtern eine Dos bestellt, so soll er seinen übrigen Töchtern eine eben so große auskehren, etwa unter der Bedingung, wenn sich seine Vermögensumstände inzwischen nicht in einem außerordentlichen Grade verschlechtert hätten, oder: das ganze oder halbe Vermögen einer Frau solle dem Manne als Dos constituirt seyn, falls die Eheleute nicht ein Anderes selbst unter einander beliebt hätten. Dagegen wäre in hypothesi nichts zu sagen.

Daß nun aber im Römischen Recht eine Anordnung der Sache in diesem Sinne nicht vorhanden sey, geht aufs Klarste aus den darüber vorhandenen nach Maaßgabe des Gegenstandes zahlreichen Aeußerungen hervor, welche immer dieß auf Consensus und stillschweigende Absicht entweder gradezu mit Worten oder doch durch die Art, wie sie es moderiren, zurückführen. Selbst das Rescript des Severus, welches in einer Stelle (S. 466.) angeführt wird, sagt ausdrücklich, es sey dieß «secundum voluntatem mulieris« vom Richter zu entscheiden, und will daher nur eine sich von selbst verstehende Präsumtion aussprechen, und nicht nach allgemeiner selbstgewählter Raison eine durchgreifende Verfügung treffen, mithin auch gar nichts Neues verfügen.

§. 132.

Gehen wir nun hiervon aus, so müssen wir unsre Frage gleich von vorne herein so beschränken, wie es in der Ueberschrift des Capitels geschehen ist;

denn unmöglich kann man so schließen, weil dem einen Manne eine Dos von der Größe bestellt worden ist, so habe man auch einem andern Manne, der vielleicht von ganz anderem Stande und Bedürfniß ist, den die Frau vielleicht viele Jahre später heirathet, dieselbe Dos bestellen wollen. Wo daher etwa in einer Stelle diese Einschränkung den Worten nach fehlt, während sie in andern deutlich genug enthalten ist, da würde es sehr unbesonnen seyn, einen Widerspruch anzunehmen, indem es klar ist, daß in jener die Bedingung als sich von selbst verstehend stillschweigends vorausgesetzt wurde, um so weniger kann dieß dann bezweifelt werden, wenn in dieser Stelle die ganze Sache auf das, quod actum est, zurückgebracht wird.

So nun unsre Frage normirt, und es bietet sich leicht von selbst dar, wie sie im Allgemeinen weiter zu beurtheilen ist. Hier ist wirklich schon eine förmliche dotis constitutio an den Mann geschehen, und unter Voraussetzung, daß man die Bestellung erneuern wollte, fragt es sich nur, soll es so streng und genau damit genommen werden, daß, weil es nun nicht mehr dieselbe Ehe ist, auch die Formalität wiederholt, etwa die Dos wirklich zurückgezahlt, und nun dem Manne unter förmlichen Worten die Sachen abermals übergeben werden, oder soll es hinreichend seyn zur Erneuerung auch der Dos, wenn die Ehe erneuert wurde, und früher die Dos in ordentlicher Weise constituirt war. Es ist möglich, daß in der Zeit, wo die Formeln eigentlich regierten, dieß nach der Strenge genommen wurde, aber es ist auch nichts natürlicher, als daß wie man anfing, sich von solchen Förmlichkeiten, die nur noch hinderlich und zwängend seyn konnten, los zu machen, wozu einige Hinneigung auch schon in der ersten Kaiserzeit selbst im Privatrecht nicht zu verkennen ist, man auch in dieser Beziehung eine übertriebene Strenge verließ. Was nun aber den Willen, die einmal constituirte Dos zu erneuern, die Bestellung für die folgende Ehe zu wiederholen, betrifft, so kann, wenn die Dos der ersten Ehe sich noch in den Händen des Mannes befindet, im Ganzen kein Zweifel darüber seyn, daß die Frau diesen Willen hatte, und daß der Mann diesen Willen bei ihr voraussetzte, es ließe sich das Gegentheil, indem sie sich gar nicht geäußert hat, kaum ohne Dummheit oder Arglist denken, und der Mann war, von leerer Förmlichkeit abgesehen, vollkommen befugt, sich hierauf Rechnung zu machen. Jedennoch können im Einzelnen Umstände vorkommen, welche auf ein anderes Resultat führen, vollends wenn man, wie gewiß die Römer, nicht geneigt ist, ohne völlig zureichenden Grund, eine tacita dotis constitutio, anzunehmen. Etwas anders schon im Allgemeinen gestaltet sich die Sache, wenn die Dos nur noch dicirt oder stipulirt war, denn hier war es doch eher möglich, daß man sich nur für die erste und nicht für die zweite Ehe gebunden erachtete, und der Wiederholung der Förmlichkeit konnte man dadurch entgehen, daß man nunmehr erfüllte, denn dann war, wenigstens durch Datio die Dos constituirt.

Ueberhaupt ist auch hier nach Verschiedenheit der Personen, welche die Dos bestellten, verschieden zu urtheilen.

Wir wollen nun nachsehen, wie die Römer dieses geordnet haben, und wir werden gewahr werden, daß sie sich hier nur einer lästigen Wiederholung und Weitläuftigkeit entzogen, im Uebrigen aber die Erneuerung nur dann annahmen, wenn der übereinstimmende Wille der Ehegatten klar hervortrat. Wir wollen mit der schon erwähnten Bestellung in Beziehung auf Sponsalien den Anfang machen, denn wenn dieß gleich nicht gradezu unsrer Frage angehört, so kann es doch als einleitend die richtige Ansicht überhaupt begründen helfen.

§. 133.

I. War eine Dos für die Ehe mit einer bestimmten Frau, aber ehe noch Sponsalien geschlossen wurden, promittirt (also dießmal von einem Dritten), und diese Frau verweigerte anfangs diese Verbindung, entschließt sich aber nachher doch dazu, so bleibt das Versprechen bestehen; es sey denn, daß eine anderweitige Verheirathung derselben dazwischen getreten ist, denn dann muß es, da die Ehe eine Verbindung auf Lebenszeit ist, so angesehen werden, als habe die Bedingung des Versprechens deficirt. Waren aber zur Zeit des Versprechens die Sponsalien abgeschlossen, von wem das Versprechen auch geschehen seyn mag, von der Frau oder von wem sonst, und erfolgt eine Aufkündigung, also ein positiver Akt, wodurch das Verlöbniß zerstört wird, so ist das Versprechen damit zugleich zerstört, denn auch dadurch deficirt die Bedingung der dotis promissio, jetzt wird es als einmal entschieden angesehen, daß die Ehe nicht erfolgen wird. Wird dann auch nachmals unter diesen Personen eine Ehe geschlossen, so lebt das Versprechen nicht wieder auf.

L. 58. pr. D. de iure dot. Celsus lib. 19. Digestor.

Si sponsalibus nondum factis Titio dotem Seiae nomine promiseris, cum ea nubere ei nollet, tamen si postea nupserit, dotem debebis, *nisi aliae nuptiae mediae intervenissent.*

L. 21. eod. Ulpian. lib. 35. ad Sabin.

Stipulationem, quae propter causam dotis fiat, constat habere in se conditionem hanc, si nuptiae fuerint secutae — —, quare si nuntius remittatur, defecisse conditio stipulationis videtur.

L. 22. eod. Paulus. lib. 7. ad Sabin.

Et licet postea ei nupserit, non convalescit stipulatio.

Wie es zu halten sey, wenn statt des Versprechens oder in Folge desselben schon voreilig die Dos hingegeben worden, darüber ist nichts ausdrücklich bestimmt worden; aber unstreitig muß wegen völliger Gleichheit des Rechtsgrundes die Condictio, sobald eine andre Ehe geschlossen oder die Sponsalien aufgerufen worden, gestattet werden.

§. 134.

II. Entzweiten sich Ehegatten, die Frau kehrte aber zum Manne wieder zurück, ehe das Divortium als dauerhaft beschlossenes angesehen werden konnte (§. 45. in f.), so ist, indem die Dos noch nicht zurückgegeben ward, weder Ehe noch Dos erneuert, sondern beide sind dieselben geblieben. Natürlich ist dieß aber dann am wenigsten zu denken, wenn eine Ehe mit einer dritten Person dazwischen trat.

L. 33. D. de ritu nupt. Marcellus lib. 3. ad Leg. Iul. et Papiam.

> Plerique opinantur, cum eadem mulier ad eundem virum revertatur, id *matrimonium idem esse*, quibus adsentior, si non multo tempore interposito reconciliati fuerint, nec inter moras aut illa alii nupserit, aut hic aliam duxerit, *maxime si nec dotem vir reddiderit.*

§. 135.

III. War dagegen die Scheidung der frühern Ehe entschieden, und nun heiratheten sich dieselben Personen wieder, so ist eine alte und neue, eine erste und zweite Ehe vorhanden, und es liegt eine Zeit dazwischen, in welcher gar keine Ehe dieser Personen mit einander Statt fand; soll daher die Dos der alten Ehe für die neue bleiben, so ist dieß nur als Wiederholung und Erneuerung ihrer Bestellung für die neue Ehe zu denken, und es kann nur noch gefragt werden, ob diese stillschweigends geschehen dürfe, eine Fiction, als ob die Ehe und daher auch die Dos immer die alte geblieben, und gar keine Scheidung dazwischen getreten sey, ist nicht zulässig. Da muß denn nun aber zuförderst zwischen den Personen unterschieden werden, welche die Dos der ersten Ehe bestellten.

1) Hat ein Extraneus die Dos constituirt auf eigene Rechnung, und nicht etwa iussu mulieris, und er hat sie bloß noch promittirt, oder schon gegeben, sich aber die Rückgabe nach beendigter Ehe stipulirt, so wird durch die Scheidung im ersten Fall das Versprechen zerstört und im letzten das Rückversprechen wirksam, und die Erneuerung der Ehe kann an sich weder jenes Versprechen wieder herstellen, noch von der Rückgabe der Dos entbinden. Soll es daher anders seyn, so muß durch den Consens des

Extraneus oder seines Erben die Dos von Neuem constituirt werden.

L. 63. *D. de iure dot. Modestinus lib. singular. de Eurematicis.*

Stipulatio de dote reddenda *ab extraneo* interposita, facto divortio statim committitur, nec redintegrato matrimonio actio stipulatori quaesita intercidit, *denuo* igitur consentiente stipulatore *dos constituenda est*, ne sequenti matrimonio mulier indotata sit, si modo ea dos non ab ipsa profecta sit, quam alius permissu eius stipulatus est, *tunc enim consensus eius non est necessarius.*

L. 29. §. 1. *D. de pact. dotal Scoevola lib.* 2. *Respons.*

Titius mulieris nomine dotem dedit, et stipulatus est in casum mortis et divortii, *divortio secuto*, non repetita dote Titius decessit; mulier *ex voluntate heredis eius* redintegravit matrimonium, quaesitum est, an ex stipulatu dotem petere possit. Respondi, heredem Titii, si consensisset, *ut ea quantitas*, quam ex stipulatu consequi potuerat, *dotis reconciliato matrimonio fieret*, posse pacti exceptione summoveri.

Daß die bloß versprochene Dos, wo die gegebene zurückverlangt werden konnte, nicht zu zahlen war, ist nicht gesagt, aber versteht sich von selbst. Ist freilich kein Rückversprechen geschehn, so gilt für beide Fälle das, was unter 2. wird gesagt werden, denn dann ist es so gut, als wenn die Frau selbst bestellt hat, indem der Extraneus ihr geschenkt hat.

Als Extraneus muß aber auch der Vater oder ein andrer Verwandter der Frau angesehen werden, welcher, ohne zur abermaligen Dotation verpflichtet zu seyn, die Dos bestellte.

§. 136.

2) Hat die Frau oder ein Nicht-Extraneus die Dos bestellt, so ist nun noch weiter zu unterscheiden

a. die Dos war nur noch bloß promittirt, so wird diese für die neue Ehe nur dann als stillschweigends miterneuert angesehen, wenn nicht eine Ehe mit einer dritten Person dazwischen getreten war.

L. 68. *D. de iure dot. Papinianus lib.* 10. *Quaest.*

> — — — Quod — vulgatum est, dotis promissionem in *primis* duntaxat nuptiis destinari (Fl. are), neque durare obligationam, si, post alterius matrimonium, ei nubat, cui dotem promiserat, tunc locum habet, cum intercesserunt aliae nuptiae.

Der Satz spricht von der Frau, muß aber um so mehr vom Vater und jedem Nicht-Extraneus gelten; auch wird derselbe als Analogie für einen im Anfang der Lex vorkommenden Fall gebraucht, in dem grade der Vater der Promittent war.

b. die Dos war schon gegeben; wohin hier nun offenbar auch die Fälle gehören müssen, da dem Manne durch Delegation eines Schuldners oder durch Acceptilation oder durch Legat bestellt worden war, zur Bestätigung, daß in diesen immer eine Datio dotis geschieht. Dann soll regelmäßig, auch wenn die Frau, selbst oder per interpositam personam (L. 13. in f. cit.), sich die Rückgabe stipulirte, durch Erneuerung der Ehe die Dos als miterneuert angesehen werden, und zum Unterschied von dem vorigen Fall selbst dann, wenn in der Zwischenzeit eine anderweitige Ehe von einer dieser Personen geschlossen worden, und zwar immer weil hier diese Absicht in dem Willen der Ehegatten anzunehmen ist; es sey denn, daß die Dos schon zurückgegeben, oder doch das Document, worin die Dos constituirt war, zurückgenommen, und, versteht sich, nicht abermals dem Manne übergeben worden, da denn dieß nicht Statt haben kann. Auch wenn die Frau schon klagte auf Rückgabe, und die Klage nicht zurücknahm, kann eine solche Absicht nicht präsumirt werden. Hat der Mann bei oder nach der ersten Scheidung die Rückgabe besonders promittirt, so entsteht wieder der Unterschied: trat eine andere Ehe dazwischen, so bleibt das Rückversprechen, und es geschieht nicht ohne Weiteres eine Erneuerung der auch noch nicht zurückgezahlten Dos; ist dieß dagegen nicht der Fall, so wird die Dos auf die zweite Ehe übertragen, indem das Rückversprechen wegfällt, und nur, wenn Zinsen dabei mitstipulirt worden, werden diese für die Zwischenzeit bezahlt, da keine Ehe unter ihnen Statt fand. Diese Bestimmungen sind in den folgenden Fragmenten, verbunden mit den unter 1) vorgekommenen, enthalten. Daß wenn ein Anderes unter den Ehegatten ausgemacht worden, dieß Alles wegfällt, versteht sich von selbst.

L. 30. *D. de iure dot. Paulus lib.* 7. *ad Sabinum.*

Dotem, quae in *prius* matrimonium *data est*, non aliter converti in *posterius* matrimonium dicendum est, quam *cum hoc agitur*, dum hoc agi *semper interpretemur*, nisi probetur *aliud convenisse.*

L. 40. *eod. Ulpianus lib.* 34. *ad Edictum.*

Divus Severus rescripsit Pontio Lucriano in haec verba: si mulier, quae dotem *dederat*, post divortium rursus in matrimonium *redit*, *non revocatis instrumentis*, non dubitabit is, apud quem res agetur, *secundum voluntatem mulieris*, *quae utique non indotata redire in matrimonium voluit*, partibus suis fungi, *quasi renovata dote.*

L. 13. *eod. Modestinus lib. sing. de differentia dotis.*

Si mulier post divortium, *antequam ex stipulatu de dote agat*, ad eundem virum fuerit reversa, constantius dicetur, per doli exceptionem inefficacem fieri *ex stipulatu* actionem, usque quo matrimonium durat.

L. 64. *eod. Iavolenus lib.* 4. *ex Cassio.*

Post divortium mulier, *si de dote maritus nihil cavit*, et *cum alii nupsisset postea* ad priorem virum rediit, *tacite* dos ei redintegratur.

L. 69. §. 2. *eod. Papinianus lib.* 4. *Responsor.*

> Usuras dotis *in stipulatum* cum dote *post divortium deductas*, ex die *secundi* matrimonii non esse praestandas placuit, quia nec sortis exactio locum haberi coepit, medii autem temporis debebuntur.

Noch konnte hierbei folgende Bedenklichkeit entstehen: wie wenn die Frau bei Schließung der zweiten Ehe eine andre Dos ausdrücklich bestellte, ohne der frühern Dos, die sie aber noch nicht, gar nicht oder zum Theil nicht, zurückerhalten hat, irgend zu erwähnen, ist die neue ausdrückliche Dos als ein Augment der ersten anzusehen, oder wird die erste Dos gar nicht erneuert, und muß also gleich und nicht etwa erst, wenn die zweite Ehe beendigt wird, zurückgezahlt werden? Diese Frage wird überhaupt durch folgende Stelle entschieden, wenn gleich zufällig darin nur von dem complicirteren Fall die Rede ist, da ein Theil der ersten Dos zurückgezahlt war, und eine andre Ehe dazwischen lag.

L. 66. §. 5. *D. solut. matrimon. Iavolenus lib.* 6. *ex Posterior. Labeon.*

> Uxor divortio facto partem dotis receperat, partem apud virum reliquerat, *deinde alii nupserat,* et iterum vidua facta, ad priorem virum redierat, cui centum [decem] doti dederat, neque eius pecuniae, quae reliqua ex ex priore dote erat, mentionem fecerat. Divortio facto, reliquum ex priore dote iisdem diebus virum redditurum, ait *Labeo*, quibus reddidisset, *si superius divortium factum non esset, quoniam prioris dotis causa in sequentem dotis obligationem esset translata.* Et hoc verum puto.

Unter dotis obligatio kann hier nichts anderes verstanden werden, als die Obligatio des Mannes, die Dos, aber erst nach getrennter Ehe, an die Frau zurückzuzahlen, welche schon durch Gesetz (von Stipulation ist wenigstens nicht die Rede) eingeführt und garantirt war, und die hier nach stillschweigender Uebereinkunft von der ersten auf die zweite übertragen wird. Es wird hier nicht etwa fingirt, als wenn gar keine erste Scheidung vorgefallen wäre, aber es soll nur die Rückzahlung des Capitals der Dos nicht anders geschehen, als wenn jene nicht eingetreten wäre, weil nämlich dieselbe Dos schon tacite wiederholt ist für die zweite Ehe.

§. 137.

Vergleichen wir nun noch die Frage dieses Capitels mit der im vorigen Capitel erörterten, so ist so viel nun klar, daß von der Beantwortung der ersteren auf die Beantwortung der letzteren im Allgemeinen kein Schluß gilt, schon allein darum nicht, weil in Beziehung auf tacitus consensus es einen großen Unterschied macht, ob eine von Hause aus neue Dos, oder nur die Wiederholung einer alten für eine wiederholte Ehe präsumirt werden soll; sodann müste es aber doppelt auffallen, wenn in den Pandekten grade über die letztere an sich viel leichtere Frage sich die ausführlichsten, völlig befriedigenden Bestimmungen, dagegen über die erste direkt gar keine finden, sobald man nämlich annehmen dürfte, was man nicht darf, daß die Römischen Juristen regelmäßig eine tacita oder praesumta dotis constitutio gelten ließen, auch wenn zuerst eine Dos bestellt werden sollte. Demnach beweist indirekt das über die stillschweigende Erneuerung der Dos Vorgeschriebene gegen die Zulässigkeit einer präsumtiven Dos im Allgemeinen.

§. 138.

Endlich dürfen wir noch wohl ein Paar Worte darüber sagen, ob auf die Entscheidung dieses sowohl als des vorigen Capitels der sogenannte Favor dotis einigen Einfluß haben kann. Dieses ist nun nach meiner Ueberzeugung gänzlich zu verneinen. In L. 70. *D.* de iure dot. (von Paulus) heißt es freilich ganz allgemein: « in ambiguis pro dotibus respondere melius est », allein dieses pro dotibus kann nichts anderes heißen, als zu Gunsten einer schon wirklich vorhandenen Dos, ob sie wirklich vorhanden sey, das liegt ganz über diesen Favor dotium hinaus. Der Satz hängt mit dem der L. 2. eod. (auch von Paulus): reipublicae interest mulieres dotes salvas habere, propter quas nubere possunt, genau zusammen; alle Fälle auch, bei denen die Römischen Juristen einer Begünstigung der Dos erwähnen, sind von der Art, daß diese Begünstigung die Frau trifft [462]), nun kann es aber für die Frau unleugbar oft viel vortheilhafter seyn, wenn sie ein Vermögen als Parapherium, was ihr Eigenthum bleibt, hat, als wenn es als ihre Dos, welche in das Vermögen des Mannes übergeht, constituirt angesehen wird. War freilich ein Dritter der vermuthliche Besteller, so ist es ihr, und nicht nur der Vortheil des Mannes, wenn die Bestellung angenommen wird; allein hier ist Bestellung nach Präsumtion am wenigsten möglich, und die Bestimmungen unter III. 1. dieses Capitels zeigen, daß auch die Römer, selbst da wo sie eine dos tacite renovata zuließen, am allerwenigsten die Präsumtion gegen

462) *Iac. Gothofred.* op. min. ad Trotz pag. 969.

den Dritten gelten ließen. Unter Umständen kann es freilich auch der Frau vortheilhaft seyn, wenn eine Dos statt des Paraphernum angenommen wird, allein dieß sind grade auch Fälle, wo es unbillig gegen Dritte, und folglich gegen das allgemeine Interesse seyn würde, die Frau zu begünstigen. Wir erinnern uns an das was oben (§. 85. S. 311.), wie von den Förmlichkeiten der Datio geredet wurde, schon gesagt worden, nämlich daß man schon darum nicht zu leichtsinnig seyn dürfe, eine Dos anzunehmen, da diese oft zum Nachtheil dritter Personen garantirt sey. Kann nun die Frau der dem Manne übergebenen Sachen noch habhaft werden, so ist sie, nach altem Recht wenigstens, immer besser daran, wenn sie paraphern sind, da sie denn vindiciren kann. Hat der Mann die Sachen aber dissipirt, so daß sie nicht herbeigeschafft werden können, und er ist insolvent, so erfordert freilich ihr Vortheil, sie als dotal in Anspruch zu nehmen, aber im Fall sie bloß anvertraute in dem obigen Sinn, also auf eine unförmliche Weise hingab, was ihr in rechter Form hingegeben gesetzlich gewehrt war, so gab sie auch ein ganz besonderes Vertrauen gegen den Mann zu erkennen, und es kann weder den

Credit im Allgemeinen befördern, noch der Billigkeit gegen die Creditoren des Mannes irgend gemäß seyn, diese an der Stelle der Frau den Schaden tragen zu lassen.

Anhang.

Von den Zeugnissen der Alten, die ursprünglich in Rom verbotene Scheidung der Ehe betreffend.

Ueber das Verhältniß der beiden S. 133 citirten Schriftsteller, Dionys und Plutarch, wollte ich hier noch das Nähere nachbringen, um dort nicht durch eine weitläuftige Erörterung zu lange zu unterbrechen. Auch Wächter über Ehescheidungen bei den Römern, S. 19 ꝛc., hat diesen Gegenstand, der recht eigentlich zu seinem Thema gehört, überaus fleißig und sorgfältig erörtert. Da Er nun aber Uebereinstimmung findet, wo ich nur Widerspruch sehe, so ist dadurch eine genauere Betrachtung um so nöthiger geworden. Wächter S. 16. meint ebenfalls, Plutarch habe an keine andre als grade an die von Dionys erwähnte Ehe gedacht; dennoch will er darin keinen Widerspruch leiden, daß Plutarch einzelne Ursachen angibt, weswegen doch nach diesem Gesetz der Mann sich scheiden lassen konnte. Denn wenn Dionys auch nur sage, daß der Mann die Frau wegen gewisser Vergehen hat bestrafen können, «so komme dieß auf Eins hinaus« (S. 62.). Bei der Bestrafung solcher groben Vergehen, wie Dionys nahmhaft mache (Ehebruch, Weintrinken), sey natürlich auch Trennung gewesen. Nehme man die Lesart θανάτῳ ζημιοῦν, und darnach an, daß der Mann die Frau wegen jener

Vergehen sogar habe tödten können, so sey ja in dem Mehr das Weniger enthalten, und wäre es dem Manne erlaubt gewesen, seine Frau zu tödten, so habe er sie gewiß auch verstoßen können. Lese man bloß ζημιοῦν, so könne dieses «vielleicht auch» von Scheidung gebraucht werden. Um die Beurtheilung, so kurz wie sie hier geschehen kann, einzuleiten, wollen wir eine gewöhnliche lateinische Version, und dann Wächter's eigne Angabe des Inhalts (S. 19. 20.) hieher setzen: « Romulus, cum neque viro actionem concessisset contra uxorem, quae stuprum fuisset passa, aut quae iniuste domum reliquisset, neque uxori, quae maritum rei male administratae, *aut iniusti repudii accusasset*, neque de dote restituenda, aut afferenda ullas prorsus leges tulisset, neque ullam aliam istiusmodi rem determinasset, sed unam tantum ad omnia accomodatam legem (ut ipsa res docuit) constituisset, effecit, ut mulieres valde modestae et piae essent. Lex autem haec erat: mulierem nuptam, quae ex sacratis legibus in manum mariti convenisset, cum eo omnium et bonorum et sacrorum participem esse. Vocabant autem antiqui sacras nuptias, Romana quadam appellatione rem exprimentes, confarreationem a farris communicatione, quod nos ζέαν vocamus, et quemadmodum nos Graeci hordeum existimantes omnium frugum antiquissimum, in sacrificiis ab hordeo initium ducimus, vocantes id οὐλάς, ita Romani existimantes far esse omnium frugum praestantissimum et antiquissimum, ab hoc in omni sacrificio, in quo victima crematur igne, initium faciunt. Ea enim consuetudo adhuc manet, nec ad priscam illam frugalitatem quidquam additum est. Quod igitur mulieres cum viris sacratissimi et primi cibi fuerunt participes, et valde fortuna bona convenirent, ea res appellata fuit farris communicatio, *quae virum et uxorem necessario coniugii inseparabili vinculo coniungebat, ac nihil erat, quod has nuptias posset dissolvere.* Haec lex coegit mulieres nuptas, utpote quae nullum aliud refugium haberent, ad unius sui mariti mores, vitam suam conformare, *et ipsos maritos ut rem necessariam, a qua nullo modo divelli possent, uxorem retinere.* Uxor enim si pudica fuisset, et marito in omnibus rebus morem gessisset, erat familiae domina aeque ac ipse vir, et in eius defuncti bona, ut filia in patris heres succedebat, et si sine liberis et intestatus obiisset, erat omnium bonorum relictorum domina, sin autem liberos habuisset, ex aequo cum liberis bonorum particeps erat. Si qua autem in re deliquisset, ipsum, qui iniuriam passus erat, iudicem habebat, qui poenae magnitudinis arbiter erat. De his vero cognoscebant cognati cum viro, ubi violata fuisset pudicitia (*ταῦτα δὲ οἱ συγγενεῖς μετὰ τοῦ ἀνδρὸς ἐδίκαζον ἐν οἷς ἦν φθορὰ σώματος*), et, quod omnium peccatorum levissimum Graecis videretur) si quam mulierem vinum bibisse constitisset. Romulus enim hoc utrumque, ut muliebrium delictorum gravissimum puniri iussit, quia stuprum desperatae audaciae, ebrietatem vero stupri originem esse iudicavit. Longoque tempore crimen utrumque apud Romanos iram merebatur implacabilem.«

Wächter: der wesentliche Inhalt ist folgender: »Romulus habe den Ehemännern keine Klagen gegen ihre Frauen und diesen wieder umgekehrt keine Klagen gegen ihre Männer ertheilt, nichts über Rückgabe oder Empfang der Dos bestimmt u. s. w., nur Ein Gesetz habe er gegeben, das bei den Frauen Sittsamkeit und Keuschheit aufrecht erhalten habe. Es sollte nämlich die Frau, welche unter Beobachtung gewisser heiliger Gebräuche in die Gewalt ihres Mannes gekommen sey, an all' seinem Vermögen und seinen Opfern Antheil haben. Diese heilige Heimath (Heirath) hätten die Römer φαῤῥάκια genannt, wegen des dabei vorgenommenen gemeinschaftlichen Gebrauchs des Far, den die Griechen ζέαν nannten. Es sey Gewohnheit bei den Römern gewesen, die Opferthiere mit solchem Far zu bestreuen, als der geschätztesten und ältesten Frucht. Diese Sitte bestehe noch, und das Opfer sey nicht kostbarer geworden. Es sey dadurch ein unauflösliches Band unter den Ehegatten entstanden (εἰς σύνδεσμον ἀναγκᾶιον οἰκειότητος 'έφερεν ἀδιαλύτου, καὶ τὸ διαιρῆσον τοὺς γάμους τούτους οὐδὲν ἦν). So seyen die Weiber gezwungen worden, sich nach dem Willen des Mannes zu schmiegen, und die Männer, ihre Weiber als eine nothwendige und untrennbare Sache zu betrachten. Die sittsame und gehorsame Hausfrau sey Herrin im Hause gewesen, wie der Mann Herr, und sie habe ihn wie eine Tochter beerbt. Im Fall eines Vergehens habe sie den beleidigten Mann aber zum Richter gehabt, und von seiner Willkür habe die Größe der Strafe abgehangen. Die Blutsverwandten seyen mit dem Manne zu Gericht gesessen. Unter diesen Verbrechen habe Romulus Ehebruch und Weintrinken am härtesten zu bestrafen befohlen. Und lange Zeit seyen auch diese Verbrechen mit unversöhnlicher Strenge bei den Römern bestraft worden.«

Wächter (S. 66.) nimmt nun an, Dionys und

Plutarch widersprächen sich nur darin, daß der Erstere als allein gestattete Causae divortii angebe: *a.* Ehebruch, *b.* Weintrinken; der Letztere dagegen: *a.* Ehebruch, *b.* Abtreibung der Geburt, *c.* Vernachlässigung des Hauswesens; im Uebrigen seien sie einig, da Dionys voraussetze, daß wegen derselben Ursachen, weswegen der Mann die Frau bestrafen könne, als ihr Herr und König (τοῦ μεγέθους τῆς τιμωρίας κύριον), er sich auch von ihr habe scheiden lassen können. — Unsicherheit ist hier, wie schon oben S. 131. Not. 200. bemerkt worden, von vorne herein vorhanden, aber diese wird hier noch dadurch um ein Merkliches erhöht, daß wo, wie bei Dionys, die geschichtlichen Data wie mit Reflection umwickelt sind, man so leicht versucht wird, vernünftige Ueberlegungen, die man selbst macht, dem Schriftsteller unterzuschieben, und so aus allen Grenzen der Interpretation herauszutreten. Man muß es zugeben, daß es schwer zu glauben sey, im alten Rom habe der Mann die Frau ganz willkürlich, ja vielleicht mit dem Tode, bestrafen können, wenn es nur in einer gewissen Form, mit Zuziehung der Verwandten, die aber ihn am Ende nicht rechtlich hindern konnten, und nicht in rascher Wuth [463]) geschah; dennoch habe er sich aber derselben Frau niemals durch Scheidung entledigen

463) Z. B. Plinius histor. nat. XIV. 13, Invenimus inter exempla Egnatii Mecennii uxorem, quod vinum bibisset e dolio, interfectam fuste a marito, eumqne caedis a Romulo absolutum; dagegen z. B. Gellius N. A. X. 23. vir, cum divortium fecit, mulieri iudex pro censore est — — —, si quid perverse tetreque factum est a muliere, multatur; si vinum bibit, si cum alieno viro probri quid fecit, condemnatur. Vergl. auch Valer. Max. VI. 3. §. 9.

können, habe er sie nicht tödten wollen, so habe er sie zwar faktisch von sich entfernen können, etwa durch Einkerkerung oder Verweisung, aber die Ehe habe er nicht aufheben, und also auch nicht wieder heirathen können, so lange die Frau noch am Leben gewesen sey. Aber obgleich es schwer zu glauben ist, und das Gegentheil sich für die Folgezeit schon aus der oben (S. 133. Not. 203.) angeführten Stelle des Gellius erweisen läßt, so ist es doch denkbar, und daß es Dionys sogar glaublich gefunden haben muß, darüber kann, wer seine Worte unbefangen liest, keinen Zweifel behalten. Was aber Dionys sich gedacht hat, darauf kommt es denn doch bei der Auslegung lediglich an, und nur wenn man fragt, ob ihm zu glauben sey, kommt es in Betracht, was er hätte denken müssen. Sein Gedanke war nun aber, nach seinen deutlichsten Worten, die Ehe war nach dem Gesetz vor dem Tode durchaus und von beiden Seiten ganz unauflöslich. Damit der Mann jedoch — und dieß macht offenbar den Gegensatz mit der Ausschließung aller Freiheit des Divortii — dadurch nicht zu sehr gekränkt würde, so sollte er völlige Freiheit haben zu richten und zu strafen: gänzliche Nichtfreiheit im Scheiden und gänzliche Freiheit im Richten sind sich also entgegengestellt. Wie hätte auch sonst Dionys im Anfange so raisonniren können, des Romulus Gesetz habe alle Klagen über iniustum repudium und widerrechtlich zurückbehaltene Dos gänzlich unnöthig gemacht? Es darf hierbei nicht übersehen werden, daß Dionys ja gar keine ausschließlichen Gegenstände der richterlichen Gewalt des Mannes nennt, Ehebruch und Weintrinken werden ja nur beispielsweise als solche Fälle genannt, die mit Zuziehung der

Verwandten gerichtet wurden, und die Romulus streng zu bestrafen geboten hatte. Wie hätten auch heimliche Lebensnachstellungen, Unterschieben von Kindern oder Abtreiben der Geburt nicht dem strengsten Richteramt des Mannes unterworfen, und keine Ursachen der Scheidung seyn können, wenn ihm überhaupt eine solche gestattet war? Dionys sagt ja ganz allgemein: «im Fall eines Vergehens hatte sie den beleidigten Mann zum Richter, und von seiner Willkür hing die Größe der Strafe ab.« Schließt man also von dem Richteramt auf die Möglichkeit, sich zu scheiden, so ist gar kein Grund vorhanden, dieß auf Weintrinken und Ehebruch zu beschränken, und es sind die vielen ausdrucksvollen Worte bei Dionys über gänzliche Unauflöslichkeit der Ehe, auch auf Seiten des Mannes, ganz umsonst gesagt, und alle leer uud bedeutungslos. Daß aber ζημιοῦν sich scheiden oder grade durch Scheidung bestrafen heiße, habe ich nirgends finden können, und diese Bedeutung würde auch auf keine Weise in den Zusammenhang passen.

Dagegen setzt nun Plutarch a. a. O. hinsichtlich der Auflöslichkeit der Ehe Mann und Frau einander gradezu entgegen, was bei Dionys schlechthin nicht geschieht, er stellt sie einander vielmehr, was diesen Punkt betrifft, völlig gleich; die Frau, sagt Plutarch, habe sich gar nicht scheiden können, darin habe eine besondere Härte des romulischen Gesetzes gelegen, der Mann dagegen habe es können, und sey nur auf bestimmte Ursachen beschränkt gewesen, diese ausschließlichen Gründe der Scheidung gibt er an, und es läßt sich nicht leugnen, daß, wenn man einmal Scheidung beschränken wollte, sie sehr verständig gewählt sind. Da wir, einmal angeregt durch Wächter's verdienstliche Untersuchung bei dieser Sache schon so lange verweilt haben, so dürfen wir auch über die Auslegung der Plutarchischen Angaben der Causae divortii nicht so hinweggehen. Doch ist es nicht unsre Absicht dieß ganz zu erschöpfen.

Wächter gibt die Stelle zu Anfang (S. 20.) auf folgende Weise: «Romulus gab einige Gesetze, worunter jenes harte, das der Frau verbot, den Mann zu verlassen, dem Mann aber erlaubte, die Frau zu verstoßen wegen Giftmischerei, Unterschieben von Kindern, oder Nachahmen von Schlüsseln, und Ehebruch (ἐπὶ φαρμακείᾳ, καὶ τέκνων ἢ κλειδῶν ὑποβολῇ, καὶ μοιχευθεῖσαν). Wer aus einer andern Ursache sich von seiner Frau scheidet, dessen Vermögen soll zur Hälfte der Frau gehören, zur Hälfte der Ceres geweiht werden. Wer seine Frau verstößt, soll den unterirdischen Göttern geweiht werden (τὸν δ'ἀποδόμενον γυναῖκα θύεσθαι χθονίοις θεοῖς).» Die lateinische Version bei Reiske (pag. 127.) lautet so: Leges Romulus nonnullas tulit, ex quibus illa dura est, quae mulieri a viro vetat divertere (ἀπολείπειν ἄνδρα), at viro permittit illam, veneficio sublatis liberis, vel subdito partu, vel adulterio admisso repudiare (γυναῖκα ἐκβαλεῖν). Sin alia de causa *domo exegerit* eam, partem bonorum viri attribuit mulieri, partem Cereri consecravit. Qui repudiasset uxorem Deos manes placaret.

Was zuförderst die angegebenen Scheidungsursachen betrifft, so hat man längstens an der Zusammenstellung der Kinder und Schlüssel Anstoß genommen. Bei der eben angeführten Uebersetzung liegt die Conjektur: παίδων für κλειδῶν zum Grund. Wächter meint es sey schon unerklärlich, wie man nur von Unterschlagung oder vielmehr Unterschiebung (subiectio, substratio) der Schlüssel reden könne. Die Zusammenstellung hat wirklich etwas Auffallendes, der Anstoß ist aber nicht so sehr groß, wenn man nur nicht grade das urgiren will, daß Kinder und Schlüssel unter eine Categorie gebracht sind, vorausgesetzt, die Vergehungen sind beide in der Ehe unerträglich, und beide lassen sich füglich unter den Begrif der Unterschiebung stellen. Nun ist es zwar wahr, das Wesentliche bei dem letzten Vergehen liegt nicht darin, daß der Mann den falschen, den nach seinem Schlüssel gemachten, Schlüssel bekommt, er kann den ursprünglichen zurückbekommen, es bleibt dasselbe, doch aber wird allemal ein Schlüssel untergeschoben, nämlich derjenige, welcher außer dem in den Händen des Eigenthümers befindlichen Schlüssel das Behältniß öffnet, zu dessen Eröffnung er allein das Mittel zu haben glauben muß. So wie bei τέκνων ὑποβολῇ ein Kind in der Familie ist, welches darin nicht seyn darf, so ist hier ein Schlüssel zum Schloß, welcher dazu nicht seyn darf, dieß ist der Begrif des Untergeschoben-, Untergelegtseyns. Wächter findet noch eine sachliche Schwierigkeit darin, daß « die Frau ohnehin die Verwaltung des Hauswesens und also auch die Schlüssel hatte « ? Aber hatte sie denn alle Schlüssel, gehören z. B. zur Hauswirthschaft auch die Schlüssel zum Geldschrank des Mannes, oder wenn man für die Zeit noch nicht Geld nennen will, zu dem Behältniß worin er die zum Tausch paßlichen Dinge bewahrt? Ein andres Beispiel sind allerdings die Schlüssel zum Weinkeller, wovon nach der alten Sitte wohl die römischen Frauen ausgeschlossen seyn mochten, und nur nach unsern Sitten, oder als einziges Beispiel, könnte, wie Wächter will, dieß komisch erscheinen. Wie er aber diese Annahme überhaupt willkürlich nennen kann, begreife ich nicht, da wenn von Unterschieben, Nachahmen, Stehlen von Schlüsseln, die Rede ist, es sich doch von selbst versteht, daß nicht solche Schlüssel gemeint seyn können, welche dem Verbrecher selbst gänzlich anvertraut sind. Daß man aber eine Frau, nicht bloß wenn sie Kinder unterschiebt, sondern auch wenn man vor ihr nichts bewahren kann, was man ihr doch nicht anvertrauen will, und das kann ja mancherlei seyn, unerträglich finden muß, ist wohl von selbst klar. Φαρμακεία kann heißen, wie Wächter selbst S. 23. 24. richtig bemerkt, unnatürlicher und schädlicher Gebrauch jedes künstlichen Mittels, was einem Menschen eingegeben wird; warum aber dieß nach einer Conjectur mit τέκνων zusammengezogen bloß Abtreiben der Frucht und nicht auch Vergiften der Kinder bezeichnen soll, ist nicht einzusehen, und da hier doch alle Ursachen der Scheidung, die nur allein und ausschließlich möglich waren, genannt seyn sollten, wie konnte denn Vergiftung, ich will nicht sagen der eignen Kinder, denn darin mag Wächter Recht haben, daß daran als etwas zu Ungeheures gar nicht gedacht wurde, aber der Stiefkinder, oder eine mißlungene Giftmischerei, um den Mann selbst zu tödten (vergl. Val. Max. VI. 3. §. 8.), ausgelassen werden? Auch Gift und Zaubertränke gegen einen Extraneus gebraucht, sind Zeichen von Gefährlichkeit, Untreue und Hinterlist, wie sie nicht zu dulden sind. Man könnte meinen, es gebe doch noch andre Lebensnachstellungen, aber daß die Frau den Mann sollte haben überwältigen wollen, oder Banditen gedungen habe, um ihn aus dem Wege zu räumen, daran konnte denn auch wohl in jener Zeit am wenigsten gedacht werden. Nimmt man denn aber nur φαρμακεία für sich allein ganz in der allgemeinen Bedeutung, und verändert die in allen Manuscripten gleiche Lesart nicht, so hat man so ziemlich alle Dinge beisammen, welche dem Manne die Fortsetzung der Ehe, die Sache natürlich betrachtet, ganz unleidlich machen muste: gänzliche Unsicherheit in Hinsicht des Lebens, des Vermögens, der Ehre; unter φαρμακεία ist dann allerdings auch Abtreiben der Kinder, aber auch noch vieles Andere mitbegriffen, und die Uebersetzung Giftmischerei ist dann nur nicht genau, man müste denn auch das Wort Gift in einer ungewöhnlichen weitern Bedeutung nehmen, und ungefähr richtig würde die Erklärung Reiske's in der Note 90 seyn: « ut repudium permitteretur ob crimen veneficii in genere, ob falsitatem liberorum vel clavium et ob adulterium. » Schon daß der Text so unverändert bleibt, spricht, dünkt mich, sehr für diese Erklärung, die Conjectur κλειδῶν ἀποβολή aber, welche Wächter damit zu vertheidigen sucht, daß « Verschleudern der Schlüssel « symbolisch für Vernachlässigung des Hauswesens genommen seyn möge «, verdient doch wohl am wenigsten Beifall, schon die Natur der Sache sträubt sich dagegen, da, wenn ein solcher Vorwurf für sich allein zur Scheidung berechtigt, von einer Beschränkung derselben durch bestimmte gesetzliche Ursachen gar nicht mehr die Rede seyn kann, und dann mitten unter ganz eigentlichen Ausdrücken eine so kühne Figur! Gegen Leichtsinn und Verschwendung kann sich der Mann durch strengeres Hausregiment, selbst auch dadurch, daß er manche Schlüssel, die gewöhnlich sich in den Händen der Frau befinden, ihr nicht anvertraut, schützen; aber wer kann sich gegen Betrügerei und Untreue sichern? In diese Rubrik gehören aber alle vier angegebenen Ursachen, auch das Unterschieben von Schlüsseln grade zu solchen Behältnissen, die sich der Mann eben aus besondern Gründen gegen das sonst Gebräuchliche hat vorbehalten wollen. Zu bemerken ist auch noch, daß Plutarch von einer beiderseits gutwilligen Scheidung gar nichts sagt, und durch dieses Stillschweigen schon zu verstehen gibt, daß diese nicht verboten war, wogegen Dionys Alles zusammenfaßt, wenn er jede Ehe bei Lebzeiten beider schlechthin für unauflöslich nach dem Gesetz erklärt. Auch hierin liegt ein bedeutender Widerspruch zwischen beiden.

Was ferner die Strafen wegen unerlaubter Scheidung betrift, so gibt Wächter eine besondre Erklärung von den Endworten: *τὸν δ'αποδόμενον — θεοῖς*, welche um so weniger mit Stillschweigen übergangen werden darf, da er darauf eine eigene Theorie baut, vergl. sein Buch S. 21. 22. und S. 76. Wenn man hier das Zeitwort durch verstoßen (repudiare) übersetzt, so kommt eine doppelte Strafe heraus, und zwar, wie es scheint, für dieselbe Sache. Nun wird vorgeschlagen, *αποπέμπειν* von einer feierlichen Scheidung durch Diffarreatio, das *'αποδόμενον γυναῖκα* dagegen von einem Manne zu verstehen, der seine Frau ohne Förmlichkeit aus dem Hause stößt. Im letztern Fall habe man noch schwerer die Göttin Ceres, und, was wichtiger, die Priester verletzt, »deren Einwilligung vielleicht erfordert wurde, oder die wenigstens, wenn der Mann die Ehe aus einer gar zu untriftigen Ursache trennen wollte, die Diffarreatio eben nicht vornahmen«. Also wenn keine der gesetzlichen Ursachen, aber doch eine nicht gar zu untriftige vorhanden war, so lösten die Priester zwar die Ehe mit allen Förmlichkeiten auf, aber der Mann verlor dann doch sein ganzes Vermögen zur Strafe. Verstehe ich recht, so ist dieß die Meinung. Diese Annahme, wenn man aufrichtig seyn will, hat nichts Anderes für sich, als daß sie aus einer Verlegenheit hilft, gegen sich aber hat sie sowohl die Worte als die Sache. Soll ἀποπέμπειν (S. 22.) auf die solenne Scheidung gehn, so muß es auch ἐκβάλειν, denn beides ist auf gleiche Weise an die causas divortii geknüpft, verstoßen aus einem dieser Gründe, verstoßen ohne einen derselben, das verschiedene Bild in den Zeitworten (herauswerfen — wegschicken), kann dieß nicht ändern. Nun ist es aber nicht erweislich, daß auch nur eines dieser Zeitwörter technisch grade für eine feierliche Scheidung gebraucht wird, es müßte sich aber von beiden erweisen lassen. Dann aber auch ist es unnatürlich, daß eben das Wort (ἀποδίδωμι), welches seiner Grundbedeutung und vielen abgeleiteten nach, auf ein Weggeben, ein Uebertragen an jemanden, also eine friedliche Handlung nach Vereinbarung geht, grade die feindseligste und willkürlichste Verstoßung und Verjagung technisch bezeichnen soll, dagegen die beiden andern, welche ein Herauswerfen und Wegschicken aussprechen, grade die besonnene, feierliche Trennung unter priesterlicher Weihe besonders andeuten sollen. Sodann ist es aber auch eine bekannte Sache — Wächter führt die Bedeutung auch an —, daß ἀποδίδωμι im Medium gewöhnlich, wenn nicht immer, verkaufen, veräußern heißt, und so scheint es, daß sich die Bedeutung von verstoßen (repudiare) hier nur eingeschlichen hat, indem man meinte, es könne hier einmal, wo von

Scheidungsursachen gehandelt würde, von nichts Anderem die Rede seyn.

Aber auch die Sache ist dagegen, denn wie wäre es nur möglich, daß jene einflußreichen, eigentlich regierenden patrizischen Priester eine Scheidung mit allen religiosen Ceremonien [464]) sollten vorgenommen haben, ja die Frau dazu gezwungen haben sollten oder zwingen lassen, — denn gegenwärtig muste sie unstreitig seyn, und von einer gutwilligen Scheidung ist hier gar nicht die Rede —, in Fällen, wo dadurch ein strenges Gesetz übertreten wurde, und sie vorher wußten, daß eben diese Scheidung, welche sie weihten, dem Manne zur Strafe den Verlust seines ganzen Vermögens zuziehn würde. Es läßt sich dieß nur denken, wenn man einen so entschiedenen Conflict zwischen Priesterthum auf der einen, und Königsherrschaft und Gesetz auf der andern Seite annimmt, wie sich der doch wieder gar nicht denken läßt, am allerwenigsten in jener ersten Zeit, und nach den Voraussetzungen, die Wächter selbst macht. War ein solcher Conflict, so muste das Gesetz auch bald zu Grunde gehn, und es läßt sich darauf geschichtlich gar nichts bauen.

Die ganze Schwierigkeit findet nur alsdann statt, wenn man

1) die Uebersetzung, wie sie in der obigen lateinischen

464) War die Confarreatio hochfeierlich, so muste es die Diffarreatio auch seyn, von jener aber sagt bekanntlich Plinius H. N. XVIII. 3.: « in sacris nihil religiosius confarreationis vinculo erat »).

Version enthalten ist, und wie sie auch Kaltwasser [465]) hat:

»daß — — jeder aber, der sich von seiner Frau scheidet, den unterirdischen Göttern ein Sühnopfer bringen solle«,

verwirft, worin übrigens der Sache nach nichts Widersinniges liegt;

2) aber auch die Uebersetzung des Worts ἀποδόμενον durch verkaufen verwirft. Wächter meint, dieß sey durchaus unzulässig, da, wie man aus Plutarch [466]) selbst und aus Strabo (Lib. XI.) wisse, das Ausleihen der Frauen eine altrömische Sitte gewesen, und noch von Cato einmal geübt worden sey. Wie Plutarch diese Dinge reimen wollte, das mogte er selbst wissen, vielleicht bei seiner geistreichen Neigung zu Anekdoten und zum Seltsamen zerbrach er sich nicht sehr den Kopf darüber; aber für uns ist weder jener alte Gebrauch sattsam erwiesen, denn die Handlung des Cato steht, wie Wächter (Vorrede S. 14.) selbst bemerkt, ganz allein da, und als ein Produkt der Willkür, noch ist es ausgemacht, daß dieß beides nicht neben einander bestehen könne. Das Verkaufen der Weiber wider ihren Willen, denn davon ist hier immer die Rede, muste leicht als eine besonders gefährliche Form der Verstoßung erscheinen, *a.* weil die Scheu vor der Familie der Verstoßenen dadurch geschwächt wurde, daß der neue Mann und Herr der Frau mit seiner Familie und seinen Anhän-

465) Des Plutarchus Lebensbeschreibungen aus dem Griechischen übersetzt. Magdeb. 1799. Th. 1 S. 123.)

466) Comparatio Licurgi cum Numa c. 3. Cato min. c. 25.

gern auf die Seite des Verstoßenden trat, und *b.* weil die Frau bei weitem mehr dadurch entwürdigt wurde, wenn ihr ein neuer Mann aufgedrungen wurde, als wenn sie nur nicht den alten behielt. Dagegen eine bloße Abtretung der Frau auf eine Zeit lang, wenn auch nach stillschweigender oder ausdrücklicher Uebereinkunft, oder, wie vielleicht ganz zufällig im Fall des Cato (Plutarch in der angeführten Vergleichung spricht bloß von einer Abtretung auf kurze Zeit zu einem bestimmten Zweck), auf Lebenszeit ist freilich allemal etwas Unsittliches und entwürdigt die Ehe, daher man auch nicht geneigt seyn soll, so etwas in irgend einer Zeit unter den Römeru als herrschenden Gebrauch anzunehmen; aber wenn es im Einzelnen vorkommt, und es geschieht mit Bewilligung der Frau, so entwürdigt es diese bei weitem nicht so, als ein Verkauf derselben wider ihren Willen; und Zwiespalt und Feindschaft zwischen den Familien, was ein im Entstehen begriffenes Gemeinwesen doch immer vorzüglich zu fürchten hat, kann nur durch dieses, nicht durch jenes erregt werden. Endlich wenn der Verkauf alte Sitte war, so konnte ja das Gesetz des Romulus einen Versuch enthalten, diesen barbarischen Gebrauch, der sich schon gezeigt hatte, zu vertilgen, der Versuch kann aber mißlungen seyn; daraus würde dann nichts weiter folgen, als daß dieß Gesetz keine historische Grundlage, auch nur für einen Zeitraum, abgeben dürfe. Die Uebersetzung des ἀποδίδοςϑαι durch verkaufen, scheint also den meisten Beifall zn verdienen, indem dadurch auch ein leichter natürlicher Zusammenhang hergestellt wird: zuerst, der Mann soll die Frau nur verstoßen wegen weniger bestimmter Ursachen, sodann thut er es ohnedieß, so soll er sein ganzes Vermögen verlieren, thut er es gar in der besonders gefährlichen Form eines Verkaufs, so soll er sein Leben einbüßen.

Das Resultat ist, daß beide Nachrichten, die von Dionys und die von Plutarch, in entschiedenem Widerspruch mit einander stehn, und daß sie um so weniger als historische Documente gelten können, wenn man auch die Person des Romulus, und selbst das eigne Gesetz darüber herausnimmt. Ein Gewohnheitsrecht wird aber auch schwerlich jemals so bestimmte, ausschließliche Scheidungsursachen bilden.

Darf ich nun noch meine Meinung sagen über das, was ich im Allgemeinen für das Wahrscheinlichste halte, so ist es diese: War im Anfang eine Priesterherrschaft in Rom, so sorgte diese gewiß dafür, daß die confarreirten Ehen nicht leichtsinnig und nicht ohne die dringendsten, anders nicht zu beseitigenden Gründe aufgelöst wurden, ohne Diffarreation durften sie niemals aufgehoben werden. Dieß war denn auch zugleich Standesinteresse der Patrizier. Den Priestern konnte es niemals willkommen seyn, sich durch bestimmt aufgestellte Normen die Hände gebunden zu sehen, mogten diese nun von ihnen selbst edicirt seyn oder durch Gesetze vorgeschrieben werden: es liegt in der Natur aller Priesterregierung, sich, wenn es seyn kann, gegen Normen zu sträuben, welche es ihnen unmöglich machen, ihre Aussprüche den jedesmaligen Umständen anzupassen. Wie das Volk diesem Zustande der Unmündigkeit entwuchs, mogte es beliebt werden, die Diffarreation an bestimmte Ursachen zu knüpfen, so daß dann die Priester auch diffareiren musten, wenn auch nur der eine Ehegatte wollte. Auch bei den übrigen Ehen, selbst bei den freien bewirkte die Sitte, was bei der farreirten Ehe die strengste Religiosität bewirkt hatte: leichtsinnige Scheidungen kamen nicht vor. Da aber die Priesterstrenge immer noch hinderlich zu seyn fortfuhr, und selbst einzelne Patrizier diese übel empfinden mogten, die Plebejer auch dabei interessirt waren, daß sich die Familienverbindungen gleichförmig gestalteten, ohne daß ihnen selbst ein ungebührlicher Zwang aufgelegt würde, so kann es wohl seyn [467]), daß grade die zwölf Tafeln die Freiheit der Scheidung aussprachen, ohne daß man darum zu glauben hat, die Römer wären schon von da an leichtsinniger in ihren Scheidungen geworden. Die Ehe der Flamines blieb immer ganz unauflöslich, nicht weil sie confarreirt war, und alle confarreirte Ehen ehemals unauflöslich gewesen waren, sondern weil die religiose Verbindung zwischen dem Flamen und seiner Flaminica ganz besonders geeignet war, sie scheinen in priesterlicher Beziehung wie Eine Person angesehen worden zu seyn, so daß er nicht Flamen bleiben konnte, wenn sie starb [468]). Alle übrigen Ehen aber konnten getrennt werden, und diese Scheidungsfreiheit, welche juristisch entschieden war, äußerte sich faktisch in immer reichlichern Beispielen, seitdem die Sitten verdarben, und Leichtsinn und Uebermuth den alten Ernst und die alte Treue immer mehr und mehr verdrängten.

467) Vgl. §. 40 die Erklärung der Stelle Cicero Phil. II. 28.

468) Gellius N. A. X. 15.

Inhalt.

Erster Theil.

Güterrecht der Ehegatten vor und zu der Zeit der klassischen Juristen.

Einleitung.

Erster Abschnitt.

Von der rechtlich gültigen Ehe und ihren Arten bei den Römern.

Erstes Capitel.

Rechtlich gültige Ehe überhaupt.

Zweites Capitel.

Arten der gültigen Ehe.

Drittes Capitel.

Arten der Entstehung einer strengen Ehe.

Viertes Capitel.

Historisches Verhältniß dieser drei Arten der strengen Ehe unter einander und zur freien Ehe.

Fünftes Capitel.

Wirkungen der Conventio in manum.

Sechstes Capitel.

Von der freien Ehe insbesondre, ihrer Entstehung und ihren Kennzeichen.

Siebentes Capitel.

Von der Dauer römischer Ehe.

Achtes Capitel.

Von der Scheidung bei freier Ehe insbesondere.

Neuntes Capitel.

Von der Aufhebung der Ehe durch äußerlich nothwendiges Faktum oder juristische Nothwendigkeit insbesondre.

Zweiter Abschnitt.

Von den Wirkungen der freien Römischen Ehe auf das Vermögen (Ius dotium).

Erstes Capitel.

Allgemeine Uebersicht.

Zweites Capitel.

Erfordernisse der Dos überhaupt.

Fünftes Capitel.

Von Bestellung einer Dos durch Vermächtniß.

Sechstes Capitel.

Von den Personen, welche die Dos bestellen.

Siebentes Capitel.

Von den Personen, welchen die Dos bestellt wird.

Achtes Capitel.

Von dem Charakter der Succession, welche durch die Bestellung der Dos bewirkt wird.

Neuntes Capitel.

Gibt es eine präsumtive Bestellung der Dos (tacita dotis constitutio) nach Römischem Recht?

Zehntes Capitel.

Kann eine Wiederholung der für die erste Ehe geschehenen Constitutio dotis, für eine unter denselben Personen geschlossene zweite Ehe tacite angenommen werden?

Druckfehler.

Seite	Zeile	anstatt	lies
6.	Not. 6.	d. *bonis* libert.	de *operis* libert.
7	1 v. o.	nicht ist	ist nicht
9	1 v o.	quadammodo	quodammodo
28	in der letzten Zeile ist wie zu streichen.		
37	5 v. o.	das	daß
71	Not. 107	repudusd	repudiis
81	7 v. o.	gegründet	begründet
83	5 v. o.	als solche	als solcher
97	1 v. o.	künftigen	künftige
116	Not. 172	Plantus	Plautus
145	7 v. o.	Könnte	Konnte
447	Not. 459.	locuplatissimae	locupletissimae

Gedruckt bei C. F. Thormann in Bonn.